SCHERZ

W0362057

INGO BOTT

PIRLO

FALSCHE ZEUGEN

Der zweite Fall für die Strafverteidiger
Pirlo und Mahler

Kriminalroman

SCHERZ

Aus Verantwortung für die Umwelt hat sich der S. Fischer Verlag zu einer nachhaltigen Buchproduktion verpflichtet. Der bewusste Umgang mit unseren Ressourcen, der Schutz unseres Klimas und der Natur gehören zu unseren obersten Unternehmenszielen.

Gemeinsam mit unseren Partnern und Lieferanten setzen wir uns für eine klimaneutrale Buchproduktion ein, die den Erwerb von Klimazertifikaten zur Kompensation des CO_2-Ausstoßes einschließt.

Weitere Informationen finden Sie unter:
www.klimaneutralerverlag.de

Der erste Fall für Pirlo:
Pirlo – Gegen alle Regeln (3-651-00104-6)

MIX
Papier | Fördert gute Waldnutzung
FSC® C083411

Erschienen bei FISCHER Scherz

© 2022 S. Fischer Verlag GmbH,
Hedderichstraße 114, 60596 Frankfurt am Main

Redaktion: Ilse Wagner
Satz: C.H.Beck.Media.Solutions, Nördlingen
Druck und Bindung: CPI books GmbH, Leck
Printed in Germany
ISBN 978-3-651-00114-5

Zeugen gelten zu Recht
als das unsicherste aller Beweismittel.
Manchmal sagen sie die Wahrheit.

»Übrigens, Doktor, brauche ich Ihre Mitarbeit.«
»Es wird mir ein Vergnügen sein.«
»Es macht Ihnen nichts aus, das Gesetz zu brechen?«
»Nicht im mindesten.«
»Oder Gefahr zu laufen, verhaftet zu werden?«
»Nicht, wenn es um eine gute Sache geht.«
»Oh, die Sache ist hervorragend!«
»Dann bin ich Ihr Mann.«
»Ich war sicher, dass ich mich auf Sie verlassen kann.«
»Aber was soll ich tun?«

Sir Arthur Conan Doyle – Die Fälle des Sherlock Holmes
(»Ein Skandal in Bohemia«)

Das Strafverfahren unterteilt sich in drei große Phasen: Ermittlungsverfahren, Zwischenverfahren und Hauptverfahren. In jedem davon steht es um den Betroffenen ein kleines bisschen schlimmer. Es ist daher die Aufgabe der Verteidigung, in jeder Phase für den Mandanten zu kämpfen. Wenn ihr das denn gelingt.

Werner Arland,
Philosophie der Strafverteidigung, 1992

ERMITTLUNGSVERFAHREN

1.

CASINO

20.11.

Pirlo dreht an seinen Haaren. Der Kerl geht ihm auf die Nerven. Und zwar gewaltig. Die Gefahr, dass das jemandem auffällt, ist allerdings gering. Holst starrt auf den Pokertisch. Frege hält sich an einer Säule fest. Meurer haben sie in einem Sessel abgelegt. Besonders stilvoll ist das alles nicht. Im Dortmunder Casino kommt es darauf aber auch nicht wirklich an. Zu seiner Zeit bei Ohmsen hatte Pirlo mal mit einem Bankier einen Abend in der Spielbank Baden-Baden verbracht. Dort gab es eine Krawattenpflicht. Hier gilt auch der Ballonseidenzweiteiler als Anzug.

Der Kerl lärmt und holt Pirlo aus seinen Suffgedanken zurück. Ob er will oder nicht: Er schaut hin. Genau wie alle anderen. Wozu auch Holst gehört. Der sich Fragen stellt. »Faszinierend, oder?«

»Klar«, sagt Pirlo. Er hat keine Ahnung, was Holst meint. Das spielt aber auch keine Rolle. Holst heiratet. Frege hat den Junggesellenabschied organisiert. In Dortmund. Es hätte naheliegendere Orte gegeben. Jedenfalls, wenn man Pirlo gefragt hätte. Hat aber keiner. Wahrscheinlich waren die anderen überrascht genug, dass er überhaupt aufgetaucht ist. Eigentlich war der Tag auch ganz in Ordnung. Fußballmuseum. Kreuzviertel. Stadion. Allmählich taumelt die Sache aus. Wenn Holst da noch etwas faszinierend finden will, soll es Pirlo recht sein. Dazu veranstalten sie das hier ja überhaupt nur.

»Was für ein spannendes kleines Arschloch«, murmelt Holst. Woraufhin Pirlo dann doch lachen muss. Das Studium ist zwar lange her. Holst und er sind sich in den wesentlichen Fragen aber immer noch einig. »Warum lassen sie überhaupt zu, dass er sich hier so aufführt?«

Pirlo zuckt mit den Schultern. Er hat keinen Bock auf eine Antwort. Klar, der Dreikäsehoch führt sich hier auf wie die Axt im Wald. Er grölt. Er säuft. Er nervt. Aber er sieht eben auch aus wie einer von den Malikis. Mit denen man keinen Stress haben will. Nicht als Casino Dortmund. Und auch sonst nicht. Dann fällt Pirlo doch noch eine Erklärung ein. »Ist wahrscheinlich gut fürs Geschäft.«

Tatsächlich versenkt der Kerl in jeder Runde ein paar hundert Euro. Was ihm ebenso egal zu sein scheint wie der blonden Mitdreißigerin, die entrückt in die Hände klatscht, wenn sie ihm eine neue Rum-Cola holen darf. Holst nickt. Er kann es trotzdem nicht gut sein lassen. Hinter den Augen rumoren ein paar Liter Herrengedeck. Und die wollen ermitteln. Offensichtlich. »Siehst du, was der da auf der Hand hat? Da ist doch auch eine Tätowierung!«, flüsterschreit Holst durch den Raum. Pirlos Blick tastet die Umgebung ab. Bisher hat keiner Notiz von ihnen genommen. Holst ist allerdings auch noch nicht fertig. Leider. »Was meinst du«, rabuliert er, »gehört der kleine Sack zu einem *Clan*?«

Pirlo spart sich eine Antwort. Im Hintergrund schälen sich zwei massige Gestalten aus dem Halbdunkel. Das genügt als Motivationsspritze, dem Abend hier ein flockiges Ende zu bereiten. Pirlo schnappt Holst am Kragen. Auf dem Weg nach draußen tippt er Frege und Meurer an. Kurz darauf atmen sie dampfend kalte Winterluft. Bei Holst befeuert das die Rauschkanone. »Habt ihr das gesehen? Der Junge geht da drin allen auf die Nerven und kann trotzdem machen, was er will!« Er hakt seine Freunde unter. »Leute, in einem Clan müsste man sein. Machen, was du willst, und alle kuschen. Dein ganzes Leben ein einziger Spaziergang.«

»Meinst du wirklich, dass das so funktioniert?«, fragt Frege. Der Skeptiker. Immer schon.

»Klar!« Holst nickt. Er dreht sich zu Pirlo. »Was denkst du, Toni?«

»Manche sagen so, manche sagen so.« Pirlo schaut in fragende Gesichter. Er setzt sein breitestes Lächeln auf. »Wer hat noch Bock auf einen Stripclub?«

Alle Blicke gehen zu Holst. Der nickt. Grinst. Und kotzt ins Gebüsch. Womit das Thema mit den Clans durch ist. Wenigstens für diesen Abend. Zumindest denkt Pirlo das.

2.

DOPPELADLER

Ein paar Stunden später.
Immer noch im Dunkeln

Als Pirlo aufwacht, ist er überrascht, dass er überhaupt eingeschlafen ist. Wirklich mitbekommen hat er das nicht. So oder so: Lange kann es nicht gedauert haben. Draußen ist es immer noch dunkel. Außerdem hat er nach wie vor sein Hemd an. Immerhin ist er zu Hause. In Düsseldorf. Allein. In der Wohnung. An deren Tür jemand klingelt. Mühsam quält er sich zur Sprechanlage.

»Ja?«

»Bitte machen Sie auf!«

»Was wollen Sie?«

»Ich muss mit einem Anwalt sprechen.«

Pirlo zögert. Der Klingler klingt gestresst. »Ich bin gerade nicht auf der Höhe meiner Form«, brummt Pirlo.

»Das ist mir egal. Lassen Sie mich rein!« Es dauert einen Moment. »Bitte!«

Pirlo seufzt. Anwälte haben nicht so etwas wie einen hippokratischen Eid geleistet. Er muss hier nicht helfen. Trotzdem drückt er auf den Öffner. Wenn schon Anwalt, dann wenigstens richtig. Selbst wenn er es bereut. Jedenfalls jetzt gerade. Und eine Minute später erst recht. Vor ihm steht der Kerl. *Der* Kerl. Der Halbstarke aus dem Casino. Nur dass er jetzt nicht mehr großkotzig und selbstgefällig aussieht. Sondern richtig beschissen. Zumindest so lange, bis er schnallt, woher er Pirlo kennt. »Alter, du warst doch auch im Casino!«, krakeelt er durch den nachtschlafenden Hausflur.

Pirlo verdreht die Augen. Dann zieht er den Kerl in die Wohnung und setzt ihn dort aufs Sofa. Er streicht die verpennten Haare aus dem Gesicht, zieht einen Stuhl in die Raummitte und setzt sich verkehrt herum darauf. Die Lehne gibt den Armen Halt. Das sieht nicht nur cool aus. Es ist auch überlebenswichtig. Der letzte Kurze ist keine drei Stunden her. Im mit Frege geteilten Taxi nach Düsseldorf gab es noch ein Absackerbier. In Pirlos Kopf metamorphost das alles langsam zu einem gewaltigen Kater. Pirlo fährt sich über die Augen und erarbeitet sich durch den Nebel einen halbwegs klaren Blick auf seinen Besucher.

»Also?«

Der Kerl hat sich immer noch nicht im Griff. Panik und Aufregung tanzen Tango. »Du warst auch im Casino! Und jetzt sehen wir uns hier. *Weird*, Alter!« Der Blick flackert. Was am Koks liegen dürfte. Zumindest vermutet Pirlo das. Er lässt die Finger davon. Seine Brüder haben in Sachen Kokain eine kleine Meisterleistung hingelegt. Das reicht ihm als schlechte Erfahrung. Und dazu mussten sie es noch nicht einmal selbst nehmen.

Pirlo atmet durch. »Pass auf. Du hast eine Minute. Entweder kommst du klar und sagst, was Sache ist, oder du stehst wieder auf der Straße. Und dann kannst du klingeln, so viel du willst.«

Der Kerl drückt den Rücken durch. »Hey, ich bin Faruk Maliki.«

»Und?«

»Faruk Maliki, Mann! Sag nicht, du weißt nicht, wer ich bin!«

Pirlo sieht auf die Uhr. »Eine Minute ist rum, Faruk Maliki. Raus mit dir!«

»Das kannst du so nicht machen!«

Pirlo steht auf. Er stemmt mehr Gläser als Hanteln. Wenn er will, ist trotzdem Ruhe im Karton. Man kann von dieser Sache mit den Genen halten, was man will. Sie hat nicht nur Nachteile. Maliki ist klar, dass es Zeit ist, das Gekaspere zu beenden. »Ich bin hier, weil ich einen Verteidiger brauche.« Plötzlich wirkt er so unsicher, wie er ist. »Ich brauche einen Verteidiger, weil die sagen werden, dass ich einen umgebracht habe. Aber ich war das nicht. Ich schwör.«

Pirlo legt die Stirn in Falten. Er schleppt sich in die Küche und setzt Wasser für einen Mokka auf. Als er zurückkommt, drückt er Maliki ein Glas mit dunkler Flüssigkeit in die Hand.

»Keinen Alkohol«, sagt Maliki kleinlaut. »Bitte.«

»Das ist Cola. Trink das. Es hilft, dass du den Kopf freibekommst. Der Kaffee braucht noch.« Maliki trinkt. Die Hand mit der Tätowierung zittert. Das Motiv ist ein Doppeladler. Pirlo deutet darauf. »Faruk Maliki von der Maliki-Familie? *Tirana në zemër*?«

Maliki nickt. Pirlo nimmt es zur Kenntnis. Er kann nicht besonders viel Albanisch. Für den Satz reicht es trotzdem. Tirana im Herzen. Das kennt man. Zumindest als Strafverteidiger.

»Also, was ist los?«

Maliki leert das Glas. »Vorhin war ich im Casino. Aber das weißt du, du warst ja auch da.«

»Sie«, sagt Pirlo.

»Was?«

»Sie. Du sagst nicht, *Du warst da*, sondern *Sie waren da*.«

»Sie waren da?«

»Genau. Sie, Herr Dr. Pirlo.«

»Im Ernst?«

»Reiß dich zusammen. Konzentrier dich. Stell keine Fragen, deren Antwort du kennst. Erzähl weiter.«

Maliki nickt. »Sie wissen ja, dass ich da war. Ich glaube, Sie sind aber gegangen, bevor die Nazis gekommen sind.«

»Die Nazis?«

»Wir nennen die so.«

»Warum?«

»Weil sie Nazis sind.«

Pirlo grinst und seufzt gleichzeitig. Manchmal geht das. »Und was macht sie zu Nazis?«

»Immer wütend. Hass auf Ausländer. Bock auf Hitler. Nazis halt.«

Pirlo nickt. Für den Moment kann er das mal so stehen lassen. »Und dann?«

»Dann gab es Stress.«

»Warum?«

»Die haben sich auch an den Pokertisch gesetzt.«

Pirlo ahnt, was kommt. »Und dich fanden sie nicht so gut.«

Maliki sieht auf seine Hände. »Eher nicht.«

Pirlo holt den Kaffee. Vor dem Küchenfenster wird es langsam hell. Als er zurückkommt, wirkt Maliki grau. Was immer vorher drin war, findet langsam seinen Weg hinaus.

»Gab es Theater?«

Maliki nickt. »Eigentlich nicht viel. Sie haben aber keine Ruhe gegeben. Dann haben wir gesagt, dass wir uns auf dem Parkplatz treffen.«

»War das auch so gemeint?«

»Natürlich nicht«, antwortet Maliki so spontan wie ehrlich. »Aber es kam trotzdem so. Wir sind gegangen, die sind gegangen. Dann waren wir da. Fünf von uns. Ein paar von denen.«

»Ein paar?«

»Ja, auch so fünf. Vielleicht auch vier. Was weiß denn ich?«

»Weiter.«

»Die haben uns dann halt so provoziert. Sprüche gedrückt und so.«

»Und weiter?«

»Nichts und weiter! Ich schwör. Die so: scheiß Albaner. Wir so:

scheiß Nazis. Die: alle ins Gas. Wir: Alter, wir ficken deine Mutter. Nichts Schlimmes.«

»Was ist dann das Problem?«

»Rainer Waßmer ist tot.«

Pirlo runzelt wieder die Stirn. Diesmal sogar ganz ohne Gefahr. Waßmer ist tot. Pirlo kennt den Namen. Dass der Anführer nicht mehr lebt, dürfte für sie ein harter Schlag sein. Dass Maliki hier sitzt, weil er fürchtet, dass man ihn dafür für verantwortlich hält, ist auch nicht gut. Sogar ganz und gar nicht. »Und du glaubst, dass man dir die Schuld gibt?«

»Ja, Mann.«

»Warum?«

»So was weiß man eben.« Pirlo wartet. Maliki seufzt. »Einer von den Nazis hat es uns gesteckt. Auf Telegram. Sie wissen schon. Wir haben unsere Kontakte. Ist ja normal. Der hat uns das jedenfalls gesagt. Aber nicht im Guten. Eher so: Rainer ist tot! Ihr habt ihn getötet! Es war der Junge! Wir machen euch fertig! Auf die Art eben.«

»Wie kommen sie darauf, dass du etwas damit zu tun hast?«

Maliki starrt auf seine Hände. Der Doppeladler zittert. »Auf dem Parkplatz hab ich halt gerufen, dass ich den umbringe und so. Dass ich den absteche. Aber das hab ich natürlich nicht so gemeint!«

»Nein?«

»Nein! Das sagt man eben so. Mann, Dr. Pirlo, das müssen Sie mir glauben.«

Pirlo trinkt seinen Kaffee aus. Dann steht er auf.

»Wo gehen Sie hin?«

»Ich muss jemanden anrufen.«

»Und was mach ich?«

»Kaffee trinken. Klarkommen. Ich bin gleich wieder da.«

3.

INTERVIEW

Auch im Dunkeln, aber woanders

Sophie ist schon wach. Sie hat schlecht geschlafen. Was am Internet liegt. Mal wieder. Auch wenn es sich anders anfühlt. Es ist erst ein halbes Jahr her, dass Pirlo sie allein vor dem Düsseldorfer Schwurgericht hat stehen lassen, gleich am ersten Verhandlungstag im Mordprozess gegen Marlene von Späth. Später hatte er ihr die Berichterstattung dazu gezeigt. Die Medien hatten sie als junge, blonde Poweranwältin gefeiert. An diesem Abend hatte sie das erste Mal ihren eigenen Namen gegoogelt. Ein paar Wochen später, nach dem spektakulären Freispruch, wieder. Und seitdem fast jeden Tag. Sie kann selbst nicht sagen, warum sie das macht. Aber es ist so. Dabei gibt es für ihr Eigengestalke noch nicht einmal einen Grund. Klar, kurz nachdem der spektakuläre Freispruch erreicht war, hatte sich das Internet noch ein paar Tage überschlagen. Auch am Wochenende danach gab es von ihr noch einmal ein großes Porträt in der POST. Danach aber: nichts mehr.

»Nichts ist so alt wie die Zeitung von gestern.« Das war eine der größeren Weisheiten ihrer Mutter. Richtiger war wohl: Nichts ist so alt wie das Internet von vor drei Minuten. Weswegen es eigentlich keinen Grund gibt, sich selbst zu googeln. Sophie weiß das. Und macht es trotzdem. Wobei: Allzu viel anderes gibt es auch nicht zu tun. Manu arbeitet nach wie vor als Arzt in Mali. Pirlo sieht sie den ganzen Tag in der Kanzlei. Viel mehr ist nicht los. Sie wacht auf, macht Sport, duscht, radelt in die Kanzlei, setzt sich an den Schreibtisch und steht von dort auf, wenn sie die Augen nicht mehr aufhalten kann. Dann fährt sie nach Hause und fällt ins Bett. Sich selbst im Internet zu suchen ist im Vergleich dazu fast eine Art Freizeiteskalation. Zumal es sonst keine gibt. Jedenfalls dann, wenn sie das sonntägliche Mittagessen bei ihren Eltern weglässt. Und die Samstage, an denen sie überlegt, ob sie sich das überhaupt antun will. Der aktuelle macht da keine Ausnahme. Erst recht nicht nach dem, was sie gerade gelesen hat. Es ist aber auch zu gemein. Da hat Google mal einen neuen Treffer. Und dann ist es so was. Ein Interview ihres Vaters. Das für sich genommen ist noch keine Seltenheit. Das Thema allerdings schon. Es geht um sie. Sophie. Was nicht gut ist.

Schon die pompöse Ankündigung findet sie schwierig. Ein Interview der *Freien Wirtschaft* mit ihrem Vater. Ernst Mahler. *Dem* Ernst Mahler. Gründungspartner von *Müller & Mahler*, einer der größten Anwaltssozietäten Europas. Filialen überall auf dem Kontinent, dazu noch die ein oder andere auf der sonstigen Welt verstreut. Ernst Mahler, der Vater von Patrick und Sophie Mahler. Patrick, Kronprinz und designierter Erbe der Kanzlei, der vor vier Jahren bei einem Segelunfall ums Leben gekommen ist. Sophie, die sich weigert, in die berühmten Fußstapfen zu treten, und stattdessen mit Pirlo eine Strafverteidigerkanzlei betreibt.

»Wobei ich das nicht schlecht finde«, erklärt Ernst Mahler. »Aber natürlich auch nicht gut. Ich habe meine Tochter immer als erfolgreiche Anwältin gesehen. Nur eben als eine in meiner eigenen Kanzlei.« Sophie kann das darauffolgende, vornehm hüstelnde Lachen des Interviewenden geradezu hören.

»Wie haben Sie den Erfolg Ihrer Tochter im Prozess gegen Marlene von Späth gesehen?«

»Ich war natürlich stolz auf sie. Sie hat alles genau so gemacht, wie ich es erwartet habe.«

»Also haben Sie sie in dieser schweren Zeit beraten?«

»Sie wissen, wie das mit Eltern und Mentoren ist: Es ist gut, sie zu haben, auch wenn man nicht gern über sie spricht.«

Sophie kann ihren Vater lachen hören. Hat er also doch mal wieder allen ein Schnippchen geschlagen. Seine Tochter gewinnt das große Verfahren, und er räumt die Lorbeeren ab. Grundlos natürlich. Aber wahrscheinlich genau darum umso lieber. Sophie beschließt, die aufkommende Wut mit Kaffee zu ertränken. Schlaf gibt es jetzt für sie sowieso nicht mehr. Kaffee allerdings auch nicht. Als sie sich aufsetzt, um aus dem Bett zu steigen, brummt das Telefon.

»Schon wach?«, fragt Pirlo.

»Ich hatte das Handy zumindest schon in der Hand. Was gibt's?«

»Kannst du vorbeikommen?«

»Wann? Jetzt?«

»Ja.«

»In die Kanzlei?«

»Zu mir nach Hause. Hier sitzt ein möglicher neuer Fall.«

Sophie gähnt. Die Ablenkung ist mehr als willkommen. Auch wenn Pirlo das nicht unbedingt wissen muss. »Was hat er denn zu bieten?«

»Überraschendes.«

»Ist das nicht immer so?«

Pirlo lacht. Dann legt er auf.

Während sie schnell duscht, kreisen Sophies Gedanken um Pirlo und dessen Überraschungen. Eine davon trägt sie schon seit Monaten mit sich herum. Kurz nach dem Freispruch im Von-Späth-Verfahren hat sie einen anonymen Brief erhalten, dem ein Foto beilag. Die am unteren Rand abgedruckten Daten zeigten, dass es wenige Stunden vor dem letzten Verhandlungstermin aufgenommen worden war, unmittelbar *vor* der Vernehmung des Hauptbelastungszeugen Danzinger. Unmittelbar *nach* einem Einbruch bei ihm. In der Verhandlung hatte Pirlo Unterlagen präsentiert, die Danzinger in Schwierigkeiten brachten, zuvor allerdings nirgendwo zu finden gewesen waren. Außer möglicherweise bei Danzinger selbst.

Das Foto zeigt drei Männer. Einer sieht aus wie Ahmid Khatib. Ein Clan-Gangster. Ein anderer ist Pirlo. Seitdem weiß Sophie nicht, wie sie ihn darauf ansprechen soll. Immer wieder hat sie sich fest vorgenommen, ihn einfach rundheraus zu fragen, was er mit Khatib zu tun hat. Was sie dann aber nicht macht. Wobei sie selbst rätselt, warum eigentlich nicht. Schließlich ist *er* auf dem Foto, nicht sie. Es gibt also keinen Grund für sie, sich damit schwerzutun. Trotzdem ist es so. Dazu kommt, dass viele Fragen offen sind. Denn irgendjemand hat das Foto geschossen, und irgendjemand hat es ihr auch geschickt. Aber warum? Und warum ganz offensichtlich sonst niemandem? Wochenlang hat sie damit gerechnet, dass die Polizei vor der Tür der Kanzlei stehen werde. Wochenlang ist trotzdem nichts passiert. Und irgendwann, irgendwie, hat sie sich währenddessen daran gewöhnt, im Dunkeln zu tappen. Es war schließlich auch genug anderes los. Erst der Medienrummel, dann die Suche nach Räumen, weg von Pirlos Wohnzimmer, hin zu einer richtigen Kanzlei in der Altstadt, die Einrichtung dort, die Arbeit mit neuen Mandaten, all das eben. Der richtige Zeitpunkt dafür, Pirlo nach der Khatib-Sache zu fragen, hatte sich dadurch einfach nicht ergeben. So jedenfalls erklärt sich Sophie das selbst. Es klingt auf diese Art auch besser, als wenn sie darüber nachdenkt, ob sie bisher nicht einfach ein kleines bisschen feige war.

Als sie aus der Dusche kommt, schüttelt sie mit dem Wasser auch ihre Gedanken ab. Nichts ist gegenwärtiger als der aktuelle Fall. Insofern ist es gut, dass es davon ständig neue gibt.

4.

GANZ SCHÖN GEFICKT

Eine halbe Stunde später

»Hallöchen«, sagt Faruk Maliki, als Sophie die Wohnung betritt. Das ist kein Scherz. Er sagt das wirklich.

Pirlo verdreht die Augen. Er hat den dritten Kaffee im System. Langsam fühlt er sich wieder nüchtern. Und genervt. Je mehr er von Faruk Maliki mitbekommt, desto stärker sinkt die Laune.

»Hallöchen wie in: Hallöchen, schöne Frau.« Maliki grinst.

Sophie starrt ihn entgeistert an. »Mein Name ist Sophie Mahler. Ich arbeite mit Herrn Dr. Pirlo zusammen. Ich bin Rechtsanwältin für Strafrecht.«

»Das mit dem Strafrecht liegt bei dir sicher in der Familie.«

»Warum?«, fragt Sophie so instinktiv wie irritiert.

»Na, weil dein Vater ein Dieb sein muss.« Maliki strahlt. »Immerhin hat er die Sterne vom Himmel gestohlen und dir in die Augen gesetzt, *babe*.«

»Ich heiße nicht *babe*«, antwortet Sophie ruhig, »sondern Sophie Mahler. Für einen Schluck Wasser in der Kurve wie dich auch gern Frau Mahler. Noch besser: Frau Rechtsanwältin Mahler. Die übrigens langsam mal wissen will, was hier los ist.«

Pirlo schaltet sich ein. »Das ist Faruk Maliki, ein Sprössling der Maliki-Familie. Gestern Nacht gab es Streit mit einer rechten Rockergang. Etwas später wurde deren Anführer erstochen. Faruk hat von einem Spitzel bei den Rockern erfahren, dass sie ihn verdächtigen und ihm die Polizei auf den Hals hetzen wollen. Deshalb ist er hier. Er braucht einen Verteidiger.«

»Und warum kommt er zu uns?«

»Er kennt uns aus dem Fernsehen«, sagt Pirlo. Glücklich sieht er dabei nicht aus. Er ist es auch nicht. »Er sagt, er brauche Hilfe. Und er geht nicht mehr weg.«

»Jetzt erst recht nicht mehr«, nuschelt Maliki und zwinkert Sophie zu.

Pirlo beschließt, dass er noch mehr Kaffee braucht. Aus der Küche hört er, wie Sophie die weiteren Fragen stellt.

»Hast du ein Alibi?«

»Warum dürfen Sie mich duzen, und ich muss Sie siezen?«, fragt Maliki.

»Weil wir erwachsen sind und uns auch so verhalten. Wohingegen es bei dir wirkt, als seist du ungefähr zwölf.«

»Ich bin zweiundzwanzig«, protestiert Maliki.

»Und damit voll strafmündig«, ergänzt Sophie. »Herzlichen Glückwunsch«. Maliki verstummt sofort. Sie nutzt die Gelegenheit. »Also, was ist jetzt mit dem Alibi? Wo warst du gestern Nacht?«

»Im Casino«, murmelt Maliki. »Genau wie Pirlo.«

»Dr. Pirlo.«

Maliki zieht die Schultern hoch. »Genau wie Dr. Pirlo.«

»Gut. Und danach?«

»Danach gab es Stress auf dem Parkplatz des Casinos. Gegenseitige Provokationen.« So wie Maliki das ausspricht, klingt es wie eine Regierungserklärung. Er ist auch sichtlich stolz auf seine Formulierungskünste.

»Und dann?«

»Danach ging jeder seiner Wege. Normal.«

»Wohin führte deiner?«

»Nach Düsseldorf.«

»Wohin genau?« Maliki zögert. »Wohin genau?«, wiederholt Sophie. Sie wirkt geduldig, ist es aber nicht. Pirlo weiß das.

Maliki kann es spüren. Er drückt die Lippen aufeinander und schmatzt dann genervt. »Ich bin halt noch nach Eller gefahren.«

Pirlo sieht, wie Sophie den Blick Malikis einfängt. »Du erwartest jetzt nicht ernsthaft von mir, dass ich dich noch einmal frage, wohin genau?«

Maliki überlegt kurz. Dann blickt er auf seine Hände und murmelt. »Zu *Aphrodite.*«

»Was bedeutet das? Ist das ein Mensch? Eine Frau?«

»Es ist ein Club.«

Pirlo bekommt mit, dass Sophie mit den Schultern zuckt. Ein bisschen ist er erleichtert. Auch wenn er das natürlich nicht zugeben würde. Der Altersunterschied ist zwar nicht allzu groß. Bei der Frage, wer welche Clubs kennt, aber eben doch. Zumindest manchmal. Hier jetzt gerade zum Beispiel nicht. Wobei *Aphrodite* auch nicht nach einem konventionellen Tanztempel klingt. Um das mal so auszudrücken. Sophie muss allerdings auch nicht mehr nachhaken. Malikis Widerstand ist erlahmt. Er ergänzt seinen Satz von ganz allein. »Es ist ein Saunaclub, wenn ihr es unbedingt wissen müsst.«

»Natürlich müssen wir das unbedingt wissen«, brummt Pirlo. »Zumindest, wenn wir dich verteidigen sollen. Also, komm in die Gänge und erzähl uns, was los ist.«

Maliki sieht ihn entgeistert an. »Was soll ich denn da noch erzählen?«

»Warum jemand denken könnte, dass du Waßmer auf dem Gewissen hast, zum Beispiel.«

Maliki zuckt mit den Schultern. »Ja was weiß denn ich, Mann?« Er fängt Pirlos Blick. Das genügt. Maliki fasst sich kurz. »Ich weiß es wirklich nicht, Herr Dr. Pirlo. Alles, was ich sagen kann, ist, dass ich nach dem Casino zu *Aphrodite* gefahren bin. Wenn Sie es genau wissen müssen: Ich war noch nicht mal lang dort.«

»Warum?«

»Warum ich nur kurz geblieben bin?«

»Ja.«

Maliki zuckt wieder mit den Schultern. Diesmal sogar noch heftiger. »Keine Ahnung. Irgendwie hat es dann doch nicht richtig gepasst.«

Pirlo dreht an seinen Haaren. »Lass uns mal langsam konkret werden: Wie lang warst du tatsächlich dort?«

»Keine halbe Stunde, denke ich.«

»Denkst du?«

»Was weiß ich, Mann. Ich hab mir da jetzt keinen Wecker gestellt oder so.«

»Keine Stoppuhr«, murmelt Pirlo. Einfach so. Er ist müde. Außerdem ist es auch nur so richtig.

»Was?«

»Vergiss es.«

Sophie übernimmt. Sie scheint zu bemerken, dass Pirlo nur halb am Denken ist. Oder am Schlafen. Beides bringt die Sache hier zu wenig voran. »Was ist dann passiert?«

Maliki starrt wieder auf seine Hände, diesmal aber anders als vorhin. Nicht genervt, sondern bedrückt. Sophie wiederholt die Frage. Ihr Ton hat sich allerdings verändert. Sie spricht weicher. Vorsichtiger. »Was ist dann passiert, Faruk?«

Malikis Kinn zittert kurz. Dann hat er sich gefangen. Er antwortet zwar leise. Verständlich ist es aber trotzdem. »Als ich rauskam, lag jemand auf dem Parkplatz. Ein Mann. Er lag da einfach so auf dem Rücken.«

»Wie hast du darauf reagiert? Was hast du gemacht?«

»Keine Ahnung.« Maliki fährt sich über die Nase. So wie wenn jemand schniefen will. Oder trockenkoksen. Bei Maliki trifft wahrscheinlich beides zu. Pirlo und Sophie warten einen Moment.

Schließlich fährt Maliki fort. Noch bedrückter. Noch leiser. »Ich bin ganz langsam hin.« Er zögert.

»Und dann?«

»Ich hab geschaut, was los ist. Erst in dem Moment hab ich gesehen, dass es Waßmer ist.«

»Und?«

»Er hat überall geblutet. In seiner Brust ...« Er unterbricht sich. Räuspert sich. Fängt sich. Was alles seine Zeit braucht. Die sie ihm allerdings auch lassen. »In seiner Brust steckte ein Messer. Auch da war alles voller Blut. Und ich, na ja, ich dachte, er sei tot.« Wieder zögert er. »Ich war mir aber irgendwie nicht sicher.«

Pirlo ahnt, was kommt. »Was hast du dann gemacht?« Maliki antwortet nicht. Jetzt ist es Pirlo, der vorsichtig spricht. Wenn auch nicht so sanft wie Sophie. »Was hast du dann gemacht, Faruk?«

Maliki zittert jetzt nicht mehr. Er schwankt. Was immer er sich reingepfiffen hat, verdichtet sich mit der Anspannung zu einem deftigen Crescendo. Allerdings keinem besonders guten. »Ich wusste einfach nicht, was los war. Wirklich nicht. Mir war das voll nicht klar.«

»Und dann?«

»Dann wollte ich schauen, ob er wirklich tot ist.«

Pirlo hat sich vor Maliki gesetzt. Beide, Sophie und er, sind ihm jetzt nahe. Beide achten auf alles. Gestik. Mimik. Körperhaltung. Und alles andere, was es eben sonst noch so gibt. »Was hast du getan?«

Maliki bäumt sich noch einmal kurz auf. Mehr als ein Flackern ist es allerdings nicht. Mehr ist einfach nicht mehr drin. Einen Wimpernschlag später sinkt er erschlafft zurück auf das Sofa. »Ich habe getastet, ob er noch lebt. Und ich habe das Messer rausgezogen.«

»Scheiße«, murmelt Pirlo. Aus den Augenwinkeln kann er

sehen, dass Sophie dasselbe denkt. Wobei er dafür genau genommen gar nicht erst hinsehen muss. Er weiß, dass es so ist. Weil das, was Maliki da erzählt, einfach auch wirklich scheiße ist.

»Wo ist das Messer jetzt?«, fragt Sophie.

Maliki schnieft. Diesmal kommt er sogar ganz ohne Koksfinger aus. »Dort.«

»Was meinst du damit?«

»Als ich das Messer rausgezogen habe, da ...« Bei Maliki brechen die Dämme. Er atmet tief durch. Schnieft. Heult. Dann nimmt er Tempo auf. Auch die aufgesetzte Coolness ist weg. Vorhin hat sie schon niemand gebrauchen können. Jetzt erst recht nicht mehr. »Da war alles voller Blut. Alter, ich hab damit nicht gerechnet. Ich war im Club. Dann komm ich raus. Da liegt ein Mann.« Maliki sammelt sich kurz. »Jedenfalls, er hat ein Messer in der Brust, verdammt. Ich schau so, ob er noch lebt. Dann sprudelt das richtig raus, Alter. Das ganze Zeug. So viel Blut. Ich bin einfach verdammt erschrocken, okay? Ich wollte dem sogar helfen, Mann! Ich wusste ja vorher nicht, dass das der Nazi ist. Woher hätte ich das denn wissen sollen, Mann? Woher?«

Pirlo begreift, dass in dem, was da auf seinem Wohnzimmersofa sitzt, nicht mehr viel Kraft steckt. Und dass der Rest, der noch da ist, für das Drama draufzugehen droht. Also macht er es kurz. »Dann bist du also einfach abgehauen?«

Maliki nickt. »Ja, Mann. Herr Anwalt. Doktor.«

»Wann war das?«

»Vor zwei Stunden oder so.«

»Und in der Zwischenzeit?«

»Ich bin rumgefahren.«

»Hast du jemanden angerufen?«

»Nein.«

»Warum nicht?«

»Wen soll ich denn anrufen, Mann?«

Pirlo hebt die Hände. »Was weiß denn ich? Deine Familie?«

Maliki sieht ihn fest an. »Hätten Sie das gemacht?«

Die Antwort liegt Pirlo schon auf der Zunge. Er verkneift sie sich trotzdem. Darum geht es hier nicht. Weder um ihn noch um seine Familie. Das darf auch ruhig noch lange so bleiben. *Inshallah.*

Maliki legt den Kopf schief. »Ich weiß, dass ich in Schwierigkeiten bin, Mann. Wenn ich meine Familie wegen sowas anrufe, bringe ich denen den Ärger. Das kann ich nicht machen. Ich will es auch nicht, verstehen Sie?«

Pirlo nickt. Er versteht. Es steht ein Mord im Raum. Sagt Maliki seiner Familie Bescheid und bekommt das jemand mit, kann das für einen Durchsuchungsbeschluss reichen. Wer weiß, was man dann dort noch so findet. So viel hat auch Faruk Maliki geschnallt. Die Regeln für den Stressfall sind so überschaubar wie wichtig. Distanz schaffen. Vereinzeln. Klarkommen. Es heißt ja auch »Organisierte Kriminalität«. Und nicht: Jeder macht einfach mal und denkt erst danach darüber nach. Panik hat hier im Zweifel nichts verloren. Jedenfalls für den Augenblick funktioniert das tatsächlich auch noch ganz gut.

»Und sonst? Hast du dich sonst bei jemandem gemeldet?«

»Nein.«

»Freunde, Kumpels, Kollegen?«

»Nein.«

»Jemand anderem?«

»Nein, Mann.«

»Es kann also keiner sagen, wie du auf deinen Fund reagiert hast?«

»Nein.«

Was ebenso gut wie schlecht ist. Pirlo denkt nach. Sophie übernimmt wieder. »Hat dich dort jemand gesehen?«

»Wo, dort?«

»Bei dem Saunaclub?«

»Nein.«

»Sicher?«

»Ja. Man parkt um die Ecke. Die Leute wollen da nicht gesehen werden.«

Was Sinn ergibt. Pirlo nimmt einen Schluck von seinem Kaffee, den wegen der darin enthaltenen Höllenportion an Koffein nie jemand trinken will. Jedenfalls niemand, der nicht mit ihm verwandt ist. »Was fällt dir sonst noch ein?«

»Wie meinen Sie das?«

»Was sollten wir sonst noch wissen?«

Maliki überlegt. Er sieht sie angestrengt an. Dann kommt das Schwanken wieder. »Nichts. Zumindest im Moment. Mein Kopf ist leer. Das macht mich ganz schön fertig, Mann. Ehrlich.«

Pirlo nickt. Zeit für eine Zusammenfassung. »Du triffst also Waßmer am Casino. Es gibt ein paar Drohungen und so weiter. Das Übliche.«

»Ja.«

»Dann fahrt ihr jeweils weg, und du siehst ihn wieder, als du aus dem Saunaclub kommst.«

»Richtig.«

»Er liegt auf dem Parkplatz und blutet. Ein Messer steckt in seiner Brust. Du fasst ihn an, um zu sehen, ob er noch lebt. Aus demselben Grund ziehst du das Messer heraus. Weil du helfen willst. Richtig?«

»Genau. Hätte ja sein können, dass man da noch was machen kann, oder so.«

»Tatsächlich quillt aber aus der Messerwunde noch mehr Blut.«

»Genau. Jede Menge und alles auf einmal.«

»Du erschrickst und rennst weg.« Pirlo sieht, dass Maliki keine Freude an der Formulierung hat. Er nickt aber. »Das Messer bleibt dort.«

»Ja.«

»Du lässt es einfach fallen.«

»Ja.«

»Dann haust du ab und sagst niemandem Bescheid.«

»Genau.«

»Das Nächste, was dir einfällt, ist hierherzukommen.«

»Richtig.«

Pirlo sieht Maliki nachdenklich an. »Dir muss klar sein, dass ich manchmal für meine herbe Sprache kritisiert werde, Faruk.« Maliki nickt. Mit dem, was Pirlo gesagt hat, kann er offensichtlich nichts anfangen. Es ist ihm aber auch egal. Wichtiger ist, worauf Pirlo hinauswill. Was direkt danach kommt. Pirlo legt die Stirn in Falten. »Lass es mich sagen, wie es ist: Du bist ganz schön gefickt.«

Maliki drückt eine Hand auf seine Augen. Als er wieder aufschaut, ist der Blick unsicher. Ängstlich. Und echt. »Aber Sie helfen mir doch, oder?«

Pirlo sieht Sophie an. Sie nickt. Dann antwortet er: »Klar. Unter der Voraussetzung, dass wir uns komplett auf dich verlassen können, Faruk. Ohne deine Dummheiten säßen wir erst gar nicht hier. Darum: ab jetzt absolute Disziplin und Transparenz. Ist das klar?«

Maliki nickt. »Klar.«

»Gut«, sagt Pirlo. Ob er das auch wirklich so meint, weiß er gerade nicht. Was er aber weiß: Er braucht noch einen Kaffee. Und zwar dringend.

5.

VIERZIG. ZUMINDEST BEINAHE

Nach einem weiteren,
dringend benötigten Kaffee

Als Pirlo ein paar Minuten später mit dem dampfenden Kaffee aus der Küche zurückkommt, hat sich Sophie ihren Gast für weitere Fragen vorgeknöpft.

»Wie oft warst du schon drin?«

»Wo soll ich drin gewesen sein?« Pirlo sieht, wie Maliki einen schlechten Spruch vorbereitet. Der dann aber doch nicht kommt. Das ist nicht diese Art von Gespräch. Und erst recht nicht diese Art des Umgangs.

»Im Knast«, antwortet Sophie trocken.

Maliki senkt den Kopf. Jede Coolness ist jetzt verweht. Auch jeder Ansatz dazu. So schnell kann das gehen. »Dreimal. Nie länger als ein halbes Jahr.«

»Wie viele Vorstrafen wegen Gewaltdelikten?«

»Keine Ahnung.«

»Erzähl keinen Scheiß.«

Pirlo sieht Sophie von der Seite an. Ist es wirklich erst ein halbes Jahr her, dass sie hier, in seinem Wohnzimmer, ihr Bewerbungsgespräch hatten? Es kommt ihm vor, als liege das länger zurück. Ewigkeiten länger. Damals kam Sophie frisch aus dem Referendariat. Sie war motiviert. Ehrgeizig. Und naiv. Heute kocht sie um sieben Uhr morgens einfach so den Thronfolger des

Maliki-Clans ab. Was beachtlich ist. Und Pirlo auch irgendwie stolz macht.

Er kapiert erst, dass er, Kaffee hin oder her, ein wenig den Faden verloren hat, als Sophie plötzlich sagt: »Gut. Unter diesen Voraussetzungen übernehmen wir die Verteidigung.«

»Danke«, sagt Maliki. Pirlos Eindruck, dass er hier etwas Wesentliches verpasst hat, erhärtet sich, als Maliki aufsteht und Sophie die Hand reicht. »Ich freue mich, dass Sie sich für mich einsetzen, Frau Rechtsanwältin Mahler.« Dann bekommt auch Pirlo noch die Hand. Schon der guten Form halber. Sie vereinbaren ein weiteres Gespräch am Nachmittag. Maliki wird sich sammeln. Ausschwitzen, was immer noch in seinem schmalen Knabenkörper steckt. Dann wollen sie wieder zur Sache sprechen. Ausgeschlafen. Nüchtern. Fokussiert. Maliki ist einverstanden und bedankt sich. Auf Pirlo wirkt es, als meine er es ernst.

Dann fragt Maliki, ob er jetzt eigentlich einfach so gehen könne.

Pirlo fixiert ihn. Sein Blick ist fest, aber Maliki hält ihm stand. »Wenn du uns alles genau so gesagt hast, wie es wirklich war, hast du mit dem Mord an Rainer Waßmer nichts zu tun, Faruk.« Er beendet den Satz ohne Fragezeichen. Es steht trotzdem im Raum.

»Genau so war es«, antwortet Maliki. »Sie können sich da auf mich verlassen. Da und bei allem anderen. Ehrlich. Ich schwör.«

»Dann sehe ich keinen Grund, warum du dich nicht frei bewegen können solltest. Zumindest grundsätzlich. Dir muss allerdings klar sein, dass die Behörden ein anderes Bild haben dürften. Erst recht, wenn jemand das Messer findet und die Spuren daran auswertet.«

»Was ist dann?«

»Dann dürfte es einen dringenden Tatverdacht geben.«

»Und was heißt das?«

»Das heißt, dass es für einen Haftbefehl reicht.«

Maliki wird käsig um die Nase.

»Was bedeutet das? Soll ich jetzt weg, oder was? Nach Albanien, oder? Jetzt sagen Sie doch was, Mann!«

»Wir werden dir dazu gar nichts sagen. Zum einen, weil wir das nicht können, und zum anderen, weil wir das nicht wollen. Klar ist: Wenn die Faktenlage so ist, wie du sie beschrieben hast, kommt früher oder später ein dringender Tatverdacht gegen dich auf. Dann wird man dich suchen und in Untersuchungshaft stecken wollen. Wenn du dich irgendwo im Ausland aufhalten solltest, kannst du auch da erwischt werden. Man kann und wird dich im Zweifel ausliefern. Es ist dann nicht nur unwahrscheinlich, dass du vor Prozessbeginn überhaupt noch mal rauskommst. Auch insgesamt sieht eine Flucht selten besonders gut aus. Das sollte bedacht werden, gerade wenn die sonstige Indizienlage schon so beschissen ist.«

»Aber man muss mich ja nicht finden«, sagt Maliki vorsichtig.

»Wenn man dich nicht findet, kann man dich auch nicht in den Knast stecken«, antwortet Pirlo, der jetzt genauso langsam spricht. »Auch nicht vorübergehend.« Ein Nicken verstärkt den Punkt am Ende des Satzes. Mehr wird Pirlo dazu nicht sagen. Er muss es auch nicht.

»Danke«, sagt Maliki. Dann ist er weg.

»Lief ja eigentlich ganz gut«, murmelt Pirlo.

»Kann man so sagen«, antwortet Sophie. Sie grinst. »Wie viel hast du noch mitbekommen?«

»Wovon?«

Sophie lacht. »Geh mal pennen.«

»Und du?«

Sophie sieht aus dem Fenster. Es regnet. »Ich gehe eine Runde laufen und danach schwimmen.«

»War bei dir gestern nicht auch Samstagabend?«

»Doch.«

»Warst du nicht aus?«

»Klar.«

»Warum bist du nicht müde?«

»Weil ich nicht auf die vierzig zugehe.« Sophie tänzelt zur Tür. »Ich schreib dir nachher eine E-Mail über das, was wir besprochen haben. Er wird sich erst mal bedeckt halten. Wenn wir mehr Informationen haben, sehen wir, wo wir stehen. Und jetzt schlaf gut, alter Mann.«

Fünf Minuten später hat Pirlo das Gefühl, dass ihm doch noch eine geistreiche Antwort darauf einfallen könnte. Sicher ist er sich aber nicht. Also geht er wirklich pennen. Kann man nach zwanzig Stunden Programm ja auch mal machen.

6.

DÜNNES EIS

Am Abend

Am Abend ist Pirlo wieder weitestgehend hergestellt. Das muss er auch sein. Sonja gibt eine Vernissage zur Eröffnung einer Ausstellung mit ihren Töpfereien, und er hat Arland und ihr fest versprochen, dort zu erscheinen.

»Lange Nacht gestern?«, fragt Arland und deutet auf das Wasserglas in Pirlos Hand.

»Und dazu ein wilder Morgen«, antwortet Pirlo.

»Eine neue Eroberung?«

Pirlo schüttelt den Kopf. Er hat sich längst daran gewöhnt, dass Arland intime Fragen stellt. Das war nicht immer so. Erst vor ein paar Jahren wechselte die Rolle von der des Doktorvaters zu der des väterlichen Freundes. Und warum auch nicht? Arland und Sonja haben keine Kinder. Pirlo ist über dreißig Jahre jünger als die beiden. Es würde also hinkommen. Pirlo ist die Wahlverwandtschaft recht. Familie kann man sich schließlich nicht immer aussuchen.

Arland reißt ihn aus seinen Gedanken. »Du kannst es übrigens ruhig sagen.«

»Was?«

Arland senkt die Stimme. »Das, was du denkst.«

»Was denke ich denn?«, fragt Pirlo unschuldig.

»Dass Sonjas Kunstwerke aussehen wie hässliche Penisse.«

Pirlo zieht den Mundwinkel hoch. »Ich kann nicht folgen. Deine Frau zaubert wunderbare Zylinderskulpturen, und du kommst mit diesem schäbigen Vergleich.«

»Du hast recht«, sagt Arland. »Das ist gegenüber den Zylindern nicht richtig. Wo sie sich damit so viel Mühe gegeben hat.«

»Vor allem an den abgerundeten Enden.« Einen Augenblick sehen sie sich wortlos an. Dann brechen sie in Lachen aus.

»Amüsiert ihr euch?«, fragt Sonja, die sich aus einer Gruppe von Besuchern herauswindet. Sie strahlt. Das meint nicht nur die Augen. Sondern alles. Sonja hat dieses Leuchten. Besser kann Pirlo es nicht beschreiben. Er glaubt nicht ans Heiraten. Wenn er ehrlich ist, weiß er noch nicht einmal, ob er überhaupt an die große Liebe glaubt. Falls aber jemand einen guten Grund dafür bieten könnte, diese beiden Prämissen über den Haufen zu werfen, dann eine Frau wie diese.

»Du musst dir deine eigene Sonja suchen«, sagt Arland, der einmal mehr Pirlos Gedanken erraten hat. »Und deine Penisangelegenheiten bis dahin eben allein regeln.« Pirlo verzieht das Gesicht. Arland boxt ihm auf die Schulter. »Ach komm schon, ein bisschen platter Humor wird auch mal drin sein dürfen. Vergiss nicht, dass ich ein Kind des Ruhrgebiets bin.«

»Das ist es nicht.«

»Sondern?«

»Das Kind des Ruhrgebiets hat einen sitzen.«

»Und?«

»Und ich habe eigentlich noch eine wichtige Sache mit ihm zu besprechen.«

Arland sieht ihn einen Moment fragend an. Dann marschiert er kurzentschlossen zur Bar und bestellt einen doppelten Espresso. Eine halbe Stunde später stehen sie auf einer Freiterrasse über den Dächern von Bilk und schauen auf das Lichtermeer der winterlichen Stadt. Die Mischung aus Kaffee und Kälte zeigt bei Arland

Wirkung. Der Alte kommt langsam wieder zu sich. Pirlo merkt das. Arland ebenso. Kurz lacht er über sich selbst. Dann fragt er: »Also, was ist los, Junge?«

»Hast du von dem Mord an Rainer Waßmer gehört?«

»Klar. Er steht ja sogar bei POST Online auf der Titelseite.«

»Liest du immer noch die Schundformate?«

»Niemals nicht. Weißt du doch. Das gehört schließlich zum Beruf.«

Pirlo grinst. Auch wenn Arland *den* Lehrbuchklassiker zum Strafprozessrecht geschrieben hat, war er selbst höchstens vor einem Vierteljahrhundert mal forensisch tätig. Seitdem glänzt er als graue Eminenz des Hörsaals und schlauer Fuchs der Branche. Die Schlagzeilen der POST liest er trotzdem. Am Lehrstuhl war das eine der ersten Lektionen für Pirlo: Wer wissen will, was im Strafrecht läuft, muss die fetten Überschriften kennen. Dort steht zwar nicht alles, und das, was da steht, ist längst nicht immer richtig. Die groben Linien sind aber meistens trotzdem da. Und aktueller ist nun mal niemand. Noch nicht einmal im Ansatz.

»Wie findest du die Schlagzeile?«

»*Mord im Milieu*? Griffig, würde ich sagen. Ist schließlich alles drin. Sex. Clans. Und ein Mord. Quasi das Wunschkonzert des deutschen Boulevardjournalismus. Alles, was fehlt, ist ein umstrittener Verteidiger.« Arland sieht Pirlo von der Seite an. Der geht nicht darauf ein.

Stattdessen murmelt er: »Sie haben einen Verdächtigen.«

»Ja, einen von diesen Clanburschen.« Arland sagt das ohne besondere Betonung. Zumindest glaubt Pirlo das. Oder besser: Er hofft es.

»Der Kerl heißt Faruk Maliki.«

»Und?«

»Er saß heute Morgen bei mir auf dem Sofa und wollte, dass ich seinen Fall übernehme.«

»Auf dem Sofa?«

Pirlo zuckt mit den Schultern. »Du weißt schon, die Wohnzimmerkanzlei. Das bekommst du den Leuten nicht so schnell abgewöhnt.«

Arland lacht. »Auch nach drei Monaten noch nicht?«

Pirlo lacht mit. »Wahrscheinlich sprechen mich manche Deppen noch in Jahren darauf an.«

Arland wird wieder ernst. »Der junge Mann ist doch auf der Flucht, oder?«

»Er selbst behauptet, dass er es nicht gewesen sei. Keine Tat, keine Flucht.«

»Dann versteckt er sich möglicherweise ohne Grund. Verdächtigt wird er trotzdem. Womit er auch auf der Flucht ist. Ob dir das passt oder nicht.«

Pirlo seufzt. »Du weißt, was passiert, wenn man ihn erwischt.«

»Ich ahne es.«

»Und?«

»Und was?«

»Was denkst du darüber?«

Arland atmet tief durch. »Gut klingt das alles nicht. Und zwar sogar weniger wegen der Flucht. Du bist sein Verteidiger. Verpfeifen musst du ihn nicht. Aber was, wenn weitergemordet wird? Und was, wenn man deinem Mandanten unterstellt, er habe damit zu tun? Was, wenn irgendein Bandenkrieg losbricht und die Staatsanwaltschaft auf den Gedanken kommt, das sei zu verhindern gewesen? Wenn du dann weißt, wo er steckt, und das nicht offengelegt hast, ist das dünnes Eis.«

»Wie dünn?«

Arland zieht die Augenbrauen hoch. Pirlo ahnt, dass er jetzt am liebsten eine Zigarre rauchen würde. Sonja hat ihm das zwar vor ein paar Jahren abgewöhnt, damals, nach dem ersten kleinen Herzanfall. Für angemessen hielte er es aber wahrscheinlich trotzdem.

Pirlo hat sich schließlich mal wieder in die Misere geritten. Pirlo hat sich mal wieder in die Misere geritten. Immerhin sucht er trotzdem seinen Rat, wenn er auch ziemlich genau auf dem altbekannten schmalen Grat herumreitet: Lieblingsschüler und *enfant terrible*. Beides in einem. Arland sieht Pirlo ernst an: »Strafbar wirst du dich schon nicht machen. Neue Freunde findest du damit aber sicher auch nicht. Und es ist ja nicht gerade so, als würde es von alten nur so wimmeln.«

Pirlo nickt. Arland kratzt sich an der Nase. Dann kommt das große Aber. Leider. »Wenn du allerdings weißt, wo dein Mandant steckt, und es offenlegst, springen dir alle Mandanten ab. Womöglich zu Recht.«

»Was rätst du mir also?«, fragt Pirlo.

»Vorsichtig sein. Weißt du denn schon, was du tun wirst?«

»Noch nicht«, antwortet Pirlo. Was nicht stimmt. Pirlo weiß das. Arland auch. Aber man muss nicht immer über alles sprechen. Erst recht nicht, wenn es um dünnes Eis geht.

7.

GROSSE FREIHEIT

Montag, 22.11.

Die Nachricht kommt um kurz nach zehn. Schon um halb zwölf Uhr bahnen sich Sophie und Pirlo den Weg durch fünf verschiedene Zimmer. Da, wo sie das Gebäude betreten haben, ist ein Wettbüro. Sophie kommt es mittlerweile so vor, als sei das in einer ganz anderen Welt gewesen. Mindestens. Seit sie in dessen Hinterzimmer durch eine unscheinbare weiße Tür gegangen sind, reiht sich ein Raum an den anderen. In drei davon sitzen Männer. Die Grundausstattung ist bei allen gleich. Bart. Undercut. Muskeln. So wie auch der Untersetzte aussieht, der sich ihnen als Faruks Cousin vorstellt, danach wortlos vorausgeht und sie in einem überraschend altmodisch eingerichteten Wohnbereich zurücklässt. Dort fläzt der Thronfolger in einem tiefen Sessel vor einem riesigen Bildschirm und zockt mit überdimensionierten Kopfhörern auf den Ohren ein Ballerspiel. Der Untersetzte schlägt Faruk Maliki mit der flachen Hand auf den Nacken. Auch wenn es nicht wirklich schmerzhaft aussieht, ist Sophie überrascht. Die engere Verwandtschaft ist offensichtlich nicht immer ein Vergnügen. Noch nicht einmal in einem Clan.

Faruk Maliki scheint die Schelle unangenehm zu sein. Mit rotem Kopf schaltet er die PlayStation aus und deutet unverständlich murmelnd auf zwei weitere Sessel. Sophie und Pirlo setzen sich. Der kompakte Muskelberg bleibt hinter ihrem Rücken stehen. Ehe Sophie sich darüber Gedanken machen kann, merkt sie, wie tief sie plötzlich einsinkt. Und wie unglaublich bequem das ist.

»Gut, was?«, fragt Faruk Maliki strahlend. »Das sind argentinische Designerteile. Im Laden kosten die pro Stück über zehntausend.«

»Und außerhalb?«, fragt Pirlo.

»Für euch die Hälfte.«

»Ich nehme an, das ist für dich trotzdem noch ein gutes Geschäft.«

»Kann schon sein«, nölt Maliki. »Es ist aber auch ein Haufen Arbeit, das ganze Zeug aufzulesen, wenn es vom Lastwagen fällt.« Er lacht schmierig. Von hinten kommen erstickte Laute. Sophie braucht einen Moment, bis ihr klarwird, dass auch ihr Aufpasser lacht. Wahrscheinlich haben einfach nur die Steroide die Luftröhre verklebt.

Pirlo ignoriert das Gehabe. »Lass uns offen sprechen, Faruk.« Der nickt und bewegt den Kopf. Der Türstehercousin verschwindet. »Wer weiß, dass du hier bist?«

»Keiner«, antwortet Maliki.

Sophie seufzt. »Wir sind allein auf dem Weg hier rein an mindestens zehn Leuten vorbeigekommen.«

Maliki reckt das Kinn vor. »Die sind Familie.«

»Und wer weiß außer deiner *Familie* noch, dass du hier bist?«

»Keiner. Nur ihr.«

»Du hast uns eine Nachricht geschrieben.«

»Richtig. Aber mit dem Einmalhandy.«

»Einmalhandy?«

»Einmal nutzen und dann ab in die Tonne«, belehrt Maliki. Dann kommt der Kennerblick. »Früher haben wir diese Krypto-Dinger genutzt, aber da hat uns die Rechtsprechung dann sauber gefickt und die Gespräche irgendwie doch ausgewertet. Es war eine Schande. Und für so was zahlt man Steuern.«

»Man?«

Maliki grinst. »Ihr.«

Sophie streicht sich genervt über einzelne Härchen auf der Stirn. Vorhin musste es schnell gehen. Die langen blonden Haare stecken daher in einem Zopf. Stirnhärchen inklusive. Neben ihr spielt auch Pirlo mit seinen Haaren. Sie muss gar nicht erst richtig hinsehen, um zu wissen, dass er jetzt schon keinen Bock mehr hat. Erfreulicherweise lenkt ein Klopfen an der Tür ab. Kurz darauf steht ein schöner Mann im Raum. Jede andere Formulierung wäre fehl am Platz. Jedenfalls wenn es nach Sophie geht. Er wirkt anders als die anderen hier. Weniger schrankwandig, eher drahtig. Die Augen sind dunkel, fast schwarz, und dabei klar. Freundlich. Wach. Der Bart ist gepflegt, die Kleidung schlicht, aber elegant. Außerdem strahlt der Neuankömmling eine gewisse Ruhe aus. Und er riecht gut. Zu dem warmen Duft passt die dunkle, sanfte Stimme. »Mein Name ist Fathi Maliki. Ich bin Faruks Cousin. Sein Vater bittet mich, an diesem Gespräch teilzunehmen, vorausgesetzt, Sie haben nichts dagegen.«

Sophie sieht, dass Pirlo kurz nickt. Trotzdem dreht sich der Drahtige zu ihr und fragt: »Und Sie stört es auch nicht?«

»Nein«, sagt Sophie. Faruk Maliki fragt keiner. Er hat hier nichts mehr zu melden. Die Art, wie er plötzlich sitzt, zeigt, dass ihm das auch selbst klar ist.

»Zunächst bedanken wir uns dafür, dass Sie gestern so spontan zur Verfügung standen«, sagt Fathi Maliki. »Wir wissen natürlich, wer Sie sind. Das Verfahren wegen des Mordes an diesem Stararchitekten haben wir, wie alle, in den Medien verfolgt. Eine spannende Sache. Sie haben dabei eine gute Figur abgegeben. Mit der Entscheidung von Faruk, sich von Ihnen vertreten zu lassen, sind wir daher sehr einverstanden. Es braucht hier eine Verteidigung aus der Champions League.« Er macht eine Pause. »Schließlich ist der Fall möglicherweise doch etwas komplizierter.« Sein Blick geht zu Faruk.

Der senkt die Augen. »Ich war das nicht, Cousin. Das mit Waßmer. Versprochen.«

Fathi Maliki sieht Faruk lange an. Dann nickt er. »Gut. Dann müssen das nur noch die Nazis glauben. Und die Polizei.«

Sophie schaltet sich ein. Ein bisschen Klarheit täte der Angelegenheit hier gut. Normalerweise ist das ihr Zuständigkeitsbereich. »Worum geht es bei diesem Konflikt zwischen Ihrer ...« Sie überlegt kurz, was das richtige Wort ist. Organisation? Unternehmung? Clanstruktur? Dann entscheidet sie sich für die neutralste aller Varianten: »Worum geht es bei diesem Konflikt zwischen Ihnen und der anderen Seite?«

»Den Nazis?«

»Nennen Sie sie, wie Sie mögen. Nazis. Rocker. Nicht-Familien-Organisation. Sie wissen, was ich meine.«

Fathi Maliki lächelt. Nicht-Familien-Organisation. Die Formulierung scheint ihm zu gefallen. Er reibt sich den Nasenrücken. »Sie wissen, wie das bei diesen Sachen ist, Frau Rechtsanwältin Mahler.« Er kennt nicht nur Pirlos Namen, sondern auch ihren. Sie tut so, als würde sie es einfach zur Kenntnis nehmen. Auch wenn sie sich ein bisschen darüber freut. Und ihr genau das auch ein bisschen unangenehm ist. Fathi Maliki scheint ihre Unruhe nicht mitbekommen zu haben. Vielleicht ist er auch einfach stilvoll genug, sie sich nicht anmerken zu lassen. Er fährt fort. »Wo das Ganze herkommt, kann wahrscheinlich gar niemand mehr sagen.« Er verzieht den Mund zu einem bedauernden Lächeln. »Angefangen hat es mit schlichten Machtansprüchen. In einem solchen Fall kommen schnell auch Empfindlichkeiten dazu. Am Ende ging es sicher auch um Territorien. Jedenfalls heute ist das so.« Er seufzt. »Heute dreht sich alles um das Gelände.«

»Welches Gelände?«

»Die *Große Freiheit*. Oder wie es ein Werbeprospekt sagt: ›Das neue Herz für Reisholz.‹ Nur dass dieses Prospekt von 1990 ist.« Er lacht. Wieder sieht das attraktiv aus. Und wieder alles andere als gut gelaunt. »Düsseldorf ist heute nicht gerade für Industriegebiete bekannt. Trotzdem gibt es sie. Tatsächlich war die Stadt sogar noch bis in die siebziger Jahre stark industriell geprägt. Das ganze Bling-Bling kam erst später, selbst wenn sich daran heute fast keiner mehr erinnern will. Die entsprechenden Gelände sind aber teilweise immer noch da. Eines der interessantesten dürfte die *Große Freiheit* sein.«

»Das sagt mir nichts«, räumt Sophie ein.

Fathi Maliki nickt. »Das glaube ich gern. Sie sind aber auch noch sehr jung.« Sophie spürt, dass sie kurz rot wird. Normalerweise hätte sie gegen einen solchen Kommentar protestiert. Und sei es aus Prinzip. Bei Fathi Malikis weicher Stimme lässt sie es allerdings durchgehen. Ausnahmsweise. Maliki nickt derweil in Richtung Pirlo. »Sie kennen das Gelände aber bestimmt.« Pirlo reagiert wie fast immer: gar nicht. Maliki fährt fort. »Das Unternehmen Rheinstahl hatte ursprünglich eine Fertigungsstelle für Kurbelwellen geplant. Entsprechend gewaltig fielen die Hallen aus. Dann kam die Stahlkrise, und die großen Produktionen gingen nach Osteuropa. Für die Anlage in Reisholz hatte keiner mehr Verwendung. Dazu begann der Niedergang des Ruhrgebiets. Düsseldorf hatte ja immer nur damit kokettiert, an dessen Rand zu liegen. Jetzt fielen dort ganze Städte in sich zusammen. Duisburg. Bochum. Gelsenkirchen. Und so weiter. So zynisch das klingt: Für die produzierende Branche war das ein Glücksfall. Dort bekam man plötzlich noch größere Produktionsanlagen für wenig Geld hinterhergeworfen. Außerdem standen billige Arbeitskräfte im wahrsten Sinne des Wortes auf der Straße. An Düsseldorf braucht seitdem niemand mehr zu denken, der günstige freie Flächen sucht. Steuervergünstigungen. Oder Behörden, die froh sind, dass überhaupt jemand für Entlastung sorgt.«

Sophie nickt unwillkürlich. Was Fathi Maliki sagt, ergibt Sinn. Beeindruckt ist sie aber vor allem davon, *wie* er das macht. Die Stimme klingt voll. Die Worte sind gewählt. Mag ja sein, dass er genau genommen nicht viel mehr ist als der Außenminister seines Clans. Viel besser hätte man diese Position dann aber auch nicht besetzen können. Fathi Maliki schenkt ihr ein Lächeln. Unmöglich zu sagen, ob er ihre Gedanken erraten hat. So oder so fährt er im ernsten Plauderton fort: »Mit anderen Worten: Das Gelände der *Großen Freiheit* am Düsseldorfer Stadtrand konnte niemand mehr gebrauchen. Für die meisten geriet es in Vergessenheit.«

»Aber für manche nicht, nehme ich an«, brummt Pirlo. Kurz ist Sophie überrascht, dass er überhaupt noch da ist. Der sanfte Ton Malikis hat sie kräftig in Beschlag genommen. Und gehalten.

»Richtig.« Maliki nickt. »Wir haben das Gelände natürlich im Auge behalten. Die anderen Organisationen aber auch.«

»Und wie hat sich das entwickelt?«, fragt Sophie. Klar, er erklärt das wahrscheinlich sowieso gleich. Es tut aber auch einfach gut, selbst mal was zu sagen. Schon allein, um sich nicht vollends im wohlformulierten Singsang Malikis zu verlieren.

Der streicht nachdenklich über seinen akkurat gestutzten Bart. »Es lief so, wie das bei solchen Sachen immer läuft. Anfangs turbulent. Dann eigentlich ganz ruhig.« Er lächelt dünn. »Reisholz mag für die meisten Düsseldorfer gefühlt weit weg sein. Eines dieser Viertel, dessen Namen man auf den Autobahnschildern liest, ohne ihn wirklich mit der eigenen Stadt in Verbindung zu bringen. Irgendwie anonym. Unwichtig. Belanglos. Tatsächlich liegt es aber nicht weit von der Innenstadt entfernt. Von der Kö bis zur *Großen Freiheit* dauert es mit dem Auto nicht länger als zwanzig Minuten.« Er wendet sich wieder an Sophie. »Versuchen Sie, sich das vorzustellen, Frau Mahler: Von den großen Clubs, für die Leute aus ganz Europa nach Düsseldorf kommen, ist es nicht weiter als ein Katzensprung bis dorthin, wo es das gibt, was die Nachtschwärmer suchen, aber in der Altstadt und im Hafen nicht finden. Zumindest nicht wirklich zuverlässig. Und nicht in Massen.«

Er sieht Sophie erwartungsvoll an. »Drogen also. Prostitution«, murmelt sie, unsicher, ob sie überhaupt gefragt war. Ihr Kopf rattert. Viel mehr fällt ihr trotzdem nicht ein. Vielleicht weil sie eben doch behütet aufgewachsen ist. Vielleicht weil es auch einfach nicht mehr halb legale Verlockungen gibt. Jedenfalls keine, die sie kennt.

Maliki hilft ihr an dieser Stelle nicht weiter. Er lacht nur und hebt die Hände. »Was immer Menschen auf die von ihnen gesuchte Art glücklich macht. Und wofür sie bereit sind zu bezahlen.«

»Was attraktiv ist. Und die Rocker ins Spiel bringt«, ergänzt Pirlo. Er klingt, als wolle er sich einfach nur einbringen. Höflich. Interessiert. Offen. Sophie ahnt allerdings, dass es ihm schlichtweg nicht schnell genug geht.

Maliki lässt sich von Pirlos Einwurf erwartungsgemäß nicht aus der Ruhe bringen. »Richtig. Wobei es nach anfänglichen Reibereien jahrelang gut lief.«

»Bis jetzt.«

Maliki nickt. »Bis jetzt.«

»Wie ist das Gelände aufgeteilt?«, fragt Pirlo. »Drogen hier, Prostitution dort?«

Malikis Züge verhärten sich kurz. Dann kehrt er aber schnell zu ausgesuchter Freundlichkeit zurück. »Das kann schon sein.«

»Und was sorgt jetzt für den Konflikt?«

»Nichts!«, entfährt es dem immer noch tief in seinem Sessel klebenden Faruk Maliki. »Überhaupt nichts, Mann!«

»*Shuj!*«, zischt Fathi Maliki. Es dauert nur einen Wimpernschlag. Ganz kurz. Ganz schnell. Trotzdem ist Faruk Maliki sofort ruhig.

»Entschuldigen Sie«, sagt Fathi Maliki zu Sophie. »Faruk ist manchmal etwas ungestüm.« Er lächelt, als er das sagt. Trotzdem fühlt es sich an, als sei der Raum zehn Grad kälter. Mindestens. Im deutlichen Gegensatz dazu wird das Außenministerlächeln wieder breiter. »In der Sache hat mein Cousin aber eigentlich recht. Grundsätzlich war alles geregelt. Jeder hatte seinen Bereich. Alles kein Problem. Lange Zeit ist auch tatsächlich nichts vorgefallen. Bis jemand auf die glorreiche Idee gekommen ist, den Anführer der Nazis umzubringen.«

Sein Blick geht zu Faruk Maliki, der zwischenzeitlich wieder still im Sessel kauert. Kurz scheint es, als wolle er sich aufrichten und etwas sagen. Allerdings hebt Fathi Maliki einen Finger. Faruk lässt sich wieder zurückfallen. Dann eben nicht.

Sophie beobachtet die beiden. Mit ihrem Kopf ist sie aber woanders. Sie bemerkt es selbst. Auch Fathi Maliki fällt es auf. »Sie sehen nachdenklich aus.«

»Das bin ich auch.«

»Darf ich fragen, wie das kommt?«

Sophie fährt sich durch die Haare. Kann ja sein, dass Malikis Geschwurbel ganz charmant ist. Womöglich hatte er sie damit zwischenzeitig sogar gepackt. Zumindest ein klein bisschen. Jetzt spielt das aber keine Rolle mehr. Sophie denkt nach. Ihr Verstand arbeitet klar und präzise. Wie immer. Was zu einem klaren Ergebnis führt. Auch wie immer. »Das ergibt alles keinen Sinn.«

»Was?«

»Diese Geschichte mit dem Gelände. Kann ja sein, dass diese Industriebrache niemand in dem Zustand gebrauchen kann, in dem sie ist. In einer Stadt wie Düsseldorf ist Bauland aber rar. Das weiß jeder. Und Sie sagen ja selbst: Zwanzig Minuten von der Kö gibt es eine Fläche, die keiner nutzt. Das müsste eigentlich eine Goldgrube sein. Wenn nicht für einen Investor, dann doch zumindest für die Stadt. Warum sollte das keiner wollen?«

Sie bemerkt, wie Pirlo seine Haltung verändert. Seine Augenbrauen gehen hoch. Maliki verzieht die Mundwinkel. Was ein Lächeln sein könnte, aber nicht muss. Beide sagen nichts. Sophies Gedanken rasen. Was hat sie hier gerade verpasst?

»Eventuell ist die Lage so, wie sie ist, ja auch genau im Interesse der Stadt. Oder der Menschen, die dort arbeiten.« Da ist er wieder, der Singsang.

»Aber warum sollte das so sein?«

»Vielleicht weil diese Menschen an anderen Sachen mehr interessiert sind als an Bebauungsplänen für das Gelände.«

»Zum Beispiel?«

Jetzt schaltet sich Pirlo ein. Er hat keinen Bock mehr. Definitiv nicht. Als er spricht, versteht Sophie auch, warum. Und dass sie auf dem Schlauch stand. Sogar ziemlich. »An Geld«, brummt er. »Es könnte ja sein, dass die Menschen, die bei der Stadt arbeiten, auch einfach Interesse an Geld haben.«

Sophie spürt, dass ihre Wangen rot werden. Sie hat viel von Pirlo gelernt. Manchmal ist sie aber doch noch ein naives Herzchen. Das bemerkt sie gerade sogar selbst.

Fathi Maliki fasst die Lage auf seine Art zusammen. »Es gab eine Phase des gegenseitigen Wohlwollens. Bis jetzt. Wenn auf dem Gelände ein Krieg ausbricht, ist es mit der Ruhe natürlich vorbei. Wegschauen geht nur so lang, wie es nichts gibt, was das Hinschauen zwingend erfordert.«

Sophie nickt. Sie versteht. Mittlerweile hat aber auch sie kein Interesse mehr an den warmen Worten. Ein wenig mehr Tempo würde der Sache hier guttun. Ein wenig mehr Klarheit auch. »Meinen Sie, das kommt so?«, fragt sie. Um den Weg zu allzu wortreichen Erklärungen abzuschneiden, folgt die Präzisierung auf dem

Fuß: »Glauben Sie wirklich, dass man niemanden mehr schmieren kann, wenn ein Mord im Raum steht?«

Fathi Maliki sieht sie an, als habe ihn spontaner Zahnschmerz befallen. Und zwar direkt an der Wurzel. Mit betrübtem Blick streicht er sich über den Bart. »Gestern wurde der Anführer der Nazirocker getötet. Der Boulevard schreibt, dass der Sohn meines Onkels der Täter sei.«

»Der mutmaßliche Täter«, motzt Faruk. »Und nicht mal das zu Recht!«

»*Mbylle gojen!*«, entfährt es Fathi Maliki. Kurz scheppern die Wände. »Halt den Mund!« Unmittelbar danach ist die besonnene Miene zurück. Hätte Sophie ihn nicht gerade gehört, hätte sie Zweifel gehabt, dass es Fathi Maliki war, der da geschrien hat.

»Um Ihre Frage zu beantworten«, sagt er. »Ja, ich glaube, das kommt so. Zumal das hier noch nicht vorbei sein dürfte. Wie könnte es auch? Sehen Sie: Würde einem von uns auch nur ein Haar gekrümmt und käme das von denen, würden wir die Sache regeln.« Er erklärt das in gewohnt ruhigem Ton, so, als gäbe es darüber nicht das Geringste nachzudenken. Wahrscheinlich ist das auch so. »Es gibt keinen Grund, davon auszugehen, dass die anderen das umgekehrt nicht genauso sehen. Im Gegenteil wäre es ja eine Katastrophe, wenn so etwas einfach passieren könnte, ohne dass es danach eine passende Reaktion gibt.« Er atmet durch. »Umso wichtiger ist die Frage, was wir mit Faruk machen.«

»Ich weiß«, antwortet Pirlo.

»Die Lage ist bedrückend«, sagt Fathi Maliki. Er lächelt entschuldigend. »Wenn ich das so sagen darf.«

Sophie nickt ihm zu. Allmählich geht ihr sein Kokettieren auf die Nerven. Da kann er noch so gut aussehen. Recht hat er aber trotzdem. Die Lage ist bedrückend. Beschissen, würde Pirlo sagen. Und dass Fathi Maliki die Reichweite des allgemeinen Beschissenseins womöglich nicht mal ganz erfasst hat. Tatsächlich umfasst sie nämlich auch Faruk Malikis Anwälte. Die haben einen Mandanten, dem andere ans Leder wollen. Der unter Mordverdacht steht. Und der sich verborgen hält. Wobei sie wissen, wo er ist. Weswegen sie ein Problem haben. Mal wieder.

8.

KARNEADES

Auf der Rückfahrt

Die Rückfahrt verläuft ruhig. Sophie und Pirlo schweigen und grübeln. Irgendwann hat Pirlo darauf keine Lust mehr. »Also, was machen wir?«

»Ich bin mir immer noch nicht sicher.« Sophie schiebt leicht die Unterlippe vor. Ihr Zeichen für Frust. Den er teilt. Mit der linken Hand hält Pirlo das Steuer. Die rechte dreht an einer Strähne. Bei seiner Doktorfeier sagte Arland über ihn, er sei stärker im Entscheiden als im Denken. Motto: Erst schlagen, dann fragen. Seitdem hat sich nicht viel geändert. Umso mehr nerven ihn Situationen wie diese. Der Sachverhalt ist einfach. Die Auflösung nicht.

»An sich gibt es hier nicht viel zu überlegen: Wir sind Anwälte und damit Organe der Rechtspflege. Das halbe Bundesland sucht unseren Mandanten. Wir wissen, wo er ist. Sein Versteck ist bei seinem Clan. Falls die Polizei ihn dort sucht, ist die Gefahr groß, dass sie ihn auch finden. Dann spricht wenig dafür, dass er schnell wieder auf freien Fuß kommt.«

»Erst recht, wenn er Waßmer umgebracht hat.«

»Glaubst du das?« Sie stehen an einer roten Ampel. Draußen zerregnet es den dunklen Novemberabend.

»Nein«, antwortet Sophie.

»Warum nicht?«

»Es passt einfach nicht. Klar, Maliki nervt und gefällt sich auch noch dabei. Er hat sicher auch einiges auf dem Kerbholz.« Pirlo grinst. Er mag es, wenn Sophie diese verqueren Formulierungen raushaut. »Auf dem Kerbholz haben«, zum Beispiel. Sie ignoriert ihn ganz bewusst. Und auf ihre ganz eigene Art. »Um es mit deinen Worten zu sagen: Maliki ist ein anstrengender kleiner Sack. Sicher hat er auch ein gut gefülltes Vorstrafenregister. Es dürfte wahrscheinlich wenig geben, was er ausgelassen hat. Aber jemanden umbringen ist dann doch noch mal eine ganz andere Liga.«

»Also teilen wir der Staatsanwaltschaft mit, wo er steckt, beschleunigen die Angelegenheit damit und versuchen, ihn im Anschluss schnell wieder aus der Untersuchungshaft zu holen, weil er da eigentlich gar nicht hingehört?«

Sophie kaut auf ihrer Unterlippe. »Wenn du das so zusammenfasst, klingt es irgendwie nicht gut.«

»Wir können ja Fathi Maliki fragen, ob er das übernehmen kann.«

Pirlo sieht, dass Sophie schmunzelt. »Eifersüchtig?«

»Ich? Niemals.« Die Ampel schaltet auf Grün. Er gibt Gas.

Sophie lacht kurz. Dann wird sie wieder ernst. »Er müsste uns das natürlich auch freigeben.«

»Was?«

»Dass wir seinen Aufenthaltsort verraten.«

»Wozu wir ihm raten müssten.«

»Was für Stress sorgen dürfte.«

»Erst recht, wenn wir ihn dann doch nicht rausholen.«

Sophies Finger trippeln nervös auf der Armlehne. »Also, was sagst du?«

Pirlo beschleunigt. »Keine Ahnung. Irgendwie ist es wie eine richtig beschissene Karneades-Situation. Nur eben eine aus dem wahren Leben.«

»Eine was?«

»Du weißt schon. Das Brett des Karneades. Ein Dilemma. Eine Situation, in der man es nur verkehrt machen kann.«

»Ich kann nicht wirklich folgen.«

Pirlo verlangsamt vor der nächsten Ampel. »Ich habe dazu vor gefühlten hundert Jahren bei Arland promoviert. Dilemma-Lagen, bei denen man tötet, um zu retten. Oder eben nicht. Bei Karneades geht es um zwei Schiffbrüchige, die sich an einem Brett festhalten, das nur einen tragen kann. A und B haben jetzt jeweils zwei Möglichkeiten: entweder den anderen runterschieben oder gemeinsam sterben.«

»Und?«

»Und wie man es macht, ist es verkehrt. So wie hier: Raten wir Maliki, sich zu stellen, stecken sie ihn wahrscheinlich in den Knast. Wenn wir dann keine guten Argumente für ihn finden, kommt er da auch so schnell nicht wieder raus.«

»Was schlecht wäre.«

»Genau. Raten wir ihm aber nicht dazu und finden sie ihn dann irgendwann, bleibt er erst recht drin, bis eine Verhandlung gegen ihn losgeht.«

»Was auch nicht gut ist.«

»Brillant zusammengefasst.«

»Danke.« Sophie bemüht sich um ein Lächeln. »Wie sagst du so schön: Ich habe meine Momente.«

»Was schlägst du vor?«

Pirlo sieht, wie Sophies Gedanken rasen. Klar sind das eigentlich keine Fragen, die man einer Anwältin nach ein paar Monaten im Beruf stellt. Andererseits: Sie hat es genau so gewollt. Also muss sie da jetzt auch durch. »Viel mehr werden wir von ihm zu dem Abend wahrscheinlich nicht erfahren.«

Pirlo hebt die Schultern. »Ich denke nicht. Was er sagt, klingt so weit recht schlüssig und abschließend. Wenn es denn stimmt.«

»Bringen wir uns eigentlich selbst in die Bredouille, wenn wir nicht sagen, wo er steckt?«

Die Ampel ist grün. Pirlo schaltet einen Gang hoch. Er grinst. »Eine gute Frage. Normalerweise würde ich sie genau so an meine superschlaue, supergenaue Mitarbeiterin weiterreichen.« Aus den Augenwinkeln sieht er, wie Sophie den Mund verzieht. Zeit, das Tempo zu drosseln. Zumindest das im Gespräch. »Aus meiner Sicht müssen wir überhaupt nichts melden. Wir sind Malikis Verteidiger. Das heißt, dass wir auf seiner Seite stehen dürfen, aber auch sollen. Es wäre von hinten durch die Brust ins Auge gedacht, wenn wir ihn trotzdem ans Messer liefern müssten.«

Er merkt, dass Sophie das sacken lässt. Wie sie alle Informationen sammelt, verarbeitet und abwägt. Gleich wird sie etwas dazu sagen, was Hand und Fuß hat. Was durchdacht ist. Wozu sie steht. Und weswegen es eine Freude ist, mit ihr zusammenzuarbeiten. Sie wartet damit bis zur nächsten Ampel. Dann fängt sie Pirlos Blick. »Ich denke, wir sollten noch abwarten, wie sich die Lage entwickelt. Gerade scheint mir alles sehr aufgeheizt. Wer weiß, mit wem Waßmer noch Konflikte hatte. Wie das alles weitergeht. Was in den kommenden Tagen rauskommt. Wenn Maliki jetzt in die Untersuchungshaft wandert, bleibt er dort womöglich sogar noch, wenn es längst eine andere Spur gibt, ganz unabhängig davon, wie recht- und verhältnismäßig das wäre, allein schon aus Gründen der Verfahrenssicherung und Vorsorge. Wenn sich andere Spuren nicht erhärten und ein Prozess gegen ihn beginnt, würde es nicht gut aussehen, wenn er dazu direkt aus der Haft kommt. Wenn es keine anderen Spuren gibt, haben wir dadurch, dass er im Knast sitzt, auch nichts gewonnen.«

Pirlo nickt. Wie gesagt: Hand und Fuß. Alles, was sie sagt, kann man genau so stehen lassen. Jedenfalls für den Moment. »Dann machen wir das so.« Durch den Regen rückt die Theodor-Heuss-Brücke näher. Pirlo nickt in Richtung Rhein. »Soll ich dich in Oberkassel absetzen?«

»Und was machst du?«

Er zuckt mit den Schultern. »Ich geh in die Kanzlei und schau mir zur Sicherheit die Rechtsprechung dazu an, wann man als Verteidiger den Aufenthaltsort eines Mandanten verschweigen kann, ohne dass man sich ein Ermittlungsverfahren wegen Strafvereitelung fängt. Frau Mahler konnte mir das spontan nicht sagen. Und ich habe dazu mehr Meinung als Ahnung.«

»Das machst du jetzt noch?«

Pirlo lacht. »Es ist erst kurz nach sieben.«

Sophies sieht erstaunt auf die Uhr. »Die ständige Dunkelheit bringt mich völlig aus dem Konzept.«

»Düsseldorf im November ist keine Freude.«

»Und dann noch dieser Dauerregen.«

»Immerhin sieht es schön aus.« Was stimmt. Sie fahren über die Brücke nach Oberkassel. Links leuchtet die Altstadt. Der Lichtschimmer spiegelt sich im dunklen Fluss. Die Stadt sieht aus wie eine Postkarte. Nur eben eine mit schlechtem Wetter.

»Ich komm noch mit«, sagt Sophie.

»Sicher?«

»Klar. Lass uns Pizza bestellen und Urteile lesen. Damit sind wir bisher eigentlich immer ganz gut gefahren.«

»Mit der Pizza oder mit den Urteilen?«

»Mit beidem. Außerdem bin ich gern in der Kanzlei.«

Pirlo nickt, dreht und fährt zurück in Richtung Carlstadt. Er freut sich auf die Kanzlei. Selbst wenn sie mit Arbeit zu tun hat. Sie hätten es aber auch wirklich schlimmer erwischen können.

9.

PIZZA

Zehn Minuten später

Als sie ankommen, ist Wang noch da. »Aber eigentlich schon nicht mehr«, stellt er klar. »Genau genommen bin ich hier schon seit einer gefühlten ganzen Stunde weg.«

»Was schade ist«, erwidert Pirlo. »Wo wir gerade beschlossen haben, dass wir noch Pizza bestellen.«

Einen Augenblick zögert Wang. Ein Meter sechzig spargeltarzanige Unentschlossenheit. Pirlo versucht, nicht zu schmunzeln. Er mag den Kanzleisekretär. Vor allem die erlesene Mischung, die er mitbringt. Asiatische Wurzeln. Düsseldorfer Kindheit. Dramatische Neigung zu italienischem Essen. Dann bricht sich wilde Entschlossenheit Bahn. »Ich geh trotzdem zur Tanzakademie. Wenn ich heute nicht dort erscheine, hinke ich wieder ewig hinterher.« Sagt er. Winkt in die Runde. Und ist weg. Spätestens jetzt kann sich Pirlo das breite Grinsen nicht mehr verkneifen. Die Kanzlei *Recht.Schaffen* beschäftigt im Sekretariat den erfolglosesten Schürzenjäger der ganzen Stadt. Zugleich dürfte es aber auch der motivierteste sein. Sophie fängt Pirlos Blick auf und muss ebenfalls lachen. Bei keinem der beiden ist es böse gemeint. Im Gegenteil: So strukturiert Wang im Berufsleben ist, so verstrahlt kommt er privat daher, wenn auch auf die liebenswerteste aller unbeholfenen Arten.

Dann bestellen sie bei Paolo zweimal die neapolitanische Spezialpizza, von der keiner genau weiß, welche Gewürze sich darauf eigentlich verstecken. Wichtig sind diese Feinheiten sowieso nicht. Pizza kann man immer essen. Erst recht diese. Als Paolo das Essen eine halbe Stunde später vorbeibringt, hat er drei Kartons dabei. Kurz darauf sitzen sie zu dritt im Besprechungsraum, essen und palavern. Für diesen kleinen Augenblick ist ausnahmsweise mal eigentlich alles ganz gut. Drinnen Pizza. Draußen Regen. Unter dem Mansardenfenster huschen auf dem Ganzjahresmarkt am Carlsplatz Einheimische und Touristen von Pfütze zu Pfütze. Paolo erzählt Geschichten aus Napoli. Pirlo hat gute Laune. Es ist immer schön, seinen besten Freund um sich zu haben. Auch Sophie lacht. Zumindest eine kleine Weile. Dann, allmählich, ändert sich ihr Gesprächsbeitrag und pendelt zu eher höflich als interessiert. Pirlo ahnt, dass sie langsam lieber den Computer hochfahren würde. Etwas zu essen, schön und gut. Sie hat auch nichts gegen ein entspanntes Geplauder. Irgendwann kommt dann aber auch wieder ihr Ehrgeiz durch, und sie will ihre Stärken austoben. Präzision. Akribie. Recherche. Pirlo schätzt das ungemein. Die Fleißbienenhaftigkeit. Die Disziplin. Den ganzen Menschen Sophie Mahler. Vielleicht fragt er sich genau deshalb manchmal auch, wie lange er eigentlich noch auf sie zählen kann. Schließlich steht alles um ihn herum nach wie vor auf ziemlich wackligen Beinen. Zumindest möglicherweise. Dann nämlich, wenn Sophie ihn fragen sollte, wie er eigentlich vor ein paar Monaten an den entscheidenden Beweis im Von-Späth-Verfahren gekommen ist. Wo kam der Morandi-Bericht her, der das Verfahren zum Platzen brachte und den Freispruch gegen ihre Mandantin ermöglichte? Eigentlich eine einfache Frage. Die Antwort enthält allerdings jede Menge Sprengstoff. Pirlo hat wochenlang gegrübelt, wie er sie beantworten würde. Ob er Sophie sagen sollte, was passiert war. Dass er mit seinen Brüdern Mahmed und Ahmid bei Danzinger eingebrochen war. Dass diese Brüder *über-*

haupt existierten. Dass sein Vater der *Araber* gewesen war. Dass es den Namen Anton Pirlo erst seit ein paar Jahren gab. Die ganze Figur. Die Identität. Ihn selbst. Wie würde sie darauf wohl reagieren? Das waren schließlich alles keine Kleinigkeiten. Um das mal sehr vorsichtig auszudrücken. Was würde also passieren, wenn sie diese eine, naheliegende Frage stellte? Seine Erleichterung war gewaltig, als sie es schlichtweg nicht tat. Jedenfalls so lange, bis sich ein anderer Gedanke festgesetzt hatte: Warum fragt sie eigentlich nicht? Pirlo unterdrückt ein Stirnrunzeln. Er hat mittlerweile geschnallt, dass er auf diese Fragen keine Antworten findet. Was er ebenfalls geschnallt hat: Vielleicht will er das auch gar nicht. Vielleicht ist es einfach besser so, wie es eben gerade ist, jedenfalls jetzt, jedenfalls hier, in den hohen Altbauräumen mit dem schönen Holzboden direkt unter dem Dach eines Gründerzeithauses am Carlsplatz, dort, wo alles modern und hell ist, gut riecht und nach Zukunft aussieht. Und damit ganz anders ist als das, was Pirlo eben noch so kennt. Vielleicht bleibt das alles ja auch einfach noch eine Weile so. Oder sogar für immer. *Inshallah.*

Paolo scheint seinen Gedanken zu erraten. Zumindest einen Teil davon. »Ist wirklich schön hier. War schon nicht die falscheste Idee, aus deinem Wohnzimmer rauszugehen«, sagt er, während er die Pizzakartons zusammenräumt. »Außerdem habt ihr jetzt Platz für einen Mitarbeiter. Wobei: Wo steckt er eigentlich?«

»Wang ist schon gegangen«, antwortet Sophie. »Er hat heute Tanzkurs.«

»Klappt es denn mit ihm?«

»Klar«, sagt Pirlo. »Wir sind froh, dass wir ihn haben.« Mehr gibt es dazu nicht zu sagen. Zumindest nicht jetzt. Tatsächlich hatte es bei Paolo mehr als eine Flasche Primitivo gebraucht, bis sich Pirlo dazu durchgerungen hatte, neben der angestellten Rechtsanwältin Sophie Mahler auch noch einen Mitarbeiter für die Bereiche Verwaltung und Sekretariat einzustellen. Die Argumente lagen zwar auf der Hand. Telefonate, Fristen und Scans stehlen eine Menge Zeit. Die Kosten sind aber leider auch spürbar.

»Du kannst dich nicht immer darauf verlassen, erfolglos zu bleiben«, hatte Paolo dazu auf seine ganz eigene Weise gesagt. Am Ende hatte sich Pirlo überzeugen lassen. Klar, die Kanzlei war als Krawallaktion bei Nacht und Nebel entstanden. Irgendwann musste man aber auch mal in der Ernsthaftigkeit des wahren Lebens ankommen. Selbst Pirlo. Am Abend hatte er daher eine Annonce ins Internet gestellt. Schon am Morgen war die erste Bewerbung da. Zwei Stunden nach Pirlos Anruf saß Wang in den frisch angemieteten, noch leeren Kanzleiräumen auf einer Trittleiter, die der Elektriker hatte stehen lassen. Pirlo lehnte an der Wand. Nach fünf Minuten waren sie handelseinig. Am nächsten Morgen fing Wang in der Kanzlei an, fest entschlossen, fortan deren guter Geist zu sein. Seitdem setzt er das mit einer ganz eigenen grimmigen Ambivalenz um. So unermüdlich er den Frauen Düsseldorfs nachjagt, sobald er den Stift fallen lässt, so beharrlich arbeitet er während seiner Arbeitszeit daran, Strukturen zu schaffen, Abläufe zu erfinden und, vor allem, Pirlos Chaos auszugleichen. Anfangs hatte Pirlo noch über die Sisyphoshaftigkeit seines Mitarbeiters geschmunzelt. Mittlerweile kann er sich die Kanzlei ohne Wang gar nicht mehr vorstellen. Allein schon, weil er dann nicht wüsste, wo eigentlich was ist. Seit wann. Und warum.

Das Kanzleitelefon reißt Pirlo aus seinen pizzamüden Wang-Gedanken. »Ich geh schon«, murmelt er. Sophie hebt nur stumm den Daumen. Obwohl Paolo, die Kartons in der Hand, immer noch spricht, hat sie zwischenzeitlich ihren Computer gestartet. Pirlo stolpert derweil in Richtung des Sekretariatsbereichs. Dankbarerweise läutet das Telefon eine ganze Weile. Offenbar ist es jemandem wichtig. Sobald Pirlo den Hörer abnimmt, ist ihm klar, dass das tatsächlich so ist. Als er wenig später in den Besprechungsraum zurückkehrt, hat er nicht mehr viel Farbe im Gesicht.

Sophie sieht beunruhigt von ihrem Bildschirm auf. »Was ist los, Toni?«

Er schluckt. »Sie haben Fathi Maliki erwischt.«

Sophie erstarrt. »Wie meinst du das?«

»Er wurde vor seiner Wohnung am Flinger Broich überfallen und zusammengeschlagen.«

»Wie geht es ihm?«

»Er liegt im Koma.«

Sophie schüttelt langsam den Kopf. »Wir waren doch heute Mittag noch dort.« Dann kommt ihr ein neuer Gedanke. »Weiß Faruk Maliki schon davon?«

»Er war der Anrufer.«

Sie lässt das kurz sacken. »Wahrscheinlich sollten wir noch einmal mit ihm sprechen.«

»Du meinst, um Schlimmeres zu verhindern?« Dann gibt sich Pirlo die Antwort selbst. »Ja, das sollten wir. Falls es nicht schon zu spät ist.«

Sophie nickt. »Womöglich ist es das schon seit gestern.«

10.

VENDETTA. ODER AUCH NICHT

Kurz darauf. Anderswo

»Ich will Rache! Jetzt! Eine Vendetta!«, schreit Faruk Maliki. Keiner widerspricht. »Wir machen diese Wichser fertig! Jeden Einzelnen davon knöpfen wir uns vor, und dann ficken wir diese Ficker! Kein Einziger von denen bleibt am Ende stehen, das schwöre ich euch. Kein Einziger!« Sein Kopf ist zornesrot. Auch der Rest ist eindrucksvoll. Die Lautstärke seines Schreiens. Der flackernde Blick. Der Speichelflug. Was Sophies Aufmerksamkeit aber vor allem fesselt, ist die Pistole in seiner Hand. Sie hat keine Ahnung, woran sie erkennen könnte, ob das Ding geladen ist oder nicht. Sie weiß im Moment noch nicht einmal, ob sie das überhaupt wissen will. Oder was überhaupt vor sich geht. Schon gar nicht, warum sie eigentlich hier ist.

Dabei schien vor einer halben Stunde alles noch so plausibel: Faruk Maliki hatte in der Kanzlei angerufen und Pirlo mitgeteilt, dass sein Cousin Fathi ins Koma geprügelt worden war. Pirlo und Sophie hatten beschlossen, sich ihren Mandanten zu greifen, ehe er die Nazis zur persönlichen Abrechnung auffordern kann. Oder eben sonst irgendeinen Scheiß baut.

Sie brauchen allerdings nicht lange, um zu erkennen, dass sie dafür zu spät kommen. Im Hinterzimmer des Hinterzimmers des Hinterzimmers des Wettbüros läuft bereits die große Ansprache des Faruk Maliki. Der dabei alles gibt. Fast ein bisschen witzig, dass es zum Feldzug gegen die Nazis gehen soll. An einen davon erinnert er gerade ziemlich deutlich. Stimmenüberschlag inklusive. Faruk Maliki schreit. Er gestikuliert. Er tobt. Dabei balanciert er mehr oder weniger geschickt auf einem der gepolsterten Sessel. Was übrigens die Sache mit der Pistole nicht angenehmer macht. Ändern kann Sophie daran leider nichts. Sie ist sich zwar sicher, dass Faruk Maliki sie und Pirlo offensichtlich erspäht hat. Ihre Anwesenheit ist ihm allerdings völlig egal. Für die gut zehn bärtigen grimmigen Undercut-Träger, die sich im Zimmer verteilen, gilt nichts anderes. Was für Sophie Fragen aufwirft: Was, zur Hölle, tun sie hier? Gehört das überhaupt noch zu ihrem Mandat? Machen Anwälte so was? Und falls ja, wie lässt sich Maliki von ihnen bloß in den Griff bekommen?

Jedenfalls darauf gibt es eine schnelle Antwort. Neben Sophie öffnet sich eine Tür. Herein kommt ein großer, bärtiger Mann, dessen schwarze Haare unter einer *Takke* einen silbrigen Schimmer erkennen lassen. Faruk Maliki verstummt sofort. Alle anderen sowieso. Es geht ein Ruck durch den Raum. Die Blicke werden noch finsterer. Oberarmmuskeln spannen sich an. Rücken werden durchgedrückt. Sophie kann das nachvollziehen. Sie weiß, wer der Mann ist, der gerade den Raum betreten hat. Jeder weiß das. Dafür sorgt schon die POST, wenn sie sich auch meist nicht entscheiden zu können scheint, ob Rinor Maliki gefährlich und grausam ist. Oder grausam und gefährlich. So oder so ist er eine beeindruckende Erscheinung. Die jetzt direkt neben Sophie steht und den Raum fixiert. Dann grollt aus dem massigen Körper eine tiefe Stimme. Sophie fällt auf, wie leise er spricht. Und dass das keine Rolle spielt. Es versteht ihn auch so jeder. Schon allein weil es kein Mensch wagt, ein Geräusch von sich zu geben. »Was ist hier los?« Niemand antwortet. Rinor Malikis Augen verengen sich. »Ich fragte, was hier los ist.«

Eine andere tiefe Stimme antwortet. Sophie erschrickt, als ihr klarwird, dass es die von Pirlo ist. »Wir sind die Verteidiger von Faruk Maliki. Frau Rechtsanwältin Mahler und ich sind hier, um mit ihm darüber zu sprechen, was der Angriff auf seinen Cousin für die laufenden Ermittlungen im Zusammenhang mit dem Waßmer-Mord bedeuten könnte. Was der Rest hier macht, wissen wir nicht.«

Der große Bärtige sieht Pirlo eine Weile schweigend an. »Wie heißen Sie?«

»Mein Name ist Dr. Anton Pirlo. Ich bin Strafverteidiger.«

»Dr. Pirlo.« Überrascht stellt Sophie fest, dass Rinor Maliki lächelt. »Na, wenn Sie das sagen.« Rinor Maliki lässt den Blick schweifen. »Und was macht ihr anderen hier?« Wieder reagiert niemand. Seine Stimme wird fester. »Ich erwarte eine Antwort.«

»Für uns spielt es keine Rolle, was sie hier machen«, schaltet sich jemand ein. Diesmal muss Sophie nicht hinsehen. Sie weiß, dass es wieder Pirlo ist. »Insofern können Sie das auch gern gleich in Ruhe klären. Zum Beispiel dann, wenn Faruk diese Waffe zur Seite gelegt hat.«

Aus den Augenwinkeln sieht Sophie, wie Faruk Maliki genau das macht. Er steigt auch von dem Sessel herunter und hält den Mund. Hier sprechen jetzt andere. Die Erwachsenen. Zum Beispiel Pirlo. Dessen Blick bleibt auf Rinor Maliki gerichtet. »Wichtig ist aus unserer Sicht jetzt nur, dass wir Faruk aus dem Fokus nehmen. Der Druck auf die Ermittlungsbehörden wird durch die neuesten Entwicklungen nicht kleiner. Im Gegenteil, die Überschrift lautet ›Bandenkrieg‹. Damit zeichnet sich ab, dass kein Stein auf dem anderen bleibt. Wir müssen also dringend zusehen, dass wir mit Faruk eine Entscheidung treffen, ob und wie wir auf die Polizei zugehen.«

»Faruk bleibt hier«, brummt Rinor Maliki.

Pirlo nickt. »Ich kann den Gedanken verstehen. Wir haben heute Nachmittag dazu mit Fathi gesprochen. Das werden Sie wissen. Nur: Wenn es blöd läuft, dann weiß das mittlerweile auch die Polizei. Genauso wie sie möglicherweise weiß, dass Faruk hier ist. Oder dass sie ihn hier finden könnte. Weswegen bei Ihnen im schlimmsten Fall bald alles auf den Kopf gestellt wird.« Sophie ist beeindruckt. Der ganze Raum starrt auf Rinor Maliki. Und auf Pirlo. Die beiden sprechen, als wären sie ganz allein. Was sie noch mehr überrascht: Es scheint Pirlo noch nicht einmal aufzufallen. In ihrem Hinterkopf ploppt ein Bild auf. Pirlo auf der Rückbank eines Autos. Vorn sitzen Mahmed und Ahmid Khatib. Dazu die alte Frage: Woher kennt Pirlo diese Leute? Und warum gehen sie mit ihm so um, wie sie es gerade tun? Es wundert Sophie noch nicht einmal mehr, als Rinor Maliki nach einer kleinen Weile nachdenklich nickt. »Vielleicht sollten Sie in Ruhe mit meinem Neffen sprechen.« Es bedarf danach keiner besonderen Geste. Der Rest des Raums versteht auch so, was von ihm erwartet wird. Einer nach dem anderen ziehen die Muskelmänner ab. Zurück bleibt nur Faruk Maliki.

»Setz dich«, brummt Rinor Maliki.

Faruk macht den Mund auf. Es kommt aber kein Ton heraus. Dann sitzt er. Immerhin ein Kopfschütteln ist drin. Wenn auch nur ein leichtes.

Rinor wendet sich an Sophie und Pirlo. »Mein Name ist Rinor Maliki. Ich bin der Onkel von Faruk. Auch Fathi ist mein Neffe.« Rinor räuspert sich. »Ich muss Ihnen nicht erklären, wie groß meine Sorge um Fathi ist. Das wissen Sie auch so. Was Sie noch nicht wissen, ist, wie wenig ich an einer Eskalation interessiert bin. Unruhe ist schlecht für das Geschäft. Das ist eigentlich eine Selbstverständlichkeit. Allein das Getöse meines Neffen zeigt mir aber, dass das nicht jedem einsichtig ist.« Er muss Faruk nicht ansehen. Die Ohrfeige sitzt auch so. »Ich weiß zu schätzen, dass Sie hierhergeeilt sind, als Sie von dem Anschlag auf Fathi gehört haben. Wir alle wissen das zu schätzen. Gehen Sie davon aus, dass wir uns auch daran erinnern werden. Für den Augenblick gibt es aber nichts zu tun. Sie vertreten Faruk. Ich weiß, welcher Verdacht gegen ihn im Raum steht. Ob er sich stellt oder nicht, müssen Sie entscheiden und das dann auch verantworten. Das ist Ihre Aufgabe.« Sophie schluckt. Was er sagt, klingt freundlich. Aber eben nicht nur. Rinor zwingt sich zu einem schmalen Lächeln. »Bitte lassen Sie uns jetzt aber für den Moment allein. Machen Sie sich keine Sorgen um Faruk. Er wird nicht auf die Straße gehen und einen Krieg anfangen. Nicht heute jedenfalls. Wir müssen erst herausfinden, was passiert ist. Dann reagieren wir, wie wir es für angemessen halten.« Er nickt Sophie zu. Sie merkt, dass sie unwillkürlich zurücknickt. So ähnlich muss es Leuten gehen, die mit ihrem Vater verhandeln. Manchen Menschen gehört der Raum. Bei Rinor Maliki ist das so. Weswegen es hier für sie auch nichts mehr zu sagen gibt.

»Immerhin ist er schnell auf den Punkt gekommen«, sagt Sophie zu Pirlo, als sie zurück in Richtung Altstadt fahren.

Pirlo antwortet nicht sofort. Sein Blick klebt auf der im Regen liegenden Straße. »Ich weiß nicht, ob mir nicht die Rumschreier lieber sind.« Er schaltet hoch. »Die Ruhigen sind die eigentlich Schlimmen.«

Danach kommt nichts mehr. Sophie fragt auch nicht. Was er damit meint. Warum er das so sieht. Warum eigentlich alle Angst vor Rinor Maliki haben. Außer Pirlo. Sie hängt einem ganz anderen Gedanken nach. Einem, den sie zuletzt einigermaßen losgeworden zu sein glaubte, der aber trotzdem immer wiederkommt. Sie sieht zu Pirlo hinüber, wie er schweigend durch die Nacht rast, die Hände locker am Lenkrad, den Mund fest verschlossen, das Profil verhangen von den ins Gesicht fallenden Haaren. Sie weiß, dass sie ihm vertraut. Jedenfalls hier, jetzt, wenn er fährt. In der Kanzlei, wenn er seine plötzlichen Entscheidungen trifft. Im Gericht, wenn er loslegt. Aber sonst? Woher soll sie wissen, ob sie sich auf ihn verlassen kann? Was ihn bewegt? Oder wer er eigentlich ist?

11.

ROCCA

Im Hafen

Wenn Pirlo allein ist, trinkt er nicht oft Alkohol. Das letzte Mal, an das er sich erinnern kann, führte zu einem dreitägigen Absturz nach dem Rauswurf bei Ohmsen. Wobei das mit dem Erinnern hier hoch gegriffen ist. Wie auch immer: Eigentlich trinkt er nicht allein. Heute ist das allerdings anders. Es ist aber auch ein besonders beschissener Tag. Er tut für sich selbst so, als wüsste er nicht, warum ihn der Angriff auf Fathi Maliki so beschäftigt. Insgeheim weiß er es aber natürlich doch. Er mochte dessen Auftreten am Nachmittag, die beruhigende Wirkung, die er auf seinen Neffen Faruk Maliki hatte. Die Autorität. Die Konsequenz. Die Ernsthaftigkeit. Pirlo hatte das an jemanden erinnert. Jemanden, an den er schon lange nicht mehr gedacht hatte. Riyad Khatib.

Auch sein Vater hatte Besonnenheit nicht als Schwäche verstanden. Im Gegenteil. »*Wer den Hafen nicht kennt, dem ist kein Wind günstig.*« Jahrelang hatte Pirlo nicht verstanden, was sein Vater mit diesem immer wieder hervorgekramten Zitat meinte. Riyad Khatib hatte es bei Seneca gelesen, wie er überhaupt alles Mögliche bei allen möglichen Leuten gelesen hatte. Bildung sei das Wichtigste, hatte er gesagt. Immer und immer wieder. Bildung. Besonnenheit. Klarheit im Denken und im Handeln. So wie bei Fathi Maliki. Der jetzt irgendwo auf einer Intensivstation im

Koma liegt, während sein Cousin das Kriegsbeil ausgraben und wahrscheinlich am liebsten gleich die halbe Stadt in Schutt und Asche legen will.

Nachdem Riyad Khatib nach Deutschland gekommen war, hatte er zunächst in Ruhe sein Geschäftsmodell aufgebaut. Als der *Araber* half er anderen dabei, falsche Anträge auszufüllen und den Sozialstaat zu schröpfen. Das war zwar weder gegenüber seiner neuen Heimat besonders nett noch, wenn man ehrlich war, für seine eigene Kasse besonders einträglich. Es versprach aber das, was Riyad suchte: Sicherheit, Kontinuität, bescheidenen Wohlstand. Das, was er brauchte, um eine Familie aufbauen zu können. Sein erster Sohn, Mohammed, den alle Mahmed nannten, geriet noch sehr nach ihm. Anders als der drahtige Riyad war der schon als Kind füllige Mahmed zwar langsam in seinen Bewegungen, wie sein Vater aber schnell im Denken. Der zweitälteste Sohn, Ahmid, erwies sich leider als ziemlich genaues Gegenteil. Und zwar in beidem. Allein das stellte die junge Familie vor eine so große Herausforderung, dass Riyad und Maryam, seine aus dem Libanon mitgebrachte Frau, schweren Herzens beschlossen, Abstand von den Plänen einer eigenen Großfamilie zu nehmen. Umso größer war die Überraschung, als sieben Jahre später doch noch ein Kind auf die Welt kam. Das galt erst recht, als sich abzeichnete, dass der dritte Sohn stark nach den Eigenheiten des Vaters kam. Da niemand mehr mit einem weiteren Zuwachs gerechnet hatte, gab es für den kleinen Ramzes zwar nicht wirklich einen Platz im Gefüge. Das machte aber nichts. Er las, lernte und fiel nicht weiter auf. Das blieb so bis zu seinem Abitur, das er, ganz unter dem Radar, mit einem glatten Schnitt und einer Auszeichnung beendete. Bis dahin hatte sich die Familie der *Araber* so sehr daran gewöhnt, das Geschäft auch ohne Ramzes zu organisieren, dass alle damit glücklich schienen, ihn woanders zu wissen. Das galt insbesondere für seine Brüder, denen die Blitzbirne weder ihre Stellung noch ihr Einkommen streitig machen sollte. Sein Vater hatte sowieso schon lange erkannt, dass Ramzes nicht für diese Welt gemacht war. Es war daher im Leben von Riyad Khatib ein feierlicher, aber auch ein denklogischer Tag, als er seinem jüngsten Sohn erklärte, dass dieser die Frage, wie er sein weiteres Leben führen wolle, frei entscheiden könne. Er war stolz, als Ramzes sich daraufhin an der Uni für Jura einschrieb. Wenn es ihn verletzte, dass sein Jüngster dabei seinen Namen änderte, um ohne die Hypothek der Familie zu leben, zeigte er es jedenfalls nicht. Stattdessen verfolgte er genau, wie sich das Studium entwickelte, wie auch hier die guten Noten kamen, dann das Examen und, um allem die Krone aufzusetzen, die Promotion. Zwar gab es keinen Dr. Ramzes Khatib. Riyad Khatib hätte das aber auch nie offen bedauert. Es gab stattdessen Dr. Anton Pirlo. Der trotzdem sein Sohn war. Das war damals gut genug. Allerdings war die Welt da auch noch einfacher. Typen wie Faruk Maliki waren noch nicht die Regel. Und solche wie Fathi Maliki lagen nicht in Krankenhäusern. Heute ist das alles komplizierter. Und einfach nicht fair.

»Was ist einfach nicht fair?«, fragt die Frau.

Pirlo sieht auf. Er hat nicht gemerkt, dass sich jemand neben ihn an die Bar des *Rocca* gesetzt hat. Wobei er sich sofort fragt, wie ihm hatte entgehen können, was sich ereignet hat. Vor allem: wer. Schon der erste Eindruck ist atemberaubend. In den schulterlangen schwarzen Haaren liegen leichte Wellen. Die Augen sind dunkel wie die Nacht. Sie hat sie dezent geschminkt, was eine natürliche, warme Schönheit hervorhebt. Der Mund ist voll, und das Lächeln wirft Pirlo um. Sie ist schlank und gleichzeitig kurvig, groß und gleichzeitig nicht riesig, gesprächsoffensiv und dennoch sanft. Wie gesagt: Der erste Eindruck ist perfekt. Wobei das in Düsseldorf fast schon zum Standard gehört, erst recht im Hafen, erst recht um diese Uhrzeit, kurz vor Mitternacht. Was Pirlo aber so richtig umhaut, ist, dass auch der zweite Eindruck sitzt. Die Frau blendet nicht nur mit ihrem ersten Aufschlag. Es ist tatsächlich etwas dahinter.

»Alena«, sagt sie und reicht Pirlo die Hand. »Ich entschuldige mich dafür, dass ich Sie gestört habe. Es schien mir nur ungewöhnlich, dass jemand hier ganz allein an der Theke steht und mit sich selbst spricht. Kurz dachte ich daher, dass Sie mich meinen. Ich habe jetzt verstanden, dass das ein Irrtum war.« Sie lacht.

Pirlo begreift, dass es nicht bloßstellend gemeint ist, sondern freundlich. Und angenehm dazu. Er ringt sich ein Lächeln ab. »Schon in Ordnung. Ich war gerade nur kurz in Gedanken.« Er wackelt mit seinem leeren Glas. »*Jura*-Gedanken.«

»Sie meinen das Fach?«

»Ich meine den Whisky.« Der tatsächlich Pirlos Lieblingsmarke ist. Deswegen ist er hier, im *Rocca*. In Pempelfort gibt es zwar eine Menge guter Restaurants und Hipster-Kneipen. Whisky von der Isle of Jura führt aber keine davon.

Alena lacht. »Ich dachte schon, Sie meinen Jura im Sinne von Recht. Also so, als wären Sie Anwalt.«

»Das bin ich.«

»Im Ernst?«

»Ja.«

»Sie sehen gar nicht wie einer aus.«

Pirlo dreht sich ihr zu. »Wie sieht denn jemand aus, der Anwalt ist?«

Sie lächelt immer noch. Was schön ist. Es gibt auch schlechtere Zeichen. Für ein gutes Gespräch. Und für alles andere sowieso. »Sie wissen schon, nicht so bärtig, nicht so lässig. Außerdem tragen Anwälte immer die gleichen Gelfrisuren und nicht so was.«

Jetzt muss er lachen. »So was?«

Sie deutet auf Pirlos Mähne. »Sie wissen schon, diese vielen dunklen Haare. Das sieht eher aus wie bei einem Rockmusiker oder einem Fußballer, nicht wie bei einem Anwalt.«

Pirlo belässt es dabei, einen Mundwinkel nach oben zu ziehen und ihr zuzuzwinkern. Was auch völlig zu genügen scheint. Alena geht auf die Aussehensfrage jedenfalls nicht weiter ein. Stattdessen zeigt sie durch den Raum.

»Ich sitze dort hinten mit ein paar Freunden. Wollen Sie vielleicht dazukommen und für uns ein paar Gerichtsgeschichten zum Besten geben?« Sie nickt in eine entfernte Ecke der großen, verwinkelten Lounge, wo an einem Tisch zwei blonde Frauen und ein Mann ohne Haare sitzen und zu ihnen herüberwinken. Alena winkt zurück. Dann sieht sie auf die Uhr und scheint sich zu besinnen: »Wobei ich eigentlich nach der Rechnung fragen wollte. Deshalb bin ich an die Bar gekommen.«

»Also gehen Sie schon?«

»Wir wollten tatsächlich langsam aufbrechen. Es ist schließlich schon spät. Für ein paar gute Geschichten würden wir aber vielleicht eine Ausnahme machen.« Wieder das Lächeln. Pirlo merkt, wie sehr er darauf gewartet hat. Oder besser: gehofft hat. Was er auch merkt: Sie hat ihn am Haken. Und er hat nicht das Geringste dagegen.

»Meinen Sie denn wirklich, Ihre Freunde können so spät am Abend noch einen von sich selbst eingenommenen Anwalt und dessen Prahlereien von großen Erfolgen ertragen?«

Sie lacht und dreht den Kopf. Pirlo folgt ihrem Blick. Die blonden Frauen und der Mann sind zwischenzeitlich aufgestanden. Alena zuckt mit den Schultern. »Wir werden das wohl nicht mehr herausfinden. Für die Heldengeschichten dürfte heute kein Platz mehr sein. Jedenfalls nicht bei meinen Freunden.«

»Und wie ist es mit Ihnen allein?«

Sie schlägt kokett die Augen auf. »Ist das eine Einladung?«

»Mindestens. Wenn nicht sogar eine Bitte, mit allem Mut und zitternden Knien.«

Sie lacht laut. Überlegt einen Moment. Und sagt dann: »Na gut. Warten Sie hier.«

Pirlo sieht dabei zu, wie sie ihre Tischgesellschaft verabschiedet. Er nutzt die Gelegenheit, um einen Espresso und ein Wasser zu bestellen. Das Arland-Paket. Als die aufgesprengte Runde das *Rocca* verlässt, winkt sie Pirlo zu. Die beiden Blonden lachen. Dann ist Alena wieder neben ihm. Sie lächelt verschmitzt. »Also, was haben wir vor?«

Pirlo sieht auf die Uhr. Es ist kurz nach halb zwölf. »Es gibt in Pempelfort das *Liq*, eine etwas versteckte Bar, in die nie mehr als zwanzig Leute dürfen. Man klingelt an der Tür. Dann fällt die Entscheidung, ob man zu diesen zwanzig gehört. Was halten Sie davon, wenn ich Sie dorthin einlade?«

Wieder überlegt sie. Wieder sagt sie zu. »Aber duzen Sie mich bitte. Meinen Namen kennen Sie ja schon. Alena.«

»Toni.«

Sie geben sich spielerisch die Hand. Alena lächelt. Pirlo auch. Vielleicht endet ein beschissener Tag doch noch ganz gut. Dann hakt sie sich bei ihm ein, und Pirlo grinst sie an. So richtig schlecht kann es eigentlich schon gar nicht mehr werden.

12.

GANZ ANDERS

23.11. Im Gericht

Sophie blättert hektisch in der Akte. Was nicht nur wenig ergiebig ist. Es hebt auch ganz bestimmt nicht gerade die Laune.

»Ist alles in Ordnung?«, fragt Ehrmann.

»Sicher«, sagt sie. Er kann ja nichts dafür, dass sie genervt ist. Wobei das nicht ganz stimmt. Ohne ihn wäre sie schließlich gar nicht erst hier. Und auch sonst keiner. Nicht das Gericht, nicht die Staatsanwaltschaft, nicht die zehn Investoren, die Ehrmann um ihr Geld gebracht hat. Haben soll, korrigiert sich Sophie. Investoren, die Ehrmann um ihr Geld gebracht haben *soll.* Noch gilt schließlich die Unschuldsvermutung. Trotzdem ist Ehrmann nervös. Womöglich aus guten Gründen.

Die Geschichte ist schnell erzählt. Ehrmann versteht etwas von Werbung. Er mag es, Leute zu begeistern, Geld einzusammeln und dann große Veranstaltungen zu feiern, bei denen allein durch die Eintrittsgelder alle Investoren kräftig mitverdienen. Was er noch mehr mag: Segelboote und die Costa Brava. Leider. Sonst hätte alles so einfach sein können. Ehrmann hatte einen Sommerkarneval geplant, mitten auf den Rheinterrassen. Laute Musik. Verkleidungen. Unsinn und gute Laune. So was geht in Düsseldorf eigentlich immer. Entsprechend schnell hatte er Sponsorengelder beisammen, von denen man mindestens drei Sommerkarnevals planen konnte. Oder ein fünfzehn Meter langes Boot kaufen.

»Das sind die Tücken des Strafrechts«, erklärt Sophie in ihrem Opening Statement. »Wir betrachten die Geschichte immer nur von hinten. Dabei fragen wir uns viel zu wenig, wie sich die Lage für den Betroffenen tatsächlich darstellte. Wollte er die in Rede stehende Entscheidung überhaupt fällen? War er darauf vorbereitet? Handelte er nicht vielleicht weniger aus Überzeugung als aus reiner Naivität im Moment? Und: Hätten wir uns selbst so viel anders entschieden? Hätten wir das wirklich?«

Aus den Augenwinkeln sieht sie, wie die Vorsitzende Richterin die Stirn runzelt. Die Schöffen sehen auch nicht wirklich begeistert aus. Schließlich hat Ehrmann einfach nur Geld verballert. Und zwar das anderer Leute. Davon allerdings ziemlich viel. Sophie verbucht die Reaktion der Kammer als Lektion und denkt an Pirlos schlaue Worte: Im deutschen Strafverfahren ist ein Opening Statement nicht zwingend. Wenn es eines gibt, muss es daher auch wirklich sitzen. Und nicht so ausgehen wie dieses hier.

Der Rest der Verhandlung ist ein langsames, klägliches Scheitern. Die Zeugenaussagen der Investoren fallen vernichtend aus. Jeder erklärt, dass er Ehrmann geglaubt habe. Jeder stellt klar, dass das eine dumme Idee war. Am Ende spricht Ehrmann selbst. Es ist der letzte Strohhalm. Zumindest für ungefähr zehn Sekunden. Dann ist auch das vorbei. Denn Ehrmann erklärt sich nicht. Er verkauft sich. Nur dass er jetzt keine Bierbrauer und Kostümverkäufer vor sich sitzen hat, die leuchtende Augen bekommen, wenn sie davon träumen, wie Hunderte enthemmte Seeräuber, Krümelmonster und Prinzessinnen über die Rheinwiesen torkeln. Sondern eine Strafkammer, deren Sympathie erst nicht da war und dann auch noch verzockt wurde. Was Sophie ärgert. Aber so richtig. Pirlo wäre das wahrscheinlich nicht passiert. Zwar sagt er ihr in einem fort, dass sie eigene Erfahrungen sammeln solle. Dass sie an Fehlern reifen könne. Dass sich vieles auch erst mit der Zeit einrenke. Es fühlt sich aber trotzdem bitter an.

Zumal ihr die Richterin bei der Urteilsverkündung auch noch richtig einen mitgibt. »Es hat mich ja doch ein bisschen gewundert, dass diese Verteidigung nicht plötzlich einen Zauberbeweis aus der Tasche zieht. *Deus ex machina* im Gerichtssaal. Aber da hat meine Kammer wohl Pech gehabt und das Spektakel verpasst. Man kann vielleicht doch nicht immer so einfach tricksen.«

Nichts von dem muss sie sagen. Wahrscheinlich darf sie das nicht mal. Womöglich macht sie das sogar befangen. Sophie glaubt, das zu wissen. Ebenso wie sie zu wissen glaubt, dass sie jetzt einen unaufschiebbaren Antrag stellen sollte. Wenn es noch eine Chance für Anarchie und Chaos gibt, dann ist es dieser eine Moment. Der dann allerdings doch so träge wie traurig vorüberschleicht. Sophie sagt nichts. Sie bringt es einfach nicht über sich. Was sie sich hier anhören muss, hat nichts mit Ehrmann zu tun. Sondern mit ihr selbst. Und mit Pirlo. Sie haben im Von-Späth-Verfahren unmittelbar vor Schluss einen Beweis präsentiert, der den gesamten Prozess auf den Kopf gestellt hat. Damit findet man nun mal nicht zwingend Freunde. Erst recht nicht in der Justiz.

Kurz darauf steht sie neben Ehrmann unter dem klobigen Gerichtsvordach. Es regnet. Ehrmann raucht und heult. Sophie kann beides nicht leiden.

»Die Richterin hat mir einfach nicht geglaubt«, rotzt Ehrmann in sein Taschentuch. »Dabei wollte ich den Sommerkarneval wirklich durchführen! Ich meine, klar, das mit dem Segelboot, sicher, das war nicht klug. Das war, wie soll ich sagen, das war eben eine Dummheit! Ein Fehler, ja komm, sagen wir es, wie es ist! Aber das war doch viel später! Das war doch erst, als das Geld da war. Vorher habe ich immer den Karneval gewollt.« Und so weiter. Sophie nickt schweigend und starrt auf ihre Hände. Nach ein paar Minuten erlöst sie der Wachtmeister.

»Und dann stehst du da ganz allein im Regen und fragst dich, ob du wirklich alles gegeben hast für diesen Menschen. Das lässt einen einfach nicht los. Verstehst du?«

»Nein«, sagt Manu. Sophie atmet durch. Sie weiß, dass er nicht gemein sein will. Er versteht es nur tatsächlich nicht. Weshalb ihr Beruf sie manchmal frustriert. Oder, noch genauer: wieso sie ihn überhaupt ausübt.

»Ich habe aber doch die Verantwortung für meinen Mandanten«, setzt sie noch einmal an. »Für seine Lebenssituation. Seine Familie. Seine Zukunft.«

Manu beeindruckt das erkennbar wenig. »Aber er hat schließlich auch das ganze Geld verbrannt und damit einen riesigen Schaden angerichtet.«

»Ja, schon.«

»Und die Leute bleiben jetzt darauf sitzen.«

»Sicher.«

»Also wird er auch zu Recht bestraft. Jetzt sag nicht, dass du das anders siehst.«

»So meine ich das auch gar nicht.«

»Sondern wie?«

Sie rotiert einen Augenblick. Will viel sagen. Oder auch nicht. Schließlich kapituliert sie. Das zieht sich heute bei ihr irgendwie durch. »Ach, vergiss es. Wie war denn dein Tag?«

»Gut«, sagt er. Was knapp klingt, aber nur bedeutet, dass Manu Luft holt. Dann legt er los und berichtet von der letzten Ebola-Konferenz, davon, dass *Ärzte ohne Grenzen* seinen Vertrag um weitere zwei Jahre verlängern will, dass es nach Mali eventuell in den Kongo gehen soll, wo ein neuer Ausbruch der Coronapandemie droht, dass es einen neuen französischen Kollegen gibt, der eine echte Verstärkung für das medizinische Fußballteam sein könnte. Manu erzählt das alles mit großer Begeisterung. Über den Zoombildschirm sieht Sophie seine blauen Augen unter dem hellbraunen Wuschelkopf leuchten. Kein Zweifel: Manu ist Feuer und Flamme für diesen Beruf. Er ist Arzt aus Leidenschaft. Was er macht, macht er für Menschen. Er hilft ihnen *wirklich.* Fast alles, was er tut und erlebt, ist *bedeutungsvoll.* Sophie weiß nicht, ob sie das nur so akzentuiert hört oder ob er es auch so sagt. Trotzdem bleibt der Eindruck, dass er nicht nur darüber spricht, wie er sein Leben unschuldigen Menschen widmet. Sondern gleichzeitig darüber, dass sie ihres an schuldige verschwendet. Vielleicht liegt sie da aber auch falsch. Vielleicht tut sie ihm unrecht. Vielleicht hat er das alles in den knapp fünf Jahren ihrer Beziehung einfach schon zehntausendmal gesagt, so dass er es nicht mehr in jedem einzelnen Gespräch wiederholen muss.

Zum Abschied kommt das übliche Ritual. »Weißt du denn, wie lange es noch dauert, bis wir uns wiedersehen?«, fragt Manu.

»Klar«, sagt sie, »noch einundachtzig Tage.« Sie zählt das für ihn herunter. Jeden Tag. Genauso wie sie jeden Tag das hier sagt: »Und ich vermisse dich an jedem einzelnen davon.«

»Ich dich auch, meine Kleine«, sagt er.

Dann legen sie auf. Er geht arbeiten und rettet Menschen. Sie blättert durch die Entscheidungssammlung des Bundesgerichtshofs, um herauszufinden, ob sie als Verteidigerin dabei helfen darf, die Nervensäge Faruk Maliki weiter vor der Polizei zu verbergen. Kurz überlegt sie, Pirlo anzurufen. Vielleicht sogar Arland. Sie würden verstehen, dass ein Mensch sein Leben, seine Zeit mit solchen Fragen verbringt. Zumindest geht Sophie fest davon aus. Einen Moment balanciert sie das Telefon in der Hand. Am Ende lässt sie es aber doch. Sie zweifelt schließlich nicht daran, dass ihr Beruf spannend, gut und sinnvoll ist. Eher daran, wie oft sie sich von Manu noch anhören will, warum er das nun mal ganz anders sieht.

13.

JETZT

24.11. Morgens

Am nächsten Morgen wartet Wang am Empfang der Kanzlei mit der POST in der Hand auf Pirlo. Der Gesichtsausdruck des Sekretärs ist besorgt. Pirlo lächelt ihm ermutigend zu. Die Schlagzeile kennt er schon von der Online-Ausgabe. Sie ist fett und fies. *»Staranwälte vertreten Clanbubi im Gangsterendkampf! Aber: Wo steckt der Verdächtige? Und was wissen seine Verteidiger darüber?«* Darunter prangt ein Foto von Pirlo und Sophie.

Wenig später sitzen alle drei zusammen im Besprechungsraum, um die Lage zu diskutieren. Viel fällt ihnen allerdings nicht ein. Das alles ist schließlich auch nicht gerade besonders komplex. Pirlo kratzt sich nachdenklich am Bart. »Hm«, brummt er dann irgendwann.

»Sehe ich auch so«, antwortet Sophie.

»Du bringst es auf den Punkt, Chef«, ergänzt Wang. Kurz scheinen alle zu überlegen, ob sie lachen sollen. So was lockert ja schon mal die Situation auf. Andererseits: Allzu lustig ist das hier jetzt auch wieder nicht.

Eine Weile sagt daher keiner etwas. Alle drei starren auf die Gesichter und die Schlagzeile. »Immerhin haben sie uns gut getroffen.«

»Ja.«

»Schon richtig.«

Dann fährt sich Pirlo durch die Haare, lächelt in die Runde, spaziert in sein Büro und prügelt auf den dort aufgehängten Boxsack ein. Sophie und Wang sehen ihm irritiert nach, der Gesichtsausdruck eine einzige Frage: Wie konnten sie nicht daran gedacht haben, in ihren Büros auch einen aufzuhängen?

Nach einer kalten Dusche hat Pirlo sich wieder ein wenig gefangen. Die Räume der Kanzlei sind eigentlich eine Maisonette, malerisch gelegen im Jugendstilviertel der Carlstadt, direkt am Ganzjahresmarkt. Da die damit verbundene Geräuschkulisse die Düsseldorfer Millionärsgesellschaft trotz der Altstadtnähe abzuschrecken schien, waren die vier Zimmer mit Küche und Bad als Gewerberaum zu haben gewesen. Sophie und Pirlo hatten sofort zugeschlagen. Als angenehmer Nebeneffekt liegt die Kanzlei genau in dem Viertel, wo auch die großen Namen residieren. *Müller & Mahler* sitzt beispielsweise direkt um die Ecke auf der Kö.

»Geht's besser?«, fragt Wang von seinem Platz am Empfang, als Pirlo aus dem Bad wankt. Die schwarzen Haare hat er zu einem unbeholfenen Zopf gebunden, der allerdings nur bleiben wird, bis sie weitgehend trocken sind. Ansonsten trägt Pirlo seine Haare offen. Immer.

»Etwas.«

»Was machst du jetzt?«

»Weiter versuchen, nicht darüber nachzudenken, wer der Presse diesen Tipp gegeben hat.«

»Und wie läuft das so?«

»Nicht gut. Erst recht nicht, wenn mich jemand danach fragt.«

Wang grinst und beugt sich wieder zu seinem Bildschirm. Einen Augenblick steht Pirlo unschlüssig herum. Dann steuert er sein Büro an und klappt den Computer auf. Schon kurz darauf klingelt Wang durch.

»Sag mir nicht, dass du die POST in der Leitung hast«, grummelt Pirlo.

»Sage ich dir nicht«, entgegnet Wang. »Für heute reicht es wahrscheinlich sogar der POST. Hätte ich jedes Mal, wenn Eichner angerufen hat, um nach einer Reaktion von dir auf die Schlagzeile zu fragen, einen Killepitsch getrunken, hätte ich jetzt schon keine Leber mehr. Dafür aber wahrscheinlich bessere Laune.«

»Was ist es dann? Eine neue Sache?« Pirlo klickt instinktiv in seinen Kalender. Neue Fälle sind immer willkommen. Er wird schon Zeit dafür finden.

»Nein.«

»Sondern?«

»Faruk Maliki ist in der Leitung.«

Pirlo verzieht den Mund. Anwaltskommunikation darf zwar nicht abgehört werden. Auch nicht solche am Telefon. Trotzdem verheißt der Anruf nichts Gutes. »In Ordnung. Stell ihn durch.«

Unmittelbar darauf knistert das aufgeregte Stimmchen von Maliki durch den Hörer. »Herr Dr. Anwalt, wo sind Sie?«

Pirlo verdreht die Augen. »Ich bin in der Kanzlei, Faruk. Kannst du bitte woanders hingehen, damit dein Empfang besser wird?«

»Gleich. Ich bin im Lift.«

»Was gibt es denn überhaupt?«

»Ich muss mit Ihnen sprechen.«

»Schon wieder?«

»Ja, Mann. Ist dringend, Herr Doktor.« Die Stimme klart auf. Der Empfang ist jetzt voll da. »Ich halt das nicht mehr aus. Ich schwör.«

Pirlo fährt sich mit der Hand über die Augen. »Wann sollen wir sprechen?«

Es klingelt. Pirlo ahnt, dass das nichts Gutes bedeutet. Das bestätigt sich sofort, als Maliki sagt: »Jetzt.«

14.

COJONES

Bei Sophie

Sophie sitzt am Schreibtisch und ärgert sich. Anlass dazu gibt es genug. Vor allem aber ärgert sie sich, dass sie sich überhaupt ärgert. Eigentlich gibt es auch genug Grund zur Freude. Die Kanzlei läuft gut. Der Umgang mit Pirlo auch. Sie wird als Anwältin immer souveräner. Verhandlungen wie die gegen Ehrmann sind die Ausnahme, die die Regel bestätigen. Selbst der Fall von Faruk Maliki ist eigentlich eine runde Sache. Klar, der Kerl ist anstrengend. Andererseits würden viele vieles tun, um dieses Mandat überhaupt zu bekommen. Trotzdem ist sie unglücklich. Als Anlass genügt ein ausgedrucktes Foto in ihrer Hand. *Das* Foto.

Gedankenverloren malt Sophie auf ihrem Block herum. Ein Kreis für Danzinger. Einer für Ahmid Khatib. Einer für Anton Pirlo. Über allem steht die Frage, was sie ihm zutraut. Und die, wer er eigentlich ist. Also ziemlich genau das, was sie erfolgreich verdrängt zu haben glaubte und was jetzt, nach Pirlos Gespräch mit Rinor Maliki, dann doch wieder im Raum steht. Na, herzlichen Glückwunsch!

Sophie betrachtet die Liste, auf der sie notiert hat, was sie über Pirlo weiß. Über seine Familie: nichts. Über seine Jugend: auch nichts. Der Rest ist bestenfalls überschaubar. Studium in Düsseldorf. Auslandssemester in Lissabon. Referendariat in Düsseldorf. Mehr steht da nicht. Was nicht viel ist. Erst recht nicht, wenn man bedenkt, dass sie mit Pirlo die Räume teilt. Ihren Alltag. Und ziemlich viel Verantwortung. Der sie übrigens nicht gerecht wird, wenn sie weiter in diesen sinnlosen Grübeleien versinkt. Was dann auch schon wieder zum Kotzen ist.

»Was ist zum Kotzen?«, fragt Wang.

Sophie erschrickt gewaltig. Die Tasse fällt ihr aus der Hand, sie beinahe vom Stuhl. Kurz verliert sie die Contenance. Eigentlich ist das sonst eher Pirlos Ressort. »Wang, verdammt nochmal! Bist du wahnsinnig?«

Wang wirkt ernsthaft betroffen. »Entschuldigung. Ich war mir sicher, dass du mich gehört hattest. Ich hatte mehrfach geklopft. Außerdem hast du was gesagt. Ich dachte, das gelte mir.«

Zwischenzeitlich hat sich Sophie wieder gefangen. Sie sortiert ihre langen blonden Haare. Selbst das scheint sie sich von Pirlo abgeschaut zu haben. Was witzig ist. Und ein bisschen seltsam. Wie viel Einfluss hat dieser rätselhafte Mensch eigentlich auf ihr Leben? Egal. Jedenfalls jetzt. Sie bemüht sich um ein verbindliches Lächeln. »Was gibt's denn?«

»Es ist ein Besucher da.«

»Wer?«

»Faruk Maliki.«

Sophie lacht. »Das ist ein Scherz, oder?«

Wang schüttelt den Kopf. »Er sitzt im Besprechungsraum.«

Sophie muss das erst mal kurz verdauen. Maliki wird überall gesucht und ist trotzdem hier. Was zeigt, dass er *cojones* hat. Und mindestens auch völlig verrückt ist.

»Weiß Pirlo Bescheid?«

»Ja. Ich habe ihm aber gesagt, dass er nicht ohne dich in die Besprechung gehen soll.«

Sophie nickt. »Für die geistige Gesundheit von Pirlo war das wahrscheinlich eine gute Idee.«

»Und für die körperliche von Maliki.«

15.

NARZISS

Im Besprechungsraum

Pirlo tobt, ohne die Stimme zu heben. Gerade das hinterlässt bei Maliki Wirkung. Sophie verkneift sich ein Schmunzeln, als sie sieht, wie der Nachwuchsgangster immer tiefer in seinem Besprechungsraumstuhl versinkt. Überrascht ist sie nicht. Maliki dagegen schon. Ganz offensichtlich sogar. Obwohl er es hätte besser wissen können. Er hat Pirlo bisher dreimal getroffen. Einmal am frühen Morgen im Niemandsland zwischen Suff und Kater. Einmal in seinem eigenen Hinterzimmer. Das hier ist anders. Jetzt ist Pirlo wach. Frisch. Und wütend.

»Du dachtest also, es sei schlau, hier einfach mal reinzuspazieren und kundzutun, dass *endlich was passieren* soll?« Pirlo spricht ganz ruhig. Er sitzt Maliki gegenüber. Der Tisch trennt allerdings mehr als nur den Raum. Einer hat die Ellbogen darauf abgelegt. Der andere sucht das Loch, in dem er verschwinden kann.

»Du meinst, es sei eine gute Idee, dich mit einer Baseballcap und einem Kapuzenpullover als Gangster-Clown zu verkleiden, quer durch die Stadt zu stromern und den Anwälten mal zu verklickern, dass du mit der Gesamtsituation unzufrieden bist, weil der Fathi ist ja jetzt im Krankenhaus und dein Papa ist gemein und überhaupt gehst du viel lieber Casino und Puff und scheiß auf Haftbefehl und fick die Polizei und so?«

Pirlos Augenwinkel verziehen sich zu einem Lächeln. Sophie bleibt in der Tür stehen. Sie weiß, dass das nichts Gutes bedeutet. Maliki selbst weiß das zwar noch nicht. Sie kann aber sehen, dass er es spürt. Und zwar deutlich.

Pirlo deutet auf sie. »Das ist meine Kollegin, Frau Rechtsanwältin Mahler. Ich schätze ihre Arbeit sehr, und ich sag dir auch, warum. Sie ist klug. Sie ist unermüdlich. Sie ist genau. Seit zwei Tagen sucht sie nach Möglichkeiten, wie wir alle, die wir hier sind, dazu beitragen können, dass du, selbst wenn sie dich erwischen, nicht in den Knast musst. Seit zwei Tagen beschäftigt sie sich damit, dass und warum wir dich nicht verpfeifen müssen. Damit, dass das auch kein anderer tut. Seit zwei Tagen macht sie nichts anderes, obwohl du noch nicht einmal eine Rechnung gezahlt hast, Faruk. Noch nicht einmal einen Vorschuss! Sie macht das trotzdem, einfach so, weil sie eine verdammt gute, verdammt engagierte Anwältin ist. Weil das hier eine verdammt gute, verdammt engagierte Kanzlei ist. Und du kommst trotzdem einfach mal so persönlich vorbei, um zu schauen, ob deine Anwälte eigentlich nach deinem Geschmack arbeiten. Ob es okay ist, was die Paragraphenstricher da so zusammenscheißen. Ob sie deines königlichen Pfauentums würdig sind.«

Pirlo hebt kurz die Hände. Er lacht. Maliki sollte sich besser anschnallen.

»Weißt du, wer Narziss war?«, fragt Pirlo nach einer sehr langen, sehr stillen Pause. Maliki antwortet nicht. Mag sein, dass er nicht genau sagen kann, was eine rhetorische Frage ist. Aber er weiß, wie sich eine anfühlt.

»Narziss war der Sohn von Kephissos und Leiripoe«, erklärt Pirlo. Er lehnt sich zurück und sieht aus dem Fenster. »Er war schön und wusste das auch. Narziss war sogar so schön, dass er sich, als er sich eines Tages an einem Teich niederließ, in sein eigenes Spiegelbild verliebte. Er wollte dieses Bild, diesen so schönen

Menschen berühren, haben, sich mit ihm vereinen. Und weißt du, was? Am Ende gelingt ihm das auch. Narziss beugt sich so nahe über das Wasser, dass er endlich sein eigenes Abbild fühlen kann. In diesem Augenblick stürzt er in den Teich und ertrinkt.« Pirlo beobachtet Maliki. Die Augen sind dunkel. Fordernd. Hart. Sophie erinnert sich an das Gespräch mit Rinor Maliki. Niemand hatte etwas zu sagen gewagt. Niemandem hätte der Clananführer zugehört. Außer Pirlo.

»Was sagt dir das, Faruk?«

Maliki windet sich. Pirlo wartet. Es wird still im Raum. Dann ringt sich Maliki zu einer Antwort durch. Nichts ist mehr zu merken von Gehampel und Gehabe. Das Stimmchen klingt wacklig. »Dass ich mich mehr zusammenreißen soll?«

Pirlo zieht die Augenbrauen in die Höhe. »Könnte schon sein.«

Maliki sieht auf seine Hände. Sie halten die Kappe, die er sich tief ins Gesicht gezogen hat, als er durch die Düsseldorfer Innenstadt marschierte, um seinen Anwälten den Marsch zu blasen. Sophie kann ihm ansehen, dass er sich fragt, wie viele Jahre das eigentlich her ist. Und was er sich dabei gedacht hat. Jetzt sieht er die Sache jedenfalls anders. Und zwar so: »Es tut mir leid, Herr Dr. Pirlo.«

»Gut«, sagt Pirlo. Mehr nicht. Dann verabschieden sich die Furchen auf seiner Stirn, und er sieht Maliki direkt an, so, als sei er ernsthaft überrascht, dass der immer noch da ist. Diesmal begreift Maliki schnell. Er nimmt seine Mütze, murmelt eine Entschuldigung und macht sich aus dem Staub. Pirlo blickt ihm lange nach. Er sieht müde aus. Sophie beobachtet ihn von der Tür aus. Sie hat noch nie erlebt, wie jemand ohne einen einzigen lauten Ton angeschrien wurde. Maliki wahrscheinlich auch nicht.

16.

NERVÖS

Am Abend

Am Abend ist allerdings auch Pirlo nervös. Das kommt zwar selten vor. Wenn, dann aber richtig.

»Du bist eben auch nur ein Mensch.« Paolo lacht. »Nimm einen Aperitif gegen die Anspannung.«

»Nein, danke«, sagt Pirlo. Er will einen klaren Kopf behalten. Den Abend vernünftig angehen. Die Verabredung beschäftigt ihn schon den ganzen Tag, damit mehr als sonst. Deutlich mehr. Er bestellt einen Espresso und wartet. Sie sind um acht Uhr verabredet. Bis dahin sind es noch über zwanzig Minuten. Für den notorischen Zuspätkommer Pirlo ist das ein neuer Lebenszeitrekord. Und zwar ausnahmsweise in der richtigen Richtung.

»Wann kommt sie?«, hatte Paolo gefragt, als Pirlo aufkreuzte.

»In einer halben Stunde.«

»Du meinst *vor* einer halben Stunde?«

»Nein, *in* einer halben Stunde.«

Paolo hatte den Kopf geschüttelt und schallend gelacht. »Jetzt bin ich noch mehr darauf gespannt, sie kennenzulernen. Schon allein, damit ich sie fragen kann: Wer sind Sie und was haben Sie mit meinem Freund, dem *avvocato*, gemacht?«

Pirlo hatte nur die Augen verdreht. Ein bisschen fragt er sich das aber auch.

Dann ist sie endlich da. Pünktlich um acht betritt Alena die

Casa Palmieri. Und die Zeit steht still. Zumindest für Pirlo fühlt es sich so an. Aus Paolos offenem Mund ist allerdings zu schließen, dass der die Lage ganz ähnlich einordnet. Alena hat das Ihre dafür getan. Unter einem langen Wollmantel trägt sie ein raffiniertes schwarzes Kleid, das gleichzeitig aus hundert Schnüren zu bestehen scheint und, das ist die eigentliche Kunst, trotzdem klassisch aussieht. Die schulterlangen dunklen Haare hat sie zu kunstvollen Korkenzieherlocken gedreht. Die braunen Augen lachen auf dieselbe Art, die Pirlo schon im *Rocca* durcheinandergebracht hat. Wach. Klug. Verwegen. Pirlo hört aus weiter Ferne eine Stimme. Sie gehört zu Paolo. »Atmen, mein Freund.«

Pirlo grinst. Über Paolo. Über sich. Über diesen Moment, in dem er mal nicht weiß, was er sagen soll. Alena hat ihm gerade den Stecker gezogen. Aber so richtig. Was ja eigentlich auch mal ganz schön ist.

»Alles in Ordnung?«, fragt sie, als sie Pirlo mit Küsschen links und rechts begrüßt hat. Die Düsseldorfer Eröffnung. Pirlo mochte das noch nie. Jedenfalls bis heute.

»Natürlich«, antwortet Pirlo verdutzt. Dann folgt ein breites Lächeln. Gut, dass er seine Automatismen hat. Und dass er sich auf sie verlassen kann. »Bitte, setz dich.«

Aus dem Hintergrund rauscht Paolo herbei und rückt einen Stuhl zurück. »Für die bezaubernde Signorina.«

In der Folge serviert Paolo einen Martini Bianco, dazu Burrata mit Tomaten und Basilikum. Danach wechseln Gläser und Getränke, und er tischt einen Lugana auf. Dazu gibt es selbstgemachte Tortellini mit Salbeifüllung und, erstmals, einen ruhigen Moment. Alena nutzt ihn, um Pirlo von sich zu erzählen. Sie spricht über ihr Studium, Kunstgeschichte mit Schwerpunkt auf der Bildenden Kunst des Islam im Mittelalter. Über ihren Traum, eines Tages Kuratorin des Museums für Islamische Kunst in Doha zu werden, die Erkenntnis, dass weder ihr Studium noch ihre Wünsche dazu geeignet sind, Rechnungen zu bezahlen, und die Entscheidung, daher als Associate bei einer international ausgerichteten Wirtschaftsberatung einzusteigen.

»Erst einmal, zumindest«, sagt sie. Das dazugehörende Lächeln sieht zwar schön aus, wirkt aber doch sehr bemüht. Pirlo kann das verstehen. Mehr wahrscheinlich sogar, als Alena glaubt.

Dann erzählt sie von ihren Ursprüngen, dem Aufwachsen mit der Familie am Rand des Kaukasus, irgendwo im Grenzgebiet zwischen Morgen- und Abendland, den deutschen Wurzeln des Großvaters, der dort, in der russischen Steppe, nach der Kriegsgefangenschaft verharrte, eine Frau und ein Leben gefunden hatte, davon, dass ihre Mutter es dennoch irgendwann nicht mehr ausgehalten und den Sprung nach Deutschland gewagt hatte, in das große, ferne Sehnsuchtsland, wo sie sich für Geschichte eingeschrieben, ein Jahr später aber ein Kind mit ihrem Professor bekommen hatte. Die Mutter brachte ihr Studium nie zu Ende, hatte aber immerhin den Seelenfrieden, dass Alena in ihre Fußstapfen getreten war.

»Warum lachst du?«, fragt Alena, als sie geendet hat.

»Die Geschichte kommt mir irgendwie bekannt vor.«

»Inwiefern?«

»Ich habe so etwas Ähnliches schon einmal von jemandem gehört. Vor gar nicht allzu langer Zeit sogar, selbst wenn es sich so anfühlt, als sei das schon ewig her.«

»Von einer Frau?«, fragt sie. Es klingt unbeteiligt, aber Pirlo ahnt, dass sie auf ein Nein hofft.

»Ja, aber ganz anders, als du denken könntest. Oder möglicherweise sogar fürchten.«

Sie nickt knapp. Dann spielt ein Lächeln um ihre Lippen. »Meinst du die Mandantin aus dem Von-Späth-Verfahren? Wie hieß sie doch gleich? Marlene?« Kurz schaut Pirlo irritiert. Alena lacht. »Ich habe mich über dich informiert. Anständige Mädchen treffen sich nicht einfach mit wildfremden Männern in Restaurants, die deren besten Freunden gehören, Herr Doktor.«

Pirlo fühlt sich geschmeichelt. Ob er will oder nicht. Alena sieht es und lacht noch lauter. Dann bringt Paolo einen gegrillten Oktopus, dazu einen Primitivo. Alena bedankt sich mit einem beeindruckenden Lächeln, lässt aber trotzdem erkennen, dass ihre ganze Aufmerksamkeit Pirlo gilt. Der bemerkt das und freut sich. Zumindest kurz. Dann nämlich sagt sie: »Jetzt habe ich so viel von mir erzählt.«

»Ich habe gern zugehört.«

Ihr Lächeln wird breiter. »Was eine so schöne wie seltene Gabe ist. Aber trotzdem drehen wir den Spieß mal um. Erzähl du mir von dir!« Sie gibt ihrer Stimme einen dramatischen Ton. »Heute Abend, live und exklusiv aus der *Casa Palmieri*: Wer ist Dr. Anton Pirlo, und was hat ihn zu dem gemacht, der er ist?«

Pirlo grinst schief. Was cool aussieht. Das weiß er. Allerdings rettet es ihn auch nur über die ersten zwanzig Sekunden. Dann hakt Alena nach. Was zu befürchten war. Und ihn ernsthaft in Schwierigkeiten bringt. »Bei mir gibt es nicht wirklich Spannendes zu erzählen.«

»Ach komm schon, ein kleines bisschen darfst du ruhig aus deiner harten Schale hervorkriechen. Das nimmt dir auch nicht das Mysterium. Versprochen. Auf mich wirkst du dann immer noch wild und gefährlich.«

Sie lacht. Pirlo würde sich davon gern anstecken lassen. Stattdessen hängt er fest. Alena macht es noch schlimmer. »Trau dich«, gurrt sie. »Sei nicht feige.«

Was sich niemand gern sagen lässt. Kein Pirlo. Und erst recht kein Khatib. »Ich bin ein Mann, der gern tanzt«, sagt er schließlich.

Sie schaut überrascht. »Wirklich?«

»Ja.«

Sie wartet einen Augenblick, ob noch mehr kommt. Als klar ist, dass das wirklich alles war, zwinkert sie Pirlo zu. »Dann schlage ich vor, dass du mir das jetzt zeigst.«

Kurz darauf ist Alena zu den Toiletten verschwunden, um sich für den Club frisch zu machen. Paolo nimmt Pirlo zur Seite. »Ich habe dich beobachtet, mein Freund.«

»Und?«

»Warum hast du ihr nicht einfach deine Standardgeschichte erzählt? Studium, Referendariat, Promotion, Ohmsen, das Metternich-Verfahren, der Presserummel, die Beinahe-Partnerschaft, die eigene Kanzlei, Arland, Sophie, von Späth und all das? Es hätte doch wirklich genug Stoff gegeben, *amico.*«

»Kann sein«, brummt Pirlo und versucht, Paolo ein Trinkgeld zuzustecken. Wie immer scheitert er kläglich. Seit er Paolo Palmieri vor vielen Jahren verteidigt hat, darf er nicht bezahlen. Heute, da sie beste Freunde sind, ist es sowieso aussichtslos.

»Kann sein, kann sein.« Paolo grinst. »Mein lieber *avvocato*, ich kenne dich ganz gut und kann mich auch an die ein oder andere Zeitgenossin erinnern, der du das in den letzten Jahren erzählt hast. Pasta, Wein, Geschichten, *amore.* Das ist nun mal dein Repertoire. Du bist der Don Quijote, und ich bin dein Sancho Pansa. Aber eben einer, der auch zuhört.«

Pirlo hebt abwehrend die Hände. »Worauf will Herr Staatsanwalt Palmieri hinaus?«

Paolo mustert ihn von der Seite. »Was ist hier anders?«

Pirlo zuckt mir den Schultern. »Vielleicht nichts. Vielleicht alles.«

Paolo kratzt sich ausgiebig an der hier und da bereits grauen Schläfe. »Pass bloß auf dich auf, *avvocato.* Du wirst dich doch nicht etwa verlieben?«

Jetzt grinst auch Pirlo. Mehr fällt ihm dazu beim besten Willen nicht ein. Dann hakt er sich bei der wiederaufgetauchten Alena unter, und sie gehen tanzen.

Als sie das *Sir Walter* verlassen, graut schon leicht der Morgen. Pirlo nimmt Alena für ein frühes Frühstück mit ins *Café Florian*. Jetzt, nach einer langen Nacht und mit leicht verwischtem Make-up, sieht sie sogar noch bezaubernder aus. Das ganze Glatte, Makellose, Dunklerrauschgoldengelhafte hat dem vor guter Laune leuchtenden, zerknittert-frischen Gesicht einer einfach schönen, jungen Frau Platz gemacht. Pirlo kann nicht anders. Er ist hingerissen. Was er schließlich auch sagt. Alena lacht. Dann bestellt sie sich über eine App ein Taxi. Pirlo wartet mit ihr, öffnet ihr die Tür und sieht eine ganze Weile hinter ihr her, bis das Fahrzeug an der Venloer Straße abgebogen ist. Er weiß nicht, wo sie hinfährt oder wohnt. Es fühlt sich aber an, als sei es das Einzige, was er nicht von ihr kennt. Es stört ihn noch nicht einmal ein bisschen. Genauso wenig, wie es ihn kümmert, dass sie nicht mit zu ihm gekommen ist. Er hat schließlich noch nicht einmal danach gefragt. Als er zu seiner Wohnung schlurft, kommt ihm der Gedanke, dass hier tatsächlich mal etwas anders sein könnte. Vielleicht auch gar nichts. Aber vielleicht doch alles.

17.

PEINLICH

Kurz darauf

Eine halbe Stunde später ist Pirlo im Bett. Allein. Ohne Alena. Dafür mit der Aussicht, das erste Mal seit drei Tagen ein paar Stunden in Ruhe schlafen zu können. Was womöglich zwar nicht ganz das ist, was er sich von dem Abend erhofft hatte. Aber immerhin besser als nichts. Er hatte das Schwitzige des Abends im *Sir Walter* abgeduscht, seine Kleider in den Wäschesack geworfen, einen Baldriantee getrunken und auf der Homepage der POST die neuesten Skandalschlagzeilen zu Faruk Maliki gesucht. Nachdem er so überrascht wie erfreut festgestellt hatte, dass es keine gab, hat er sich in seinem großen Bett ausgestreckt. Kurz darauf kam der Schlaf. Für etwa eine halbe Stunde. Dann hämmerte jemand gegen die Tür. Die Lautstärke und Vehemenz erstickten jede Hoffnung im Keim, dass es sich um Alena handeln könnte. Zumal sie nicht weiß, wo Pirlo wohnt. Ahmid dagegen schon.

»Mach auf, Bruder!«, brüllt Ahmid dezent durch das Treppenhaus des Altbaus.

Pirlo braucht einen Moment, bis er schnallt, dass die Rufe kein Albtraum sind und auch kein schlechter Scherz. Allenfalls eine Kreuzung aus beidem. Womit sein Bruder eigentlich schon ganz gut beschrieben ist.

In aller Eile hastet Pirlo zur Tür. Durch den Spion erkennt er Ahmids aufgebrachte Miene. Der erkennt, dass hinter dem Guckloch einer steht, und formt grinsend mit den Fingern eine Pistole, die er auf den Spion abfeuert. Pirlo seufzt. Dann macht er auf. »Was willst du?«

»Na hör mal! Begrüßt man so seinen Bruder? Wo sind die Manieren?«, fragt Ahmid und vollbringt das Multi-Tasking-Kunststück, sich gleichzeitig an Pirlo vorbeizudrücken, ihm in die Rippen zu boxen und die Tür so laut ins Schloss fallen zu lassen, dass jeder Bewohner der Schwerinstraße 5 aus dem Schlaf gerissen worden sein dürfte. Zumindest alle, die Ahmids Rumbrüllen nicht ohnehin schon geweckt hat. Kurz darauf sitzt er auf der Kante von Pirlos Sofa, pustet über frisch aufgebrühten Kaffee und starrt Pirlo finster an.

»Was ist los?«, fragt der schließlich.

»Das sollte ich wohl eher dich fragen«, entgegnet Ahmid.

»Warum?«

»Warum? Warum?«, motzt Ahmid. »Tu doch nicht so blöd!«

Pirlo lässt das unkommentiert. Nicht, weil er will. Sondern weil er weiß, dass sie hier sonst nicht weiterkommen. Achtunddreißig Jahre Erfahrung sind dann eben doch auch mal für etwas gut.

»Was ist los, Ahmid?«

Sein Bruder tippt hektisch gegen die Kaffeetasse. »Du verteidigst Faruk Maliki.«

Pirlo nickt. »Ich weiß.«

»Warum machst du das?«

»Das ist mein Beruf, Ahmid.«

»Das ist mein Beruf, Ahmid, das ist mein Beruf, Ahmid«, äfft sein Bruder ihn nach. Dann wirft er die Kaffeetasse quer durch den Raum. Was ärgerlich ist. Vor allem, weil sie noch halb voll war. »Hör auf, mich zu verarschen, *Al'iikhwa*!«

Pirlo atmet tief durch. So wie er es gelernt hat. Als kleines Kind. Als Jugendlicher. Eigentlich immer. Er beobachtet Ahmid aus den

Augenwinkeln. Er ist drahtig und gleichzeitig muskulös. Pirlo ist allerdings auch nicht schlecht gebaut. An Ahmid sind die von Natur aus breiten Schultern von Riyad Khatib irgendwie vorübergegangen. An Mahmed und Ramzes Khatib nicht. Die äußeren Voraussetzungen würden einen kurzen, aber harten Kampf hier schon zulassen. Den es aber nicht geben wird. Das weiß Pirlo. Ahmid weiß es auch. Pirlo fehlt gegenüber seinen Brüdern das, was er gegenüber allen anderen im Übermaß hat. Konfliktbereitschaft. Wut. Und der Wille, auch mal schmutzig zu kämpfen. Trotzdem juckt es ihn gerade in den Fingern. Und zwar gewaltig. Pirlo sieht dem Kaffee zu, der langsam und traurig über die entgegengesetzte Wand und das ohne eine Glasscheibe gerahmte Poster von einem Oasis-Konzert 2005 in Manchester rinnt. Es hätte in diesem Leben viele gute Gelegenheiten gegeben, einfach auch mal der Erste zu sein, der zuschlägt. Diese ist eine der besten.

»Denk nicht mal dran, kleiner Bruder«, raunt Ahmid von der Seite.

Pirlo ist überrascht. Ahmid klingt beschwichtigend. Vielleicht hat er wirklich Sorge, dass er sich hier eine fängt. Einen Moment belauern sie einander. Wer jetzt als Erster zuckt, hat verloren. Und dann geht es doch aus wie immer. Pirlo seufzt und gibt nach. Nicht nur weil er der Klügere ist. Das wissen beide sowieso. Sondern weil er auch derjenige von den beiden ist, der das überhaupt kann.

Erschöpft lässt er sich gegen die Lehne seines Sofas sinken. »Was genau ist eigentlich dein Problem?«

»Du hast nicht gefragt«, murmelt Ahmid trotzig.

»Was gefragt?«

»Ob du Faruk Maliki vertreten kannst.«

»Ob ich Faruk Maliki vertreten *kann*?« Pirlo lacht auf. »Was hätte ich denn da bitte *fragen* sollen?«

»Ob wir halt was dagegen haben und so.«

»Ihr?«

Jetzt seufzt Ahmid. Er hat es nicht leicht. Offensichtlich geben sie heute wirklich jedem einen Doktortitel. Auch den totalen Vollidioten. »Ich meine Mahmed und ich.«

»Du meinst Mahmed und *mich*«, korrigiert Pirlo. Viel denkt er sich dabei nicht. Eigentlich gar nichts. Er achtet den ganzen Tag auf Sprache. Warum nicht auch hier?

Die Antwort steht als Fragezeichen in Ahmids Gesichts. »Was hat das denn schon wieder mit dir zu tun? Warum geht es immer nur um dich?«

»Was?«

»Was?« An Ahmids Schläfe pulsiert eine Ader. »Ich meinte Mahmed und ich, Mann.«

Pirlo seufzt. »Ich weiß.« Er sammelt sich kurz. »Was stört euch daran, dass ich Faruk Maliki verteidige? Ich dachte, ihr kommt gut klar mit der Familie.«

»Eben.«

Pirlo versteht nicht. Er sieht zwar, dass sein Bruder sich schwertut. Aber er kapiert nicht genau, warum. »Erklär es mir.«

Ahmid atmet tief durch. »Das ist es ja gerade. Dass wir uns mit den Malikis gut verstehen. Dass wir verbunden sind.«

»Und?«

»Das sind *unsere* Verbindungen.«

»Eure?«

»Ja.«

»Und ihr wollt nicht, dass ich da hineingrätsche.«

Ahmid nickt heftig. Was allerdings nicht wirklich irgendetwas erklärt. Das sagt Pirlo dann auch. »Ich verstehe immer noch nicht, wo das Problem sein soll.«

Ahmids Blick flackert. »Das kann ich dir sagen, Ramzes. Oder soll ich Pirlo sagen? Oder *Dr.* Pirlo? Oder was? Weißt du eigentlich, was du da veranstaltest? Wie dieses ganze Theater wirkt? Fakt ist doch: Du wolltest nie mit uns zu tun haben.«

»Richtig.« Ausnahmsweise sind sie sich da wirklich mal einig.

»Eben, Bruder. Dein ganzes Herumgehampel hat dich aber so beschäftigt, dass du gar nicht darauf gekommen bist, dass das umgekehrt genauso sein könnte.«

Pirlo lässt das sacken. »Du meinst im Ernst, *ihr* wollt nicht, dass man weiß, dass *ich* euer Bruder bin?«

Ahmid nickt. »Ganz genau.«

Pirlo lacht laut auf. Dann fragt er aber doch. »Und warum?«

Ahmid zuckt mit den Schultern. »Ich sag es, wie es ist: Du bist uns peinlich.« Das sitzt. Mehr, als Pirlo es zugeben kann. Ahmid bemerkt das. Und tritt nach. »Das hättest du nicht gedacht, was? Dass uns dein seltsames Gekasper auf den Sack geht. Dass wir aber irgendwann einfach froh waren, dass du das abgezogen hast. Diesen Kinderscheiß. Dr. Anton Pirlo. Ein Nachname wie ein trauriger Fußballer. Ein Vorname wie eine Kartoffel. Ein Doktortitel wie …« Ahmid sucht nach einem passenden Wort. »Wie ein richtiger Doktor.«

»Du meinst wie ein Arzt?«

»Fick dich, Ramzes.« Ahmid strafft den Rücken. »Aber weißt du, was, Mann, wir sind die Khatibs, Bruder! Mahmed und ich, wir sind *real*. Nicht solche Opfer wie du, du beschissener Alman-König.«

Pirlo fühlt sich überfahren. Nicht nur wegen der Uhrzeit. Sondern auch wegen des Themas. Und des sehr kleinen, dafür aber auch sehr unguten Gefühls, dass sein Bruder einen wirklich wunden Punkt erwischt haben könnte. »Und was soll ich jetzt machen?«, fragt er. Seine Stimme klingt dabei erstaunlich lahm. Er hört es selbst. Richtig gegensteuern kann er gerade trotzdem nicht mehr.

»Lass uns einfach in Ruhe«, grollt Ahmid. »Mach weiter deinen Anwaltsscheiß wie damals bei dieser Opferkanzlei. Bleib bei deinem Bumsen-Quatsch.«

»Ohmsen«, korrigiert Pirlo.

»Mir doch egal«, zischt Ahmid. »Und Mahmed übrigens auch. Dass du bloß nicht auf die Idee kommst, den jetzt hier reinzuziehen.« Dann wird er fies. Aber so richtig. »Er weiß übrigens, dass ich gerade bei dir bin. Glaub also bloß nicht, dass du auf ihn setzen kannst, von wegen Vernunft und vermitteln und so. Ich meine es so, wie ich es sage: Wir haben beide keinen Bock mehr auf dich, Alter. Also verschon ihn mit deinem Gelaber. Mahmed hat auch so genug um die Ohren, wieder auf die Beine zu kommen nach der elenden Schussverletzung.« Wobei Ahmid höflich unterschlägt, dass er selbst für diese Verletzung verantwortlich war. Zumindest mittelbar. Falls es so etwas wie »mittelbare Verantwortung« in der Welt von Ahmid Khatib überhaupt gibt. »Du wolltest uns nicht, jetzt wollen wir dich nicht. Check das mal, Alter. Warum auch? Jahrelang warst du dir für uns zu schade, hast da deinen Wirtschaftsscheiß gemacht, schön eine Firma hier, eine Firma dort, immer brav an den alten Anwälten rumnuckeln, Anzug und Krawatte und so. Mach das, Bruder. Geh dich da blamieren. Aber lass gefälligst die Straße in Ruhe.«

»Ja meinst du denn, ich hab mich darum geprügelt, oder was?« Jetzt bricht es auch aus Pirlo raus. Khatib ist eben Khatib, kann man nicht ewig unterdrücken. Erst recht nicht, wenn zwei in einem Raum sind. Und keiner sonst. »Wenn mich die Penner nicht abgesägt hätten, wär ich da jetzt Partner, und alles wär in Ordnung. Stattdessen *musste* ich die von Späth verteidigen, um Kohle zu verdienen wegen irgendeines kleinen Details, weil jemand Schulden hatte oder so.« Pirlo atmet durch. Und holt dann richtig aus. »Ach warte, Moment mal, das wart ja *ihr*, meine beiden grenzdebilen Brüder, die den glorreichen Einfall hatten, sich bei einem Drogendeal ficken zu lassen! *Ihr* habt mir diese Freude eingebrockt, ihr Schwachköpfe! Und wenn ich daran noch mal zart erinnern darf: Um da wieder rauszukommen, habt ihr meine ganze

Kohle bekommen! Jeden beschissenen Cent! Wofür danach dann irgendwie das Dankesschreiben bei der Post hängen geblieben sein muss. Hier ist es jedenfalls nie angekommen!« Wieder ist durchatmen angesagt. Pirlo hat geschrien. Was aber irgendwo auch scheißegal ist. In diesem Haus schläft sowieso keiner mehr. Ehe Ahmid widersprechen kann, fährt Pirlo gefasster fort. Zumindest etwas. »Ahmid, Mann, mach doch mal die Augen auf: Ich hätte mich nach Ohmsen einfach ein paar Monate zurückhalten können. Mal ein bisschen untertauchen. Oder sogar wegfahren, Urlaub machen, verdammt nochmal. Danach hätte mich schon irgendeine Rechtsabteilung genommen. Es gibt genug davon, Bruder. Einen Ohmsen-Anwalt lassen die nicht einfach so auf der Straße stehen. Das wäre das schöne Leben gewesen, *wallah*. Vierzig Stunden Arbeit die Woche. Überstundenvergütung. Sattes Gehalt. Dann hätte sich der Scheiß mit Ohmsen wenigstens im Nachhinein gelohnt. Der ganze Stress. Die ganzen Jahre. Stattdessen turne ich im Gericht mit der von Späth rum, muss das Ding gewinnen, schaffe das tatsächlich, gebe das Geld ab und habe kurz darauf Faruk Maliki an der Backe –, woraufhin du hier aufschlägst und mir sagst, dass ich dir *peinlich* bin. Ist dir eigentlich klar, wie anmaßend das ist? Wie dreist? Wie falsch?«

Ahmid starrt ihn ungerührt an. »Also lässt du diese Scheiße mit Faruk Maliki jetzt sein oder was?«

Pirlo tritt nahe an ihn heran. Ahmid drückt den Rücken durch. Kurz sagt keiner etwas. Dann ist Pirlo der Erste, der spricht. »Fick dich, Bruder.«

Ahmid zieht eine Augenbraue hoch. »Du dich auch.«

Dann dreht er sich um und geht. Pirlo sieht noch eine Weile auf die geschlossene Wohnungstür. Das hier ist nicht gut gelaufen. Vor allem ist es auch noch nicht zu Ende. Im Gegenteil: Was immer das gerade war, es hat jetzt erst angefangen.

18.

ORANGENSAFT

Sonntagmittag

Am Sonntag isst Familie Mahler gemeinsam zu Mittag. Immer schon. Und ohne Ausnahme. Zumindest fast. Nur während Sophies Auslandssemester in Sevilla hatte es ein paar Monate gegeben, in denen das Ritual ausfiel. Selbst da waren Ernst und Helene Mahler aber mehrfach eingeflogen. Der gemeinsame Sonntagmittag ist heilig, ganz gleich, wie das Wetter ist und wie die allgemeine Stimmungslage. Bis zum Tod von Patrick, ihres Bruders, hatte Sophie das mal belächelt, mal ertragen. Irgendwann hatte sie sich aber auch einfach daran gewöhnt. Nach Patricks Tod galt das erst recht. Zwischenzeitlich ist der Sonntagmittag auch für Sophie fest gesetzt, selbst wenn es nicht immer eine reine Freude ist. So bekam sie immerhin aus nächster Nähe mit, wie die Drinks ihrer Mutter immer früher in den Tag rutschten. Verhindern konnte sie es nicht. Genauso wenig, wie es ihr gelingt, den Graben zu ihrem Vater zuzuschütten. Im Gegenteil. Die Distanz wächst sogar. Ernst Mahler lehnt Sophies Entscheidung, als Strafverteidigerin zu arbeiten, kategorisch ab. Werbewirksame Aussagen in der *Freien Wirtschaft* hin oder her: Der Beruf gehört sich nicht für die Tochter des Gründungspartners von *Müller & Mahler*. Punkt. So einfach ist das. Für Ernst Mahler ist sein Standpunkt nicht verhandelbar. Für Sophie umgekehrt allerdings auch nicht. Das führt ohnehin schon zu Spannungen. Überschriften wie die aktuelle aus der POST wirken da als zusätzlicher Brandbeschleuniger.

»Ich muss da ja wohl nichts dazu sagen, oder?«, fragt Ernst Mahler. Er nickt in Richtung der auf dem Tisch liegenden Zeitung. Der Maliki-Titel von gestern ist aufgeschlagen und wölbt sich vorwurfsvoll in die Höhe. Was in dieser Form auch ein Zufall sein könnte. Nur dass es so etwas wie Zufälle in der Welt von Ernst Mahler einfach nicht gibt. In diesen Räumen hier gilt das erst recht. Sophie sieht seine Ansage im Übrigen ganz ähnlich. Er muss tatsächlich nichts mehr dazu sagen. Auch wenn völlig klar ist, dass er es doch tun wird. Natürlich wird er das.

»Unsere Tochter verteidigt einen Clangangster!«, verkündet Ernst Mahler in Richtung seiner Frau, die sich hinter einem großen Glas Orangensaft versteckt. Vielleicht hat sie ja Glück und das, was sonst noch in dem Glas ist, knockt sie wenigstens so aus, dass sie die herannahende Predigt verpasst.

»Ist dir klar, dass die POST deinen vollständigen Namen nennt?«, fragt Sophies Vater. »Deinen *vollständigen* Namen!« Er schüttelt den Kopf. Dann sagt er das Offensichtliche. Das, worum es hier eigentlich geht. »Und damit auch meinen.«

»Es gilt immer noch die Unschuldsvermutung«, murmelt Sophie. »Für Maliki genauso wie für mich.«

Ernst Mahler sieht sie an, als müsse er überlegen, ob sie einen Witz machen wollte. Vielleicht ist das sogar so. Vielleicht muss er wirklich überlegen. Und vielleicht wollte sie sogar das mit dem Witz. So oder so entscheidet er sich zu lachen. Besonders amüsiert klingt es nicht. Und auch nicht besonders freundlich. »Die Unschuldsvermutung! Kind, du machst mich sprachlos.«

»Ich wünschte, es wäre so.«

Ernst Mahler schüttelt weiter den Kopf. Klare Sache, der Mann leidet. Ebenso klar ist, wer Schuld daran trägt. Sophie natürlich. Wahrscheinlich aber auch seine Frau. Die Familie. Das Schicksal als solches. Es ist erstaunlich, wie viel ein einziger Mann ertragen kann. Und muss.

»Manu findet das bestimmt nicht gut«, fährt er dann fort.

Sophie zuckt allerdings nur mit den Schultern. Ernst Mahler scheint zu spüren, dass er sie nicht erreicht. Dass sie Oberwasser hat. Vielleicht versenkt er sie jetzt genau deshalb. Womöglich wollte er das, was jetzt kommt, aber auch einfach die ganze Zeit schon sagen. »Dein Bruder hätte so etwas nie gemacht.«

Sophie kommt erst draußen wieder einigermaßen zu sich. Sie sitzt auf dem Fahrrad und hetzt über den Feldweg von Meerbusch nach Oberkassel, als ihr bewusst wird, was sie da gerade tut. Wie wild ihr Herz schlägt. Wie wütend. Ein bisschen ist sie überrascht. Ein wenig schämt sie sich auch. Wie konnte sie nur derart die Contenance verlieren? Ausgerechnet zu Hause. Ausgerechnet gegenüber ihrem Vater. Wie konnte sie nur so dünnhäutig sein? Dann wird ihr klar, was sie da gerade denkt, und wird noch wütender. Wie, zur Hölle, kann ihr das denn auch noch unangenehm sein? Tatsächlich war es ihr Vater, der sich danebenbenommen hat. Alles andere war dann nur der Nachklapp. Er lässt sie bei ihrer beruflichen Entscheidung nicht in Ruhe. Er stichelt und provoziert. Er ist ihr sogar mit einem Vergleich mit Patrick gekommen. Und irgendwann reicht es ihr dann eben auch mal.

Das Klingeln ihres Telefons bringt sie auf andere Gedanken. Manu ruft an. Sophie steigt ab und atmet kleine Wölkchen in die kalte Winterluft. Ihr fällt auf, dass sie zögert. Bei Pirlo würde sie drangehen. Vielleicht sogar bei ihrem Vater, wenn sie das Gefühl hätte, dass er sich ernsthaft entschuldigen will. Oder bei Hannah, von der sie schon lange nichts mehr gehört hat. Hier macht sie es nicht. Noch so eine Erkenntnis, mit der sie nicht gerechnet hat. Nicht heute. Nicht so. Sie lässt das Telefon weiterklingeln und radelt langsam und nachdenklich nach Hause.

19.

PIEPSSTIMME

Sonntagabend

Der Anruf kommt abends um halb elf. Pirlo versucht gar nicht erst, sich zu ärgern. Unter dem Strich ist es eigentlich ganz egal. Ein Anruf aus der JVA kommt nie zu einer günstigen Zeit. Trotzdem ist er immer willkommen. Immerhin lebt eine Strafverteidigerkanzlei davon. So einfach ist das. Als Pirlo das Gespräch annimmt, fällt er trotzdem aus allen Wolken.

»Hallo, Herr Dr. Pirlo«, piepst es kleinlaut durch den Hörer.

»Faruk? Bist du das?«

»Ja.«

»Was ist passiert?«

»Ich bin im Knast.«

Pirlo lässt das kurz sacken. »Warum?«

»Weil sie mich gefunden haben.« Maliki räuspert sich. Dann piepst die Stimme weiter. »Können Sie zu mir kommen? Bitte?«

»So einfach ist das nicht, Faruk. Das werden dir die Polizisten auch schon erzählt haben.«

»Ja, aber denen glaube ich nicht.«

Pirlo versucht es so freundlich wie möglich. »Für heute sind die Besuchszeiten vorbei. Morgen früh bin ich da. Dann gehen wir deine Haftprüfung an. Bis dahin baust du einfach so wenig Scheiß wie möglich.«

»In Ordnung«, sagt Faruk. Genau wie beim letzten Mal. Pirlo

stellt überrascht fest, dass das erst ein paar Stunden zurückliegt. Eines muss man Faruk Maliki lassen: Er ist mit einem ziemlichen Tempo unterwegs. Wenn auch nicht gerade in die richtige Richtung.

»Ich glaube das nicht«, sagt Sophie, als Pirlo sie kurz danach anruft.

Pirlo seufzt. »Ganz offen gesprochen und obwohl ich schon ein paar Minuten hatte, um mich damit auseinanderzusetzen: Ich auch nicht.«

»Dann wird hier aber keine richtig gute Wette draus.«

»Wir könnten ja darauf setzen, wen von uns beiden er schneller in den Wahnsinn treibt.«

»Okay«, sagt Sophie. »Ich tippe auf dich.«

»Ich auch«, sagt Pirlo.

Sophie lacht. Pirlo nicht. Wieso, zur Hölle, sind sie sich denn hier eigentlich einig? Am Telefon klären sie das jedenfalls nicht mehr. Sophie beendet das Gespräch, um am nächsten Tag fit zu sein. Pirlo fällt auf, dass er sie gar nicht gefragt hat, wie ihr Sonntag war. Erfahrungsgemäß ist das aber auch besser so. Sophie ist sonntags immer bei ihren Eltern. Und Familie ist nie ein einfaches Thema. Wer wüsste das besser als er selbst? Er schüttelt den Gedanken ab und dreht die Musik auf. *Kind of blue* von Miles Davis. Dazu gibt es Matetee. Pirlo streicht sich die Haare aus dem Gesicht und setzt sich wieder an den Schreibtisch. Seit die Kanzlei nicht mehr in seiner Wohnung ist, hat er erstaunlich viel Platz. In der Regel dient der Tisch jetzt wieder dem Abendessen. Heute Abend aber klappt Pirlo den Laptop auf und recherchiert stundenlang alles, was er irgendwie zu den Malikis, Waßmer und dessen Tod herausfinden kann. Viel ist das zwar nicht. Es ist aber trotzdem ein gutes Gefühl, das hier, im Wohnzimmer, zu tun. Fast wie in alten Zeiten. Vielleicht hat es auch mit dem allgemeinen Stress zu tun, von dem er Ablenkung braucht. Oder es liegt einfach an Alena. Vielleicht ist es auch das.

20.

AUS DER HÜFTE

Montag, 29.11. Frühmorgens

Die Möglichkeit zur Rücksprache mit Faruk Maliki entsteht erst kurz vor der Haftprüfung. Pirlo und Sophie brauchen nicht lange. Im Wesentlichen liegt das an Maliki. Und zwar weniger an dem, was er sagt, als an dem, was sein Gesicht dabei zeigt. Was er sagt: »Ihr braucht überhaupt nicht mit mir schimpfen. Ein Mann muss tun, was ein Mann tun muss.« Was dagegen sein Gesicht zeigt: Panik. Und sonst nichts. Trotz all der angeblichen Coolness. Sophie kann das verstehen. Haft ist immer scheiße. Wenn als Vorwurf ein Mord im Raum steht, gilt das natürlich erst recht. Was sie nicht versteht: Wie man nur so blöd sein kann. Wann ein Mann tun muss, was ein Mann tun muss. Und vor allem: Ob das für alle Männer gilt. Sie hofft einfach, dass das nicht so ist. Irgendwie kann sie sich nicht wirklich vorstellen, dass Manu, *ihr* Manu, mal eben nachts entscheidet, noch schnell in den Puff zu fahren. Erst recht nicht, wenn ihm gerade das halbe Land auf den Fersen ist. Genau das hat aber Faruk Maliki getan. Wo ja auch die Erfahrungen mit dem horizontalen Umfeld zuletzt so gelungen ausgefallen waren. Also: Lambo raus, Gangsta-Rap rein, schön Saunaclub, Junge, mach mal Angebot, aber gleich zwei. Das letzte Mal fand schließlich vor der Mordverdachtquarantäne statt. Das war eine kleine Weile her. Bis zum nächsten Sex *danach* könnte es sogar noch sehr viel länger dauern. Lebenslänglich, zum Beispiel.

»Willst du drüber reden?«, fragt Sophie und findet, dass sie sich anhört wie eine Sozialarbeiterin. Wenn sie sich ihr Verhältnis mit dem jüngsten Maliki genauer anschaut, kommt das der Sache womöglich auch recht nahe. Im Augenwinkel sieht sie, wie Pirlo die Augen verdreht. Egal, ob Maliki reden will oder nicht, ihr Chef will es offensichtlich nicht hören. Sie eigentlich auch nicht. Zumal es ja auch nicht viel zu erzählen gibt. Die Puffmutter hatte Maliki erkannt. Schwierig war das nicht. Die POST hatte schließlich die Büdchen der Stadt mit seinem Gesicht tapeziert. Schon um keine Scherereien zu bekommen, hatte die Leiterin des Etablissements *Aida* die Polizei informiert. Ende der Geschichte. Sophie weiß nicht mal, ob ihr Mandant wenigstens noch zum Zug gekommen ist. Malikis Zusammenfassung lässt noch nicht einmal das erhoffen.

»Scheiße, Leute. Gelohnt hat sich das alles nicht wirklich.«

Pirlo schielt unter dem schwarzen Vorhang seiner ihm ins Gesicht gefallenen Haare hervor. Seine Augen verengen sich kurz. Dann kommt Bewegung in das bärtige Gesicht. Die Mundwinkel kräuseln sich. Es folgt das schallende, tiefe Lachen, das Sophie so sehr mag. Und bei dem ihr erst jetzt auffällt, wie selten sie es in letzter Zeit gehört hat. Kurz kämpft sie selbst noch. Andererseits: Wozu eigentlich? Also lacht sie auch. Maliki ist einfach zu dämlich. Sich hier das Lachen zu verkneifen wäre auch schon wieder schlecht fürs Karma. Maliki sieht seine Anwälte ratlos an. Ehe er nachfragen kann, was das soll, steht ein verwirrter Wachtmeister im Raum. »Was ist denn hier los? Mal eben BtM-Vorräte vernichtet?«

Pirlo winkt ab und sortiert seine Haare. Sophie hat sich auch schnell wieder im Griff. Dann begleiten sie Maliki zu seiner Haftanhörung, die so kurz wie klar ausfällt. Mehrere Zeugen haben vor dem Casino die Auseinandersetzung mit Waßmer beobachtet. Maliki hatte Gewalt angekündigt. Kurz darauf war Waßmer tot. Zeugen für das Geschehen auf dem Parkplatz des Puffs in Eller gab es zwar nicht. Videoaufnahmen auch nicht. Fingerabdrücke auf der Tatwaffe dagegen schon. Dazu die Schwierigkeiten mit der Flucht: Ihr Mandant hatte sich der bisherigen Aufklärung entzogen. Zu der Ansage, dass er das nicht wieder tun würde, lässt er sich noch nicht einmal selbst hinreißen. Sophie versucht es zwar trotzdem noch einmal mit einem flammenden Appell dafür, dass wenigstens eine Kaution gestellt werden kann. Die Haftrichterin lächelt aber nur müde. Dann schickt sie Maliki in den Untersuchungsknast.

»Schöner Vortrag trotzdem zu den Möglichkeiten einer Haftverschonung«, murmelt Pirlo auf dem Weg in die Kanzlei.

»Danke«, antwortet Sophie trocken. Es folgt ein Zitat, das es unmittelbar in den Kanzleischatz geschafft hat. »Aber gelohnt hat sich das alles nicht wirklich.«

Als sie bei Wang ankommen, lachen sie immer noch. Zu erklären gibt es dazu eigentlich nicht viel. Ihr Mandant hat einen rausgehauen. Direkt aus der Hüfte. Da bleibt dann eben kein Auge trocken. Manchmal ist das so. Nicht oft. Aber wenn, dann wenigstens richtig.

21.

BLATT EINTAUSENDZWEIHUNDERTELF

Am Nachmittag

Die Ermittlungsakte ist dick. Was auffällig ist, erst recht, wenn man berücksichtigt, dass die Ermittlungen gegen Faruk Maliki noch nicht lange laufen. Genau genommen ist auch noch nicht viel passiert. Zumindest nicht in diesem Verfahren. Vor neun Tagen wurde Rainer Waßmer erstochen. Der Verdacht fiel von Anfang an auf Faruk Maliki. Auf dem Parkplatz vor dem Saunaclub *Aphrodite* hatte er schließlich einiges dafür getan. Andere Verdächtige gab es nicht. Sicher, Waßmer war allgemein nicht gerade beliebt. In seiner Eigenschaft als Nazigröße hatte er im Lauf der Zeit genug Leute gegen sich aufgebracht, Linke, Moderate, vor allem aber auch die Anführer anderer Vereinigungen, Motorradclubs und sonstiger Interessenvertretungen mit vergleichbarem Zuschnitt. Nur: Mord gehörte in Deutschland nirgends zu den *signature moves*. Erst recht nicht, wenn die Tat vergleichsweise sinnlos und aus dem Kontext gerissen daherkam. Wenn sie also für nichts gut war. Warum sollte man dann jemanden töten? So blöd war eigentlich keiner. Außer einer vielleicht. Der wiederum hatte es immerhin eine ganze Woche lang geschafft unterzutauchen, ehe er in einem im Vergleich mit der *Aphrodite* sogar noch deutlich schäbigeren Saunaclub im Düsseldorfer Industriegebiet aufgegriffen worden war. Eigentlich also alles halb so kompliziert. Dass die Akte, die sie als Verteidiger von Faruk Maliki am Mittag in Kopie bei der Staatsanwaltschaft abgeholt haben, dennoch jetzt schon ein paar hundert Seiten umfasst, liegt an etwas ganz anderem.

Die POST nennt es »einen entschiedenen Schlag gegen das organisierte Verbrechen«. Das Fernsehen spricht von der größten Razzia der letzten Jahre. Die allgemeine Aufregung spiegelt sich am Aktenumfang wider. Selbst wenn sie eigentlich kaum etwas mit Pirlo zu tun hat. Jedenfalls nicht mit seiner Rolle als Anwalt. Sophie und er vertreten Faruk Maliki. Sie haben damit ihr ganz persönliches Clanmitglied in Obhut. Mehr als einen Beschuldigten dürfen sie in derselben Sache ohnehin nicht vertreten. Genau genommen haben sie mit dem einen auch genug zu tun. Alles andere ist alles andere. Selbst wenn es umfangreich daherkommt.

Für die Ermittlungsbehörden war es am Ende wahrscheinlich auf eine schlichte Abwägung hinausgelaufen: Alle Konzentration auf den Fall Waßmer/Maliki? Den Mordfall sauber runterermitteln, damit ein Zeichen setzen und abwarten, was danach kommt? Oder aber gleich das große Rad drehen? Einmal gegen die gesamte Szene austeilen. Maßnahmen, die im Hintergrund schon länger laufen, ans Tageslicht bringen und das dann gleich mit einer großen Durchsuchungswelle verbinden? Pirlo kann die Antwort darauf direkt in der Akte nachlesen. Einer der Anführer eines mafiös strukturierten Motorradclubs war tot. Die Reaktion darauf würde wahrscheinlich nicht allzu lange auf sich warten lassen. Im schlimmsten Fall drohte mitten in der Stadt ein Bandenkrieg. Sowohl unter präventiven als auch unter repressiven Gesichtspunkten war daher für den Staat jetzt der Moment gekommen, ins Rollen zu kommen. Was dann auch genau so passierte. Die Ermittler hatten zum großen Rundumschlag ausgeholt. Wenn schon Stress, dann wenigstens mit der ganzen Kapelle. Also nicht nur die Malikis abfrühstücken, sondern gleich den gesamten Clan dazu. Für die Ermittler war es eine Art Fischen mit Dynamit. Einfach mal was in die Menge werfen und abwarten, was an die Oberfläche treibt, wenn die Ladung hochgeht.

Die Rollkommandos waren am Morgen ausgerückt und hatten keine halben Sachen gemacht. Dazu war der Wunschzettel auch zu umfangreich. Zwölf Wohnungen. Acht gewerblich genutzte Immobilien, Shisha-Bars, Barbiersalons, Wettbüros, Büdchen. Die Vorwürfe: Illegales Glückspiel. Drogenhandel. Gewerbsmäßiger Betrug. Schutzgelderpressung. Sozialversicherungsbetrug. Zwangsprostitution. Und, um das alles rund zu machen, natürlich auch Geldwäsche. Die Ermittlungen erstreckten sich auf achtundzwanzig Beschuldigte. Die Telekommunikationsüberwachung dazu lief bereits seit eineinhalb Jahren. In der Ketchupflasche der Wirtschaftsermittler hatte sich ein gewaltiges Gebräu angesammelt. Als Faruk Maliki wegen Mordverdachts ins Fadenkreuz rückte und klar war, dass all die ohnehin schon ausgespähten Objekte auf der Suche nach Tathintergründen durchsucht werden konnten, wenn nicht sogar mussten, riss das der Flasche mit einem entschiedenen Ruck den Deckel herunter. Es kam, wie es wahrscheinlich früher oder später kommen musste: alles auf einmal.

Pirlo nimmt das für den Moment zur Kenntnis. Mehr nicht. Es betrifft schließlich nicht sein Verfahren. Mit Blick auf das Mordverfahren gegen Faruk Maliki ist das große Tohuwabohu grundsätzlich nicht viel mehr als ein ungutes Hintergrundrauschen. Wenn auch eines mit einem empfindlichen Störgeräusch. Was Pirlo keine Ruhe lässt, ist ein dünner Vermerk irgendwo zum Ende des zehnten Aktenbandes. Blatt eintausendzweihundertelf, kurz vor den Durchsuchungsbeschlüssen.

Der Vermerk stammt von der Staatsanwaltschaft. Er schichtet unterschiedliche Level an Beschuldigten ab und grenzt dabei die Ermittlungen auf einen personellen Kernbestand ein. Gegen manche Personen soll es richtig zur Sache gehen. Gegen andere, die eher zum Randbereich gehören, bleiben weitere Schritte zunächst einmal vorbehalten. Es handelt sich um Dutzende von Namen, die bei abgehörten Telefonaten genannt wurden, in WhatsApp-Nachrichten und SMS vorkamen, ohne weitere Ermittlungen aber noch nicht ganz eingeordnet werden können. Einer der Namen ist Mohammed Khatib. Ein anderer ist Ahmid Khatib. Und einmal kommt auch Ramzes Khatib vor. Als Pirlo das liest, verschluckt er sich. Hustet. Schaut wieder hin. Und ist entsetzt. Er kennt diese Namen gut. Zu gut sogar. Mahmed und Ahmid sind seine Brüder. Ramzes Khatib ist er selbst.

»Alles in Ordnung?«, fragt Sophie.

Pirlo erschrickt, merkt das und erschrickt darüber noch mehr. Erst dann ist eine Antwort drin. »Klar, wieso?«

»Du wirkst irgendwie abwesend«, antwortet Sophie. »Stimmt was nicht mit der Akte?«

Pirlos Gedanken fahren Karussell. Wie meint sie das? Worauf will sie hinaus? Welche Aktenstelle liest sie gerade? Weiß sie, was er selbst gelesen hat? Was weiß sie überhaupt? Er ringt sich ein Grinsen ab. »Alles in Ordnung. Ich war nur kurz überrascht, wie umfangreich die Ermittlungen jetzt schon sind. Unter dem Strich ist das Gesamtverfahren wahrscheinlich vor allem eine große Arbeitsbeschaffungsmaßnahme für Anwälte.«

Sophie erwidert das Grinsen. »Und wir haben den Stargangster.«

»Zumindest wirkt es so.« Womit es Zeit ist für ein Ablenkungsmanöver. »Kaffee?«

»Gute Idee! Ich hole schnell welchen.« Ehe Pirlo widersprechen kann, verschwindet Sophie aus dem Besprechungsraum in Richtung Küche. Ihr Computer bleibt aufgeklappt auf dem Holztisch stehen. Pirlo starrt ihn nachdenklich an. Er lauscht auf die Geräusche aus der Küche. Kurz hört er Sophie dort hantieren, dann brummt die Kaffeemaschine. Pirlo bleibt vor seinem Rechner sitzen, wartet und ringt mit sich. Als der zweite Kaffee brummt, kapituliert er, springt auf, läuft um den Tisch herum und linst auf Sophies Desktop. Sie hat eine Seite aus der Akte aufgeschlagen. Blatt eintausendzweihundertelf. Was ein Zufall sein kann. Oder eben auch nicht. Die Akte hat knapp zweitausend Seiten. Eins aus zweitausend. Das kann natürlich passieren. Auch wenn es seltsam wirkt. Oder nicht? Oder doch?

Als Sophie aus der Küche zurückkommt, starrt Pirlo wieder angestrengt auf seinen eigenen Monitor. Er bedankt sich für den Kaffee. Sehr viel mehr sprechen sie nicht miteinander. Jeder konzentriert sich auf seinen Bildschirm und klickt sich durch die Akte.

Nach einer Stunde sind Pirlos Nerven aufgebraucht. Er packt seine Sachen zusammen und verabschiedet sich von Sophie und dem draußen im Empfangsbereich an Unterlagen herumtackernden Wang. Dann steuert er über den Carlsplatz und die Maxkirche an den Rhein, vorbei an der alten Ohmsen-Kanzlei und dann über die Promenade in Richtung Pempelfort. Der Winternachmittag ist kalt und grau. Auf der Höhe des Ulanen-Denkmals setzt starker eisiger Regen ein. Das Wetter passt also. Wenn auch sonst nichts.

22.

KARRIERE BEIM STAAT

Im Büro

Sophie reibt sich die Augen. Sie ist müde, aber auch beeindruckt. Markus Jungk hat sich das tapfer verdient. Sophie kennt den ermittlungsführenden Staatsanwalt nicht persönlich. Aus den wenigen Presseartikeln, die sie zu ihm gefunden hat, geht hervor, dass er knapp zehn Jahre älter ist als sie. So alt wie Pirlo also. Ende dreißig. Ein gutes Alter, um bei den Anwälten des Staates Karriere zu machen. Darauf scheint Jungk es auch tatsächlich anzulegen. Die über zweitausend Seiten Ermittlungsakte wirken jedenfalls nicht so, als habe er vor, auch die nächsten Jahre noch im Rang eines Staatsanwaltes als Gruppenleiter herumzupopeln. Allein die Verbindung der schon lange laufenden Ermittlungen zu den weiteren Umtrieben des Maliki-Clans mit der Suche nach Faruk Maliki war, unter prozessualen Gesichtspunkten, so gewagt wie spektakulär. Das Ganze hätte der Staatsanwaltschaft aufgrund des enormen Eingriffsumfangs unter Grundrechtsgesichtspunkten auch ordentlich um die Ohren fliegen können. Selbst die öffentliche Meinung ist da nicht ganz unsensibel. Und das, obwohl Clans außerhalb der Titelseite der POST nicht gerade die größte Lobby haben. Nur: Es ist ja nicht so gekommen. Im Gegenteil: Aus Sicht des Staates lief alles glatt. Ausnahmsweise mal. Hier aber jedenfalls schon. Unter dem Strich hat Jungk damit alles richtig gemacht.

Die Durchsuchung fand zeitgleich mit knapp hundert Beamten aus den Schwerpunktabteilungen des Landeskriminalamtes statt.

Faruk Maliki sitzt seit gestern in der Untersuchungshaft.

Jungk gehören die Schlagzeilen.

Gut gearbeitet hat er auch noch. Die Akten sind geschickt aufgebaut. Hunderte Seiten zu allen möglichen Delikten aus dem Bereich der Organisierten Kriminalität gegen den gesamten Clan. Ein paar Dutzend zu dem Mordverdacht gegen Faruk Maliki. Und dann noch das ganz besondere Highlight. Blatt eintausendzweihundertelf. Die Kirsche auf der Sahne. Eine Übersicht mit einer Menge Namen, die in Zukunft ebenfalls eine Rolle spielen könnten. Womit sich Jungk mal eben selbst die Karrieregarantie beim Staat in die Akte geschrieben hat. Bis er mit dieser Liste durch ist, hat er die Stellung als Oberstaatsanwalt locker geschafft. Dabei hilft ihm, dass er keinen Zweifel daran lässt, wer die Akte kennt und die Ermittlungen führt: Jungk selbst. Und zwar nur er. Schon allein deshalb gibt es zu jeder genannten Person eine kleine Einordnung. Das gilt auch für die Brüder Khatib. Die wiederum interessieren Sophie seit ein paar Monaten ganz besonders.

Ihre Gedanken schweifen zu dem Auftauchen von Ahmid Khatib bei den Verhandlungen gegen Marlene von Späth, zu Pirlos seltsamem Verhalten, wenn der dicke Mercedes des schmalen, drahtigen, immer etwas überdreht wirkenden Krawallsuchers auf der Bildfläche erschien. Vor allem denkt sie aber natürlich an den anonymen Umschlag mit dem Foto von Pirlo neben Ahmid Khatib und einem weiteren Bärtigen. Gruppenbild mit Gangster, sozusagen. Sophie hat immer noch keine Ahnung, wie das alles zusammenhängt. Sicher, fragen wäre möglich. Der Umgang mit Pirlo ist schließlich sonst offen und gut. Diese Sache mit Ahmid Khatib ist allerdings ein besonderes Thema. Ein schwieriges. Das war es schon immer. Umso besser also, dass es dank des Staatsanwaltes die Möglichkeit gibt, auf anderem Weg etwas über die

Khatibs zu erfahren, zumal in der Akte noch drei weitere auftauchen. Mohammed und Ramzes Khatib, ein älterer und ein jüngerer Bruder von Ahmid. Und schließlich Riyad Khatib. Der vor einem Jahr verstorbene *Araber*. Der Vater von Mohammed, Ahmid und Ramzes, laut Akte einer der Erfinder eines systematischen Sozialversicherungsbetrugs.

Jungk hatte kurz davor gestanden, Durchsuchungsbeschlüsse gegen die Khatibs zu beantragen, als Riyad Khatib plötzlich an einer Nierenkolik erkrankte und schon kurz darauf starb. Danach brach das Geschäftsmodell ab. Jungk hat keine genauen Anhaltspunkte dafür, wieso die Söhne den Betrieb nicht fortführten. Vielleicht ahnten sie etwas von den laufenden Ermittlungen. Vielleicht suchten sie eine neue Herausforderung. Gerüchteweise hatten Mahmed und Ahmid Khatib sich an einem Überfall auf eine Kokainübergabe versucht. Jungk verwirft den Gedanken daran in seinem Vermerk aber schnell. Für einen Coup dieses Umfangs scheinen die beiden schlichtweg nicht gemacht. Mahmed beschreibt er als dicklich und langsam. Ahmid habe eine kurze Zündschnur, was ihm einen bunten Strauß an Vorstrafen eingetragen hat. Eine so große Nummer war den beiden kaum zuzutrauen. Dazu scheinen andere geeigneter. Die Malikis, zum Beispiel. Die Ben Hamids. Größere Namen mit professionelleren Strukturen. Entsprechend schnell kam das Verfolgungsinteresse der Staatsanwaltschaft zum Erliegen. Mit anderen Worten: Das Geschäft des *Arabers* scheint mit ihm gestorben zu sein. Selbst der massenhafte Betrug in der Coronakrise lief schon nicht mehr über die Familie Khatib. Gefälschte Anträge für überhaupt nicht existierende Unternehmen, Soforthilfen für Scheinselbständige, Unsummen für Atemmasken und medizinische Geräte, die es niemals gab –, das alles landete bei den anderen, größeren Einheiten. Es wirkt, als hätten die Gebrüder Khatib nach dem Tod ihres Vaters die Gelegenheit verpasst, in dessen Fußstapfen zu treten und dabei, einfach so, gleich das gesamte Geschäft verloren. Mit einem Halbsatz denkt Jungks Vermerk an, ob der Jüngste, Ramzes Khatib, vielleicht noch weiter aktiv sei, verwirft das aber auch direkt wieder. Dazu sei über diesen Bruder einfach zu wenig bekannt. Außerdem sei aus der Ecke der *Araber* auch insgesamt lange nichts mehr gekommen. Nein, das Geschäft der Khatibs sei am Ende. Fertig. Aus. Sophie findet die Schlussfolgerung nachvollziehbar. Es war nicht notwendig, bei den Khatibs zu durchsuchen. Sie sind kleine Fische, die bei den großen mitschwimmen wollen. Da gegen diese nun gewaltig ausgeholt wurde, gibt es womöglich bald niemanden mehr, an den sie sich klemmen könnten. Manchmal reicht schon das aus, um Ruhe in den Karton zu bekommen. Zumal von den großen Familien die Khatibs niemand so ganz ernst zu nehmen scheint. Sophie blättert in einem Mitschrieb aus einer Telekommunikationsüberwachungsmaßname, der daran wenig Zweifel lässt.

Emre Ben Hamid zu Fathi Maliki: »Heute war Ahmid Khatib da. So ein Opfer. Haben ihn wegen der Kroaten rundgemacht. Sein Bruder war dabei.«

»Mahmed?«

»Nein.«

»Wer dann?«

»Ramzes.«

»Ramzes Khatib?«

»Ja.«

»Nie gehört. Wie ist der?«

»Anders.«

»Wie anders?«

»Nicht wie seine Brüder.«

»Was hat er gewollt?«

»Nichts.«

»Klingt seltsam. Müssen wir ihn auf dem Schirm haben?«

»Nein, ich glaube nicht.«

»Du glaubst?«

»Ich weiß es nicht.«

Mehr gibt die Akte nicht her. Was Sophies Fragezeichen nicht kleiner macht. Ihre Unruhe auch nicht.

23.

AUFRÜTTELND

Am Abend

»Noch Wein?«, fragt Pirlo.

»Gern«, sagt Sophie. Pirlo schenkt ein. Sie lächelt. Er lächelt. Sie trinkt Wein. Er auch. Dann der Griff zur Serviette. Mund abtupfen. Noch mal lächeln. Nächster Schluck. Krampfiger könnte es kaum sein.

Sophie ärgert sich gewaltig. Das Treffen war ihr wie eine richtig gute Idee vorgekommen. Zumindest bis zu dem Zeitpunkt, als es dann tatsächlich stattfand. Aber was wäre ihr sonst übriggeblieben? Pirlo entgleitet ihr. Seit er in die Maliki-Akte geschaut hat, verhält er sich seltsam. Und einen seltsamen Pirlo kann die Kanzlei gerade wirklich nicht brauchen. Nicht wenn Maliki in Haft sitzt. Und offen gestanden auch sonst nicht. Pirlo leitet die Kanzlei, verdammt nochmal. Sie selbst ist erst seit ein paar Monaten Anwältin. Also hat er damit klarzukommen, wenn der Mandant Scheiß baut. Wenn Leute in der Akte auftauchen, zu denen er ins Auto steigt. Mit denen er fotografiert wird. Und die ein Anwalt vielleicht nicht unbedingt kennen sollte. Jedenfalls nicht auf die Art, wie es bei Pirlo der Fall zu sein scheint. Kann ja sein, dass das alles viel und schwierig ist. Allerdings muss er da eben durch. So sieht sie das jedenfalls. Selbst wenn es Sophie schwerfällt, ihn so betroffen zu erleben. Und so abwesend. Wenn es etwas gibt, was sie an ihm schätzt, dann seine klaren Ansagen. Mag sein, dass sie es ist, die genauer recherchiert. Die Kanzlei braucht aber nicht nur das, sondern auch Pirlos Gespür für die richtigen Schritte. Seinen Instinkt. Seine Souveränität. Eigentlich ist es Sophie sogar egal, wohin das alles gerade verschwunden sein mag. Wichtig ist nur, dass es wieder zurückkommt. Dazu muss sie Pirlo irgendwie erreichen. Ihn aufrütteln. An ihren Auftrag erinnern. Und natürlich auch an seine verdammte Verantwortung für seinen Mandanten, die Kanzlei und Sophie selbst.

Da die Erfahrung zeigt, dass Nachfragen bei Pirlo sowieso unergiebig sind, hat Sophie sich für eine andere Maßnahme entschieden: gemeinsames Trinken. Eigentlich ist das nie eine schlechte Idee. Sie hat ihn angerufen, als sie grob mit der Akte durch war. Ihre Argumentationskette war schlüssig, sein Widerstand gering. Ein Glas Wein kann schließlich nie schaden. Es hilft nur leider auch nicht immer. Bestes Beispiel: heute. Dabei haben sie es wirklich miteinander versucht. Sie haben darüber gesprochen, dass es nach der Aktenlage noch nicht viele Anhaltspunkte dazu gibt, wie Rainer Waßmer genau gestorben ist. Dass sie sich unbedingt mal den Parkplatz des Clubs *Aphrodite* ansehen sollten. Am besten sogar den Club selbst. Sie haben darüber gelacht, was sie in der Von-Späth-Sache alles unternommen haben, um auf alternative Spuren zu kommen, und sich dazu beglückwünscht, manches schon fast vergessen zu haben. Pirlo hat versucht, eine Verteidigungslinie für Faruk Maliki zu skizzieren, und Sophie hat berichtet, was sie zu Präzedenzfällen von Mordverfahren ohne unmittelbaren Zeugenbeweis herausgefunden hat. Sie haben sich kurz über die Verhaftung und die Dämlichkeit von Faruk Maliki aufgeregt und sich lange um Fathi Maliki Sorgen gemacht. Sie haben sich gegenseitig darin bestätigt, dass sie mit Wang einen guten Griff getan haben. Danach haben sie ein paar andere aktuelle, noch offene Fälle der gemeinsamen Kanzlei angerissen. Mit all dem waren sie in einer Stunde durch. Seitdem fällt ihnen nichts mehr ein. Außer lächeln. Und trinken.

»Noch Wein?«

»Klar.«

Als Sophie aufsteht, um zur Toilette zu gehen, dreht sich kurz der Raum um sie. Oder sie dreht sich. Oder beides. Nachdem sie sich einen Moment am Türrahmen abgestützt und gesammelt hat, kommt sie zu dem Schluss, dass Letzteres stimmt. Alles dreht sich. Und zwar nicht zu knapp.

»Alles in Ordnung?«, ruft Pirlo von seinem kleinen Balkon aus. Sie haben beschlossen, sich hier zusammenzusetzen, in Pirlos Wohnung, wo mit der Wohnzimmerkanzlei alles begonnen hat. Ein paar Monate ist das jetzt erst her. Es fühlt sich wie eine Ewigkeit an. Im Moment sogar wie eine ganze Menge Ewigkeiten.

»Mir geht es gut!«, ruft Sophie zurück. Zumindest glaubt sie das. Dass es ihr gut geht. Und dass sie das gerufen hat. So ganz genau bekommt sie das alles nicht mehr auf die Reihe. Kann schon irgendwie sein, dass sie sich vor lauter Verlegenheit und Gestöpsel ganz schön abgeschossen hat.

Als sie kurz darauf zurück auf den Balkon taumelt, hat auch Pirlo beachtlich Schlagseite. Mittlerweile ist die Flasche leer. Es war die dritte an diesem Abend. Die Hälfte davon dürfte er runtergestürzt haben, als sie nicht da war. Was zu viel ist. Sogar für Pirlos Verhältnisse. Normalerweise trinkt er wenig bis nichts. Wenn er aber zuschlägt, sind schnell die Schleusen offen. Womit für Sophie feststeht, dass irgendetwas *wirklich* nicht stimmt. Auch wenn jetzt gerade sicher nicht der Moment ist, in dem sie das ansprechen sollte. Oder, rein motorisch, kann. Jetzt gilt es erst einmal, die akuten Probleme zu lösen.

»Dein Mantel ist verrutscht, Toni. Schau, dass du dich nicht verkühlst.«

Pirlo sieht erstaunt an sich herunter. Tatsächlich steht der Mantel offen. Im November ist das nicht so clever. Das galt wahrscheinlich auch für den Einfall, sich bei den kalten Temperaturen überhaupt auf den Balkon zu setzen. Allerdings sind beide Frischluftfreunde. Immerhin haben sie jeweils an eine Jacke gedacht. Die natürlich halb so nützlich ist, wenn Pirlo sie nicht richtig trägt. Sophie fällt auf, dass er immer noch keine Anstalten macht, alles wieder an den richtigen Platz zu zupfen. Stattdessen starrt er auf die Flasche vor sich und scheint intensiv mit der Frage beschäftigt zu sein, welche schicksalshaften Fügungen dazu geführt haben mögen, dass sie leer ist.

»Wir brauchen mehr Wein«, murmelt er.

»Ich bin mir nicht sicher, was du brauchst, Toni«, entgegnet Sophie, »aber mehr Wein ist es ganz bestimmt nicht.«

Er nickt. Grinst. Steht auf, um in die Küche zu wanken. Als er sich an Sophie vorbeischiebt, kommt er kurz ins Straucheln und hält sich an ihr fest. Sie nutzt die Gelegenheit, hakt ihn unter und steuert mit ihm quer durch den kleinen Flur. Pirlo protestiert nicht. Er tapert brav neben ihr her und leistet auch keinen Widerstand, als sie ihn wie einen nassen Sack auf sein Bett fallen lässt.

Einen Augenblick bleibt sie vor ihm stehen und schaut ihn ratlos an. Es ist das Schicksal des weniger Betrunkenen, von zwei Irrläufern der weniger verpeilte zu sein. So wie sie jetzt. »Was ist nur mit dir los, Pirlo?« Sie hat das laut ausgesprochen. Warum auch nicht? Er hat es sowieso nicht gehört. Denkt sie zumindest. Umso erstaunter ist sie, als plötzlich Bewegung in ihn kommt. Im Halbdunkel des nur durch das Flurlicht schwach beleuchteten Schlafzimmers gehen bei ihm Grinsen und undeutliches Murmeln ineinander über.

»Keiner von euch ist gläubig, bis er für seinen Bruder wünscht, was er für sich selbst wünscht.« Er lacht. »Verstehst du?«

»Wo kam das denn jetzt her?«, fragt Sophie lachend.

»Na, von Mohammed«, murmelt Pirlo. »Zumindest sagt man so.«

»Kenne ich den?«

Jetzt lacht auch Pirlo. »Kann man kennen. Es passt jedenfalls gut.«

Sophie hat keine Ahnung, was das soll. Sie lacht einfach. Schon allein, weil Pirlo das genauso macht. Sein Lachen ist laut und müde. Beides gleichzeitig. Dann verfängt sich plötzlich in seinem Blick eine wilde Mischung aus Orientierungslosigkeit und Verzweiflung. »Verstehst du das jetzt?«

»Kein Wort.«

Pirlo schüttelt den Kopf. Eine Strähne seiner dunklen Haare rutscht ihm ins Gesicht. Als er keine Anstalten macht, sie wegzuwischen, streicht Sophie sie vorsichtig aus der Stirn. Die Strähne verschwindet. Dafür ist Pirlos Hand da. Sophie spürt, wie er nach ihren Fingern greift. Dann küsst er sie vorsichtig. Einen Augenblick bleibt Sophie einfach stehen und sieht zu. Pirlos Lippen. An ihrer Hand. Dann begreift sie, was da gerade geschieht.

»Bist du dir sicher bei dem, was du da tust, Toni?«, fragt sie, ohne zu wissen, ob sie es selbst ist. »Toni?«

Er antwortet nicht. Pirlo grinst nicht einmal mehr. Stattdessen ist er einfach an Ort und Stelle eingeschlafen. Sophie kann nicht anders. Sie muss wieder lachen. Leiser diesmal. Obwohl sie nachhaltig verstört ist. Da muss sich hier keiner was anderes vormachen. Nein, Sophie ist ordentlich irritiert. Zum einen von Pirlo, der da komatös in Kleidern auf dem Bett liegt. Vor allem aber von sich selbst und dem, was sie in den letzten Minuten erlebt hat. Oder in den letzten Sekunden. Sehr viel länger dürfte das alles hier kaum gedauert haben. Dann gibt sie sich einen Ruck, deckt den sanft schnarchenden Pirlo zu und schleicht leiser als notwendig aus der Wohnung.

24.

STATT AFRIKA

Kurz darauf in Oberkassel

Als Sophie zu Hause ankommt, ist sie einigermaßen nüchtern. Nicht zu wenig. Aber auch noch nicht zu sehr. Bis Pirlo wieder vollständig auf den Beinen ist, dauert es wahrscheinlich noch ein paar Stunden. Das gibt ihr die Gelegenheit, sich zu sortieren. Über das, was da gerade passiert ist, will sie dabei ganz bestimmt nicht nachdenken. Der Handkuss soll mal schön bleiben, was er sicher war: ein Missverständnis. Hoffentlich. Vielleicht. Von Grübeleien über Clans als solche und darüber, was Pirlo damit zu tun haben könnte, hat Sophie ebenfalls die Nase voll. Was sie stattdessen mal wieder machen könnte: ihren Job. Zeit wird es ja allmählich. Sie freut sich darauf zusammenzupuzzeln, was sie, mit und ohne Akte, über den Fall von Faruk Maliki eigentlich weiß und was nicht. Die Antworten fallen leicht: wenig. Und: fast alles.

Weiteren Überlegungen tritt kurzzeitig doch noch mal ein leichter Schwindel entgegen. Eine »Harald-Juhnke-Verfassung« hatte ihre Mutter das früher immer genannt. Keine Termine und leicht einen sitzen. Damals, als das bei ihrer Mutter nur alle paar Monate mal vorkam, hatte Sophie darüber lachen können. Es kommt ihr vor wie eine Zeit, die sehr, sehr lange zurückliegt, weit mehr als die paar Jahre, die es tatsächlich sind. Damals war alles anders gewesen. Ihre Mutter hatte gern getrunken, auch viel, aber trotzdem in Maßen. Patricks Tod änderte das schlagartig. Als er bei einem Unfall ums Leben kam, war das für Sophie nicht nur, als verliere sie ihren älteren Bruder, sondern ihre Eltern gleich mit.

Während sie die Tür zu ihrer Wohnung im dritten Stock des Oberkasseler Altbaus aufschließt, versucht sie, die aufkommende Schwermut abzuschütteln. Suffkopfschwermut. Noch so ein Ausdruck ihrer Mutter. Einer, der so wenig zu dieser Tochter aus dem deutschen Geldadel passte wie ihre zwischenzeitlich ausgeprägte Neigung, den Tag mit einem Pernot zu beginnen. Suffkopfschwermut. Suffkopfgedanken. Die Sophie loswerden muss. Und zwar dringend. Vielleicht wird eine Dusche helfen. Das denkt sie noch. Und dann nichts mehr.

Die Wohnung ist nicht groß. Von der Tür kann sie durch den Flur direkt ins Schlafzimmer sehen.

Auf dem Bett sitzt Manu.

Sie braucht einen Moment. »Was machst du hier?«, fragt sie dann.

Er sieht sie irritiert an. »Die Frage ist wohl eher, was machst *du* hier?«

»Ich wohne hier«, antwortet sie. »Schon vergessen?« Sie weiß nicht, ob das trotzig klingen soll. Angegriffen. Oder cool. Vielleicht alles auf einmal. Ungefähr so kommt es ihr auch vor. Wie nichts Halbes und nichts Ganzes.

Manu zieht die Augenbrauen hoch. »Wo kommst du her?«

Die Gegenfragen liegen ihr auf der Zunge. Ob das jetzt ein Verhör wird? Warum er das überhaupt wissen will, wo er sich doch auch sonst nicht gerade brennend für ihr Leben interessiert? Was er eigentlich in ihrer Wohnung macht? Kurz ist die Verlockung groß. Dann schluckt sie den Ärger aber doch runter. Außerdem gibt es keinen Grund, seine Frage nicht zu beantworten. Auch wenn ihm das nicht gefällt. »Ich war bei Pirlo.«

Manus Blick verfinstert sich. Was absehbar war. »Bei ihm?«

Sophie kommt erst gar nicht dazu, eine Antwort zu geben. Was gut ist. Sie hätte es sowieso nicht vorgehabt.

»Bist du betrunken?«

»Ein bisschen.«

»Du kommst mitten in der Nacht von deinem Chef nach Hause und bist betrunken.«

Was keine Frage ist. Und wer keine Fragen stellt, bekommt auch keine Antworten. Sophie zuckt daher nur mit den Schultern. »Ich gehe jetzt ins Bad.«

»Findest du nicht, dass es der Anstand gebietet, mir wenigstens ordentlich Hallo zu sagen?«

»Doch«, sagt sie, »der Anstand schon. Der Umgang nicht.« Dann zieht sie die Tür des Badezimmers zu und duscht erst mal.

Das Wasser tut gut. Fast zu sehr sogar. Kurz darauf fühlt sich Sophie wieder leidlich klar. Das schlechte Gewissen folgt auf dem Fuß. Manu ist da. Hier, in ihrer Wohnung. Draußen auf dem Bett. Er ist in Düsseldorf statt in Afrika. Es kann dafür keinen anderen Grund geben als sie selbst. Alle runden Geburtstage sind in weiter Ferne. Jede Art Kongress findet erst wieder im Frühling statt. Sophie kennt Manus Kalender. Er hat gerade in Deutschland keine Termine. In Mali schon. Trotzdem ist er da. Für sie. Eigentlich sollte sie sich freuen. Sie weiß das, genauso wie sie weiß, dass es nicht gut ist, sich selbst daran erinnern zu müssen. Ebenso gut weiß sie aber auch, dass es nichts bringt, sich etwas vorzumachen. Sie ist genervt. Und zwar zu Recht. Bevor sie das Bad verlässt, versucht sie trotzdem, sich noch einmal einen Ruck zu geben. Manu ist Tausende Kilometer geflogen. Sie hat ihn lange nicht gesehen. Vielleicht hilft es ja, sich zunächst einmal sanft anzunähern. Einander in den Arm zu nehmen. Miteinander zu schlafen. Das ist immerhin auch schon verdammt lange her. Danach sieht die Welt sicher anders aus. Ganz bestimmt sogar.

Ein letztes Mal fährt sich Sophie durch die Haare. Zieht, abgeschminkt hin oder her, doch noch einmal etwas Lidstrich nach. Atmet durch. Dann geht sie raus. Sie sieht sofort, dass sie sich das hätte sparen können. Und zwar alles. Manu ist weg. Die Wohnung ist leer.

25.

HERZINFARKTKAFFEE

02.12. Anderswo

Wie oft hat Pirlo diese Sätze eigentlich in den letzten Stunden gelesen?

»Ramzes Khatib?«

»Ja.«

»Nie gehört. Wie ist der?«

»Anders.«

Also: Wie oft? Was hat er nicht schon alles hineininterpretiert? Und was nicht? Am Ende ist es, wie es ist. Es steht dort, was dort steht. Nicht mehr und nicht weniger. Den Namen Ramzes Khatib hatten die Ben Hamids noch nie gehört. Die Ermittlungsbehörden offensichtlich auch nicht. Alles halb so wild also. Sagt er sich. Denkt er. Will er.

Es spricht ja auch tatsächlich vieles dafür, dass sich niemand für ihn interessiert. Dazu sind die Ermittlungen viel zu umfangreich. Es geht um organisierte Machenschaften, ansonsten um einen Mord und nicht etwa darum herauszufinden, wer irgendwelche Randfiguren sind. Oder um die Leute, die von diesen irgendwann mal irgendwohin mitgebracht wurden.

Pirlo nimmt einen Schluck seines Kaffees, den Sophie als Herzinfarktgarant bezeichnet. Es ist eine arabische Mischung. Dunkles Pulver, das den Boden der kleinen Tasse einen halben Zentimeter hoch bedeckt, aufgegossen mit heißem Wasser, dazu ein Löffel

Zucker. So, wie sein Vater ihm beigebracht hat, Kaffee zuzubereiten. Zu trinken. Und zu überleben.

Pirlo weiß, dass er sich sehr anders entwickelt hat als der Rest seiner Familie. Sein Leben und das seines Vaters hätten kaum unterschiedlicher sein können. Er weiß, dass niemand darüber stolzer war als sein Vater selbst. Für seinen jüngsten Sohn hatte sich Riyad Khatib nichts anderes gewünscht. Pirlo sieht die Tränen in den Augen seines Vaters immer noch, als er ihm die Promotionsurkunde zeigte. Ein Doktor. Nach deutschem System. Nach deutschem Recht. Und das in der Familie Khatib, nach nur zwei Generationen in diesem fremden, sonderbaren Land. Unter anderem Namen zwar, aber trotzdem. Riyad Khatib hatte nichts gesagt. Das war nicht seine Art. Es war aber auch nicht nötig. Genauso wie es nicht nötig war, dass sein Vater und seine Mutter zu der Promotionsfeier kamen. Am Ende war nur Arland da. Sonst niemand. Pirlo hatte sich sogar getraut, seinen Vater zu fragen. Dessen Standpunkt war aber klar. Seine Eltern kamen nicht. Punkt. Ramzes Khatib und Anton Pirlo können zusammen in einem Raum sein. Diejenigen, die sie kannten, konnten es nicht. Pirlo war allein. Mit der Doktorurkunde. Und mit seinem sonstigen Leben.

Er schüttelt die trüben Gedanken ab. Sie bringen ihn nicht weiter. Darüber reden kann er erst recht nicht. Nicht mit Arland. Nicht mit Paolo. Und auch nicht mit Sophie.

Er schmunzelt, als er an sie denkt. Irgendwie muss sie ihn gestern ins Bett gebracht haben. Dass er allein den Weg dorthin gefunden hat, kann er sich kaum vorstellen. Nach dem Aufwachen am Morgen fühlte er sich, als habe er zwei Köpfe und beide würden schmerzen.

Als sie kurz darauf anruft, geht er der Sache direkt auf den Grund. »Hast du mich gestern ins Bett gebracht?«

»Ja«, sagt sie. Und klingt dabei nicht gut.

»Danke.«

»Gern.«

»Ist alles okay?« Sie zögert. »Sophie, ist alles in Ordnung?«

Keine Antwort. Dann, nach einer langen Weile. »Es passt schon alles.«

»Kann ich was für dich tun?«

Sie räuspert sich. »Nein, es ist wirklich alles in Ordnung.« Er kann regelrecht sehen, dass sie sich einen Ruck gibt. »Was machst du nachher?«

»Wieso? Hast du eine Idee für den Fall?«

»Einfach so.«

Er reibt sich die Schläfen. »Jetzt gleich verwandle ich mich jedenfalls erst einmal in einen Menschen zurück.«

»Im Rahmen deiner Möglichkeiten.«

Er lacht. »Dann gehe ich noch einmal durch die Akte. Danach treffe ich Alena.«

»Alena?«

»Eine Bekannte.«

»So, wie du den Namen aussprichst, wohl eher eine neue Eroberung.« Sophie lacht. Besonders gut gelaunt klingt es nicht. Allerdings trifft das auf dieses gesamte Telefonat zu.

Pirlo ist sowieso entschlossen, sich bedeckt zu halten. »Mal schauen, was es am Ende sein wird.«

»Oha. Für deine Verhältnisse ist das ja schon ein halbes Verlöbnis.«

»Es reift eben jeder auf seine Weise.«

»Was auch immer das bedeuten soll.«

Pirlo lacht laut. Beide schmerzende Köpfe vibrieren. Eine Antwort ist danach nicht mehr drin. Sophie hat aufgelegt. Vielleicht ist sie auch einfach nicht in einer besonders stabilen Verfassung. Die von Pirlo ist jedenfalls katastrophal. Mühsam quält er sich auf den Ellbogen, von dort in die Vertikale und dann, ganz langsam, in Richtung Bad. Ein Blick auf sein Telefon zeigt, dass Alena seine Verabredung zum Kaffee um sechs Uhr im *Canoo* angenommen hat. Das ist Motivation genug, in die Gänge zu kommen. Zumal Pirlo nur noch acht Stunden bis dahin bleiben. Womit höchstens eine Punktlandung drin ist. Und auch das nur mit viel Glück.

26.

SCHWERE KOST

Vier bis sechs Stunden später

Als Sophie am Nachmittag aus unruhigen Träumen erwacht, ist sie immer noch verstört. Zwar ist der Kater zwischenzeitlich verflogen. Die ganze Manu-Angelegenheit treibt sie dadurch aber nur noch mehr um. Nicht nur, dass er plötzlich überhaupt da war und dann einfach wieder verschwunden ist. Er war danach auch weder erreichbar, noch hat er sich bei ihr gemeldet. Was nicht nur seltsam ist. Sondern genau genommen ganz schön arschig. Nachdem Sophie ihren Streit wieder und wieder durchgegangen ist, findet sie immer noch keinen Anlass für ihn, sich derart krass aufzuführen. Selbstverständlich geht sie abends aus und macht das auch regelmäßig. Dazu meldet sie sich weder an noch ab. Dass sie lange unterwegs war, bedarf daher keiner weiteren Erklärung. Dasselbe gilt dafür, dass sie bei Pirlo war. Zwar ist ihr klar, dass Manu nicht gerade begeistert darüber ist, wie viel Zeit sie mit dem langhaarigen, bärtigen Typen mit der tiefen Stimme verbringt. Allerdings ist das nun mal ihr Chef, und ihre Arbeit für ihn ist ihr Job. Im Übrigen mag sie beides. Den Job. Und Pirlo sowieso. Außerdem ist es auch nicht so, als würden Pirlo und sie eine leidenschaftliche Affäre haben. Falls das zuvor nicht schon klar genug gewesen sein sollte, ist es das spätestens seit dem Telefonat, in dem Pirlo ihr von einer neuen Frau erzählt hat. Wobei der Name »Alena« billig klingt. Findet jedenfalls Sophie. Sie macht sich nichts vor.

Sophie weiß, dass sie das ganz bewusst denken will. Sie ist ein bisschen zufrieden, dass sie das dann auch tut, und ein bisschen irritiert darüber, dass ihr das wichtig ist. So oder so: Mit Pirlo läuft nichts. Das kann und muss auch Manu respektieren. Vor allem sollte er sie wenigstens mal richtig danach fragen. Und nicht einfach aus Afrika auftauchen, sich auf ihr Bett setzen und beleidigt sein. Auch wenn das natürlich süß war. Aber auch anstrengend. Und anmaßend. Und gemein. Ach, es ist kompliziert. Ganz bestimmt wird die allgemeine Lage auch nicht dadurch besser, dass schon wieder ein Familienmittagessen bei den Mahlers ansteht. Ihr Vater, Ernst, hat Geburtstag. Feiern will er im kleinen Kreis. Nur die Familie. Die großen Lobhudeleien folgen dann im Rahmen einer Kanzleiveranstaltung für ein paar hundert Leute. Umso erstaunter ist Sophie, wer ihr in Meerbusch die Tür aufmacht. Es ist Manu.

»Sophie ist da!«, ruft er über die Schulter. Dann strahlt er sie an. »Hallo, mein Schatz!«

»Hallo«, sagt sie lahm. Mehr ist gerade nicht drin.

Manu drückt sie an sich und küsst sie lange und fest. Dann zeigt er in ihr eigenes Elternhaus. »Komm rein!« Während sie neben ihm herstolpert, findet er Gelegenheit, ihr ins Ohr zu raunen. »Hör mal, es tut mir leid, wie wir gestern auseinandergegangen sind. Das war keine Glanzleistung. Aber jetzt sind wir ja endlich unter uns. Lass uns das doch einfach für den Moment vergessen und den Nachmittag mit deiner Familie genießen.«

Sophie nickt mechanisch. Unter uns? Den Nachmittag genießen? Hier? Bei ihren Eltern? Die übrigens beide strahlen. Ernst Mahler, weil er Geburtstag hat, womöglich aber auch, weil er findet, dass sich die übertrieben gute Laune für einen der erfolgreichsten Kanzleigründer des Kontinents einfach so gehört. Erfolgreiche Menschen strahlen eben. Immer. Punkt. Helene Mahler leuchtet auch ein bisschen, das aber wahrscheinlich eher, weil sie schon wieder drei Bloody Mary intus hat. Sophies Mutter schwankt einmal kurz aus dem Bild, findet aber an einer Säule Halt, und Sophie korrigiert sich: drei oder mehr.

»Hallo, Krümel!«, jubelt ihr Vater. Sophie drückt ihm ihr Geschenk in die Hand und geht direkt danach in Habachtstellung. Hier kommt noch was. Ihr Bauchgefühl spricht allerdings nicht gerade dafür, dass es etwas Gutes ist.

Dann ist wieder Manu an ihrer Seite. Der feste Griff um ihre Hüfte lässt erkennen, dass er auch erst mal nicht vorhat, dort wegzugehen. Was an sich gut ist. Er ist ihr Partner. Sie hat ihn seit fünf Monaten nicht mehr gesehen. Da darf man den anderen schon mal in den Arm nehmen oder auch noch ganz andere Sachen veranstalten. Auch wenn Sophie daran zweifelt, dass das alles nach der ganzen Zeit ausgerechnet im Wohnzimmer ihrer Eltern stattzufinden hat. Manu scheint die Situation dagegen überhaupt nicht zu stören. Im Gegenteil, er sprüht vor guter Laune. Die steigert sich sogar noch, als das Essen aufgetischt wird. Rheinischer Sauerbraten, Rotkohl und Klöße. Schwere Kost. So weit, so stimmig. Immerhin ist in ein paar Wochen Weihnachten. Was eine gute Gelegenheit für einen Gesprächseinstieg bedeutet.

»Natürlich bleibe ich über Weihnachten.« Manu lacht. »Das ist doch ganz selbstverständlich. Wo ich schon einmal hier bin!«

Sophies Vater zeigt sich erkennbar erfreut und entkorkt umständlichst einen Rotwein, womit jedem am Tisch klarwird, dass es sich um eine ganz besondere Flasche handelt. Selbst Sophies Mutter.

»Dem Anlass angemessen«, schlawinert ihr Vater dann auch, während Sophies Kopf noch rast. Manu bleibt bis Weihnachten? Fast einen ganzen Monat? Hat er das gerade wirklich so gesagt? Die Ausführungen ihres Vaters bekommt sie eher am Rande mit. »Etwas ganz Besonderes für ganz besondere Menschen und für einen ganz besonderen Moment.« Ernst Mahler wäre wahrscheinlich nicht der erfolgreiche Anwalt geworden, der er ist, hätte er nicht einen ausgeprägten Instinkt für das richtige Wort zur richtigen Zeit. Und für den passenden Spannungsbogen. Deshalb sagt er jetzt auch erst mal gar nichts mehr. Stattdessen ist wieder Manu dran. Das Zuspielen der Bälle läuft locker-flockig. Der Dialog entfaltet sich mit der treibenden Konsequenz eines Reclam-Heftchens. Allerdings geht es hier um keines von denen, die Sophie gelesen hat. Auch deshalb ist sie völlig unvorbereitet für das, was Manu raushaut.

»Und was für ein besonderer Moment«, sagt er strahlend, den Gedanken von Ernst Mahler fortspinnend. »Einer, der diesen Rahmen verdient. Einer, der nur ein Mal im Leben kommt. Zumindest hoffen wir das.« Er hüstelt, errötet, rettet sich dann aber wieder zurück in seine Ansprache. »Heben wir daher alle unser Glas!« Sophie gehorcht. Sie hebt ihr Glas. Zwar hat sie immer noch keine Ahnung, was das hier werden soll. Oder was es zu feiern gibt. Nicht-runde Geburtstage von Ernst Mahler erhalten normalerweise nicht so viel Buhei. Weswegen es etwas anderes sein muss. Etwas Großes. Vielleicht kommt Manu dauerhaft zurück aus Afrika. Oder er hat eine Professur angeboten bekommen. Das wäre ja vorstellbar. Zumindest deutlich eher als das, was Manu dann tatsächlich sagt: »Stoßen wir an auf eine glückliche Verlobung und eine vielversprechende Zukunft!« Er grinst Sophie an. »Gesetzt den Fall, du sagst Ja.«

Was nicht passiert. Genau genommen passiert gar nichts. Überhaupt gar nichts. Zehn Sekunden lang. Dann dreißig. Schließlich fällt das auch Sophie auf. Außerdem, dass die anderen sie ansehen. Drei Augenpaare, die langsam aus der Form gleiten. Manu, der es irgendwie geschafft hat, auf die Knie zu gehen und ihr einen Ring mit einem riesigen Diamanten entgegenzustrecken, fängt erkennbar an zu schwitzen. Die Falte auf der Stirn ihres Vaters hat an Tiefe deutlich zugelegt. Ihre Mutter stürzt den nächsten Cocktail runter. Dabei schauen alle auf Sophie. Warten. Und werden dann allmählich doch etwas nervös. Was im Übrigen auch auf Sophie selbst zutrifft. Dass die Gelegenheit für einen spontanen Freudensprung verstrichen ist, ist ihr klar. Unklar ist ihr dagegen, was sie *stattdessen* machen soll. Sie schluckt. Gegen das hier war der erste Hauptverhandlungstermin in der Von-Späth-Sache wie Tennis im Kleinfeld. Und zwar ohne Netz.

Ihr Vater unterbricht die bleierne Stille. »Jetzt sag schon was, Sophie! Himmel, so schwer ist das doch nicht!« Die Stimme ist schneidend. Hunderte Mandanten haben schon getan, was sie verlangt hat. Ganz einfach, weil sie es besser weiß. Daran lässt diese Stimme keinen Zweifel.

Sophie räuspert sich. Sie spürt, dass sie rot wird. »Danke«, sagt sie. Stammelt. Fängt sich. Murmelt, dass sie einen Augenblick für sich braucht. Und geht.

Nach der Kaminidylle des Wohnzimmers ist die kalte Winterluft wie ein Schlag ins Gesicht. Sophie atmet erst hektisch, dann, allmählich, auch tief durch und reibt sich mit den Händen über die Augen. In der Eile hat sie ihre Jacke vergessen. Was egal ist. Sie kann nicht mehr da rein. Nicht jetzt. Nicht so. Jedenfalls das weiß sie sicher. Genauso ist ihr klar, dass jeden Moment jemand kommen kann, der ihr nachläuft. Weswegen sie sich in Bewegung setzt. In Richtung Bahnhaltestelle. In Richtung Oberkassel. In Richtung der Wohnung, zwei Zimmer unter dem Dach, die sie mittlerweile ganz allein finanziert von ihrem Geld als Strafverteidigerin. Wo sie allein lebt und allein sein kann. Und wo sie allein den Abend verbringen wird. Für heute besteht daran jedenfalls nicht der geringste Zweifel.

27.

FLUFFIG

Freitag, 3.12. Abends

Pirlo lacht. Was selten vorkommt. Schon das ist Alena hoch anzurechnen. Zumindest nach Pirlo-Maßstäben gelingt ihr ganz Erstaunliches. Und zwar auch noch mit der größten Beiläufigkeit. Ihre braunen Haare hat sie wieder zu langen Korkenzieherlocken gedreht. Die dunklen Augen sind dezent geschminkt. Gerade dadurch kommen sie besonders zur Geltung. Statt eines Cocktailkleids trägt sie diesmal eine einfache Jeans, dazu einen weiten grauen Wollpullover, unter dem an einer Schulter ein schwarzes Top hervorblitzt. Sie sieht umwerfend aus. Als Gesellschaft findet Pirlo sie ohnehin großartig. Und das sogar, obwohl sie ihm Fragen stellt. Ziemlich viele sogar. Alena will jede Menge wissen. Um nicht zu sagen: alles. Diesmal antwortet Pirlo auch. Was bleibt ihm auch anderes übrig? Also erzählt er von seinem Job, seiner Zeit an der Uni, den Sturm-und-Drang-Jahren, wie er Arland kennengelernt hat und wie er als wissenschaftlicher Mitarbeiter am Lehrstuhl tätig war, wie er bei Ohmsen angefangen, viel gelernt und dann den *partner track* eingeschlagen hat, ehe er doch strauchelte und sich auf der Straße wiederfand. Er schaut zurück und lässt jemanden daran teilhaben. Was selten ist. Außerdem erklärt er, wie es ihm dabei ging. Das wiederum passiert so gut wie nie. Pirlo teilt ziemlich viel mit. Wer er ist und wie er dazu wurde. Was ihn interessiert und was nicht. Nur seine Familie spart er aus. Er will schließlich punkten. Nicht erschrecken. Alena lacht und hört zu. Es hätte schlimmer kommen können. Alena bringt aber auch einfach genau die richtige Mischung mit. Sie ist locker und gleichzeitig souverän, so, dass Pirlo erst gar keine Gelegenheit findet, in unsichere Gefilde zu geraten. Sogar dann, wenn es um ihn selbst geht. Dazu läuft der ganze Abend insgesamt viel zu fluffig. Sie unterhalten sich und essen. Sie trinken Wein, haben aber keinen sitzen. Pirlo fühlt sich unbeschwert. Nach einer Weile nimmt er Alenas Hand. Sie lächelt. Ihre Finger schließen sich um seine. Nach dem Abend im *Canoo*, einem auf dem Rhein fest verankerten Schiffsrestaurant, spazieren sie am Flussufer entlang. Alena hakt sich bei ihm unter. Kurz vor der Tonhalle küsst sie ihn.

Als Pirlo am nächsten Morgen aufwacht und ihre dunklen Locken über seinen Brustkorb verteilt sieht, ist er glücklich. So einfach. Einfach so.

28.

ATOMPILZ

04.12. Nachmittags.
Auf dem Weg zur Großen Freiheit

Am nächsten Tag ist Sophie nicht sehr gesprächig. Oder besser: gar nicht.

»Alles in Ordnung?«, fragt Pirlo, als sie sich ohne weitere Begrüßung auf den Beifahrersitz des Mercedes fallen lässt.

»Fahr einfach.«

Pirlo zieht die Augenbrauen hoch. Das sind diese Momente, in denen es Fingerspitzengefühl und Diplomatie braucht. Was beides nicht gerade zu seinen Stärken zählt. Um das mal vorsichtig zu formulieren. Also fährt er eben. Sophie schweigt. Er auch. Ob er besonders viel von Alena hätte erzählen wollen, weiß er ohnehin nicht. So bleibt zumindest mehr Zeit, um sich auf das zu konzentrieren, was bevorsteht. Das wird schwierig genug. Die Ausgangslage ist nicht besonders kompliziert: Faruk Maliki sitzt in Haft. Dort bleibt er auch, außer es fällt ihnen etwas ein, das ihn entlasten könnte. Von ihm selbst ist in dieser Hinsicht wenig Förderliches zu erwarten. Es liegt daher nahe, diejenigen zu befragen, die mit ihm an dem Abend unterwegs waren, als es Stress mit den Nazis, insbesondere mit Rainer Waßmer, gab. Pirlo hat Rinor Maliki eine Nachricht geschrieben, der diejenigen, die in dieser Nacht mit Faruk zusammen waren, an diesem Samstagnachmittag in der *Shisha-Lounge* am

Rand des Geländes der *Großen Freiheit* zusammengetrommelt hat.

Als Pirlo und Sophie ankommen, schlagen die Tücken des rheinischen Wetters zu. Es ist kurz nach vier Uhr. Trotzdem dämmert es schon wieder. Außerdem liegt dieser leichte Nebel über der Straße, den es im Düsseldorfer Winter immer wieder gibt. Die *Shisha-Lounge* ist zwar hell erleuchtet. Die Industriebrache selbst thront allerdings mächtig im Halbdunkel.

»Wir sollten mal tagsüber hierherkommen«, murmelt Pirlo.

»Es ist Tag.«

»Ich meine dann, wenn es hell ist.«

»Keine Ahnung, ob das hier dann so viel besser aussieht.«

Pirlo betrachtet Sophie von der Seite. Sie wirkt so verkniffen, wie sie klingt. Was nicht gut ist. Aber irgendwie auch nicht einfach aufzubrechen. Vor Gericht hat Pirlo auch nach einem Verhandlungsscharmützel kein Problem damit, zum flammenden Plädoyer auszuholen. Hier, im Auto mit Sophie, sind die richtigen Worte etwas kniffliger. Instinktiv würde er sie einfach in den Arm nehmen wollen. Andererseits macht das möglicherweise alles nur noch schlimmer. Außerdem hat er keine Ahnung, ob das überhaupt angebracht ist. Womit sich seine Gedanken im Kreis drehen. Klar ist: Irgendwas ist. Aber was? Die Lage wird nicht besser dadurch, dass *sie* plötzlich *ihn* das fragt.

»Was ist los, Toni?«

»Nichts ist«, murmelt Pirlo irritiert. »Warum fragst du?«

»Du warst nicht im Büro.«

»Ich habe von zu Hause gearbeitet.« Was nicht ganz stimmt. Er hat den Morgen mit Alena verbracht. Aber er hat dabei auch an Faruk Maliki gedacht. Kurz zumindest. Insofern geht das als Notlüge vielleicht gerade noch so durch.

Sophies Antwort fällt knapp aus. »Gut.«

Pirlo verdreht die Augen, gibt sich aber einen Ruck. Es muss ja auch vorangehen. »Bei mir ist jedenfalls alles in Ordnung.«

»Super«, antwortet Sophie bissig. »Freut mich. Und sonst passt ja auch alles. Das Panorama haben wir bereits genossen. Ordentlich gefroren haben wir ebenfalls schon. Was wir hier draußen erledigen konnten, haben wir erledigt. Dann schlage ich vor, wir gehen als Nächstes einfach mal rein.« Sagt es und steigt aus. Pirlo trottet hinterher. Er rätselt. Klar, es ist gut, dass es endlich weitergeht. Alles andere ist es dagegen eher nicht.

Drinnen, in der *Shisha-Lounge*, braucht Pirlo ein paar Sekunden, um zu verstehen, was er sieht. Dann schnallt er, dass er sich um Sophies schlechte Laune erst einmal nicht mehr zu kümmern braucht. Andere Sachen sind vorerst deutlich präsenter. Es steht nur sehr in Frage, ob das wirklich gut ist. Eine Antwort ist darauf gar nicht so einfach. Dazu ist die Situation, die sich ihm darbietet, schlicht zu unübersichtlich. Und zu bedrohlich.

Die Lounge ist voller Männer. Die Gemeinsamkeiten überwiegen die Unterschiede. Dunkle Haare. Bärte. Breite Schultern. Weite Jacken. Sporthosen. Turnschuhe. In den Händen Baseballschläger, Zaunlatten, Messer. Das sind zumindest die Waffen, die man sehen kann. Der Raum wirkt wie eine Jahreshauptversammlung zum Hobby-Dschihad. Als Sophie und Pirlo ihn betreten, verstummt das Gemurmel. Die Blicke gehen erst zu ihr. Dann zu ihm. Die Spannung ist mit Händen zu greifen.

Plötzlich sorgt eine tiefe Stimme für Ruhe. »Frau Rechtsanwältin Mahler, Herr Dr. Pirlo, bitte sehen Sie mir die Unannehmlichkeiten nach. Ich habe leider vergessen, Ihnen Bescheid zu sagen, dass die geplanten Gespräche heute aus organisatorischen Gründen doch nicht stattfinden können.« Während er spricht, schiebt sich Rinor Maliki zwischen den lauernden, brodelnden Körpern hindurch. »Wenn Sie uns entschuldigen würden«, fährt er fort, »wir befassen uns gerade mit einer Art interner Abstimmung.« Der Mund zeigt ein Lächeln. Die Augen nicht. Ganz und gar nicht sogar.

»Kein Problem«, erwidert Pirlo. Er hält den Blick von Rinor Maliki fest. Alles, was im Raum dahinter ist, geht ihn nichts an. Maliki nickt. Pirlo auch. Dann wendet er sich zu Sophie. »Vielleicht kommen wir einfach bei anderer Gelegenheit wieder.«

Sophie hat sich zwischenzeitlich gefangen. Auch sie nickt kurz und kräftig. Dann ist es vorbei. Oder auch nicht.

Pirlo dreht sich gerade zur Tür, als er ihn sieht. Plötzlich gerät der Abend für ihn ins Wanken. Wenn es richtig scheiße läuft, dann auch der ganze Rest seines Lebens. Die ölig-dunklen Haare blitzen im allgemeinen Gedränge nur kurz auf. Der Schopf hält sich hinten auf, dort, wo der Durchgang zu den Toiletten ist. Wahrscheinlich hatte er sich dorthin zurückgezogen, als Sophie und Pirlo reinkamen. Wie lange waren sie jetzt da? Eine Minute? Zwei, höchstens. Die Leute sehen, erkennen, dass sie hier nichts verloren haben, sprechen, nicken. Fertig. Pirlo kennt nicht viele, die es schaffen, sich während dieser Zeit zwar zu verstecken, es dann aber trotzdem nicht aushalten können und unbedingt zumindest kurz mal nachsehen wollen, ob die Luft vielleicht doch schon wieder rein ist und die *Action* weitergeht. Eigentlich kann er diese Leute an zwei Fingern abzählen. Einer ist Faruk Maliki. Der sitzt aktuell in Haft. Den anderen kennt Pirlo sogar noch besser. Viel besser. Es braucht daher noch nicht einmal einen zweiten Blick. Pirlo weiß, dass dort hinten Ahmid steht. Und dass er jetzt in der Scheiße steckt.

Kurz darauf sind sie dann doch draußen. Pirlo weiß zwar nicht, wie das gekommen ist. Fakt ist aber: Sie stehen vor der *Shisha-Lounge*. Es ist kalt. Viel mehr bekommt er gerade nicht mit. Seine

Gedanken rasen. Gleichzeitig steht alles still. Es ist dieser Moment, in dem der Atompilz aufsteigt. Gleich wird alles weggepustet. Für einen winzigen Augenblick befindet sich aber noch alles dort, wo es hingehört. So wie jetzt.

»Alles okay?«, fragt Sophie wie aus weiter Ferne. Pirlo reißt sich zusammen. Darum geht es hier nicht. Wie es ihm geht. Ob bei ihm alles okay ist. Es geht auch nicht um alles andere, was gerade noch wichtig war. Faruk Maliki. Die Verteidigung. Selbst Alena. Alles unwichtig. Jetzt geht es nur noch um eines: Die Leute in der *Shisha-Lounge* bereiten irgendetwas vor. Es wird nichts Gutes sein. Und Ahmid steckt mittendrin.

»Fuck«, murmelt Pirlo.

»Was meinst du?«, fragt Sophie.

»Alles«, sagt er.

Er sieht ihre besorgt blickenden, blauen Augen. Hört ihre Stimme. Ein bisschen unsicher. Ein bisschen genervt. »Ich weiß nicht, was ich jetzt damit anfangen soll.«

»Ja«, sagt Pirlo, »ich auch nicht.«

29.

MERCEDES

Direkt danach. Leider

Was folgt, ist beschissen. Und zwar ausschließlich. Pirlo schwitzt. Pirlo rotiert. Pirlo leidet. Während all dessen sitzt Sophie neben ihm. Er merkt, dass sie ihn zunehmend irritiert anstarrt. Absurd genug, dass er sich vorhin noch Sorgen um sie gemacht hat. Und dass das die guten Zeiten waren. Jedenfalls im Vergleich zu jetzt. Aber was tun? In die *Shisha-Lounge* marschieren und Ahmid auffordern mitzukommen? Was soll von einem solchen Auftritt zu erwarten sein? Vor einer Mannschaft bewaffneter Männer? Gegenüber seinem großen Bruder? Von dem keiner weiß, dass er das ist. Was übrigens gefälligst auch keiner wissen soll.

»Wollen wir los?«, fragt Sophie schließlich.

»Klar«, murmelt Pirlo. Er fährt aber nicht. Selbst wenn das der ideale Weg wäre. Die einzig richtige Lösung. Losfahren, Sophie in der Kanzlei abliefern, zurückkommen, warten, bis Ahmid diese Bar verlässt, ihn zur Seite nehmen, fertig. Was allerdings daran scheitert, dass Pirlo nicht weiß, wann Ahmid geht. Oder wohin. Die Alternative ist, gar nicht erst wieder hierherzukommen. Ahmid einfach Ahmid sein zu lassen. Er macht schließlich ohnehin, was er will. Denn mal ernsthaft: War das jemals anders? Eben. Vielleicht ist das der richtige Zeitpunkt, einfach loszulassen. Die Rolle des Unvernünftigen in der Familie ist schließlich schon vergeben. Die des Spalters und Verräters. Und zwar an

Pirlo selbst. Er ist der Abtrünnige, der sich von der Familie losgesagt hat. Sein Argumentationsspielraum ist damit ohnehin überschaubar. Zudem ist Ahmid älter. Stärker. Unberechenbarer. Auch das war schon immer so. Warum spielt es dann überhaupt eine Rolle, was mit ihm geschieht? Pirlo weiß, dass er darüber nicht nachzudenken braucht. Die Antwort kennt er sowieso: weil das einfach so ist. Völlig egal, ob er Ahmid schon hunderttausendmal zur Hölle gewünscht hat und wie sehr er es verdient hätte, mal aufs Maul zu fliegen. Er ist sein Bruder. Punkt. Ende der Debatte.

Von der Seite bringt sich Sophie wieder in Erinnerung. »Sicher, dass alles okay ist, Toni? Ich frage das nicht, um dich zu nerven. Sondern weil wir hier die ganze Zeit in der Kälte rumsitzen und du nicht mit mir sprichst. Mach doch wenigstens das. Erklär mir bitte einfach, was dich beschäftigt.«

Da ist sie also wieder. Sophie. So, wie er sie kennt. Freundlich. Interessiert. Empathisch. Was immer vorhin los war, ist jetzt weg. Sie verwendet sogar seinen Vornamen. Zwar nicht den richtigen, aber immerhin.

»Wir können hier nicht weg«, antwortet Pirlo.

»Das merke ich. Aber warum?«

»Irgendwas wird passieren. Nichts Gutes.«

»Ich denke, davon müssen wir sogar ziemlich fest ausgehen.« Sie wartet einen Moment. »Vielleicht ist das aber auch genau der Grund, warum wir *nicht* hier sein sollten.«

»Kann sein«, brummt Pirlo. Er weiß, dass sie sich damit nicht zufriedengeben wird. Natürlich nicht. Sie beharrt aber auch nicht darauf, gibt ihrer persönlichen Unruhe nicht mehr Platz als notwendig, sondern versachlicht das Gespräch. Unter anderen Umständen würde ihn das freuen. Oder zumindest ein bisschen stolz machen. Sicher, als er Sophie kennenlernte, hatte sie vieles schon mitgebracht. Trotzdem ist sie vor allem in den letzten Monaten, in der gemeinsamen Kanzlei, zu einer richtig guten Anwältin gereift. Übrigens auch in ihren eigenen Angelegenheiten. So fährt sie dann auch fort. Langsam. Ruhig. Sachlich.

»Wir haben mit Faruk Maliki schon genug zu tun. Unser Sorgenkind ist zwar in Haft. Wir müssen uns aber nicht noch zwingend weitere Pflegefälle anlachen. Wofür es hier gleich einige Kandidaten geben dürfte, die uns aber nichts angehen. Noch nicht, jedenfalls. Ich meine, klar, wir waren zwar bereits da drin.« Sie deutet über die Schulter auf die *Shisha-Lounge.* »Und wahrscheinlich war allein das schon dünnes Eis. Wir als Verteidiger von Maliki in dieser Gangsterhöhle. Die ganze Stimmung dort. Die Bewaffnung. Machen wir uns mal nichts vor: Da kann doch nicht viel Gutes rauskommen, Toni!« Sophie holt Luft. Jetzt kommt das Aber. Genau wie es sich für einen Schlussvortrag gehört. These. Spannungskurve. Auflösung. Irgendwo tief im kleinen Herzen ist Pirlo mit ihr zufrieden. Sophie fängt seinen Blick. »Aber noch wissen wir nicht, was sie da drin vorhaben. Vielleicht viel. Vielleicht wenig. Vielleicht nichts. Weswegen wir jetzt auch einfach das Naheliegende tun können: gehen.« Sie gönnt Pirlo eine kurze Denkpause, die er eigentlich nicht braucht. Dazu ist die Sache hier viel zu klar. Weil sie ja recht hat.

Sophie weiß das natürlich auch. Umso eindringlicher wird sie jetzt. »Wenn sie aber gleich alle rauskommen sollten und diese Waffen noch in den Händen haben, können wir nicht mehr sagen, dass wir nicht geahnt haben, was los ist. Ernsthaft, Toni, die Mathematik ist hier einfach: Faruk Maliki soll Rainer Waßmer erschossen haben, Fathi Maliki wird ins Krankenhaus geprügelt. Was glaubst du denn, was als Nächstes passiert? Du ahnst doch, wie diese Clans ticken!?«

Pirlo nickt. Ja, er ahnt das. Wie *diese Clans* ticken. Und was hier als Nächstes passieren dürfte. Noch nie war der Impuls größer, ihr zu sagen, dass er es nicht nur ahnt, sondern sogar *weiß*. Und warum das so ist. Wie schlimm wäre das? Warum vertraut er ihr nicht einfach? Er schluckt. Es ist trotzdem nicht der richtige Augenblick. Nicht jetzt. Nicht hier. Jetzt braucht es etwas anderes. Einen Gedanken, der die Lage zu seinen Gunsten entzerrt. Der Sophie zum Kippen bringt. Zum Beispiel diesen hier: »Vielleicht ist es dafür auch einfach schon zu spät.«

»Wofür?« Er hört ihre Überraschung.

»Um einfach zu gehen.«

»Das ist doch Unsinn«, sagt Sophie. Ein bisschen Zweifel schwingt aber mit.

Pirlo kann das hören. Er ist schließlich der mit der Erfahrung. »Ich fürchte, nein«, antwortet er, jetzt fester in der Stimme. »Was wir da vor uns haben, ist die Vorbereitung einer kriminellen Vereinigung zu einer Straftat. Das können wir nicht einfach so geschehen lassen. Nicht als Anwälte. Und eigentlich auch sonst nicht.«

Sie überlegt. Ringt mit sich. Widerspricht aber nicht. Stattdessen reagiert sie so, wie er es von ihr kennt. Lösungsorientiert. Konstruktiv. »In Ordnung. Ich bin zwar nicht komplett überzeugt, aber du wirst schon wissen, was du da sagst. Und warum. Also: Was wollen, was sollen wir jetzt tun?«

Pirlo versucht, sich seine Erleichterung nicht anmerken zu lassen. Die größte Hürde ist damit zwar geschafft. Als Antwort bleibt aber trotzdem nur: »Ich weiß es nicht.«

Eine halbe Minute später ist klar: Er muss es auch nicht wissen. Er muss hier gar nichts mehr. Sophie auch nicht. Es gibt jetzt nicht mehr allzu viel zu denken oder zu entscheiden. Dazu tauchen im Rückspiegel plötzlich viel zu viele Leute auf.

»Ach du Scheiße«, murmelt Sophie. Was in der Wortwahl für sie ungewöhnlich ist, für den Anlass aber mehr als angemessen. Trotz der schon hereingebrochenen Nacht wird hinter dem Mercedes die Straße dunkel. Beziehungsweise: noch dunkler. Und voller. Unter dem orangeschwachen Licht der spärlichen

Straßenbeleuchtung erscheinen ein paar Dutzend Gestalten. Die Atemwolken erzeugen einen brodelnden Dampf. Der Rest der Bedrohung kommt durch Masse und Auftreten. Was da anstapft, ist ziemlich breitschultrig. Weite Jacken. Enge Hosen. Schlagwaffen in den Händen.

»Die Nazis.«

Pirlo nickt.

»Sieht aus, als seien sie auf Krawall gebürstet.«

Pirlo nickt wieder. Man muss kein Raketenforscher sein, um zu verstehen, was passiert ist. Irgendwer hat die Clans verpfiffen. Die planen drinnen noch den Angriff, der draußen schon auf sie wartet. Fünfzig Meter von der *Shisha-Lounge* stoppen die Neuankömmlinge. Pirlo weiß nicht genau, was der Grund ist. Auch das kann er aber ahnen. Vor der Bar steht zwar niemand. Wer immer als Wachposten vorgesehen war, ist drinnen, um sich auf das Kommende einzuschwören. Oder war derjenige, der die anderen verraten hat. So oder so: Es gibt keine Wache. Leer ist die Straße trotzdem nicht. Direkt vor der *Shisha-Lounge* leuchten die Rücklichter eines schwarzen Mercedes. Darin sitzen Pirlo und Sophie.

»Warum bleiben sie stehen?«, flüstert Sophie.

»Wegen uns«, brummt Pirlo.

»Uns?«

»Ich denke, sie haben nicht mit uns gerechnet. Irgendwer dürfte den Leuten da drin in den Rücken gefallen sein und alles Wichtige verraten haben. Was sie vorhaben. Mannstärke. Uhrzeit. Wahrscheinlich wissen die da hinten sogar, wie die Clans sich bewaffnen. Wo sie stecken, ist jedenfalls ganz klar. Nur wir passen nicht ins Bild.«

»Du meinst, dass wir einschreiten könnten?«

Pirlo lächelt bitter. »Dass wir überhaupt da sind. Morgen könnte jedenfalls ein guter Zeitpunkt sein, das Auto neu zuzulassen. Ich glaube nicht, dass wir mit diesem Nummernschild noch besonders weit kommen.«

Im trüben Licht der Innenbeleuchtung sieht Pirlo, dass Sophie nickt. Dann will sie wahrscheinlich fragen, was sie jetzt machen sollen. Sie kommt aber nicht mehr dazu. Dazu bricht viel zu schnell, viel zu laut, die Hölle los.

Irgendjemand aus der Bar muss die Horde draußen bemerkt haben. Vielleicht hatten auch die Verräter einen Verräter. So was kann sehr schnell sehr kompliziert sein. Jedenfalls fliegt die Tür auf. Heraus kommen die Clans. Allerdings nicht langsam. Nicht tastend. Sondern so, wie es Pirlo kennt. Es gibt kein Zögern. Kein Abwarten. Nur ganz oder gar nicht. Das hier ist »ganz«. Und wie.

Anscheinend unerschöpflich drängen und drücken sich Schwarzköpfe durch die Tür. Wer auf der Straße ist, sortiert sich im Laufen. Die Richtung ist klar. Es geht direkt rein ins Getümmel. In den Kampf. In die Wut. Auch die Nazis sind losgerannt. In der Mitte knallt alles aufeinander. Körper. Masse. Hass. Bis der Schuss losgeht. Kurz halten alle still. Dann rennt die Menge auseinander.

Neben Pirlo schreit Sophie. »Fahr, Toni! Verdammt, fahr los!«

Was soll er dagegen sagen? Sie hat ja recht. Also haut Pirlo einen Gang in die Schaltung. Trotzdem zögert er noch. Von hinten rennt einer auf das Auto zu. Im straßenlaternenorange durchsifften Nebel sieht er aus wie alle anderen. Dunkel. Schwarze Haare. Jedenfalls keiner von den Rechten. Mehr kann Pirlo nicht erkennen. Er weiß trotzdem genug. Manchmal ist das so. Der Kerl taumelt direkt auf sie zu. Humpelt. Winkt. Reißt die Hintertür auf und wirft sich auf die Bank.

»Fahr!«, grunzt Ahmid. Dann kotzt er auf den Boden.

Pirlo nickt. Anschließend jagt er davon.

30.

KANZLEIMIKADO

Am Carlsplatz

Eine halbe Stunde später muss Sophie auf die Toilette. Wobei es richtiger heißen müsste: Eine halbe Stunde später muss Sophie *immer noch* auf die Toilette. Wohin sie aber nicht geht. Ganz bestimmt nicht. Sie ahnt, dass die beiden Männer im Besprechungsraum genau darauf warten. Aber das könnte ihnen so passen. Also sitzen sie eben weiter rum und schweigen sich an. Pirlo. Ahmid Khatib. Und sie, die Einzige hier, die weiß, dass Pirlo und Khatib zusammen fotografiert wurden, als sie von einem Einbruch bei Danzinger geflohen sind. Irgendwie hatte sie zwischenzeitlich ihren Frieden damit gemacht, nie herauszufinden, was da im Einzelnen los war. Bis jetzt.

Allerdings spricht keiner der beiden. Das geht schon so, seit sie in der Kanzlei angekommen sind. Wang war nicht mehr da. Pirlo hatte Ahmid unter der Achsel gepackt und die Treppe des Altbaus hinaufgeschleppt. Dort wuchtete er ihn im Besprechungsraum auf einen Stuhl und ließ sich dann auf einen anderen direkt gegenüber sinken. Das ist fünf Minuten her. Seitdem ist kein Wort gefallen. Pirlo starrt auf sein Telefon. Ahmid Khatib auf seine Hände. Beide würdigen sich keines Blicks. Trotzdem hat Sophie mehr als nur ein vages Gefühl, dass sich das ändert, sobald sie den Raum verlässt. Dass dann Sodom und Gomorra ausbricht. Sie *weiß* einfach, dass es dann so ist. Sobald sie die beiden allein lässt, fällt dieses seltsame Mikado in sich zusammen. Was sie nicht weiß, ist, wie lange sie bleiben muss, bis die ganze Lage ohnehin eskaliert. Und ob ihre Blase das mitmacht.

Deswegen ist es Zeit für etwas Initiative. Die Frage, ob sie Khatib Wasser oder Eiswürfel für seine Verletzungen bringen soll, hat sie schon länger verworfen. Dann wäre sie schließlich draußen. Das könnte den beiden so passen. Nein, Khatib wird leiden müssen. Dass er das tut, steht außer Zweifel. Nirgendwo an seinem Körper fließt Blut. Er hält allerdings die rechte Schulter schief. Jeder Atemzug scheint ihm schwerzufallen. Aber da muss er jetzt durch, jedenfalls so lange, bis Sophie eine Idee hat. Als das der Fall ist, ärgert sie sich, dass sie nicht eher darauf gekommen ist. Das Ganze lag schließlich auf der Hand. Dann reißt sie sich zusammen und legt los. »Wenn Sie wollen, verteidigen wir Sie natürlich gern.«

Ahmid Khatib bemerkt, dass er direkt angesprochen wird, und sieht überrascht auf. »Meinen Sie mich?«

Sophie packt dieses Lächeln aus, von dem sie genau weiß, dass es zieht. »Natürlich meine ich Sie. Schließlich haben Sie sich doch deswegen bei uns ins Fahrzeug geworfen, oder etwa nicht?« Khatib sieht sie verständnislos an. Das geht hier zu schnell für ihn. Sophie lächelt noch breiter. Verständnisvoller. »Sie sind doch auf uns zugelaufen, damit wir Sie von dem Kern des Geschehens entfernen.« Sie nickt leicht. Khatib nickt automatisch mit. Aus den Augenwinkeln sieht Sophie, wie Pirlo die Stirn in Falten legt. Nicht ganz zu Unrecht. Diese Sache mit der ungewollten Affirmation hat sie von ihm gelernt. »Das haben Sie ja sicher nur gemacht, weil Sie wussten, wer wir sind. Rechtsanwälte. Strafverteidiger. Also gehe ich davon aus, dass Sie so vorgegangen sind, weil Sie wollten, dass wir Sie verteidigen. Das war doch so, oder?« Wieder nickt sie leicht. Diesmal reagiert Ahmid Khatib aber nicht. Vielleicht war das zu viel der Suggestivwucht. Vielleicht hat sie ihn auch einfach unterschätzt.

Er sieht sie schief an. Ganz so einfach wird das hier also doch nicht. »Warum sollte ich einen Verteidiger brauchen?«

Die Antwort liegt ihr schon auf der Zunge. Weil er in eine Schlägerei verwickelt war. Dann lässt sie es aber doch. Was sagt Pirlo immer? Bring den anderen dazu, sich zu erklären. Bring ihn zum Sprechen. Und wie macht man das? Mit Fragen. Zum Beispiel mit solchen: »Warum sollten Sie sonst hier sein?«

Sie sieht, dass sie einen Treffer gelandet hat. Ahmid Khatib ist irritiert. Kurz wankt er. Allerdings auch wirklich nur ganz kurz. Dann grinst er breit. »Hat Ihnen schon einmal jemand gesagt, dass Ihre Augen so blau sind wie der Ozean?« Dazu packt er einen Schmachtblick aus, der sie zum Lachen bringt.

Sophie beschließt, das Spielchen mitzuspielen. Mit einem harten Kurs kommt sie erst mal sowieso nicht weiter. Und so spricht er wenigstens überhaupt mit ihr. Beziehungsweise irgendwer mit irgendwem. Also sagt sie, was man eben so sagt. »Nein, da sind Sie absolut der Erste.«

»Womöglich hat sich bisher einfach nur noch niemand getraut. Das wäre allerdings sehr bedauerlich und auch nicht sehr männlich. Vielleicht haben Sie bis heute aber auch nur noch keinen echten Mann kennengelernt.«

Sophie hört, wie Pirlo schwer durchatmet. Er leidet. Sie ignoriert ihn trotzdem. Ahmid Khatib ignoriert ihn sowieso.

Dann steht Pirlo auf und murmelt: »Ich gehe mir mal einen Kaffee machen.« Keine Rückfragen. Ob noch jemand einen mag. Oder etwas anderes braucht. Nur das. Er wartet auch nicht ab, ob jemand etwas sagt, sondern stapft einfach durch die Tür.

Sophie sieht ihm nicht mal nach. Sie kennt Pirlo lange genug. Wenn er jetzt nicht geht, rastet er aus. Da das aber, genau das ist, was er hier auf gar keinen Fall will, bleibt ihm gar nichts anderes übrig, als sich zu verkrümeln. Soll er mal Kaffee machen. Sophie bleibt hier mit Ahmid. Das ist sowieso spannender.

31.

HEIMATFILM

In der Kanzlei

Pirlo tobt. Dass er das nicht zeigen kann, macht es nur noch schlimmer. Was ihn erwartet, als er den Besprechungsraum wieder betritt, setzt dem Ganzen dann aber die Krone auf. Es ist keine besonders schöne. Ahmid thront auf dem Stuhl neben Sophie. Sein Arm baumelt lässig über die Lehne. Nicht über seine. Sondern über ihre. Sophie scheint es nicht mal aufzufallen. Als Ahmid bemerkt, dass Pirlo in der Tür steht, sieht er auf. Seine Mundwinkel zucken nach oben. Pirlo weiß nicht genau, wie oft er seinem älteren Bruder in diesem Leben schon aufs Maul hauen wollte. Womöglich halten sich die Male, die er davon geträumt hat, und die Male, in denen er es war, der von Ahmid vermöbelt wurde, sogar die Waage. So oder so: Die Zahl ist hoch. Selten dürfte das Bedürfnis aber größer gewesen sein als jetzt gerade hier. In der Kanzlei, die er selbst aufgebaut hat, sitzt neben der Frau, der Pirlo vertrauen will und vertrauen muss, der Mann, der alles, wirklich alles zu Fall bringen kann. Und grinst.

»Herr Rechtsanwalt Dr. Pirlo«, schnarrt Ahmid bestens gelaunt. »Schön, dass Sie schon wieder zurück sind.«

»Keine Schmerzen mehr?«, presst Pirlo heraus. Sein Blick klebt an Ahmids Arm.

Der zuckt demonstrativ mit der Schulter. »Nichts, was einen echten Mann zur Verzweiflung bringen würde.«

»Eine Wunderheilung also. Freut mich.«

»Von Wunder würde ich weniger sprechen. Ich denke, das liegt einfach an der gesundheitsfördernden Umgebung. Ihre Kollegin, die bezaubernde Frau Rechtsanwältin Mahler, weckt eben ganz neue Lebensgeister.«

Pirlo könnte schreien. Echt jetzt. Es wäre auch definitiv das Richtige. Einfach loslassen. Brüllen. Irgendwas kaputt machen. Am liebsten an Ahmids Kopf. Oder Ahmids Kopf selbst. Dabei kann Pirlo gar nicht genau sagen, was ihn am meisten zur Weißglut bringt. Ahmids Sätze direkt aus der Vorhölle der billigsten Seifenopern. Oder dass sie Sophie anscheinend nicht mal stören. Sie sitzt einfach da, leicht errötet. Und flirtet. Kein Witz. Sophie *flirtet*. In der Kanzlei. Mit Ahmid.

Wenn es in Pirlos Leben einen geeigneten Moment dafür gab, dass sich ein Erdenschlund auftut, der alles verschlingt, dann eigentlich diesen. Schlimmer wird es jetzt sowieso nicht mehr. Kann es auch gar nicht mehr werden. Der weitere Verlauf bestätigt das klar. Ahmid drückt Sophie zum Abschied Wangenküsschen auf: nicht schlimmer. Er grinst. Sie lacht. Auch nicht schlimmer. Die Reinheit des absurden Albtraums bleibt zwar ungetrübt, wird mangels weiteren Potenzials aber auch nicht noch gesteigert.

»Auf Wiedersehen, wunderbare Frau Rechtsanwältin Mahler«, flötet Ahmid von der Tür her. »Bei Ihnen fühle ich mich sicher. Wie besprochen melde ich mich bei Ihnen, falls ich etwas von der Polizei hören sollte.«

Dann ist er weg. Pirlo setzt sich. Er hat genug zu tun. Atmen. Sammeln. Entscheiden. In dieser Reihenfolge. Wenn er jetzt für Stress sorgt, bringt das keinem was. Wenn er Sophie anschreit, macht er sich angreifbar. Außerdem will er nicht sie schütteln, würgen, umbringen. Sondern Ahmid. Sie macht ihn nur fassungslos. Die Mordgelüste konzentrieren sich aber vollständig auf seinen Bruder.

Nach einer Weile hat er sich wieder im Griff. »Also, was war los?«

»Hier?«, fragt Sophie unschuldig.

Pirlo schüttelt den Kopf. »Vorhin. An der alten Industrieanlage.«

Sophie setzt sich auf. Es ist gut, dass sie wieder sachlich miteinander umgehen. Weniger Ahmid. Mehr normal. »Er hat so gut wie nichts dazu gesagt.«

»Hast du denn danach gebohrt?«

»Klar habe ich das. Viel herauszubekommen war trotzdem nicht. Jedenfalls nicht jenseits des Offensichtlichen: Sie wollten sich rächen. Dafür, dass Fathi Maliki im Krankenhaus liegt. Wohl auch dafür, dass Faruk Maliki dieses Verfahren an der Backe hat.«

»Meinen sie denn wirklich, dass er unschuldig ist?«

Sophie sieht ihn direkt an. »Du nicht?«

»Spielt das denn eine Rolle?«

»Sag du es mir.«

Pirlo beschließt, dass sie genug Baustellen haben. Es braucht nicht auch noch diese. »Was ist dann passiert? Vorhin meine ich, bei dem Gelände.«

»Die anderen kamen ihnen beinahe zuvor. Am Ende gab es nur Verlierer. Da keiner mehr den strategischen Vorteil der Überraschung für sich hatte, haben sie einfach wahllos aufeinander eingeprügelt. Khatib ist geflohen und hat dabei unser Auto gesehen. Das schien ihm wohl ein guter Rückzugsort zu sein. Ein besserer jedenfalls als die Shisha-Bar, von der man nicht wissen konnte, ob sie am Ende nicht doch gestürmt oder durch einen Molotowcocktail abgebrannt wird.«

»So hat er das erzählt?«

»Ja. Sogar ziemlich genau mit diesen Worten.«

Pirlo streicht sich umständlich die Haare aus der Stirn. Eigentlich ist es nur eine Übersprungshandlung. Wenn Ahmid das tatsächlich so formuliert hat, ist das mehr, als er seinem Bruder zugetraut hat. Und eigentlich auch mehr, als er ihm zugestehen kann. »Und jetzt meldet er sich bei dir?«

»Wenn mal was ist.«

»Klar, wenn mal was ist.« Pirlo kratzt sich wieder. Mehr fällt ihm beim besten Willen nicht ein. Insofern kommt es gerade recht, dass Sophies Handy vibriert. Pirlo sieht, dass sie rot wird. Und dass sie darunter mehr leidet als er. Nötig ist dieses Unwohlsein aus seiner Sicht nicht. Sophie ist eine junge Anwältin. Das geht oft genug verloren. Das gelegentliche Erröten ist daher nicht nur nicht schlimm, sondern sogar sympathisch. Findet jedenfalls er. Insofern ist es fast schade, dass es weniger wird. Bei Gesprächen mit Mandanten kommt ihre Unsicherheit zwar ab und an schon noch mal vor. Auch bei Gerichtsterminen schlüpft sie gelegentlich noch durch. Bei einem Anruf ist sie aber neu.

»Geh ruhig dran«, sagt Pirlo, dem klar ist, dass er zündelt. Gerade jetzt ist ihm das aber egal. Und zwar vollkommen.

»Ich kann später zurückrufen.«

»Wer ist es denn?«, fragt er. Was ihn nichts angeht. Normalerweise würde er das auch nicht tun. Aber was ist heute schon normal?

»Ist nicht wichtig.«

Pirlo legt den Kopf schief. Sie will offensichtlich nicht darüber reden. Also sollte er sie einfach in Ruhe lassen. Aber sie hat mit Ahmid geflirtet. Mit Ahmid! Sie hat also angefangen! Deshalb hat Pirlo noch nicht einmal ein schlechtes Gewissen, als er ganz beiläufig fragt: »Wie geht's eigentlich Manu?«

Die leicht geröteten Wangen flammen auf. Dachte er sich's doch. »Ganz gut.«

»Wo steckt er gerade? Kongo? Ruanda? Ghana?«

Sophie zögert kurz. »In Düsseldorf.«

»Das ist allerdings überraschend«, antwortet Pirlo. Damit hat er tatsächlich nicht gerechnet. Wie er das Nächste, was er sagt, meint, weiß er selbst nicht genau. Er sagt es aber trotzdem. »Vielleicht machen wir dann morgen Abend einfach mal was zusammen, Manu und du und Alena und ich.« Sophie starrt ihn so irritiert an, dass Pirlo sich genötigt fühlt hinterherzumurmeln: »Natürlich nur, wenn du willst.«

Einen Moment scheint Sophie noch zu brauchen. Dann fragt sie unschuldig: »Wer ist noch mal Alena?«

Jetzt ist es Pirlo, der zögert. Fuck. Das ganze Momentum ist dahin. Sie tut so, als wisse sie nicht, worüber er spricht. Und er muss dem Ganzen jetzt auch noch eine Einordnung geben. Gerade eben war er noch stolz darauf, wie geschickt Sophie in ihrer Rhetorik geworden ist. Ganz aktuell ist er sich allerdings nicht wirklich sicher, wie sehr ihn das tatsächlich freut. Als er dann nach einer kleinen Ewigkeit antwortet, klingt es unfassbar unbeholfen. Das hört er selbst. »Meine neue Flamme.« Womit er im feinsten Heimatfilmvokabular angekommen ist. Herzlichen Glückwunsch.

»Aha.«

»Ja. Wir sprachen darüber.«

»Ach ja?«

»Ja.«

»Muss mir entfallen sein. Soll ich mir den Namen denn merken?«

»Wenn wir morgen Abend essen gehen, könnte das nützlich sein.«

»Alena also. Was ›die Strahlende‹ bedeutet. Das ist dir aber sicher klar. So oder so: schöner Name.«

»Sehe ich auch so«, murmelt Pirlo und versucht, nicht die Augen zu verdrehen. Woher weiß Sophie solche Sachen nur? Und warum weiß er so was nicht?

»Freut mich für dich. Und für Alena.« Sophie spricht den Namen so fröhlich aus wie den eines Virus. Pirlos Interesse an einem gemeinsamen Abend ist damit endgültig dahin. Bock auf Sophies Arzthelden hatte er eigentlich sowieso noch nie. Sagen kann er das natürlich trotzdem nicht.

»Vielleicht klappt es ja.«

»Ja, vielleicht.«

Dann klingelt wieder ihr Handy. Selten war das willkommener. »Ich geh da doch mal dran.« Womit sie weg ist.

Pirlo bleibt allein im Besprechungsraum. Er kramt sein Telefon aus der Hosentasche. Wählt. Wartet. Flucht. Ahmids Telefon ist ausgeschaltet. Pirlo versucht es noch einmal. Und noch einmal. Das Ergebnis ist immer dasselbe. Dann ruft er Mahmed an. Der ist sofort am Hörer. »Salam, Bruder, was gibt's?«

»Hast du was von Ahmid gehört?«

»Nein. Du?«

Was sagt man eigentlich, wenn man weiß, dass man Gegenstand von Telefonüberwachungsmaßnahmen war? Wenn klar ist, dass Telefonate mitgeschnitten werden, in denen über einen gesprochen wird, und unklar ist, ob das auch für solche gilt, die man selbst führt?

»Vielleicht.«

»Hast du mitbekommen, was los war? Heute Nacht?«

»Kann sein.«

»Wollen wir uns treffen?«

»Ich hole dich ab.«

»Wann?«

Pirlo sieht auf die Uhr. Es ist halb acht. Heute reißt er sowieso keine Bäume mehr aus.

»Jetzt.«

32.

SÜSSSPEISEN

Sonntag, 05.12.

Pirlo erschrickt ein bisschen, als er Mahmed sieht. Dann erinnert er sich daran, dass das auch beim letzten Mal schon so war. Und bei dem Treffen davor. Sein ältester Bruder hatte immer schon eine Neigung zu Süßspeisen. *Baklava* sind sein persönlicher Endgegner. Seit ein paar Monaten nimmt der Hang sogar noch zu. Und Mahmed gleich mit. Wobei die Ausmaße langsam ins Seltsame gehen. Immerhin muss Pirlo gar nicht erst danach fragen, was den Ausschlag dafür gegeben hat, dass sich sein *Akin* so dramatisch gehen lässt. Der Grund dafür ist auch so die ganze Zeit präsent. Mahmeds leichtes Hinken erinnert genug daran. Vor einem halben Jahr hat er eine Kugel in den Oberbauch kassiert, als er gemeinsam mit Ahmid die wahnsinnig brillante Idee hatte, einen Kokaindeal zu überfallen. Am Ende hatten sie nicht nur keine Drogen erbeutet, Mahmed hatte sich auch eine Kugel gefangen. Es war der Auftakt eines einzigen Desasters. Pirlo erinnert sich mit Grausen.

»Komm schon.« Mahmed grinst. »Du schaust aus, als hättest du auf eine Zitrone gebissen. So schlimm sehe ich auch nicht aus. Es kann nicht jeder den ganzen Tag in so feinem Zwirn herumspazieren wie mein elitärer kleiner Kö-Bruder.« Damit lässt er sich schwerfällig auf den Beifahrersitz des Mercedes fallen. Pirlo weiß gar nicht, wann er Mahmed das letzte Mal nicht in einer Jogginghose gesehen hat. Er trägt diese Dinger eigentlich schon immer.

»Ist das heute die gute Hose? Ich frage für einen Freund.«

Mahmed schnauft auf einem Kaugummi herum. »Daran sieht man, dass du nichts von Mode verstehst. Das trägt der Clan von heute so. Schau dir die Titelseite der POST an. Da hast du jeden Tag einen neuen Stargangster drauf. Einen, vor dem man sich ganz besonders gruseln kann, von dem aber auch ganz dringend gewusst werden muss, welches Auto er fährt. Wo er trainieren geht. Welche Skills, Waffen und Verbindungen er hat. Wen er *hatet* und wem er *followt*. Und so weiter. Wenn du mich fragst, stehen sie kurz davor, Sammelbildchen herauszugeben. *Die wichtigsten Clangangster*. Du weißt schon, solche Trumpfkarten, wie Ahmid das früher mit Panzern hatte. ›Beute‹, Brüder‹, ›Waffen‹, ›Opfer‹ und so.«

»Du meinst, einer legt das Grüne Gewölbe«, fängt Pirlo an.

»Und der andere das Bode-Museum«, ergänzt Mahmed.

Beide lachen. Pirlo beschleunigt und schüttelt den Kopf. Mahmed kann es allerdings noch nicht gut sein lassen. »Schon jetzt jeden zweiten Tag ganz vorn auf Ihrer POST. *Unsere Clans. Die schlimmen Finger aus der Nachbarschaft.* Nur dann eben auch zum Ausschneiden.«

»Und wo gehören da die Khatibs hin?«

»Ganz nach oben natürlich!«

Pirlo schüttelt den Kopf. Bei Ahmid hat er ständig das Gefühl, dass er genau weiß, wie sein Bruder etwas meint. Im Zweifel ist es die dümmstmögliche Variante. Jedenfalls nach Pirlos Überzeugung. Bei Mahmed ist er sich dagegen nie sicher. Der Große ist immer ruhig, geradezu besonnen. Gleichzeitig sitzt ihm der Schalk im Nacken. Wobei diese *Alman*-Formulierung zu Mahmed passt wie die Faust aufs Auge. Gegenstand seines Programms sind mit Vorliebe die gesellschaftlichen Verhältnisse. Und zwar die um sie herum genau wie die eigenen. Immer mit kleinem Spott versehen. Nie ohne Augenzwinkern. Und damit irgendwie auch schlau. Gleichzeitig pflegt Pirlos ältester Bruder zu den bürgerlichen Kategorien Ausbildung und Beruf eine entspannt-ablehnende Einstellung und war sich letztlich auch nicht zu blöd, diesen Angriff auf den Kokaindeal anzugehen. Wer soll da schon durchblicken?

So jedenfalls hatten seine Brüder mit einer einzigen Eskalation alles, Vergangenheit, Gegenwart und Zukunft, in Schutt und Asche gelegt. Was ja irgendwie auch fast schon wieder eine Leistung war. Seitdem hat sich nicht mehr viel getan. Ahmid versucht, sich den anderen Familien anzudienen. Mahmed bleibt zu Hause bei seinen Kindern und isst Süßigkeiten. Jedenfalls geht Pirlo fest davon aus. So, wie Mahmed aussieht, spricht auch einiges dafür.

Sie spazieren in Kaiserswerth auf dem Rheindamm. In Düsseldorf liegt selten Schnee. Stattdessen ist es im Winter eher grau und ziemlich diesig. Trotzdem sieht es gerade hier, am Ufer, auch in den kalten Monaten ganz schön aus. Mit dem Gespräch über Mahmeds Kinder sind sie zwischenzeitlich durch. Pirlo kann nicht anders. Er ist erleichtert. Das Thema dauert immer eine kleine Ewigkeit. Sicher, er hängt an seinen jeweils zwei Nichten und Neffen. Trotzdem kann er sich nie so ganz merken, wer schon die Masern hatte, wer zuletzt Wasserfarben an der Wand verteilt hat und wer aktuell der Terrorist mit der Blockflöte ist. Noch unangenehmer ist nur die Frage, die jedes Mal am Schluss kommt.

»Wann ist es endlich bei dir so weit?«

»Keine Ahnung.«

»Du bist bald vierzig, Bruder.«

»In zwei Jahren.«

»Also bald. Meine Zahl an Kindern holst du bis dahin nicht auf.«

»Gut möglich.«

»Als unser Vater in deinem Alter war, hat er auch schon uns alle drei gehabt.«

»Mich nicht.«

Mahmed kickt einen Stein vom Deich. Von schnöder Mathematik wird er sich hier ganz bestimmt nicht beeindrucken lassen. Von Fakten erst recht nicht. »Lenk nicht ab. Du weißt, was ich meine.«

»Ahmid hat auch noch keine Familie. Und der ist fünf Jahre älter als ich.«

Mahmed seufzt. »Ahmid ist Ahmid.« Ganz so, als sei damit genug gesagt. Wahrscheinlich ist das auch so. »Das wird alles schon noch.«

Pirlo sieht ihn von der Seite an, kann aber unmöglich erkennen, ob sein Bruder das ernst meint. Es würde ihn jedenfalls wundern. Trotzdem ist er froh, dass er von sich ablenken kann. Außerdem kann er gleichzeitig über Ahmid sprechen. Deshalb sind sie schließlich überhaupt nur rausgefahren. »Du weißt, dass er nach wie vor versucht, bei den Großen mitzuspielen, oder?« Mahmed nickt. »Du machst das aber nicht?« Mahmed brummt Unbestimmtes. Also fragt Pirlo noch einmal. Diesmal deutlich lauter. »Du machst das aber nicht, oder?«

Mahmed bleibt stehen und stemmt die Fäuste in die massigen Hüften. »Nein, ich mache das nicht. Ein Mal zusammengeschossen zu werden reicht mir. Meiner Frau übrigens auch.«

»Was hast du ihr eigentlich damals gesagt?«

»Nichts.«

»Im Ernst?«

»Ja.«

»Und sie hat nie gefragt?«

»Nein.«

Pirlo schüttelt den Kopf. Aber so ist das in dieser Welt. In der von Mahmed. Von Ahmid. Warum? Weil. Woher? Von irgendwo.

Was ist passiert? Nicht wichtig. Woher kommt die Kugel in deinem Bauch? Stell keine dummen Fragen. Es mag Ausnahmen von diesem Modell geben. Diese Version hier gibt es aber jedenfalls auch. Das Schräge ist: Pirlo mag Tamsel. Er hält sie sogar für einen besonders klugen Kopf. Trotzdem würde sie nie auf die Idee kommen, Mahmed und dessen Handeln zu hinterfragen. Ganz gleich, was er ihr als Antwort auf eine sehr berechtigte Frage auftischt. Oder eben nicht.

»Ahmid wanzt sich jedenfalls bei den Malikis an.«

»Ja.«

»Das weißt du also?«

»Ja.«

»Und du unternimmst nichts dagegen?«

»Was soll ich denn machen?«

Keine schlechte Frage. Trotzdem kann Pirlo das nicht einfach so stehen lassen. »Du bist näher dran, Mahmed.«

»Näher woran?«

»An ihm. An Ahmid. Das warst du immer schon.«

»Und?«

»Willst du das wirklich einfach so laufen lassen? Überleg mal, was das bedeutet. Die Malikis sind Albaner. Klar, die Gemeinsamkeiten sind größer als bei anderen. Aber sie sind eben noch nicht mal arabisch.«

»Welche Gemeinsamkeiten meinst du?«, fragt Mahmed.

»Wie bitte?«, fragt Pirlo.

»Du sagtest, dass die Gemeinsamkeiten bei den Malikis größer sind als bei anderen, und ich frage dich: welche Gemeinsamkeiten mit wem?«

Pirlo zögert. Was soll er dazu sagen? »Mit uns?« Das wäre falsch. Es gibt hier kein *uns*. »Mit euch« klingt aber auch scheiße. Er beschränkt sich auf eine Links-rechts-Kombination. Ausweichende Antwort plus ablenkende Frage. »Du weißt, was ich meine, Bruder. Also: Willst du nichts dagegen unternehmen, dass Ahmid sich schon wieder in Schwierigkeiten bringt?«

»Du weißt ja gar nicht, ob das am Ende so kommt.« Pirlo antwortet nicht. Mahmed merkt auch so, dass das, was er gesagt hat, Unsinn ist. Er kickt einen weiteren Stein weg. »Du denkst also, wir könnten ihn davon irgendwie abhalten?« Wir. Nicht: ich. Mahmed schnaubt ein Wölkchen in den Nachmittag. »Das sagt sich sehr einfach.«

»So sehe ich es auch.«

»Weil du keine Ahnung hast, wie es wirklich ist.«

»Nämlich?«

Mahmed kratzt ausgiebig den üppigen Bart. »Ahmid ist kaum mehr zu Hause. Er hat zwar noch das kleine Einliegerzimmer bei uns, aber eigentlich kommt er nicht mal mehr zum Schlafen vorbei.«

»Wo bleibt er dann?«

»Keine Ahnung.«

Pirlo lässt das sacken. Ahmid. Wenn er keinen Bock hat, bei der Familie seines älteren Bruders zu sein, kann Pirlo das nachvollziehen. Wer, wenn nicht Pirlo, sollte das verstehen?

»Weißt du, dass die Bullen ihn auf dem Schirm haben?«

Mahmed bleibt stehen. »Nein. Woher sollte ich das wissen?« Seine Gedanken rasen. Pirlo kann das sehen. »Woher weißt du das denn?«

Womit Mahmed einen wunden Punkt trifft. Pirlo hasst es, wenn sich seine Lebenswelten überschneiden. Jedes Mal muss er abwägen, was er sagen kann, darf, will. Am Ende entscheidet er sich einfach für die Wahrheit. »Aus einer Akte.«

»Welcher?«

»Den Ermittlungen gegen die Maliki-Familie.«

»Wegen des Mordes von Faruk?«

»Des mutmaßlichen Mordes. Von irgendwem. Sie haben die

Gelegenheit genutzt, daraus einen generellen Aufwasch zu machen.«

»Ich habe das mitbekommen.«

Pirlo nickt. Natürlich hat Mahmed das mitbekommen. Wer nicht? Dann holt Mahmed das Gespräch zurück zu ihrem eigentlichen Thema: »Was hat Ahmid damit zu tun?«

»Er macht sich an die Malikis ran und will mitmischen.«

»Das reicht?«

»Das reicht.«

»Hm.« Wieder fliegt ein Stein. »Ist da sonst noch was?«

Pirlo weiß genau, was sein Bruder meint. »Von dir steht nichts drin.«

»Und von dir?«

Das überrascht Pirlo dann doch. So fürsorglich kennt er Mahmed gar nicht. Vielleicht sind das die Fernwirkungen der gefangenen Kugel. »Nur mittelbar.«

Sie sind an einem Ausflugslokal angekommen. Nebenan steht eine alte Ruine. Eigentlich ist das Szenario viel zu malerisch für solche Themen. Altdeutsche Gemütlichkeit und akute Clanprobleme. Ein Mix wie Caspar David Friedrich auf Koks. Mahmed löst die unschöne Anspannung und Bräsigkeit schließlich mit einem einzigen Wort auf: »Kakao?«

Pirlo überlegt kurz. »Gern.«

Im Café beobachtet er mit einer Mischung aus Staunen und Entsetzen, wie viele Löffel Sahne Mahmed auf seine Tasse türmt. Dann reißt er sich von dem Anblick los und fragt: »Also, was sollen wir machen?« Womit sich der Kreis dann doch wieder schließt. Jedenfalls der von Pirlo. Willkommen an der Endstation. Willkommen beim »Wir«.

Mahmed nimmt einen Schluck. In seinem Bart bleibt eine große Menge Schaum kleben. »Nichts.«

»Wie, nichts?«

»Ahmid ist alt genug. Wenn er sich unbedingt in Schwierigkeiten bringen will, ist das seine Sache.«

»Und wenn er uns mit in Schwierigkeiten bringt?«

Mahmed wägt die Antwort eine Weile ab. »Dann wäre das nicht so gut.«

»Allerdings nicht.«

»Vielleicht sollte man doch mal mit jemandem reden.«

»Ja.« Pirlo überlegt. »Mit wem?« Kurz fragt er sich, ob es jemanden braucht, der das Offensichtliche ausspricht.

Mahmed übernimmt das schließlich: »Mit Ahmid ganz bestimmt nicht. Alles andere gestaltet sich eher schwierig.« Langsam trinkt er die Tasse aus. Direkt im Anschluss bestellt er die nächste. Behäbig wackelt er mit dem Kopf. »Vielleicht mit der Familie Maliki selbst. Du hast da ja einen guten Draht. Jedenfalls im Moment.«

»Wie meinst du das?«

»Ich könnte mir vorstellen, dass es sie nicht froh macht, einen von sich im Knast sitzen zu haben.«

Pirlo fühlt sich angegriffen. Was natürlich Unsinn ist. Aber auch nicht so leicht zu ignorieren. »Damit habe ich ja wohl nichts zu tun.«

»Das habe ich auch nicht gesagt. Was ich sage, ist: Es wäre sicher gut, wenn Faruk Maliki nicht als Mörder verurteilt wird. Erst recht, wenn er die Tat gar nicht begangen haben sollte.«

»Glaub mir, wir arbeiten dran.«

Mahmed verziert auch den neu gebrachten Kakao zentimeterweise mit Sahne. Dann legt er die Stirn in Falten. »Sicher?«

»Was, sicher?«

»Dass du daran hart arbeitest.«

Pirlo will widersprechen. Allein schon, weil das die Grundregeln der Rhetorik so gebieten. Das mit dem »hart arbeiten« hat er nicht gesagt. Dann begreift er, dass Mahmed ihm eine Falle gestellt haben dürfte, und sei es nur, um seinen eigenen Punkt zu untermauern. Vielleicht war Pirlos Berufswahl doch nicht so abwegig. Womöglich ist er doch nicht der Einzige in seiner Familie, der den Schritt in die bürgerliche Welt draufhatte. Selbst wenn er der Einzige sein mag, der das dann tatsächlich umgesetzt hat. Er räuspert sich. »Natürlich arbeiten wir daran. Wie kommst du darauf, dass das nicht so sein könnte?«

Mahmed nickt träge. »Ich hatte zuletzt einfach den Eindruck, dass noch andere Sachen los sind. Dass das bei deinem Verfahren um diese Witwe etwas zügiger ging.«

»Bestimmt nicht«, brummt Pirlo. Gut fühlt er sich dabei aber irgendwie nicht. Bei der Verteidigung von Marlene von Späth hatten sie sehr viel mehr ermittelt. Allerdings hatte es dort auch wesentlich mehr Anhaltspunkte gegeben. Und wesentlich weniger sonstige Katastrophen. Trotzdem fühlt sich Pirlo angegriffen. »Wir versuchen alles, um den jungen Maliki aus dem Knast zu holen.«

Mahmed wackelt nachdenklich mit dem Kopf. »Gut. Wenn er dann tatsächlich draußen ist, hast du bei seiner Familie sicher das ein oder andere gut.«

»Wie etwa eine Ansage gegenüber Ahmid, dass sie ihn nicht mehr haben wollen?«

»Zum Beispiel.«

»Vielleicht wäre auch ein anderer Zeitpunkt gut, ehe Ahmid sich weiter in Schwierigkeiten bringt. Ich denke da eher an jetzt.«

Pirlo hat eigentlich nur laut überlegt. Mahmed geht trotzdem direkt dazwischen. »Ich glaube, die haben gerade ganz andere Probleme als Ahmid.« Er kramt sein Telefon aus seiner zeltartigen Trainingsjacke. Seine fleischigen Finger tippen ungeschickt auf dem Display herum. Dann reicht er es Pirlo. Die Schlagzeile hat er zwar vorhin auch gelesen, allerdings nicht unmittelbar mit seiner eigenen Lage in Verbindung gebracht. »KRIEG DER GANGSTER!« titelt die POST. Alle Buchstaben sind groß. Fett. Hell vor dunklem Hintergrund. Der allerdings ist brillant gewählt. Man sieht die dunklen Umrisse der Industriebrache, ansonsten nur das Feuer von Molotowcocktails, ineinander verhakte Körper. Hass. Wut. Und so weiter.

»Wie haben sie es geschafft, dort einen Reporter hinzubekommen?«, murmelt Pirlo.

Mahmed sieht ihn fragend von der Seite an. »Ich dachte immer, du seist von uns allen der Schlaue.«

»Und?«

Mahmed schüttelt langsam den Kopf. »Junge, das ist nicht von irgendeinem Reporter. Das ist von einem von denen selbst. Quasi einem eigenen Kriegsberichterstatter.«

Pirlo betrachtet die Qualität des Bildes. »So professionell?«

Mahmed schüttelt den Kopf. »Bruder, in welcher Welt lebst du? Das muss alles *instagramable* sein, Mann. Wer prügelt sich denn ohne gutes Foto für die Öffentlichkeit? Dann kannst du es auch gleich lassen.«

Pirlo kann immer noch nicht richtig folgen. »Aber das bringt denen doch nur noch mehr Stress.«

Mahmed grinst müde. »Womit sie alles richtig gemacht haben.«

»Was meinst du?«

»Denk doch mal drüber nach: Wie viele Leute kennen nach dieser Titelseite die Malikis?«

»Viele.«

»Und wie viele von denen wollen sich mit ihnen anlegen?«

Pirlo beginnt zu begreifen. »Keiner.«

»Eben.«

»Und unser Bruder steckt mittendrin.«

»Noch.«

»Was meinst du damit?«

Mahmed bekommt den nächsten Kakao hingestellt und beginnt von neuem mit dem Sahnehäufen. »Das änderst du ja jetzt.«

33.

HUNDE. LÖWEN

06.12. Im Knast

Am nächsten Morgen sieht Pirlo aus, als habe er nicht geschlafen. Kurz regt sich in Sophie die bei diesem Zustand gewohnte Mischung von Interesse, Sorge und Mitgefühl. Dann schluckt sie das alles aber souverän runter. Wenn sie jetzt fragt, warum er so zerstört aussieht, und er dann grinsend erklärt, dass das an der neuen *Flamme* liege, ist die Stimmung gleich wieder total im Eimer. Zumindest ihre. Ganz bestimmt hat sie auch keinen Bock, darüber nachzudenken, warum das so wäre. Zumal hier erst mal ganz andere Themen auf dem Programm stehen. Zum Beispiel ihr Mandant. Der auf sich warten lässt. Tatsächlich braucht Faruk Maliki eine ganze Weile, bis er in das der Verteidigung vorbehaltene Besprechungszimmer des Knasts geschlappt kommt. Auch nachdem er dort angekommen ist, bewegt er sich auffallend schwerfällig. Sophie bemerkt sofort, warum.

»Was ist passiert?«, fragt sie.

»Nichts«, antwortet Maliki. Was natürlich Unsinn ist. Maliki zieht ein Bein nach. Ein Auge ist blau. Die rechte Wange ist geschwollen. Sophie versteht, dass er hart wirken will. Härter, als er ist. Draußen mag das albern sein. Hier drin ist es dagegen gar keine so schlechte Idee.

Sophie sieht zu Pirlo, der aber keine Miene verzieht. Sie haben sich vorher darüber ausgetauscht. Das hier soll ihr Spielfeld sein.

Sie nimmt es gern an. »Erzähl keinen Scheiß«, sagt sie zu Maliki. »Du humpelst hier herum und behauptest allen Ernstes, dass nichts los sein soll? Wen willst du eigentlich verarschen?« Ehe Maliki auch nur zu einer Antwort ansetzen kann, hebt sie die Hand. Sie hat sich diese Geste von Pirlo abgeschaut, der sie womöglich aus irgendeinem Gangsterfilm hat. Vielleicht liegt sie ihm auch einfach im Blut. So oder so ist sie ziemlich lässig. Und sie funktioniert. Maliki bleibt stumm. Sophie beugt sich zu ihm vor. »Irgendjemand hat dich verdroschen, Faruk. Die Frage ist nicht, *ob* du uns sagst, wer das war und wie sich das abgespielt hat, sondern *wann* du uns das sagt. Und um uns allen Zeit und Nerven zu sparen, schlage ich vor, du machst das einfach jetzt.«

Maliki starrt sie wie vom Donner gerührt an. Dann huscht sein Blick zu Pirlo, der aus dem vergitterten Fenster in den Hof schaut. »Darf sie so mit mir reden?«

Pirlo zuckt mit den Schultern. »Entschuldigung, ich hab gerade nicht aufgepasst. Macht ihr beiden das mal unter euch aus.«

Maliki klappt die Kinnlade runter. Sophie fixiert seinen Blick. Vor einer kleinen Weile hätte die Situation sie noch ziemlich überfordert. Heute nicht mehr. Maliki soll begreifen, dass es auf dieser Seite des Tischs keinen *good cop* gibt und keinen *bad cop*. Sondern zwei engagierte Verteidiger, auf die er sich nur verlassen kann, wenn sie sich auf ihn verlassen können. Weswegen unsinnige Spielchen fehl am Platz sind. Und zwar alle.

»Also, was ist jetzt?«

Sie sieht, wie sich Maliki sammelt. »Ich werde keinen verzinken. Und ganz bestimmt bin ich kein Einunddreißiger.«

Sophie rollt mit den Augen. »Hör mal gut zu: Du *verzinkst* Leute, wenn du sie bei der Polizei verpfeifst. Nicht wenn du deinen Anwälten Bescheid sagst. Wir unterliegen der Schweigepflicht. Denk da mal drüber nach. Und ein Einunddreißiger kommt sowieso nur im Betäubungsmittelstrafrecht vor. Du sitzt hier allerdings wegen Mordverdachts. Also spar dir und uns das Gelaber. Es geht nicht darum, jemand anderen in Schwierigkeiten zu bringen, sondern darum, dich vor solchen zu bewahren, am besten so, dass du die Zeit hier drin so lang wie möglich überlebst!« Dann nimmt sie die Schärfe und das Tempo raus. Deutlich sanfter fragt sie: »Was ist denn nun mit dir passiert?«

Maliki wankt noch kurz. Sophie wartet einfach. Er wird ihre Frage jetzt beantworten. Warum sie das weiß, kann sie nicht genau sagen. Nur dass sie es vor ein paar Monaten noch nicht gewusst hätte. Und jetzt eben schon.

»Es waren zwei von den Rockern.«

»Denen von dem Gelände?«

»Keine Ahnung.«

»Aber du gehst davon aus.«

Maliki schiebt die Unterlippe vor. In solchen Momenten wird ihr erst wieder klar, was er eben *auch* ist. Nicht nur ein kleiner Straßenterrorfürst. Sondern auch ein zweiundzwanzigjähriger Knirps, der hier einigermaßen verzweifelt versucht, cooler zu sein, als er ist. »Ja.«

»Warum?«

»Sie hatten solche Tätowierungen. Runen. Eckige Muster. Jedenfalls nichts, was irgendwie nach Frieden aussieht. Genauer kann ich das jetzt auch nicht sagen.«

Sophie bleibt vorsichtig. Bei Clangangstern läuft es genau umgekehrt wie bei Berufsbetrügern. Wer betrügt, tut gern so, als sei er über seine Verhältnisse schlau. Wer in einem Clan ist, verhält sich dagegen mit Vorliebe, als sei er äußerst schlicht gestrickt. Was clever ist. Wer sowieso nur auf stumpfe Gewalt reduziert wird, erschließt sich durch gespielte Einfältigkeit jede Menge Zeit, alles Wichtige ganz in Ruhe zu regeln. Was bei den Malikis so einiges ist. Gut möglich also, dass ihr Mandant ganz genau weiß, wer ihn angegriffen hat. Sagen wird er das hier trotzdem nicht. Vielleicht kommt es darauf aber auch gar nicht weiter an. Sondern eher darauf: »Hat jemand etwas zu dir gesagt?«

Maliki sieht auf seine Hände. Ein schmächtiger kleiner Kerl in Untersuchungshaft. »Dass wir bloß nicht glauben sollen, dass wir Fathi rächen können. Dass die Schlägerei auf dem Gelände an sie gegangen ist und nicht an uns. Dass wir verloren haben und das akzeptieren müssen. Dass ich hier drin ausgeliefert bin und sie mich immer kriegen, wenn sie das wollen. Und dass sie im richtigen Knast schon auf mich warten.«

Pirlo schaltet sich ein. Seine Stimme klingt dunkel. Undurchdringlich. Sophie ist erleichtert. Er sieht zwar beschissen aus. Immerhin hört er sich aber wieder so wie sonst an. »Ich nehme an, du hast etwas, was du deine Familie wissen lassen willst.«

Maliki hebt den Blick. Die Augen flackern. Die Unterlippe zittert. Der ganze kleine Mann steckt von Kopf bis Fuß voller Angst. Das ist hier jedem klar. Was er sagen wird aber auch. »Richtet ihnen aus, dass jeder von denen fällig ist. Jeder, den sie greifen können. Wenn diese Hunde mit Löwen kämpfen wollen, werden sie gefressen! Das bedeutet Krieg, Leute, Krieg! Ich halte es hier an der Front schon aus. Mich wirft kein Sturm um!« Und so weiter.

Kurz darauf sind sie wieder draußen. Sie brauchen eine Pause. Und zwar alle. Gekommen sind Pirlo und Sophie, um ihren Mandanten noch einmal zu den Umständen zu befragen, unter denen er Rainer Waßmer aufgefunden hat. Wo was wie war. Was er sich wann weshalb gedacht hat. Wann er danach warum wohin gefahren ist. Klar ist: Sie brauchen Informationen. Irgendetwas, mit dem sie arbeiten können. Klar ist aber auch: In dieser Form und Stimmung kommen sie nicht weiter. Nachdem Maliki die Bereitschaft zum persönlichen Endkampf in den Raum geblasen hat, ist eine kleine Zäsur angebracht. Sie wollen daher am Nachmittag wiederkommen. Als Verteidiger steht ihnen der ungehinderte

Umgang mit ihrem Mandanten zu. Er muss nicht am Stück stattfinden. Wenn es so läuft wie hier, wäre das auch wirklich keine gute Idee.

Auf Pirlos Anregung hin fahren sie in den Ortskern von Ratingen. Die Justizvollzugsanstalt von Düsseldorf ist in einem modernen Bau etwas außerhalb zwischen diesen beiden Städten untergebracht. Da Ratingen der deutlich kleinere Ort ist, fällt der Weg zu einem schnellen Mittagessen hier wesentlich kürzer aus. Allzu lange soll die Pause auch nicht dauern. Sie haben schließlich noch nicht einmal richtig mit ihren Fragen begonnen. Zu klären gibt es dennoch einiges. Trotz des Nieselregens freut sich Sophie dabei über die Kontrastkulisse des mit Fachwerkhäusern, Plätscherbrunnen und Kopfstein erstaunlich idyllischen Ratinger Marktplatzes.

»Was machen wir jetzt mit Malikis Familie?«, fragt Sophie.

»Du meinst, ob wir sie über die Kampfansagen ihres Thronfolgers informieren?«

»Ja.«

»Ich denke, das alles hat sie ohnehin schon über andere Wege erreicht.«

»Seine dramatischen Ansagen geben wir aber nicht wirklich so weiter, oder?«

Pirlo verdreht die Augen. Immerhin gibt er sich Mühe, seine Antwort nett klingen zu lassen. »Nein. Noch nicht einmal ein bisschen. Und weißt du, was wir damit tun?«

»Ihm einen Gefallen?«

»Ganz genau.«

34.

TIEFGARAGE

Eine Stunde später

Eine Stunde später flucht Pirlo. Der Mercedes steht wieder auf dem Parkplatz der Justizvollzugsanstalt. Sophie und er sitzen darin. Im Auto also. Nicht im Besprechungsraum des Knasts. Was Grund zur Sorge ist. Und für Ärger.

»Herr Maliki fühlt sich nicht wohl. Er hat sich in ärztliche Behandlung begeben«, hatte der gelangweilte Mitarbeiter des Knastempfangs verkündet. Womit der weiteren Besprechung das Wasser abgegraben war.

»Und jetzt?«, hatte Sophie gefragt.

»Nichts und jetzt«, hatte Pirlo geantwortet. »Das sind die Tücken der Untersuchungshaft. Wir können unseren Mandanten zwar grundsätzlich sehen, wann wir wollen. Das geht aber tatsächlich nur, wenn er das auch will. Oder kann.«

»Wie können wir rausfinden, was davon der Fall ist?«

Pirlo hatte sie genervt angesehen. »Sag du es mir.« Dann war er aus dem Gebäude stolziert und hatte sich in das Auto gerettet. Es muss nicht jeder mitbekommen, wie sehr er sich ärgert. Wie überraschend viel er fluchen kann. Und wie laut.

Ändern kann Pirlo die Lage trotzdem nicht. Für den Moment ist Maliki nicht erreichbar. Im Knast hat er kein eigenes Telefon. Da davon auszugehen ist, dass er, der Häftling mit dem bekannten Namen, jeden Tag mehrfach kontrolliert wird, dürfte es für seine

Familie schwierig sein, ihm eines zukommen zu lassen. Er ist daher schlichtweg nicht zu greifen. Als sich diese Erkenntnis gesetzt und Pirlo sich gefangen hat, entschuldigt er sich zuerst bei Sophie für das Geschreie. Zu seiner Erleichterung gibt es an dieser Stelle nicht den nächsten Stress. Im Gegenteil, sie grinst nur schief.

»Schon okay. Besser so, als das Ganze zu lange mit sich rumtragen. Alles muss raus, was keine Miete zahlt. Außerdem ist es unter kollektivkathartischen Gesichtspunkten gut, wenn du derjenige bist, der schreit. Dann muss ich das schon mal nicht machen.«

Pirlo lacht. Gut, dass sie trotz des Ärgers wieder auf einer gemeinsamen Spur sind. Und sei es vorerst nur hier. Danach schaut er mit Sophie auf die Liste der Leute, die sie sprechen wollen. Oder genauer gesagt: müssen. Diejenigen, mit denen Maliki in Dortmund am Casino war, haben sie zunächst ausgeklammert. Insofern ihre Aussagen schon in der Akte sind, fallen sie belanglos aus. Es gab das Theater auf dem Parkplatz. Beide Seiten haben rumgebrüllt. Jemand hat was von Abstechen gesagt. Wahrscheinlich war das Maliki. Danach ging jeder seiner Wege. Mehr war hier nicht passiert. Und mehr war daher auch für die Verteidigung nicht drin.

Aus den Untersuchungen der Rechtsmedizin ergeben sich für sie ebenfalls keine guten Anhaltspunkte. Mal ganz abgesehen von der Frage, ob nach dem Von-Späth-Verfahren aus dem Team von Prof. Dr. Sattler überhaupt jemand bereit wäre, mit ihnen zu sprechen, fällt das Gutachten in der Akte klar aus: Waßmer wurde mit mehreren Stichen getötet. Hätte es sie nicht gegeben, wäre er nicht dort und dann gestorben. Besonderen Spielraum bietet das nicht gerade.

Bleibt das daktyloskopische Gutachten in der Akte. Die Spurensicherung hat hier ganze Arbeit geleistet. Besonders schwer war das nicht. Das Messer, mit dem Waßmer erstochen worden war, lag neben ihm auf dem Boden. Die Fingerabdrücke darauf stammten von zwei Personen: von Waßmer selbst, der nach den Erkenntnissen des Gutachtens versucht haben dürfte, es im Todeskampf aus seinem Körper herauszuziehen. Und von Faruk Maliki. Zwar gibt es auch Verschleifungsspuren und feinen Gummiabrieb, die dafür sprechen könnten, dass das Messer mit behandschuhten Fingern angefasst wurde. Allerdings lässt sich für die Spurensicherung nicht sagen, von wann diese Spuren sind. Von wem natürlich erst recht nicht. Gut möglich also, dass der Täter das Messer zu einem früheren Zeitpunkt mit Gummihandschuhen angefasst hatte. Es gab zwar keine Tat, die dazu passte. Man konnte aber auch nie wissen, was sonst noch so gewesen sein könnte, immerhin war der Hauptverdächtige Faruk Maliki.

»Wir könnten uns mal den Parkplatz des Clubs *Aphrodite* ansehen«, schlägt Sophie vor.

»Später«, brummt Pirlo. »Im Augenblick lauern dort noch die Hobbyreporter der POST. Wenn wir uns dort umsehen, sollten wir Ruhe haben. Außerdem halte ich es für sinnvoller, das nachts zu machen. Je mehr die Umstände denen der Tatzeit entsprechen, desto mehr können wir daraus lernen.«

»Einverstanden«, antwortet Sophie. Pirlo nimmt zur Kenntnis, dass sie sich nicht dafür geißelt, dass sie darauf auch selbst hätte kommen können. Er freut sich darüber. Während er in die Tiefgarage zur Kanzlei einbiegt, fragt sie: »Was bleibt uns noch?«

»Wir sollten uns das weitere Umfeld ansehen.«

»Wen meinst du?«

So richtig weiß Pirlo das auch nicht. »Möglichst alle, die wir rund um Maliki und Waßmer greifen können. Der Mord als solcher ist inklusive seiner Begleitumstände schließlich nicht allzu schwer zu verstehen.«

Sophie lacht kurz auf. »Das ist ein schwacher Trost, Toni.«

Er stellt das Auto auf dem Kanzleiparkplatz ab. »So meine ich das nicht. Die Tat als solche mag ja sehr überschaubar sein. Waßmer wurde nachts auf dem Parkplatz dieses Puffs erstochen. Nach allem, was wir wissen, hat das niemand gefilmt oder sonst irgendwie gesehen. Unser Mandant war da. Wir müssen aktuell davon ausgehen, dass dort niemand anderes war. Also warum so tun, als sei es nicht so? Es sieht für Faruk Maliki richtig beschissen aus. Wenn es bei dem, was wir haben, bleibt, reicht das in jedem Fall für eine Anklage, genauso für eine Verurteilung.«

»Aber?«

»Aber eine Sache treibt mich nach wie vor um. Eine Sache passt einfach überhaupt nicht.«

Sophie ergänzt den Gedanken selbst. »Warum hätte er das machen sollen?«

»Richtig. Was fehlt, ist das Motiv. Warum sollte Faruk Maliki diesen Mann töten? Warum dort? Warum so? Bis auf das Theater auf dem Parkplatz wissen wir von keinem anderen Stress. Dazu ist Faruk eigentlich auch viel zu jung. Warum hätte Waßmer *diesen* Maliki überhaupt ernst nehmen sollen? Und warum hätte das dann so eskalieren sollen? Beide Seiten hatten doch viel zu viel zu verlieren. Und beiden dürfte das klar gewesen sein.«

»Also: Warum?«

Pirlo fährt sich nachdenklich durch die Haare. »Keine Ahnung. Es ergibt keinen Sinn.«

»Und wenn doch irgendwas im Hintergrund war? Irgendwas mit den Organisationen?«

»Du meinst Clans und Rockern?«

»Wenn man es mit der POST sagen will: ganz genau.«

Pirlo presst die Augen zusammen. Wann hat er eigentlich das letzte Mal richtig geschlafen? Dann hat er sich gesammelt. »Du hast recht. Wenn es eine Erklärung geben kann, dann von dort. Was uns wieder zu der Frage nach dem Umfeld bringt. Wenn es überhaupt irgendwo einen sinnvollen Ansatz geben kann dann bei den Menschen, mit denen sich Maliki und Waßmer umgeben haben. Vielleicht findet sich dort irgendein Motiv.«

»Irgendeines?«

Pirlo nickt. »Das wäre ein Anfang. Im Augenblick kann ich mir jedenfalls nicht mal eines vorstellen, das unser Mandant gehabt haben könnte.«

»Und wenn es ganz einfach kein Motiv gibt? Reicht das denn nicht, um Maliki aus der Sache rauszuholen?«

»Du hast doch gesehen, wie Jungk die Akte aufgearbeitet hat. Für die Staatsanwaltschaft ist die Geschichte klar. Besondere Plausibilitäten sind da kaum gefragt. Pack schlägt sich, Pack verträgt sich. Oder bringt sich auch mal um. Das reicht als Motiv. Sag nicht, dass das für dich ernsthaft anders wäre.«

Pirlo sieht, wie Sophie zu einem Gegenargument ansetzt, sich dann aber selbst unterbricht. »Wahrscheinlich nicht«, murmelt sie.

»Ärgere dich nicht. Ich finde das nachvollziehbar. Am Tatort sind nur Malikis Spuren. Er ist ein Heißsporn und wegen aller möglichen Aggressionsdelikte vorbestraft. Alles spricht für ihn als Täter, außer dass die Tat nicht besonders vernünftig gewesen wäre. Und Vernunft ist nun mal keine der ausgemachten Stärken von Maliki.«

Sophie lässt das sacken. »Was schlägst du vor?«

Pirlo seufzt. »Ich bleibe dabei: Wir sprechen mit allen, die uns irgendwie zur Verfügung stehen.«

»Fathi und Rinor Maliki haben wir schon durch.«

»Ja. Leider.«

»Wie geht es eigentlich Fathi Maliki?«

Pirlo zuckt mit den Schultern. »Ich habe gestern bei Rinor angerufen. Die Lage ist unverändert.«

»Liegt er nach wie vor im Koma?«

»Er ist gestern aufgewacht, aber immer noch in einer schwierigen Verfassung.« Sophie strahlt. »Das sind doch großartige Neuigkeiten. Und wie wird es am Ende ausgehen?«

»Hoffentlich gut. *Inshallah.*«

»*Inshallah*?«

»Sagen das die Araber nicht so?«

»Maliki ist Albaner.«

Pirlo lacht. »Die sagen das bestimmt auch.«

Sophie geht nicht näher darauf ein. Zumindest scheint es so. Dann fragt sie unvermittelt. »Apropos, was ist eigentlich mit Ahmid Khatib?«

Pirlo sieht auf. Sophie hat den Namen ganz neutral ausgesprochen. Ein besonderer Hintergedanke ist nicht erkennbar. Zumindest nicht jetzt gerade.

Pirlo schüttelt den Kopf. »Ich glaube nicht, dass er mit dem engeren Kern der Malikis etwas zu tun hat.«

»Ich eigentlich auch nicht«, sagt sie.

»Warum?«

»Es passt nicht so richtig. Albaner, Araber, Nazis. Das ist ja irgendwie doch nicht ganz dasselbe.« Ob er will oder nicht, Pirlo schmunzelt. Das hat sie schön gesagt. Sophie tippelt mit ihren Fingern auf dem Armaturenbrett herum. »Was ist, wenn wir den Kreis größer ziehen?«

»Was meinst du?«

»Vielleicht sollten wir nicht so sehr von den kriminellen Strukturen ausgehend denken, sondern mehr von außen. Von dort, wo Leute sind, die eine Draufsicht haben. Allein schon wegen dieser Wald-vor-lauter-Bäumen-nicht-sehen-Sache. Du weißt schon.« Pirlo lacht. Er mag es, wenn sie so miteinander sind. Wenn sie ihren eigenen Rhythmus haben. Denken. Arbeiten. Vorankommen. »Was hältst du davon, wenn wir uns mal den Tankstellenkönig ansehen?«

Pirlo überlegt kurz. Dann nickt er. »Wenn sich schon sonst nichts bewegt, dann sollten wenigstens wir auf die Überholspur.«

Sophie lacht. »Das ist möglicherweise das schlechteste Wortspiel, das ich jemals von dir gehört habe.«

»Es gibt dafür aber sicher auch nicht viel Konkurrenz.«

Sie lacht noch mehr. »Mach da lieber mal keine Umfrage.«

Pirlo grinst. Er richtet seine Haare und wirft den Motor wieder an. Erreicht haben sie heute zwar nichts. Trotzdem hat sich seine Laune deutlich gebessert. Es fühlt sich an, als seien Sophie und er wieder im Rennen. Und sei es nur miteinander.

35.

NICHT UNHEIKEL

06.12. Etwas später

Alim Maliki schenkt ihnen zur Begrüßung ein sonniges Lachen, so, wie man das in Düsseldorf von den Werbefotos der Tankstellen, die auf seinen Namen laufen, auch kennt. *»Tanken bei Maliki! Für ein Leben auf der Überholspur!«* Was man einmal liest. Und nie mehr vergisst. Dafür sorgen allein schon jede Menge schlechter Wortspiele und Parodien. Womit Maliki alles richtig gemacht haben dürfte.

Das Haus, in dem sie ihn treffen, bewohnt er mit seiner fünfköpfigen Familie. Außerdem ist es laut der Schilder neben dem Briefkasten die Meldeadresse von mindestens zehn Gesellschaften. Sicherheitsdienstleister. Baustoffzulieferer. Zeitarbeitsvermittler. Tankstellen. Es ist für jeden was dabei. Pirlo ist beeindruckt. Jedenfalls dem ersten Eindruck nach führt Alim Maliki trotz seiner Verwandtschaft eine stinklangweilige bürgerliche Existenz, ganz ohne Drama und Theater. So wäre das also auch gegangen.

Nachdem sie sich in dem modern eingerichteten Wohnzimmer niedergelassen haben, macht Malikis Gute-Laune-Miene echter Sorge Platz. »Wie geht es meinem kleinen Cousin?«

»Faruk geht es den Umständen entsprechend«, antwortet Pirlo. Das genügt an dieser Stelle. Den Angriff auf seinen Mandanten erwähnt er nicht. Alim Maliki dürfte davon sowieso schon wissen. Wenn er es nicht anspricht, muss auch Pirlo das nicht tun. »Er will aber natürlich raus.«

»Das ist klar«, sagt Alim Maliki und lächelt versonnen. »Und nur menschlich. Waren wir nicht alle mal in dieser Position?«

Pirlo nickt. Wenn auch aus reiner Höflichkeit. Seine Hafterfahrung ist überschaubar. Oder besser: nicht vorhanden. Aber er zählt hier auch nicht. Er ist die Kartoffel. Der Alman. Niemand, der in der Haftstatistik der Clanfamilien eine Rolle spielt. Wobei für einen kurzen Moment in seinem Hinterkopf der Gedanke aufblitzt, dass sich das auch sehr schnell ändern könnte. Stichwort Danzinger. Da war doch noch was.

Er beschließt, davon abzulenken. Und sei es nur sich selbst. »Wie geht es Fathi?«

Alim Maliki trinkt langsam einen Schluck Tee. »Nicht gut. Obwohl er aus dem Gröbsten raus ist, sagen die Ärzte, dass er noch lange brauchen wird, bis er wieder voll auf der Höhe ist. Falls das überhaupt geschieht, *inshalla*. Bis dahin müsst ihr den Kleinen draußen haben. Dass er in Haft ist, belastet Fathi. Und das ist nicht gut.«

Pirlo kratzt sich am Bart. »Die Indizien sprechen nicht gerade für ihn.«

»Dann ist es umso besser, dass er gute Verteidiger hat. Und teure dazu, wie ich annehme.«

Pirlo fühlt sich ertappt. Tatsächlich haben sie das Thema für heute auf dem Zettel. Wobei die Geschichte nicht ganz unheikel ist. Um das mal vornehm auszudrücken. »Wir haben noch keine Rechnung gestellt.«

Alim Maliki schenkt Tee nach. »Gehe ich richtig in der Annahme, dass auch das etwas mit dem Besuch bei mir zu tun hat?«

Pirlo nickt. In gewisser Weise ist er erleichtert. Auch wenn der Tanz jetzt natürlich erst losgeht. »Wir rechnen unsere Leistungen auf die Stunde ab. Außer einer Mandatsvereinbarung und einer

Vollmacht haben wir von Faruk aber noch keine Unterlagen erhalten.« Pirlo seufzt. Irgendwann muss das Thema ja doch auf den Tisch. »Wir haben die Vergütung noch nicht geregelt.«

Alim Maliki sieht überrascht aus. »Das klingt bedauerlich. Ich hoffe, Sie können das bald beheben.«

Pirlo dreht an seinen Haaren. Sieht aus, als werde das hier doch die zähe Nummer, die er befürchtet hat. »Wir hatten gehofft, dass Sie dafür ein geeigneter Ansprechpartner sein könnten, Herr Maliki.«

»Ich?«

»Ja. Sie.«

»Aber warum das denn?«

Pirlo bemerkt, dass Sophie ihn beobachtet. Das mit dem Geld ist eine unangenehme Sache. Erst recht, da Alim Maliki natürlich weiß, dass sie ihn als Bürgen für eine Zahlungsverpflichtung von Faruk Maliki wollen, weil er nun mal derjenige ist, der mehrere saubere Gesellschaften führt, und nicht der mit dem Messer in der Tasche. Oder der Gewalt. Oder den Drogen.

Alim Maliki nimmt die Spannung selbst raus. Wenn auch auf seine ganz eigene Art. »Halten wir es doch einfach so: Ich unterstütze Sie. Schließlich geht es hier um die Freiheit meines Neffen. Um das klarzustellen: Ich gehe davon aus, dass Faruk unschuldig ist. Ich finde es daher gut und richtig, dass Sie dabei helfen, seine Unschuld festzustellen.« Er lächelt. Pirlo ahnt, was kommt. Und kann trotzdem nichts dagegen tun. »Wenn Ihnen das gelingt, bekommt Faruk zwar nur, was ihm sowieso zusteht. Wer unschuldig ist, hat, wenn die Unschuld festgestellt wird, ja nichts gewonnen, sondern nur nichts verloren. Trotzdem erkenne ich an, dass er Unterstützung braucht, und bin auch bereit, dafür zu zahlen – wenn Sie gewinnen.«

Aus den Augenwinkeln sieht Pirlo, wie Sophie etwas dazu sagen will. Oder dagegen. Er weiß es nicht und wird es auch nicht erfahren. Das muss er hier allein regeln. »Ein solches Arrangement wäre höchst ungewöhnlich.«

Alim Maliki nickt und lächelt. Was Pirlo sagt, ist ihm offensichtlich vollkommen egal. »Umso mehr danke ich für Ihr Entgegenkommen, Herr Dr. Pirlo. Falls wir aber wirklich einen Namen für diese Art der Vereinbarung brauchen sollten, nennen wir sie doch einfach: das Von-Späth-Paket.«

Pirlo schließt kurz die Augen. Das Von-Späth-Paket. *Fuck.* War ja klar, dass ihn das einholt. Vor drei Monaten hatte er sich von seiner Mandantin in eine Erfolgspauschale hineinreden lassen. Was ebenso grenzwertig war wie riskant. Damals war der Druck hoch. Er brauchte das Geld, um die Schulden seiner Brüder auszubügeln. Heute ist die Lage weniger dramatisch. Klar, Ahmid hängt bei den Malikis mit drin, aber jedenfalls dem Ausweis nach gilt er als eigenverantwortlicher Erwachsener. Pirlo muss ihn nicht retten. Selbst wenn er das vielleicht irgendwo tatsächlich will. Andererseits: Sie standen schon mit der Verteidigung von Faruk Maliki auf der Titelseite. Der Kanzlei kommt die öffentliche Aufmerksamkeit entgegen. Seiner Eitelkeit ebenfalls. Er wird diese Verteidigung daher nicht mehr abgeben, auch nicht dann, wenn dafür kein Geld fließt. Er weiß das. Und Alim Maliki weiß es auch. Er sieht Pirlo direkt an. Klare, dunkle Augen. Für einen Moment sagt keiner etwas. Pirlo ist ein bisschen beeindruckt. Alim Maliki erinnert ihn stark an Fathi Maliki. Beide stehen für eine neue Zeit. Eine neue Art von Familie.

Peinlich berührt denkt Pirlo an seine Brüder, die immer noch auf dem Clanlevel der Jahrtausendwende herumdödeln. Im Damals, als es noch auf den Oberarmumfang ankam, auf Drohgebärden, Waffen und Geschrei. Dem, was hier nur noch wie eine ferne Erinnerung wirkt. Das Prollige ist tot. Es leben die Gentlemengangster. Und ihre in der Geschäftswelt angekommenen Angehörigen. Pirlo erkennt, wie aussichtslos seine Lage ist. Er schlägt ein.

Alim Maliki nickt freundlich und schenkt Tee nach. Und dann, einfach so mal eben, holt er Pirlo mit aller Beiläufigkeit von den Beinen. »Wenn ich fragen darf: Was haben Sie eigentlich mit Ahmid Khatib zu tun?«

Pirlo sieht, dass Sophie rot wird. Hoffentlich beschränkt sich das auch wirklich nur auf sie. »Wie meinen Sie?«

Alim Maliki bleibt regungslos. »Man sagte mir, dass er bei der unschönen Szene gestern mit Ihrem Wagen weggefahren ist. Oder besser: weggefahren wurde.«

»Sagt man das?«, fragt Pirlo. Kurz steht die Zeit still.

Dann lächelt Alim Maliki: »Vielleicht wurde mir das auch falsch zugetragen. So etwas passiert. Die Tücken des Hörensagens.«

»Sie waren nicht vor Ort?«

»Ich?« Jetzt lacht Maliki. »Auf keinen Fall. Mit diesen Dingen habe ich nicht das Geringste zu tun. Gestern Abend war ich bei einer Ballettvorstellung meiner jüngsten Tochter. Das war zwar auch kein Vergnügen aber sicher besser, als sich irgendwo auf der Straße wie Tiere zu verhalten. Nein, glauben Sie mir, hätte ich davon vorher auch nur ein Wort gehört, hätte ich alles dafür getan, diese Dummheit zu verhindern.«

»Dann sind keine weiteren Vergeltungsaktionen geplant?«

Alim Maliki schüttelt den Kopf. Er lacht immer noch. Auch wenn es so wirkt, als finde er die Nachfrage nicht besonders lustig. »Von mir selbst? Auf keinen Fall!«

»Ich meinte auch eher Ihre Familie.«

Maliki hebt die Hände. »Was meine Brüder tun und lassen, ist in erster Linie die Angelegenheit meiner Brüder. Sehen Sie, ich liebe meine Familie. Ich bin ein Teil von ihr und immer für sie da. Das heißt aber nicht, dass ich auch immer weiß, was jede oder jeder von ihnen macht.«

»Was keine Antwort auf meine Frage ist.« Auch Pirlo lächelt, obwohl er langsam keinen Bock mehr auf diese Scheindiplomatie hat. Wenn er Faruk Maliki ordentlich verteidigen will, muss er die Antwort wissen. Genauso, wenn er ihn schützen will. Und an Ahmid hat Pirlo an dieser Stelle sogar noch nicht einmal gedacht. »Also: Gehen Sie davon aus, dass da noch mal was kommt?«

Malikis Blick wird ernst. »Ich bleibe dabei: auf keinen Fall.«

Pirlo wechselt das Tempo. »Warum konnte es dann überhaupt zu dieser Eskalation kommen?«

»Wie meinen Sie?«

Pirlo streicht umständlich seine Haare zurück. »Der Anführer der Konkurrenz auf der *Großen Freiheit* ist tot. Faruk ist im Knast, Fathi im Krankenhaus. Beide Gruppierungen haben die Polizei und die Presse an der Backe. Wozu soll das gut sein?«

Alim Maliki richtet sich auf. Sein Blick ist hart. Das Lächeln ist fort. »Sagen Sie es mir.«

Pirlo hebt langsam die Hände. »Ich weiß es nicht.«

Einen Moment schweigen beide. Wobei schwer zu sagen ist, ob sie nachdenken. Oder einander belauern.

»Faruk ist im Knast angegriffen worden«, sagt Pirlo schließlich. Alim Maliki reagiert nicht überrascht. Wobei: Genau genommen reagiert er einfach überhaupt nicht. Pirlo wartet kurz. Dann fragt er: »Müssen wir uns darauf einstellen, dass es darauf eine Antwort gibt?«

Alim Maliki sieht lange aus dem Fenster. »Sie sagen es ja selbst: Er ist im Knast. Es geht nicht darum, ihn zu rächen. Sondern darum, ihn zu beschützen.«

»Und danach?«

»Danach ist danach. Jetzt ist jetzt.«

Womit alles Wesentliche geklärt ist. Jedenfalls was Faruk Malikis Lage anbelangt. Die von Pirlo selbst ist dagegen noch weniger entspannt. Vor einer halben Stunde hätte er nicht gedacht, dass das überhaupt möglich sei. Und dann war es doch ganz leicht.

36.

MANU

Am Abend

Als Sophie nach Hause kommt, wirft sie ihre Tasche in die Ecke. Leder – ja. Hermès – nein. In Düsseldorf ist das fast schon ein Statement. Erst recht für die Tochter des Gründers von *Müller & Mahler*. Sophie interessiert das allerdings nicht. Der Status. Und das, was damit einhergeht. Hat es nie. Wird es nie. Zumindest geht sie davon aus. Sie schaltet den Wasserkocher ein. Draußen ist es zwischenzeitlich ziemlich kalt geworden. Ein Tee wird guttun. Ohne Rum. Sie ist nicht ihre Mutter. Während das Wasser zu blubbern anfängt, schlüpft sie in ihre bequeme Stoffhose mit der undefinierbaren Farbe. Ein bisschen lila. Ein bisschen gelb. Ansonsten ist aber auch viel von allem anderen hineingebatikt. Manu hat ihr die Hose von einem Markt in Bamako mitgebracht. Womit ihre Gedanken wieder bei ihm sind. Und damit dort, wo sie nicht sein sollen. Zumindest sieht sie das so. Eigentlich waren die letzten Stunden ja auch wirklich ereignisreich genug. Vor allem sollte sie mal das eine oder andere sacken lassen. Ahmid Khatibs Flucht auf der Rückbank. Pirlos seltsames Verhalten danach in der Kanzlei. Der Angriff auf Faruk Maliki. Das anstrengende Gespräch mit Alim Maliki. Die Frage, was sie jetzt, zur Hölle, eigentlich unternehmen können, um irgendwie den Verdacht gegen Faruk Maliki zu erschüttern. Es gäbe mehr als genug, was endlich mal zu ordnen wäre. Leider ist da aber auch noch diese ganz andere Katastrophe. Eine, die noch wesentlich konkreter ist. Oder sich zumindest so anfühlt. Die einen Namen und ein Gesicht hat. Beides kennt sie in- und auswendig. Und zwar in jeder Lebenslage.

Manu und sie sind seit drei Jahren und acht Monaten ein Paar. Außerdem kommen noch zehn Tage dazu. Sie muss darüber nicht nachdenken. Zum einen geht sie davon aus, dass Frauen so etwas sowieso wissen. Zum anderen ist sie genau drei Wochen nach Patricks Tod mit Manu zusammengekommen. Und daran, an den Unfall, das Ertrinken ihres Bruders, denkt sie seitdem ständig. An jedem einzelnen Tag. Sie hatte Manu schon vorher gekannt. Er war der älteste Sohn der Brandts, von Freunden ihrer Eltern aus dem Rotary Club. Manu war ein Jahr älter als sie und lag damit zwischen ihrem zwei Jahre älteren Bruder und ihr. Sophies Eltern hatte der plötzliche Tod ihres Sohnes den Boden unter den Füßen weggezogen. Ihr Umgang damit war sehr unterschiedlich ausgefallen. Ernst, ihr Vater, hatte mit keinem Wort über den Unfall gesprochen. Er war für nichts und niemanden zu erreichen, außer für seine Kanzlei. Fast blindwütig hatte er sich in seine Arbeit gestürzt und das Imperium von *Müller & Mahler* noch mehr, noch weiter vorangetrieben. Ihre Mutter Helene begrüßte und beendete derweil den Tag mit einem Cocktail. Gegen die Urgewalt dieser Strömungen zwar machtlos, hatten die Brandts doch zumindest versucht, als Gesellschaft für ihre Freunde da zu sein. Wochenlang gingen sie in der Villa der Mahlers ein und aus. Manu kam anfangs nur ab und zu mit, allmählich dann immer häufiger. Sophie wusste, dass das an ihr lag. Jeder wusste das. Jedem schien es zu gefallen.

Tatsächlich waren die Gespräche mit Manu für sie ein großer Trost. Er unterhielt sich mit ihr über alles Mögliche. Gemeinsame Bekannte. Sein Medizinstudium. Ihr Interesse für das Strafrecht.

Ihr Pferd. Ihre Eltern. Musik. Politik. Sport. Nur über Patrick sprachen sie nie. Irgendwann nahm er sie länger in den Arm als am Tag zuvor. Trotzdem war sie überrascht, als er sie küsste. Sie brauchte einen kurzen Augenblick. Dann küsste sie ihn zurück. Alles Wesentliche war damit entschieden. Zumindest änderte sich nichts mehr. Bis heute.

Eine halbe Stunde später ist Manu bei ihr. Er sitzt wieder auf dem Bett. Sie auf dem Stuhl. Heute kommt er nicht unangemeldet, sondern hat ihr eine Nachricht geschrieben. Ob es passe. Ob sie überhaupt da sei. Dieses Mal. Sophie hat beschlossen, den Unterton der Nachfrage zu ignorieren. Anderes, was auf Manus Mist gewachsen ist, lässt sich weniger ausblenden.

»Was hast du dir dabei nur gedacht?« Eine berechtigte Frage. Sophie will das schon die ganze Zeit loswerden. Oder besser: losschreien. Blöd nur, dass nicht sie diese Frage stellt. Sondern er.

»Was?«, fragt sie entgeistert. Und ist damit direkt die Gesprächsleitung los. Glückwunsch, denkt sie bissig. Das hat ja direkt hervorragend geklappt.

Ein besonderer Triumph ist Manu allerdings nicht anzumerken. Eher quillt aus ihm der Zorn des Gerechten. Beziehungsweise: des Selbstgerechten. Das auf jeden Fall. »Wie verhältst du dich denn überhaupt?«

Sophie kommt ins Straucheln. Kann ja sein, dass sie hier eigentlich die geniale Prozessanwältin geben sollte. Manus Frage ist trotzdem brillant. Was soll sie darauf schon entgegnen? Ernsthaft, welche Antwort könnte hier nur im Ansatz passen, ohne unnötig defensiv zu sein? Was kann sie *überhaupt* sagen? Sie kommt zu keiner Entscheidung. Was eigentlich auch egal ist. Er lässt ihr sowieso keine Luft.

»Was du machst, ist einfach nur verstörend, Sophie. Verstörend!

Sonst nichts.« Dann rasselt er die Anklagepunkte herunter. »Du lehnst das Angebot ab, in die Fußstapfen deines Vaters zu treten. Sein Erbe zu würdigen. Patricks Erbe. *Dein* Erbe. Du verbringst deine Zeit stattdessen mit Kriminellen, mit dem absoluten Bodensatz der Gesellschaft. Und das auch noch an der Seite dieses langhaarigen Casanovas, dessen schlechte Absichten hundertfünfzig Meter gegen den Wind stinken. Deine Dissertation hast du immer noch nicht abgeschlossen. Stattdessen kommst du mitten in der Nacht nach Hause und riechst wie eine Alkoholleiche. Was ist denn los mit dir, verdammt? Du bist Sophie Mahler. Weißt du denn gar nicht, was das bedeutet?«

Vielleicht nicht, denkt Sophie trotzig. Vielleicht weiß ich es aber auch gerade jetzt. Gerade durch dich und deinen Auftritt. Wieder kommt sie aber nicht dazu zu antworten. Manu ist schneller. Und holt sie vollends von den Beinen. Alles, was es dazu braucht, ist plötzliche Ruhe. Der Vorwurfsschwall ebbt ab. Manu schüttelt langsam den Kopf. »Ich mache mir Sorgen um dich, Sophie. Wir alle machen das.«

Er steht auf und nimmt ihr Gesicht zwischen seine Hände. Sie weiß, dass sie das früher mochte. Ob es heute noch so ist, kann sie nicht mehr sagen.

»Ich hab dich vermisst«, brummt Manu. Sein Blick wird weicher. Versöhnlicher. Näher.

»Ich dich auch«, hört sie sich lahm sagen.

»Das weiß ich doch«, sagt er und küsst sie.

Sophie küsst ihn zurück. Sie merkt, dass das guttut. Jedenfalls auch. Sie weiß, dass er es auf eine Art gut meint. Auf seine. Jetzt erinnert sie sich auch daran, dass sie lange nicht mehr mit ihm geschlafen hat. Wirklich lange. Es ist ihr daher willkommen, dass genau das kurz darauf passiert. Schon allein, weil man dabei nicht allzu viel reden muss.

37.

VERDAMMT NOCHMAL

07.12. Morgens

Als Sophie am nächsten Morgen in die Kanzlei kommt, ist Pirlo schon da. Im Besprechungsraum riecht es stark nach Kaffee und Parfum. Es ist nicht seines. Der Herr Doktor war gestern Nacht offensichtlich nicht zu Hause. Oder wenn, dann nicht allein.

Pirlo hantiert geschäftig an einem Flipchart. In der Hand hält er einen Filzstift. Hinter dem Ohr klemmt ein anderer.

»Was machst du?«, fragt Sophie.

»Arbeiten«, brummt Pirlo.

»Woran?«

»Maliki.«

»Wie läuft's?«

Er streicht die Haare aus der Stirn. »Nicht gut. Bist du denn gestern noch weitergekommen?«

»Nein«, antwortet sie. Und sagt dann, ohne dass sie das eigentlich erklären müsste: »Manu war da.«

»Aha.« Pirlo sieht erstaunt auf. »Und wer hat die Messerstecherei überlebt? Er oder Ahmid Khatib?«

Sophie verdreht die Augen. »Du bist nicht so lustig, wie du denkst.«

»Du auch nicht«, sagt Pirlo. Sein Blick ist tatsächlich ernst. Offensichtlich ist er wegen ihres Flirts mit Khatib immer noch angefressen. Warum auch immer.

»Wo stehst du gerade mit deinen Gedanken?«, fragt sie daher und nickt in Richtung des heftig bekritzelten Flipcharts.

Pirlo dreht sich dorthin um, zögert dann aber noch. »Bring ihn doch einfach mal mit.«

»Wen?« Kurz überlegt sie zu fragen, ob er Ahmid Khatib meint, lässt es dann aber sein. Sie muss ja nicht jeden Tiefschlag mitnehmen.

»Manu«, antwortet er, so, als wäre rein gar nichts dabei.

Sophie schluckt. Vielleicht ist es für Pirlo ja auch so. Der Handkuss in seiner Wohnung schießt ihr in den Kopf. Das ist gerade mal ein paar Tage her. Sicher, Pirlo war hackenstramm gewesen. Aber kann er sich wirklich nicht daran erinnern? Oder will er es einfach nur nicht? Und wann hat das alles eigentlich angefangen, so seltsam und kompliziert zu werden?

»Klar«, sagt sie lahm.

»Prima«, entgegnet er. »So wie ich dich verstehe, kann er das alles hier nicht wirklich leiden. Strafverteidigung. Die Kanzlei. Dich hier. Mich überall. Und so weiter. Dann bring ihn einfach mal her, er schaut sich das Ganze an, bekommt einen Kaffee, wir lassen Wang auf ihn los, der ihm alles erklärt und zeigt, danach gehen wir gemeinsam zu Paolo, dann ist sicher auch der Herr Weltenretter beruhigt. Und schon hängt der Himmel wieder voller Geigen.«

Und sie muss nicht mehr Ahmid Khatib treffen. Denkt Sophie. Das sagt Pirlo zwar nicht. Sie ahnt aber, dass das trotzdem unausgesprochen im Raum steht. Mehr jedenfalls als die Sache mit dem Kuss in Pirlos Wohnung.

»Ich denk drüber nach«, murmelt sie.

»Mach das«, sagt er. »Vielleicht gehen wir auch einfach alle zusammen zu Paolo.«

»Alle zusammen?«, fragt sie. Allein schon, um sich Zeit zu verschaffen. Viel bringen wird es nicht. Er spricht das jetzt schon zum zweiten Mal an. Sie kennt Pirlo und dessen Hartnäckigkeit. Wenn er sich das *double date* in den Kopf gesetzt hat, kommt sie ohnehin nicht darum herum.

Er strahlt sie denn auch an. »Na du, ich, Manu und Alena.«

»Alena?«

Pirlo nickt. »Klar, Alena. Ist doch eigentlich ganz gut. Dann lernt ihr euch auch endlich mal kennen.«

»Sicher.« Sophie nickt. Dann lernt sie also Alena kennen. Endlich. »Ich glaube, ich brauche noch mehr Kaffee.«

»Bring mir bitte einen mit. Ich bin schon seit sechs Uhr hier.«

»Wie viel Kaffee hattest du denn schon?«

»Keine Ahnung. Sieben oder so.«

»Von deinen eigenen oder aus der Maschine?«

»Von meinen. Was meinst du, warum man auf dem Flipchart nichts mehr erkennen kann?« Pirlo grinst.

Sophie grinst zurück. Pirlos schwarzer Kaffee ist ein Generalanschlag auf das zentrale Nervensystem. Eine Art Körperverletzung zum Trinken.

»Ich mache uns einen aus der Maschine.«

»Bitte mit Milch.«

»Mit Milch?«

Pirlo zuckt mit den Schultern. »Der Raum dreht sich schneller, als er soll.«

Einen Moment sehen sie sich einfach schweigend an. Sie sind müde. Abgekämpft. Beide. Aber es hilft ja nichts: Sie lachen trotzdem. Laut und gemeinsam. Als Sophie in der kleinen Küche steht, lächelt sie immer noch. Klar, gut ist hier noch lange nichts. Aber wenigstens ist auch nicht mehr alles so wahnsinnig angespannt. Pirlo und sie haben für den Moment mal wieder die Kurve gekriegt. Und wenn sie sonst nichts können, dann zumindest das.

»Also«, fragt Sophie schließlich, »wo stehen wir?«

Pirlo verzieht den Mund. »Viel wissen wir nicht. Die Akte ist, jedenfalls so weit es wirklich nur um den Mord geht, dünn, zu den Gutachten haben wir schon gesprochen, Alim Maliki hat uns nicht weitergeholfen, der Haftbefehl ist nichtssagend, und unser Mandant ist nicht gerade die zuverlässigste aller Informationsquellen.«

»Um das mal zurückhaltend zu formulieren.«

»Ganz genau.«

»Also noch einmal und mit Ruhe: Was haben wir? Worauf können wir aufsetzen?«

Pirlo dreht an einer Strähne. »Faruk Maliki und Waßmer waren gleichzeitig im Casino Dortmund.«

»Du auch«, ergänzt Sophie.

»Richtig.«

»Was aber ein Zufall war.«

Er nickt. »Auch richtig.«

Sophie macht auf ihrem Tablet eine Notiz. Es gibt um Herrn Dr. Anton Pirlo ganz schön viele Zufälle. Sie beschließt, den Gedanken trotzdem abzuschütteln. Er kann ja auch nicht an allem schuld sein. Oder für alles etwas können. Sie tippt mit ihrem Stift auf dem Tablet herum. »Beide verlassen das Casino mehr oder weniger zur gleichen Zeit und treffen sich auf dem Parkplatz. Dort gibt ein Wort das andere. Jeder steht da mit seinen Leuten, und sie werfen sich freundliche Grüße an den Kopf.«

»Wie *West Side Story*. Nur eben im Ruhrgebiet. Und ohne das ganze Gesinge.«

Sophie ignoriert das. Sie ist jetzt in Fahrt. »Waßmer, Maliki und alle anderen steigen in ihre Fahrzeuge. Waßmer und Maliki sind jeweils allein unterwegs. Waßmer fährt einen grauen 3er BMW, Maliki einen orangefarbenen Lamborghini Aventador.« Sophie macht eine kurze Pause. »Hast du die Bilder des Wagens in der Akte gesehen?«

»Ja.«

»Nicht schlecht, oder?«

»Kann man so sagen.«

»Vor allem für einen, der eigentlich Hartz IV erhält.«

»Vielleicht haben die Behörden ein großes Herz?«

»Oder man müsste einfach auch ein Clangangster sein.« Sophie sieht, dass Pirlo kurz zuckt. Ausnahmsweise findet sie das mehr lustig als nervig. Es ist seine Entscheidung, nicht zu sagen, was er mit den Khatibs zu tun hat. Dann muss er aber auch solche Nadelstiche aushalten. Um die Situation im Griff zu behalten, fährt sie fort: »In jedem Fall sind beide Fahrzeuge schnell. Beziehungsweise, man kann sie schnell fahren. Ich habe mir das mal auf Google Maps angesehen: Wenn beide jede Geschwindigkeitsbegrenzung eingehalten haben und auf der Autobahn an den beschränkungsfreien Stellen ungefähr zweihundert gefahren sind, dürften sie bis zum Parkplatz des Clubs *Aphrodite* knapp fünfzig Minuten gebraucht haben.«

Pirlo stutzt. »Wie ich Maliki verstanden habe, war er aber vor Waßmer da.«

»Wie meinst du das?«

Sie merkt, dass Pirlo ihren Blick sucht. »Maliki hat uns erzählt, dass er Waßmer auf dem Parkplatz gefunden hat, als er auf dem Weg zu seinem Auto war.«

Sophie begreift, worauf er hinauswill. »Was nur Sinn ergibt, wenn er nicht auf dem Parkplatz war, als Waßmer dort ankam, sondern ihn von wo anders betreten hat.«

»Er könnte im Gebüsch ausgetreten sein.«

»Warum sollte er das tun?«

Pirlo zuckt mit den Schultern. »Keine Ahnung. Natürliche Bedürfnisse? Aufregung vor dem Besuch im horizontalen Gewerbe? Ich weiß es doch auch nicht.«

»Oder er war einfach schon drin.«

»Im Puff?«

»Klar im Puff«, sagt Sophie. Sie hat hier wirklich keinen Bock auf schlechte Witze. Dazu kommen sie zu gut voran. Endlich mal.

Pirlo nickt. »So hat er das jedenfalls erklärt.« Er setzt sich an den Laptop und klickt einen Gesprächsvermerk auf. »Er meinte, er sei dort eine halbe Stunde gewesen. Nicht länger.«

»Aber er hat nicht gesagt, warum.«

»Richtig.«

Sophie kaut auf ihrer Unterlippe. »Wir sollten ihn dazu noch mal befragen.«

»So oder so müsste Maliki sehr schnell gewesen sein.«

»Oder Waßmer langsam.« Pirlo klickt sich am Laptop durch die Akte. »Die Rechtsmedizin legt die Tatzeit auf ein Uhr dreißig fest. Maliki hat das Casino in Dortmund nach den Bildern der dortigen Überwachungskameras um zwölf verlassen. Wenn er tatsächlich eine Stunde für den Weg gebraucht haben sollte, hätte er genau eine halbe Stunde im *Aphrodite* gehabt, ehe er wieder zurück auf den Parkplatz kam und dort Waßmer fand.«

»Was dafür spricht, dass der zwischen Casino und Bordell noch woanders war.«

Pirlo steht wieder auf und beginnt, durch den Raum zu laufen. »Wo wohnte er?«

»Wer?«

»Waßmer. Er hatte doch zwei kleine Kinder. Eine Familie. Wo hat er mit ihr gewohnt?«

Sophie klickt auf dem Tablet rasch durch ihre Akte. »Hier steht es. In Essen-Rüttenscheid.«

»Keine schlechte Gegend.«

»Er hatte ja auch kein schlechtes Einkommen.« Pirlo nickt. Er kennt die Zahlen aus der Akte. Ehe er etwas dazu sagen kann, ist schon wieder Sophie zur Stelle. »Von seiner Wohnanschrift wären es zwanzig Minuten zum Club *Aphrodite* gewesen. Betrachtet man die Strecke vom Casino in Dortmund, lag die Wohnung quasi auf dem Weg.«

»Wenn er denn dort war.«

Sophie zögert. »Ich weiß nicht. Warum sollte ein Mann erst nach Hause kommen und dann mitten in der Nacht wieder aufbrechen, um zu einem Puff zu fahren?«

»Vielleicht, um die Kinder ins Bett zu bringen?«

»Ich meine das ernst.«

»Ich auch.« Pirlo zuckt mit den Schultern. »Kann ja sein, dass das insgesamt sonderbar ist. Aber du weißt doch: Menschen machen Sachen.«

»Mir fällt es schwer, mir das alles vorzustellen.«

»Ein Stück weit haben wir hier allerdings mit der normativen Kraft des Faktischen zu leben. Etwas später war er ja tatsächlich hier, in Düsseldorf, auf diesem Parkplatz. Genau zeitgleich mit Faruk Maliki.«

Pirlo verzieht das Gesicht. Sophie hat denselben Reflex. Jetzt, wo Pirlo es gesagt hat, steht der Gedankenelefant noch deutlicher im Raum. Es hat nur eine verdammt lange Weile gebraucht, um ihn auszusprechen. »Waßmer ist da genau zeitgleich mit Maliki.«

»Obwohl der womöglich von wo ganz anders kommt.«

»Und vielleicht schon viel länger vor Ort war.«

»Verdammt nochmal.«

Sophie sucht Pirlos Blick. Jetzt braucht es für das Offensichtliche nicht mehr viel. »Irgendetwas stimmt hier nicht.«

38.

WIE BEI BURGESS. ODER EBEN NICHT

07.12. Im Knast

Maliki sitzt still. Schon das ist ungewöhnlich. Dann holt er Pirlo und Sophie aber so richtig von den Beinen.

»Wie geht es dir?«, fragt Sophie.

»Besser«, antwortet Maliki. »Viel besser. Lasst uns festhalten an dem Bekenntnis der Hoffnung und nicht wanken; denn er ist treu, der sie verheißen hat.«

»Was?«, entfährt es Pirlo.

»Lasst uns festhalten an dem Bekenntnis der Hoffnung und nicht wanken; denn er ist treu, der sie verheißen hat«, wiederholt Maliki. »Hebräer zehn, Vers dreiundzwanzig.«

Pirlo hat seine Gesichtszüge wieder im Griff. »Du bist drei Tage im Knast und hast dir den Glauben eingefangen?« Dann wartet er.

Es dauert keine zehn Sekunden, bis Maliki platzt. »Ach, lasst mich doch in Ruhe. Ich habe keine Kackahnung, was das überhaupt bedeuten soll! Und wer, zur Hölle, ist dieser Hebräer? Was ist das überhaupt für ein beschissener Name?«

Pirlo fährt sich langsam durch den Bart. Und sei es nur, um sein Grinsen zu verbergen. »Wo hast du das überhaupt her, Faruk?«

»Von so einem Seelsorgetypen. Der war total angefixt von diesem Kerl.«

»Du meinst den Hebräer?«

»Was weiß denn ich? Für mich sind das alles Schwuchteln.«

Pirlo streicht sich das nächste Lachen aus dem Gesicht. »Und warum warst du bei dem?«

»Bei wem?«

»Dem Seelsorger.«

»Weil die sagen, dass, wenn man da mitmacht, man mehr Freizeit in der Bibliothek hat.«

Pirlo nickt. »Kann ich verstehen. Aber was, zur Hölle, willst du da?«

»Wo?«

»In der Bibliothek. Dir ist schon klar, dass es dort vor allem Bücher gibt. Die wenigsten davon dürften besonders viele Bilder haben.«

Maliki starrt ihn an. »Alter, das ist nicht witzig. Holt mich einfach hier raus!« Pirlos Blick genügt als Ermahnung. »Ich meine: Bitte holen Sie mich hier raus. Aber das auch wirklich. Es ist zum Kotzen hier drin.«

»Ich dachte, einem echten Gangster mache das nichts aus.«

Malikis Blick flackert. »Die eine Hälfte hier drin ist gefährlich, die andere Hälfte ist verrückt. Ich bin die ganze Zeit damit beschäftigt rauszufinden, wer was ist.«

»Was ist mit deiner Familie?«

Maliki nickt. »Klar, davon sind welche hier. Aber sie lassen mich nicht zu denen. So blöd sind die auch wieder nicht.«

»Vielleicht finden sich ja nette Leute in der Bibelstunde?«, schlägt Sophie vor.

Malikis Augen weiten sich. Er sagt aber nichts. Was darauf schließen lässt, dass er wieder einigermaßen auf der Höhe ist. Auch zwischen den Ohren.

»Wie lief es denn auf der Krankenstation?«, fragt Pirlo.

Maliki verzieht das Gesicht. »Es war in Ordnung. Mehr aber auch nicht.«

»Warum bist du dorthin?«

Maliki blickt in Richtung Boden. »Ich konnte meine Schulter nicht mehr heben.« Pirlo nickt. Die Zeit für Witze ist vorbei. Das merkt auch Maliki. Langsam kommt er in der Situation an, wie sie eben ist. »Ich weiß, dass Sie noch mal kommen wollten. Das wäre auch gut gewesen. Aber ich habe auf einmal den Arm nicht mehr bewegen können und mir dann irgendwie auch direkt Sorgen gemacht. Sie wissen nicht, wie das ist, wenn man hier drin ist. Das ist nicht einfach. Wirklich. Ich schwör. Erst recht, wenn man sich nicht richtig verteidigen kann.«

Pirlo nickt. Es ist gut, dass sie das Gekaspere jetzt lassen. Dass Maliki offen mit ihnen spricht. Es wird ihnen helfen, mit dem Vorhaben voranzukommen, für das sie gekommen sind. Er senkt die Stimme. So, wie er das eben macht, wenn es zur Sache geht.

»Lass uns noch einmal über den Abend sprechen, an dem Waßmer getötet wurde.«

»Schon wieder?«

Pirlo zieht die Augenbrauen hoch. »Der Abend ist der Grund dafür, dass du hier drin bist, Faruk. Er könnte also auch damit zu tun haben, wie du hier wieder rauskommst. Was meinst du?«

Maliki nickt. »Klar. Gut. Von mir aus. Was wollen Sie wissen?«

»Warum wart ihr im Casino?«

»Um zu spielen. Normal halt«, antwortet Maliki, diesmal allerdings weder aufgesetzt noch patzig. Pirlo merkt, dass er sich mit der Situation abgefunden hat. Maliki will hier raus. Dazu braucht er seine Anwälte. Und sie brauchen ihn. So einfach ist das manchmal.

»Wie bist du zu dem Casino gekommen?«

»Mit meinem Wagen. Dem Lambo.«

»Warst du allein im Wagen?«

»Nein.«

»Wer war mit dabei?«

»Rinor.«

»Warum war er nicht mit dabei, als du von dem Casino weggefahren bist?«

Faruk zögert kurz. Dann gibt er sich einen Ruck. »Weil ich noch ficken gehen wollte. Auch normal.« Sophies Finger klackern ohne Unterbrechung über die Tastatur. Hier geht es nicht um Geschmacksfragen. Zumal Pirlos Wortwahl auch nicht die eines Klosterschülers ist.

»Warum hast du Rinor nicht mitgenommen?«

»In den Puff?«

»Das hätte ihn ja auch interessieren können.«

»Vielleicht.«

»Hast du ihn gefragt?«

Maliki antwortet nicht sofort. Pirlo ahnt, was er denkt. Im Zweifel befragen die Anwälte seinen Cousin sowieso. Außerdem wollen sie ihm helfen. Also kann er auch gleich ehrlich antworten. Selbst wenn es unangenehm ist.

»Nein. Ich wollte nicht, dass er das weiß.«

»Warum?«

Maliki verdreht die Augen. »Es war mir einfach unangenehm, okay?«

Pirlo nickt. So weit, so schlüssig. »Wusstet ihr, dass Waßmer und seine Leute auch im Casino waren?«

»Nein.«

»Wart ihr überrascht, als ihr sie dort gesehen habt?«

»Was heißt überrascht? Es war egal. Die gehen Casino. Wir gehen Casino. Jeder geht Casino. Das ist ein freies Land.«

Pirlo sieht, wie Sophies Mundwinkel zucken. Er ahnt, dass sie an eine Überschrift der POST denkt. *Wie Clans den Staat infiltrieren.* Falls sie dazu einmal eine eigene Partei gründen wollen, hat Maliki möglicherweise gerade den passenden Slogan erfunden.

»Hattet ihr denn auch schon drinnen Auseinandersetzungen? Hast du mit jemandem gesprochen? Gab es böse Blicke?«

»Nein, gesprochen nicht. Böse Blicke, ja. Normal.«

»Warum eigentlich?«

»Wie, warum?«

»Warum gab es böse Blicke? Was ist das Problem mit den Nazis? Ihr lebt und arbeitet doch auf dem Gelände ganz gut nebeneinanderher.«

»Hm«, brummt Maliki. Es klingt unmotiviert. Er sieht auch so aus. »Was soll ich sagen?«

»Warum du die Nazis nicht leiden kannst.«

»Alter« – Maliki hebt die Hände – »was ist los mit dir? Nazi ist Nazi, oder nicht? Das geht gar nicht. Du bist doch auch ein Schwarzkopf. Das fickt deinen Kopf doch genauso!«

Pirlo beginnt, an einer Strähne zu drehen. So kommen sie hier nicht weiter. Zeit für den nächsten Themenwechsel. Wieder zurück zum Parkplatz. An den Tatort.

»Warum bist du zum Club *Aphrodite* gefahren?«

»Das habe ich doch schon gesagt: wegen Sex. Es wird nicht besser, wenn Sie das noch mal fragen. Ich wollte bumsen. Da geht das. Fertig.«

»Ich meinte: Warum bist du zu genau diesem Club gefahren?«

»Keine Ahnung.«

»Erzähl keinen Scheiß.«

»Was soll ich sagen, Mann?«, fragt Maliki. Er wirkt unglücklich. »Es ist einfach gut da.«

»Wir haben uns die Homepage angesehen. Es wirkt wie ein ganz gewöhnlicher Laden. Keine besonderen Dienstleistungen. Keine Exzesse.«

»Was soll das heißen?«

»Es gibt da keine BDSM-Geschichten. Keine Männer, die Frauen sind, und umgekehrt. Keine Whirlpools, keine besonders jungen, keine besonders alten. Im Club *Aphrodite* gibt es einfach nur das alte Rein-Raus-Spiel, wie Anthony Burgess sagt.«

»Wer?«

»Vergiss es. Das Wesentliche ist: Im Club *Aphrodite* kann man nur oldschool ficken. Mit Frauen. Auf die Arten, die da eben drin sind.«

»Und?«

»Und das kann man auch in einem Haufen anderer Clubs zwischen Dortmund und Düsseldorf. Dafür muss man nicht durch die ganze Scheißnacht fahren, verdammt nochmal!« Pirlos Stimme donnert durch den Raum. Maliki antwortet nicht. Was Pirlo noch wütender macht. »Hör auf, uns irgendwelchen Scheiß zu erzählen, Faruk!« Maliki zieht den Kopf ein. Er kauert sich zusammen. Duckt sich weg. Und macht damit alles noch schlimmer. Pirlos Stimme knallt durch den Haftraum. »Also was ist jetzt, verdammt?«

Maliki atmet durch. Streckt den Kopf aus dem Schildkrötenpanzer zwischen seinen Schultern. Und murmelt dann doch: »Ich habe nichts dazu zu sagen.«

»Du wolltest da also nichts als rumbumsen?«

»Ja.«

»Genau an diesem Abend?«

»Ja.«

»Genau zu dieser Zeit?«

»Richtig.«

»Das hat uns Sabina aber anders erzählt«, sagt plötzlich Sophie.

»Wer soll das sein?«, fragt Maliki. Pirlo denkt es nur.

Sophie hebt den Blick von ihrem Laptop. Sie sieht überrascht aus. »Sabina. Ich dachte, du kennst den Namen.«

Maliki legt die Stirn in Falten. Er wirkt irritiert. »Nein. Ich kenne niemanden, der so heißt.«

Sophie zuckt mit den Schultern. »Vielleicht hat sie uns einen anderen Namen genannt als dir. Das soll in diesem Gewerbe ja schon mal vorkommen. Auch wenn ich Sabina für einen sehr schönen Namen halte. Na, wie auch immer, sie hat uns das anders erzählt.«

»Was?«, fragt Maliki. Er klingt unsicher. Wahrscheinlich ist er es auch.

Sophie klappt den Laptop zu. »Sabina hat uns berichtet, dass du eine ganz bestimmte Person treffen wolltest.«

Maliki senkt den Blick, und Pirlo stellt fest, dass Sophie den Nagel auf den Kopf getroffen hat. Er ist schwer beeindruckt. Dann fragt er ganz ruhig, fast sanft. »Wen wolltest du treffen, Faruk?«

Kurz kämpft Maliki noch. Er zögert. Verharrt. Zittert an den schmalen Schultern. Und gibt dann doch auf. »Ich wollte zu Nicky.«

»Wer ist das?«, fragt Pirlo.

Maliki sieht langsam auf. Die Augen schwimmen. Nichtsdestotrotz wirkt er gefasst. Und holt Pirlo und Sophie dann trotzdem so richtig von den Beinen. »Nicky ist die Frau, die ich liebe.«

39.

SABINA

Auf der Rückfahrt

Im Auto hat Pirlo sich immer noch nicht richtig gefangen. »Mein lieber Schwan«, brummt er. Eine andere Formulierung fällt ihm auf die Schnelle für seine Verwunderung nicht ein. »Da denkst du, du hast eigentlich alles schon gesehen und erlebt. Und dann kommt ein Clanazubi und haut so was raus. Die Prostituierte, an die er sein Herz verloren hat. Der er Nachrichten schreibt. Die ihm sagt, wann es bei ihr passt, damit sie sich sehen und miteinander von der Zukunft träumen können. Allerhand, Alter, allerhand. Oder?«

»Na ja, Tragik ist wie Liebe ohne Happy End«, sagt Sophie.

»Shakespeare?«, fragt Pirlo.

»Thees Uhlmann.« Beide lachen. Danach ist Nachdenken angesagt.

»Ich denke, wir sollten uns bei diesem Club umsehen«, murmelt Pirlo.

Sophie nickt auf dem Beifahrersitz. »Mach du das mal.« Was sie nicht sagt: Du hast da mehr Erfahrung. Pirlo ist darüber eigentlich ganz froh. Er hat sie nämlich nicht. Was ihm hier peinlich ist. Pirlo war noch nie im Puff. Wie unangenehm. Aber so ist das im Leben und in diesen Fällen. Verrückte Welt.

»Klar«, antwortet Pirlo daher nur. Er rettet sich in das übliche Schmunzeln. Überlegener Blick. Mundwinkel hoch. Bloß keine

Fragen stellen. Bloß keine zulassen. Erst recht nicht über das, was bei Sophie ansteht. Die Sache ist brisant genug. Sie sind sich auch weiterhin uneinig darüber, ob sie tatsächlich umgesetzt werden soll. Selbst wenn kein Zweifel daran besteht, dass sie eigentlich alternativlos ist.

Immerhin fällt die Suche nach Ablenkung nicht schwer. Offen ist zum Beispiel noch das hier: »Woher kennst du eigentlich diese Sabina?«

»Von nirgendwo«, antwortet Sophie.

»Wie meinst du das?«

»Ich meine, dass ich sie nicht kenne.«

»Also hast du nicht mit ihr gesprochen?«

»Nein.«

»Wieso?«

»Weil es sie nicht gibt.«

»Aha«, murmelt Pirlo. Manchmal ist er nicht der Schnellste. Blöd, dass er sich das auch immer wieder mal anmerken lässt.

40.

KLEINE WEISSE PERLEN

Abendprogramm

Am Abend ist Sophie nervös. Das gilt zwar schon, bevor sie die *Casa Palmieri* betritt. Als Paolo Palmieri sie mit weit ausgestreckten Armen begrüßt und in Richtung des üblichen Pirlo-Ecktischs zeigt, erwischt die Anspannung sie aber trotzdem mit voller Wucht. Noch härter ist nur die Erkenntnis, dass das hier gerade wirklich stattfindet. Dass es keinen Ausweg gibt. Und keine Antworten auf diese eine hämmernde Frage: Warum, zur Hölle, hat sie sich eigentlich am Ende doch auf diese Katastrophe eingelassen? Weiter kommen ihre Gedanken nicht. Pirlos Gesicht taucht in ihrem Blickfeld auf. Er grinst breit. Irgendwas ist auch mit seinen Haaren. Sie braucht einen Augenblick, bis ihr aufgeht, was los ist. Sie sind nicht nur einfach wie sonst hinter die Ohren gesteckt. Er hat sie tatsächlich frisiert. Sophie kommt aber nicht dazu, sich weiter mit diesem kleinen Wunder zu befassen. Die schöne Frau bremst das aus.

Wie Pirlo ist Sophie durch die Arland-Schule gegangen. Der Alte hat sie gefordert, gefördert und geprägt. Strafprozessrecht und Kriminologie. Rauf und runter. Achte auf das, was du siehst. Achte aber mindestens genauso sehr auf das, was du *nicht* siehst. Was sie sieht: Diese Frau ist eine Schönheit. Groß. Schlank. Ebenmäßige Züge. Lange Haare, die sie zu einem Timoschenko-Dutt zusammengesteckt hat. Ein perfektes schwarzes Kleid. Durch und durch dezent. An keiner Stelle offen. Und trotzdem so, dass kein Zweifel besteht: Der Körper darunter ist ein Fest für die Sinne. Die Augen sind dunkel und warm. Der Mund öffnet sich. Der leichte Schwung der Lippen. Perfekte Zähne. Sie stellt sich vor. »Ich heiße Alena. Es freut mich sehr, Sie kennenzulernen, Frau Mahler.«

»Ebenfalls«, murmelt eine trockene Stimme. Sophie weiß, dass es ihre eigene ist. »Bitte, nennen Sie mich Sophie.«

»Gern«, gurrt Alena. Dann erzählt sie von ihrem Tag, dass bei *Rassvet*, der internationalen Wirtschaftsberatung, bei der sie arbeitet, viel los war, sie es daher beinahe nicht pünktlich geschafft hätte und sie deshalb um Nachsicht dafür bitten müsse, dass sie sich leider nicht wirklich in Schale habe werfen können. Klar, denkt Sophie, mit Blick auf Alenas Kleid und Make-up. Du mich auch.

Trotzdem plaudert sie irgendwas Höfliches zurück. Gut, dass sie sich auf ihren Autopiloten verlassen kann. Was sie sagt, mag schleppend daherkommen. Die Form wahrt es trotzdem. All die Jahre neben einer mehr oder minder vollalkoholisierten Society-Mutter haben sie also doch etwas gelehrt. Alena reicht ihr die Hand. Sophie nimmt sie. Der Druck ist angenehm. Die Haut ist warm und fest. Es fühlt sich widerlich gut an.

Sie setzen sich. Sophies Blick wandert. Was sieht sie nicht? Sie braucht eine kleine Weile, um darauf zu kommen. Schon das ist eigentlich ein unangenehmes Kompliment zu viel. Gut, dass sie es nicht auszusprechen braucht. Also: Sie sieht keinen auffälligen Schmuck. An den Ohren trägt Alena kleine weiße Perlen, um den Hals eine dazu passende Kette. Wieder fällt Sophie ihre Mutter ein. Helene Mahler würde für die Wohlstandsanamnese keine zehn Sekunden brauchen. Von wem, woher, für wie viel? Wo ist eigentlich ihre Mutter, wenn Sophie sie mal braucht? Und warum interessiert sie überhaupt der Schmuck dieser Trulla? Der sich im Übrigen auf den Kopf-Hals-Bereich beschränkt. Die Hände sind blank. Heißt: kein Ehering. Rasch ruft sich Sophie in Erinnerung, dass sie das natürlich auch nicht interessiert. Ankotzen kann es sie ja aber trotzdem.

Dann ruft Sophie die Realität zurück. Manu spricht. Sie sollte aufpassen. Vor allem wenn auf der anderen Seite des Tischs Pirlo sitzt. Sie kennt Manu lange. Rhetorisch steht er mit beiden Beinen auf dem Boden. Er ist stilvoll, elegant und souverän. Normalerweise. Aber dort drüben sitzt der Endgegner. Wenn Pirlo will, ist er ein freundlich lächelnder Abgrund. Wie es scheint, tanzt Manu in falscher Sicherheit an dessen Rand entlang. Was mutig ist. Wahrscheinlich aber auch nicht sehr klug.

»Wie schön, dass wir endlich einmal die Gelegenheit haben, uns persönlich auszutauschen«, sagt Manu. »Ich habe schon viel von Ihnen gehört.«

»Die Freude ist auf meiner Seite«, antwortet Pirlo. »Was für meine ganz bezaubernde Begleitung gilt, trifft bei mir aber natürlich erst recht zu. Lassen Sie doch bitte das Sie weg. Nennen Sie mich Anton. Oder halten Sie es, wenn Sie mögen, wie meine Freunde und sagen Sie einfach Pirlo.«

»Gern, Anton«, entgegnet Manu.

Sophie verdreht nicht die Augen. Sie ist darauf fast ein bisschen stolz. Dann erlöst Paolo sie, der einen schweren Rotwein einschenkt. Sophie widersteht dem Impuls, das Glas einfach runterzustürzen. Leicht fällt es ihr nicht.

Zumal Manu am Ball bleibt. »Ich hörte, sie beide waren heute im Knast.« Er sagt es, als hätten sie den Tag in einer Leprakolonie verbracht. Als Betroffene.

Pirlo nickt. »Richtig. Wir haben dort unseren Mandanten besucht. Ein interessanter kleiner Scheißkerl mit Hang zur Eskalation.«

Manu zieht die Augenbrauen hoch. »Sprechen Sie immer so über Ihre Mandanten?«

Pirlo lächelt entschuldigend. »Stimmt, das war unpassend. Erlauben Sie mir, das zu korrigieren: ein interessanter kleiner Scheißkerl mit *mutmaßlichem* Hang zur Eskalation.« Er hebt das Glas. »Auf einen guten gemeinsamen Abend in angenehmer Gesellschaft. Ob wir uns nun duzen wollen, siezen oder es einfach handhaben, wie es uns einfällt: Jeder wie er will und kann.« Sie stoßen an. Dann wechselt das Fragerecht zu Pirlo. »Manu, wenn ich das so fragen darf, was verschafft uns denn die Freude des Besuchs?«

Manu drückt den Rücken durch. Sophie wappnet sich. »Ich wollte natürlich eigentlich schon längst einmal hier gewesen sein, um zu sehen, wo Sophie arbeitet. Und mit wem. Leider hat sich das bislang einfach nicht ergeben. Dazu waren in Afrika doch zu viele Krankheiten zu heilen. Das mag nicht jeder nachvollziehen können, aber ich sehe meine Berufung mehr darin, das Leben Hunderter Unschuldiger zu retten, als mich vor einen interessanten kleinen Scheißkerl mit mutmaßlichem Hang zur Eskalation zu stellen, davon zu erzählen, dass er eine schwere Kindheit hatte, und dafür sorgen zu wollen, dass er schnell wieder aus dem Vollzug kommt, um seine Umwelt weiter terrorisieren zu können.«

»Das ist doch eigentlich ganz gut«, antwortet Pirlo. »Es wäre ja ärgerlich, wenn wir uns beide über den kleinen Penner ärgern müssten. Ich finde die Aufgabenteilung sinnvoll. Einer häkelt der Menschheit eine wärmende Decke. Der andere kehrt ihren Schmutz darunter.«

Paolo eilt mit neuem Wein herbei. Alle trinken. Sophie bleibt lange am Glas. Solange jeder trinkt, kann keiner reden.

Schlussendlich ist sie Alena sogar dankbar, dass diese eine eigentlich ganz interessante Frage aufwirft. So weit ist es schon gekommen. »Was macht ihr eigentlich, wenn ihr keine weiteren Argumente findet?«

»Wie meinst du?«, fragt Pirlo.

»Na ja«, fährt sie fort, »seht mir das bitte nach, ich bin ja keine Juristin und kenne den Fall nur aus den Medien. Nach dem, was ich verstanden habe, gibt es aber jede Menge Beweise dafür, dass euer Mandant schuldig ist.«

»Das ist jedenfalls die derzeitige Darstellung«, sagt Pirlo. Sophie fällt auf, dass er vorsichtig ist. Nur keinen Streit provozieren oder finden. Erst recht nicht hier. Was ihr übrigens nur recht sein kann.

Alena bleibt trotzdem am Ball. »Kann euer Mandant dann nicht einfach sagen, dass er das nicht war und damit seine Aussage gegen die der Staatsanwaltschaft stellen?«

»Nicht ganz«, antwortet Pirlo mit einem falschen Lächeln. »Eine Konstellation Aussage gegen Aussage gibt es nur, wenn ein Zeuge eine Sache sagt, der Beschuldigte aber eine andere und es ansonsten keine weiteren Beweismittel gibt. Wenn das der Fall ist, braucht es ganz besondere Gründe, wenn das Gericht einem dieser Standpunkte nicht folgen will.«

»Und hier ist das anders?«, fragt Alena. Was vielleicht sogar nett gemeint ist. Womöglich will sie Pirlo gut dastehen lassen, als schlauen und kompetenten Anwalt, gerade hier, gerade jetzt, wo die Spannungen mit Manu für alle zu greifen sind. Sophie geht sie trotzdem kolossal auf die Nerven.

»Ja, hier ist das anders. Unser Problem ist hier nicht etwa nur ein Zeuge, der unseren Mandanten belastet, sondern die gesamte Beweislage als solche. Aktuell scheint leider so gut wie alles gegen ihn zu sprechen. Jedenfalls dann, wenn man den Medien glauben mag.« Dem letzten Satz schickt Pirlo ein Augenzwinkern hinterher. Besonders überzeugend wirkt es allerdings nicht gerade.

»Und was passiert, wenn alles so bleibt, wie es jetzt ist?«

Die Antwort kommt wie aus der Pistole geschossen. Und zwar von Manu: »Dann wird der interessante kleine Scheißkerl als Mörder verurteilt. Und zwar völlig zu Recht.«

Alena reißt die Augen auf. »Ist das wirklich so?«

»Nicht, wenn wir es verhindern können. Und Manu kein Schöffe wird.« Pirlo grinst einmal in die Runde. Keiner lacht. Weswegen umso wichtiger ist, dass aus dem Rückraum Paolo auftaucht. »Noch Wein?«

Keine eineinhalb Stunden später läuft Sophie mit Manu über die Brücke nach Oberkassel. Noch nie hat sie die *Casa Palmieri* so schnell wieder verlassen. Trotzdem hätte es gern eineinhalb Stunden eher sein dürfen.

Sophie schielt nach rechts. Manu stapft neben ihr durch die Nacht. Durchgedrückter Rücken. Federnder Gang. Sie merkt, dass sie keine Ahnung hat, was er denkt. Fast vier Jahre Beziehung sind eine lange Zeit. In der viel Schlechtes passierte. Viel Gutes aber auch. Sophie weiß das. Natürlich weiß sie das. Genauso weiß sie, dass diese Zeit zu Ende ist. Vielleicht nicht heute und nicht morgen. Irgendwann bald aber schon.

Sie hat viel zu schnell gegessen. Zu viel getrunken hat sie sowieso. Nur mit Mühe hält sie neben Manu Schritt. Keiner sagt etwas. Vielleicht, weil jeder seinen Gedanken nachhängt. Vielleicht aber auch, weil es gar nichts mehr zu sagen gibt.

41.

NUR VERLIERER

08.12. In Mahmeds Küche

Irgendwann passiert es dann. Ahmid fällt vom Stuhl. Offensichtlich hat er sich dabei weh getan. Wenn auch leider nicht genug. Er lacht einfach weiter. Laut. Schallend. Und fies. »Alter, was soll ich dazu sagen?« Sein Blick geht nach rechts zu Mahmed. Der grinst. Wenn auch deutlich zurückhaltender.

»Vergiss es einfach«, zischt Pirlo.

»Niemals!«, krakeelt Ahmid, und Pirlo ahnt, dass er das auch genauso meint. Er rotiert wieder zu Mahmed. »Ich meine, stell dir das mal vor, Mann. Da hat unser Bruder diese absolut heiße blonde Anwältin in seinem Laden.«

Pirlo verdreht die Augen. Er versucht, nicht zuzuhören. Trotzdem fällt ihm auf, wie Ahmid über Sophie spricht. Sie ist keine Schnalle. Keine *bitch*. Sondern eine blonde Anwältin. Kein Zweifel, Sophie hat Ahmid schwer beeindruckt. Pirlo dagegen ist einfach der Depp. Immer. Egal, was er so macht. Irgendwie stimmt ihn das nachdenklich. Und zwar auf keine gute Art.

»Also jedenfalls«, fährt Ahmid fort, »ist da die Frau Mahler.« Pirlos Ohren schlackern. *Frau Mahler*. Aus dem Mund von Ahmid? Was hat er eigentlich nicht mitbekommen? Vielleicht hilft ihm der Redeschwall seines Bruders weiter. »Ich sag es dir, Mahmed, diese Anwältin ist eine Granate. Eine Bombe. Eine Praline. Aber das gilt natürlich nicht für unseren Schönling-Bruder, *wallah*,

Bruder, natürlich nicht. Unser *Akin*, der Kleine, setzt sich lieber bei uns zu Hause hin und fragt …« Ahmid verzögert kurz. Allein schon wegen der Dramatik. Dann prustet er los. »Er fragt, wie man sich im Puff verhält!« Dann scheppert die Küche in Mahmeds Wohnung wieder vor Lachen.

Pirlo verzieht den Mund. Kurz überlegt er, einfach mitzulachen. Dann ist es ihm aber doch zu blöd. Das alles hier. Seine Brüder. Er sich selbst. Alles, was er wollte, war, von seinen älteren Brüdern, ein, zwei Tipps zu bekommen, wie er sich im Club *Aphrodite* verhalten soll. Nicht mehr, nicht weniger. Schließlich steht der Ausflug dorthin bald an. Er sollte sich besser lohnen, vor allem wenn Pirlo sich vor Augen führt, was Sophie in dieser Zeit auf sich zu nehmen bereit ist. Also: Nach den Tipps zu fragen war sinnvoll und richtig. Nur dass es eben keine gab. Was er stattdessen erhalten hat, sind Hohn und Spott. Und kein Tipp. Natürlich nicht. So wie das eben ist, wenn er seine Brüder nach etwas fragt. Eine dumme Idee. Und zwar immer und immer und immer wieder. Nur dass er seine Lektion einfach nicht lernt. Er sieht Ahmid und Mahmed zu, wie sie sich vor Lachen biegen. Beide haben keinen richtigen Schulabschluss. Genau genommen haben sie noch nicht einmal eine wirklich belastbare Gangsterehre. Und trotzdem ist er hier der größte Lebensdepp im Raum. Mal wieder. Unter dem Strich ist das fast schon eine kleine Leistung in Pirlos Dauerspielchen: Er gegen sich. Und am Ende gibt es nur Verlierer.

42.

SUICIDE SQUAD

Am nächsten Abend

Sophie kann sich nicht vom Spiegel losreißen. Seit einer halben Stunde klebt sie quasi fest und starrt sich an. Pirlo hat schon dreimal angerufen. Sie hat es dreimal ignoriert. Stattdessen starrt sie das an, was sie sieht. Sich. Und gleichzeitig auch wieder nicht. Sophie ist ein Musterbeispiel für das, was man eine Herkunft »aus gutem Hause« nennt. Ihre Eltern sind reich. Deren Freunde ebenso. Genauso wie Sophies Freunde und eigentlich auch alle, mit denen sie sonst so aufgewachsen ist. Die Annehmlichkeiten einer Kindheit und Jugend in Düsseldorf gehen fast zwangsläufig mit einem gewissen Brauchtum einher. Im Rheinland heißt das: Karneval. Wie in vielen katholisch geprägten Gegenden der Erdkugel braucht auch das im Kern konservative rheinische Krämerseelchen ab und an ein Druckluftventil. Weil nicht sein kann, was nicht sein darf, ist das, selbstredend, streng geregelt. Der Spaß dauert ein paar Tage, die im Kalender stehen. So viel Ordnung muss sein. Da zugleich auch so viel Distanz sein muss zu dem, was »eigentlich« zählt und »eigentlich« richtig ist, weil man »eigentlich« so (oder auch: nicht so) ist, steckt sich das Rheinland in dieser Zeit mit Begeisterung in Kostüme. Es war nicht ich. Es war der Pirat. Jahre ihres Lebens hat sich Sophie über diese Bigotterie geärgert. Welchen Rückschluss erlaubte es, wenn es für eine Gesellschaft die »tollen Tage« gab? Was waren denn dann alle anderen Tage? Und war es nicht bezeichnend, dass nur an Karneval »alles erlaubt« war? Fragen wie diese drängten sich doch auf! Die hausgemachte Antwort war immer gleich: »Erzähl keine Geschichten, Sophie, zieh endlich dein Kostüm an. Dein Bruder ist schon ein perfekter Old Shatterhand, und du hast noch nicht einmal deinen Nscho-tschi-Kopfschmuck auf, verdammt nochmal!« Was dann auch ziemlich schnell das Ende jeder Debatte war. Ein Mahler-Kind hatte sich im Karneval zu zeigen. Punkt. Es hatte Spaß zu haben. Noch mal Punkt. Und vor allem hatte es keine dämlichen Fragen zu stellen. Ausrufezeichen und fertig. Im Lauf der Zeit hatte Sophie das dann auch gelassen. Mittlerweile war ihr die Antinomie des karnevalschen Wesens auch tatsächlich scheißegal. Trotzdem verkleidete sie sich. Ihrer Niederlage auf der ganzen Linie war sie sich dabei bewusst. Aber auch das war ihr egal. Im Lauf der Jahre hatte sie zahlreiche Kostüme angehabt. Die meisten sind dem gnädigen Vergessen anheimgefallen. Klar, es gab die obligatorische Prinzessin. Außerdem war sie mal Ninja, was ihr wegen des Kickboxens gefallen hatte. Keine besonders guten Erinnerungen gibt es dagegen im Zusammenhang mit dem Motto »Tennisstars«. Mit Grausen denkt sie an den Einbruch in die Villa der von Späths bei einer unter dieser Überschrift stehenden Gartenparty. Es kommt ihr seltsam vor, aber: Das ist tatsächlich erst ein halbes Jahr her. Und im Vergleich zu dem, was jetzt ansteht, ein Kindergeburtstag. Die Verkleidung von heute ist zwar weniger auffällig. Trotzdem ist sie krasser. Deutlich sogar. Sophie dreht sich noch einmal und betrachtet sich von allen Seiten. Dann hat sie endlich ihren Frieden mit sich gemacht. Der Spiegel zeigt sie als Nazi. Zumindest als das, was sie sich darunter vorstellt.

»Erinnert mich an diese Tante aus Suicide Squad«, sagt Pirlo, als sie in der Kanzlei ankommt und den Mantel ablegt.

»Harley Quinn«, sagt Sophie. Die Ähnlichkeit ist ihr auch schon aufgefallen.

Pirlo nickt. »Ein bisschen wie eine Mischung aus ihr und einer jungen Leni Riefenstahl.«

»Ich hoffe mal, das ist was Gutes.«

»Darüber sollen andere entscheiden.« Pirlo grinst schief, sieht aber nicht froh aus. Im Gegenteil: Die Anspannung ist ihm ins Gesicht geschrieben. Sophie macht sich wenig Illusionen: Bei ihr wird das kaum anders sein.

»Bist du wirklich sicher, dass du das machen willst?«, fragt er zum wahrscheinlich fünfzigsten Mal.

»Was bleibt uns anderes übrig? Die Aktenlage ist klar: Alles spricht gegen Maliki. Er war da, als Waßmer starb. Er hatte das Messer in der Hand, mit dem Waßmer erstochen wurde. Klar, manches passt nicht. Am Ende läuft es aber auf das Ausschlussprinzip hinaus: Wer soll es denn sonst gewesen sein? Wenn wir darauf keine gute Antwort finden, wird Maliki verurteilt. So einfach ist das.«

»Ich weiß«, murmelt Pirlo. »Ich wünschte nur, es ginge anders.«

»Mach dir nicht so viele Sorgen.«

»Das sagst du so einfach. Ich wünschte, es ginge auch ohne diese Vollidioten. Und wenn das schon einer von uns angehen muss, dann wenigstens nicht du.«

»Sondern?«

»Ich.«

Sophie lacht. Pirlo schaut indigniert. Was sie noch mehr zum Lachen bringt. Immerhin ist das gut gegen die allgemeine Anspannung.

»Warum lachst du?«, fragt Pirlo.

Sie weiß, dass er sich bemüht, locker zu klingen. Das macht die ganze Situation aber sogar fast noch lustiger.

»Deine Ritterlichkeit in allen Ehren, Dr. Pirlo, aber das muss schon ich auf mich nehmen. Ich meine, schau uns mal an: Ich bin die blonde Nibelungenkönigin. Du siehst beinahe selbst aus wie einer dieser Clantypen.«

Pirlo sieht auf. »Beinahe? Was fehlt denn?«

»Muskeln.« Sie lacht. Dann zieht sie den Mantel wieder an und geht.

43.

HITLERBITCH

Nur wenig später

Der Winter hat die Stadt fest im Griff. Als Sophie am Gemeindezentrum Reißholz ankommt, ist es sogar am Nachmittag schon wieder dunkel. Heute ist das ausnahmsweise mal willkommen. Je weniger sie von den Leuten draußen sieht, desto besser. Umgekehrt gilt das genauso. Und wenn sie drinnen ist, gibt es sowieso kein Zurück mehr.

Der Versammlungsraum ist bereits gut gefüllt. Sophie sieht auf ihre Uhr. Es ist kurz vor fünf. Eine halbe Stunde dauert es noch. Trotzdem sind schon drei Viertel der Stühle belegt. Was deutlich mehr Andrang bedeutet, als Pirlo und sie erwartet haben. Zugleich fällt es wesentlich leichter, in der Menge unterzutauchen und unauffällig auf Tuchfühlung zu gehen. Darüber, wie das genau funktionieren soll, hat sie sich stundenlang den Kopf zerbrochen. Wie sich herausstellt, hätte sie sich das sparen können. Die Kontaktaufnahme kommt zu ihr.

»Hallo, ich bin Marc«, sagt ein kantiger Typ. Kurz muss Sophie fast lachen. Zum einen aus Nervosität. Zum anderen, weil Marc das Klischee so krass übererfüllt, dass man ihn beim Nazicasting wahrscheinlich als zu weit drüber nach Hause geschickt hätte. Keine Haare. Bomberjacke. Springerstiefel. Tätowierung am Hals. Eine 88. Natürlich. Kein Zweifel, beim ersten Eindruck räumt Marc voll ab. Was allerdings so gar nicht zu seinem sonstigen Auftreten passt. »Bist du das erste Mal hier?«, fragt er. Es klingt freundlich. Die Stimme ist erstaunlich hoch. Sophie sieht näher hin. Er lächelt sogar.

»Ja«, sagt sie. »Ich heiße Klara.« Pirlo und sie hatten sich auf den Namen von Hitlers Mutter geeinigt. Das sollte den Nazis doch bestimmt ans Herz gehen. Falls sie die Namenssache überhaupt so weit hinterfragten.

»Der Name von Hitlers Mutter«, bemerkt Marc. Er nickt dazu anerkennend. »Er steht dir in jedem Fall.«

Sophie lächelt vorsichtig zurück. Sie hat keine Ahnung, ob das hier gut läuft. Kurz darauf ist alles sogar noch verwirrender. Drei weitere junge Männer und eine Frau gesellen sich zu ihnen. Das Auffällige an ihnen ist, dass es nichts Auffälliges gibt. Jedenfalls fast. Ein T-Shirt mit unleserlichem Aufdruck in Sütterlin-Schrift fällt Sophie erst auf den zweiten Blick auf. Ebenso die Tätowierung einer Schwarzen Sonne auf dem Unterarm eines der Typen. Dort sammelt sich allerdings so einiges. Der Arm sieht aus, als habe jemand eine Schachtel Monopoly darauf ausgeleert. Das Sonnensymbol geht da ziemlich unter. Dasselbe gilt für den Anstecker einer Rechtsausleger-Partei am Revers des Dritten. Am bemerkenswertesten ist allerdings die Frau. Keine versteckten Symbole. Keine auffällige Kleidung. Keine wilden Tätowierungen. Im Vergleich zu ihr wirkt Sophie wie ein ausgekippter Malkasten. Immerhin ist das T-Shirt über der schwarzen Hose schreiend bunt. Was sich wörtlich versteht. Die Brust ziert die Zeichnung einer Fratze. Der Mund ist aufgerissen. Die Augen auch. Und alles irgendwie voller Hass. Womöglich auf alles und jeden. So genau will Sophie das gar nicht wissen.

»Das ist Klara«, sagt Marc.

»Hallo«, sagen die anderen. Kein »Heil«. Kein ausgestreckter Arm. Was Sophie ein Stück weit erleichtert. Einfacher zu verstehen wird die Lage damit allerdings nicht. Alles wirkt erstaunlich gewöhnlich. Zumindest bis die Ansprache anfängt. Der Redner ist zwar eine halbe Portion. Kurzärmliges Hemd. Brille. Typ Sparkassennerd. Rhetorisch hat er aber doch was drauf. Mit knappen Worten erinnert er an den Kameraden Waßmer. Alle senken den Kopf. Keiner hebt den Arm. Dann sollen Aktionen besprochen werden. Das Vokabular legt an Tempo zu. Vergeltung. Rache. Endsieg. Viel mehr bekommt Sophie dann aber auch schon nicht mehr mit. Marc ist wieder da. Nimmt sie am Arm. Führt sie raus. »Und, was denkst du darüber?«

»Was meinst du?«, fragt sie.

»Na, über Rainer. Das musst du doch mitbekommen haben.«

»Hast du, oder?«, fragt die Frau mit dem Fratzen-Shirt. Sie ist also auch wieder da. Die anderen drei ebenso.

»Klar«, sagt Sophie.

»So klar muss das nicht sein«, gibt die andere zurück. »Ich habe dich hier schließlich noch nie gesehen.«

Was zwar kein besonders angenehmes Thema ist. Aber absehbar war. Sophie lächelt dünn. Pirlo und sie haben das vorbesprochen. Jetzt zeigt sich, wie effektiv das war.

»Eigentlich ist es auch nicht so viel anders als vor Gericht. Die anderen sind skeptisch. Du bist auf dich gestellt. Und am Ende ziehst du sie auf deine Seite.«

»Hoffentlich.«

»Hoffentlich.«

Sophies Lächeln bleibt unbeantwortet. Sie hält trotzdem an ihrem Text fest. »Ich dachte, das sei einfach der richtige Zeitpunkt, sich zu engagieren. Wann, wenn nicht jetzt?«

»Das *sei* der richtige Zeitpunkt«, wiederholt die Fratzentante langsam.

Sophie schluckt. Offensichtlich ist die andere kein Fan des Konjunktivs.

»Was ist denn dein Vorschlag?«, fragt Marc. Der Brückenbauer.

»Genau«, springt ihm einer der anderen bei. »Was sollen wir deiner Meinung nach machen?«

»Ihr meint mit den Clans, richtig?« Die Runde sieht Sophie fragend an. Den Konjunktiv mag sie ja können. Ansonsten aber offensichtlich nicht besonders viel.

»Natürlich mit den Clans«, zischt die Fratzenfrau. »Den scheiß Schwarzköpfen.«

»Sie können nicht mehr bleiben«, übernimmt Marc.

»Was meinst du damit?«, fragt Sophie.

»Nicht mehr hier.«

»In unserem Land!« Einer der Typen lacht. Was aber nicht das ist, was Marc gemeint hatte. Jedenfalls nicht gerade.

Er stellt es selbst klar. »Ich meine hier. Bei uns. In Reißholz. Auf dem Gelände.«

Die anderen nicken. Es brennt Sophie auf den Lippen zu fragen, was eigentlich los ist. Was sie vorhaben. Und woran das Ganze anknüpft. Es könnte schließlich so schön einfach sein. Sie erzählen ihr mal eben den großen Plan. Weil Sophie superschlau ist, merkt sie sich alles. Die wahren Hintergründe über den Mord an Rainer Waßmer kommen ans Licht. Danach klären Pirlo und Sophie die beiden Lager darüber auf, dass alles irgendwie ein Missverständnis war. Daraufhin wird ein bisschen gelacht und den Kopf geschüttelt. Alle reichen sich die Hand. Vögel singen. Die Sonne scheint. Irgendjemand dankt Sophie und Pirlo für deren Beitrag zur Zusammenarbeit zwischen den Völkern. Vielleicht bekommen sie sogar eine Auszeichnung. Man hat Obama den Friedensnobelpreis gegeben. Im Afghanistan-Krieg. Während das Lager von Guantanamo in Betrieb war. Es gibt nichts, was es nicht gibt. Und dann gibt es eben doch auch noch das ganze andere. Das, auf das Sophie sich konzentrieren sollte. Es bringt nichts, die Gedanken spazieren zu lassen. Auch nicht wenn sie angespannt sind. Genau genommen: gerade dann nicht. Also zurück zur Realität in ihrer ganzen Schäbigkeit und Härte. Die sich auf eine kleine, fiese Vokabel zusammenfassen lässt: »Gas.«

»Was?« Sie hofft wirklich, das nicht richtig verstanden zu haben. Wie sich zeigt, zu Unrecht.

»Gas«, wiederholt einer der Kerle. »Gas hilft immer. Wenn es hier auch zugegebenermaßen schwierig unterzubringen ist.«

»Oder Feuer«, schlägt daher ein anderer vor.

»Man müsste die einfach wegsprengen.«

»Ein Rollkommando. Das genügt.«

»Ich muss aufs Klo.« Sophie ist froh, dass die Frau die Spekulationen unterbricht. Das Reingesteigere. Einfach die ganze Unheimlichkeit des Moments. Stattdessen ein Klovorhaben. Gott sei Dank. Es wird sogar noch besser: Ihre neue Verbündete sieht Sophie an und lächelt. »Kommst du mit?«

Das kommt so plötzlich, dass Sophie nichts Besseres einfällt als einzuwilligen. Junge Frauen gehen gemeinsam aufs Klo. Das ist vielleicht einfach so. Auch bei denen des BdM.

Die Toiletten sind hinten und, wie fast alles hier, erstaunlich sauber. Als sie drinnen sind, streckt die Frau Sophie die Hand entgegen. Die Fratze auf dem T-Shirt wackelt. »Ich bin die Tina.«

»Klara«, will Sophie sagen. Sie kommt aber nicht dazu. Als sie ihre Hand in die von Tina drückt, geht der Film los. Es ist kein guter. Nicht als ihr Kopf gegen die Toilettenkabine kracht. Und auch danach nicht. Tina hat sich auf sie gesetzt. Trotz der schmalen Statur entfaltet sie einen erstaunlichen Druck auf Sophies Brust. Ihre Finger greifen nach Sophies Haaren. Ziehen den Kopf hoch. Schlagen ihn auf den gekachelten Boden. Sophies Schädel explodiert. Als sie etwas sagen will, schmeckt sie Blut im Mund. Weiter kommt sie nicht. Tina ist auch da schneller. »Halt's Maul, Fotze!«

Sophie starrt sie erschrocken an. Von irgendwoher melden sich aber auch ihre Instinkte. Das Kickboxen. Die Wut. Tinas Knie drücken Sophies Arme auf den Boden. Ein Kopfstoß wäre trotzdem drin. Dann die Lücke nutzen. Mit links auf den Kiefer. Mit rechts auf die Schläfe. Aufstehen. Treten. Und dann mal sehen, wie sich die Lage darstellt. Nur: Was ist mit den ganzen anderen Leuten? Ein paar Dutzend Stiernacken und Kurzarmträger. Zehn Meter weg. Getrennt durch eine Toilettentür. Falls sie auch nur im Ansatz so wahnsinnig sein sollten wie Nazi-Tina hier, ist das keine gute Gemengelage. Sophie zögert. Tina nimmt das als Aufforderung zur Ansage. Gut. In der Zeit kann Sophie Kräfte sammeln. Alles andere kann sie danach entscheiden.

»Für wie blöd hältst du uns eigentlich?«, zischt Fratzentina. Auf eine Antwort legt sie erkennbar keinen Wert. »Denkst du, wir wissen nicht, wer du bist? Du bist die Verteidigerschlampe von den Molokken. Sophie, die Schlampe, Mahler. Freundin des Rechtsstaats und der Assis. Da kannst du dir noch so schön die Haare zur Bumspalme hochbinden. Das mag dir helfen, um dich von den Arabern bespringen zu lassen. Aber nicht hier, du Fotze. Nicht hier!« In Sophies Mund sammelt sich Blut. Es schmeckt beschissen. Trotzdem versucht sie, sich nichts anmerken zu lassen. Noch ist das hier nicht vorbei. Tinas Gesicht rückt jetzt nahe an sie heran. Ganz nahe. Sophie stellt fest, dass die Naziuschi zwar gepflegt aussieht. Aber nicht so riecht. »Den Gang runter ist eine Tür, die nach draußen führt. Da schlüpfst du jetzt durch und verpisst dich. Hast du das verstanden?«

Sophie ringt mit sich. Der zischende Kopf ist so nahe, dass es ihr nicht mal Mühe machen würde, für klare Verhältnisse zu sorgen. Kopfstoß. Handkante. Feierabend. Trotzdem nickt sie. Aus den bekannten Gründen. Tina würde sie damit zwar los sein. Die Nazis da draußen aber nicht. Zumal sich noch eine andere Erkenntnis einstellt. Wenn Tina weiß, wer sie ist, wissen es auch alle anderen. Womit zum Beispiel die Adresse der Kanzlei bekannt ist. Außerdem ist ihr Vater der Glitzerjurist Ernst Mahler.

Seine Anschrift steht im Internet. Und so weiter. Schlägt sie Tina k. o., droht im schlimmsten Fall eine Spirale der Gewalt. Das kann sie nicht wollen. So sehr diese Hitlerbitch das auch verdient haben mag. Tinas Mund verzieht sich zu einem Grinsen. T-Shirt und Gesicht schweben jetzt fast im Gleichklang. Dann steigt sie von Sophie herunter und zeigt auf die Toilettentür. »Verschwinde!«

Erst draußen kommen Sophie Tränen. Vor Schmerz, aber vor allem vor Wut. Auf die Nazis. Auf Maliki. Auf Pirlo. Auf alles und jeden. Vor allem aber auf sich selbst.

44.

STEAK

Eine halbe Stunde später in Pempelfort

Pirlos Reaktion vermittelt ihr einen Eindruck davon, wie sie aussieht. Es ist kein guter. Kaum hat er die Tür geöffnet, weicht jede Farbe aus seinem Gesicht. Er nimmt sie am Arm und führt sie in sein Wohnzimmer. Dorthin, wo vor einem halben Jahr die Kanzlei ihren Anfang nahm. Wo vor einer Woche im Morgengrauen Faruk Maliki kauerte. Und wo sie jetzt ihren geschwollenen Kopf mühsam auf ein Kissen sinken lässt. Pirlo verschwindet währenddessen in der Küche, kommt aber sofort wieder, in den Händen eine Schüssel mit Schmerzmitteln, Handtüchern, Eiswürfeln und einem Steak. Langsam drapiert er kühlende Binden und das Fleisch auf ihre Wunden.

»Ich hole gleich noch ein Steak«, murmelt er. »Wir werden es brauchen.«

Sophie spürt, dass das kalte Fleisch guttut. Klar, irgendwie ist es auch eklig. Aber eben nicht nur.

»Woher weißt du, dass das wirkt?«, fragt sie zwischen den vor Schmerz zusammengepressten Lippen hindurch.

»Ich denke, das weiß man einfach. Auch wenn ich kein Arzt bin.« Pirlo sagt das ohne Unterton. Der Gedanke an Manu kommt daher nicht von ihm. Sophie stellt ihn schon ganz allein her. Wobei das auch nicht besonders schwierig ist. Manu wüsste jetzt genau, was man wie zu tun hätte. Trotzdem liegt sie bei Pirlo auf dem Sofa und nicht bei Familie Brandt. Was eine einfache Frage aufwirft: Warum eigentlich? Nur: Jetzt hat sie dafür keine Zeit. Keinen Nerv. Und auch sonst nichts übrig. Jetzt geht es erst mal nur ums Klarkommen. Das ist anstrengend genug. Sie beobachtet, wie Pirlo um sie herumwirbelt. Das standardmäßige Überheblichkeitslächeln ist verschwunden. Die Miene ist versteinert, sein Blick stumpf. Besorgt. Und wahrscheinlich sogar voller Angst. Kein Zweifel, Sophie hat ihn noch nie so gesehen. Er sie allerdings auch nicht.

Sie versucht, die Stimmung aufzulockern. Irgendwie zumindest. »Bislang hatte ich dich nicht sehr lebenspraktisch wahrgenommen. Erst recht nicht im Schlägereibereich.«

Jetzt grinst Pirlo doch, wenn auch schwach und müde. »Ich habe eben meine Momente. Und jetzt versuch, dich zu entspannen. Erzählen kannst du gleich.«

Sophie nickt. Was keine gute Idee ist. Alles schmerzt. Sterne explodieren vor ihren Augen. Sie ist überrascht, dass sie dabei ausgerechnet an ihren Vater denkt. Daran, wie enttäuscht er sie jetzt ansehen würde. Und wie bestätigt er sich fühlen dürfte. Dann setzt die Wirkung der Schmerzmittel ein. Kurz darauf ist sie eingeschlafen.

45.

WEICHZEICHNER

Wahrscheinlich nicht mehr als eine Stunde später

Sophie hat keine Ahnung, wie lange sie geschlafen hat. Wahrscheinlich ist nicht mehr als eine Stunde vergangen. Auch wenn es sich anfühlt, als seien es mindestens ein paar Tage. Sie liegt immer noch auf Pirlos Sofa. Als sie leicht den Kopf anhebt, sieht sie ihn übereck sitzen. Das, was sie von ihm ausmachen kann, ist ein Häufchen Elend. Genau kann Sophie das zwar nicht sagen. Dazu sind ihre Augen zu verquollen. Was sie aber doch wahrnimmt, ist der hängende Kopf. Die Matte schwarzer Haare baumelt in Richtung Boden. Die Hände klammern sich um eine Tasse. Außerdem kennt sie Pirlo mittlerweile ganz gut. Er leidet. Und macht sich Vorwürfe.

»Hallo«, murmelt sie.

Er sieht auf. »Hallo.« Sein Lächeln tut ihr gut, so schwach es gerade auch ausfallen mag. Er beugt sich vorsichtig über sie und streicht ihr ein Haar aus der Stirn. »Wie geht es dir?«

Sie versucht, den Mundwinkel nach oben zu ziehen. Das Unterfangen ist allerdings aussichtslos. »Es geht.«

»Brauchst du was? Noch ein Steak für die Augen? Eis? Ein Schmerzmittel?«

»Ja.«

»Was davon?«

»Alles.«

Er nickt und eilt davon. Sophie sieht ihm kurz nach. Dann fallen ihr wieder die Augen zu. Das Letzte, was sie mitbekommt, ist, dass er vorsichtig ein neues Steak auf ihre Stirn und ihre Augen platziert. Was sehr aufmerksam ist. Fürsorglich und lieb. So wie er eben auch sein kann. Pirlo, ihr Chef. Weiter kommen ihre erschöpften Gedanken nicht.

Am Abend fühlt sich Sophie wieder frischer. Die Gedanken sind klarer. Es ist Zeit für eine Sachstandsanalyse. Die ein klares Ergebnis hat: »Du kannst nichts dafür, Toni.« Sie hat das schon mehrfach gesagt. Er hat es jedes Mal nicht angenommen. Sophie seufzt. Es ist wichtig, dass sie sich nicht zu lange mit unnützen Fragen über Verantwortung oder Schuld herumschlagen. Im Gegenteil: Sie müssen vorankommen. Die Zeit läuft gegen sie. Erst recht jetzt, wo sie wissen, dass die Nazis sie auf dem Schirm haben. Dazu muss sie aber endlich zu Pirlo durchdringen.

»Es ist nett, dass du das sagst«, antwortet er. Schon wieder. »Aber ich mache mir trotzdem Vorwürfe. Ich hätte dich da nie allein hingehen lassen dürfen.«

Sophie schüttelt den Kopf. Es schmerzt. Trotzdem bleibt sie klar bei ihrem Kurs. »Lass es gut sein, Toni. Das bringt uns nicht weiter. Es ist, wie es ist. Trotz des Risikos mussten wir es versuchen. Wir stehen in diesem Fall mit dem Rücken zur Wand. Uns fehlt jeder Anhaltspunkt dafür, warum jemand Rainer Waßmer tot sehen wollte. Abgesehen von seiner Einstellung und möglicherweise hier und da krummen Geschäften haben wir nichts, was einen Mord erklären könnte. Beides war aber auch schon vorher da. Waßmer hat sowohl seine persönliche Haltung als auch seine Ganggeschichten jahrelang gepflegt und durchgezogen. In seinen Kreisen war er anerkannt. Weder in den klassischen Medien noch sonst wo im Internet habe ich irgendwas gefunden, was erklären könnte, warum Waßmer sterben sollte, erst recht nicht, warum gerade dann, dort und auf diese krasse Art und Weise.«

»Ich weiß«, murmelt Pirlo. »Trotzdem …« Er lässt den Gedanken durch den Raum wabern. Was er sagen will, ist Sophie aber auch so klar.

»Du weißt genau, dass wir eine andere Spur brauchen. Zumindest den Ansatz eines Alternativverdachts. So wie bei Danzinger und von Späth. Hier ist die Lage sogar noch bitterer. Durch das Theater auf dem Casinoparkplatz kam der Mord ja quasi mit Ansage. Wenn wir nichts Neues herausfinden, keine neuen Ideen haben, läuft es bei Maliki auf eine Verurteilung raus. Was scheiße wäre.«

»Außer, er war es.«

Sophie schüttelt wieder den Kopf, wenn auch diesmal etwas vorsichtiger. »Glaubst du das denn?«

»Was?«

»Dass Maliki der Mörder ist.«

Pirlo atmet tief durch. Streicht sich Haare aus dem Gesicht. Sieht sie direkt an. »Nein. Nein, ich glaube das nicht.«

»Siehst du, ich auch nicht. Selbst, wenn fast alles gegen ihn spricht.«

Pirlo nimmt den Gedanken auf. »Obwohl das Ganze irgendwie auch nicht richtig zusammenpasset.«

Jetzt nickt sie. »Eben. Also: Was hätten wir denn sonst machen sollen?«

»Vielleicht wäre es besser gewesen, direkt nach dieser Nicky zu suchen.«

»Kann sein, kann aber auch nicht sein und ist vor allem auch jetzt noch möglich. Diese Gedenkrede für Rainer Waßmer wäre uns dann allerdings entgangen. Ich bleibe dabei: Wir konnten uns das nicht leisten.«

»Ja. Leider.«

Sophie hört, wie Pirlo schwer durchatmet. Wie er sich um ein Lächeln bemüht. Und wie er dann doch zurückkommt. Der alte Pirlo. Der, den sie kennt und mag. »Du hast ja recht. Genug gejammert jetzt. Reißen wir uns zusammen. Das Allerletzte, was wir brauchen, ist, dass *du* mich tröstest, Mahler. Wenn es hier einen Orden für besondere Tapferkeit im Angesicht des Feindes gibt, gehört er dir. Was mich anbelangt: Klar mache ich mir Vorwürfe. Das wird auch weiter so sein. Und zwar zu Recht. Du bist sehenden Auges in die Höhle des Löwen gelatscht, und ich fand auch noch, dass das irgendwie eine ganz gute Idee sei.«

»So ist das nun mal«, brummt Sophie. »Das Leben wird vorwärts gelebt und rückwärts verstanden.«

»Hör mir auf mit Kierkegaard«, grummelt Pirlo.

Einmal mehr ist Sophie überrascht. Sie hat vergessen, dass es eben auch diese Seite an Pirlo gibt. Dass dieser polternde, langhaarige, bärtige Kerl neben seinen Flüchen, seiner schnellen Sprache und der Alltagsarroganz auch noch anderes auf Lager hat. Und sei es Kierkegaard.

»Was ist los?«, fragt Pirlo. Der lockere Ton ist zurück. Wenn auch noch ordentlich bemüht. »Du wirkst verstört. Also: Noch mehr als gerade schon. Zumindest soweit ich das angesichts all dieser Beulen überhaupt sagen kann.«

»Ach, nichts«, antwortet sie. »Gerade war kurz der Weichzeichner an. Liegt wahrscheinlich an den Tabletten.«

»Was war denn weichgezeichnet?«

»Du.«

»Auf eine gute Art?

»Ja.«

»Hm. Spricht für die Tabletten.« Er lacht und streicht ihr sanft über den Kopf. Es wirkt unbeholfen, hat aber nichts zu bedeuten. Zumindest glaubt Sophie das. Er kümmert sich eben um sie. Mehr nicht. Oder nicht?

Oder doch?

Pirlo steht vom Sofa auf. »Willst du vielleicht noch einen Kaffee?«

»Gott bewahre!«, entfährt es ihr. »So schlecht kann es einem Menschen gar nicht gehen.«

Er zuckt mit den Schultern. »Ich kann ihn dir auch weniger stark aufbrühen.«

»Selbst dann könnte man damit wahrscheinlich noch Tote zum Leben erwecken.« Pirlo lacht und verschwindet in der Küche.

»Alles okay?«, fragt er, als er kurz darauf den Kaffee auf einem schmalen Tablett in den Raum balanciert. Zwei Tassen. Natürlich.

Sie nickt. »Alles in Ordnung.«

Er betrachtet sie einen Moment nachdenklich. »Ist der Weichzeichner noch an?«

»Kann schon sein.«

Darauf fällt ihm nichts mehr ein. Ihr auch nicht. Aus lauter Verlegenheit nimmt sie sogar einen Schluck. So weit ist es gekommen.

Pirlo scheint ihre Gedanken erraten zu haben. »Wir sind ein seltsames Gespann, Mahler.«

»Was meinst du?«

Er zuckt mit den Schultern. »Wie wir hier eben leben und zusammenhalten. Normal ist das nicht.«

»Normal für was?«

»Für Anwälte und so. Und für ein Team aus Mann und Frau.«

Sie schmunzelt. »Kann schon sein.«

Woraufhin er das Ganze noch einmal auf seine ganz eigene Art unterstreicht. »Womit auch das geklärt ist. Na gut, ich gehe dann mal in den Puff.«

Sophie lacht. »Viel Spaß. Es wird bestimmt einfacher laufen als bei mir.« Zumindest hofft sie das.

46.

PLÜSCHIG

Am Abend

Als Pirlo das Auto auf dem Parkplatz des Club *Aphrodite* abstellt, versucht er, über sich zu schmunzeln. Wirklich klappen will es nicht. Er ist nervös. Punkt. Selbst wenn es eigentlich keinen Grund dafür gibt. Sicher, die Umstände sind seltsam. Der Druck ist hoch. Aber wann ist das nicht so? Der Mercedes steht genau auf dem Platz, an dem Waßmers Fahrzeug stand. Der Tatort ist hier längst wieder zugänglich. Es gibt schließlich Geschäfte zu erledigen. Dann bewegt er sich in Richtung Eingang. Es ist kurz nach ein Uhr nachts. Ungefähr die Zeit, zu der Waßmer ankam und Maliki wieder ging. Pirlos Blick schweift in Richtung Straße, über die der Parkbereich durch eine Einfahrt in der ansonsten lückenlosen Ummauerung zu erreichen ist. Sein Eindruck deckt sich mit den Erkenntnissen der Ermittlungsakte. An der Einfahrt gibt es eine Kamera, ansonsten aber nicht. Nirgends. Warum auch?

Pirlo klingelt, wird eingelassen und betritt nach einem schmalen Treppenhaus einen in dezenten Rottönen gehaltenen Eingangsbereich. Übereck stehen zwei Sofas, davor ein kleiner Tisch mit Getränken. Es sieht weniger ranzig aus, als er es erwartet hat. Wenn auch nicht viel. Dann schiebt sich eine mollige Frau in sein Blickfeld. Ihr Alter ist undefinierbar und wahrscheinlich auch nicht an allen Körperstellen dasselbe. Ein süßlicher Geruch wabert durch den Raum. Unter Klischeegesichtspunkten ist damit gleich mal ganze Arbeit geleistet. Ihr Lächeln wirkt allerdings tatsächlich freundlich. »Herzlich willkommen bei *Aphrodite*, dem Ort, an dem du ankommen, abschalten und frei sein kannst.«

»Hallo«, sagt Pirlo. Sofort fühlt er sich blöd. Dass er sich hektisch durch die Haare fährt, macht es nicht besser. Warum, um alles in der Welt, ist er eigentlich so aufgeregt?

»Ich bin Linda«, sagt die Frau, die in der Akte Ludmilla Ermenakova heißt. »Und wer bist du?«

»Werner«, antwortet Pirlo. Das wird der Alte schon verschmerzen können.

»Was können wir Schönes für dich tun, Werner?«

Was keine einfache Frage ist. Sophie und er haben das Szenario gründlich vorbesprochen. Eine Möglichkeit wäre, direkt danach zu fragen, was sie über Maliki und diese Nicky weiß. Das bringt allerdings das Risiko mit sich, dass sie so antwortet, wie gegenüber der Polizei. Nämlich quasi gar nicht. Was sich dann in der Akte folgendermaßen liest:

»Ist Ihnen etwas Besonderes aufgefallen?«

»Nein.«

»War Herr Faruk Maliki öfter bei Ihnen zu Gast?«

»Was heißt öfter?«

»Mehr als ein Mal.«

»Ja.«

»Und Herr Rainer Waßmer?«

»Auch.«

»Können Sie uns sagen, wann?«

»Nein.«

»Können Sie uns Ihre Kalender oder Terminplaner offenlegen?«

»Nein.«

»Warum nicht?«

»Weil es keine gibt.«

»Dann geben Sie uns bitte Ihre Kreditkartenabrechnungen heraus.«

»Das würde ich. Aber auch die gibt es nicht.«

Und das war es. Keine weiteren Fragen. Die Staatsanwaltschaft hatte veranlasst, dass die Polizei diese Angaben überprüfte. Sie hatte ein förmliches Herausgabeverlangen gestellt und die Kripo zur Nachschau geschickt. Außerdem hatten sie ein Auskunftsersuchen an das zuständige Finanzamt und an die Gewerbeaufsicht versandt. Das Ergebnis war absehbar gewesen. Frau Ermenakova hatte die Wahrheit gesagt. Die Freier zahlten in bar und das noch nicht einmal bei dem Club selbst, sondern bei den Frauen. Diese leisteten gegenüber dem Club eine Abgabe für die Miete der Räume. Es mochte ja sein, dass es im horizontalen Gewerbe eine Menge Schmutz gab. Hier galt das allerdings nicht. Der Club *Aphrodite* war sauber und zahlte seine Steuern. Dass er allein auf Bargeld setzte, war zwar ungewöhnlich. Illegal war es aber nicht.

Danach hatte die Kripo über das Gesundheitsamt die Anmeldedaten der im Club tätigen Prostituierten angefragt. Sie hatte die bürgerlichen Namen und Meldeadressen der jeweiligen Frauen erhalten. Es waren über dreißig. Der Club hatte fünf Zimmer. Es war abwegig, dass alle Frauen gleichzeitig vor Ort waren. Wer wann unter welchem Künstlernamen arbeitete, ließ sich nicht nachvollziehen. Die Puffmutter danach zu fragen war daher wenig sinnvoll. Wenn sie das hätte erhellen wollen, hätte sie es längst getan. Was bedeutet: Wenn Pirlo mit Nicky sprechen will, muss er sie direkt treffen. Wer auch immer das ist.

Also sagt er: »Ich will mich mit Nicky treffen.«

Das Lächeln der Frau verschwindet. »Warum?«

Was eine fiese Gegenfrage ist. Rummachen kann er hier schließlich auch mit anderen. Kurz denkt Pirlo an Maliki und daran, wie sehr der ihm damit auf den Sack gegangen ist, nicht einfach seine Pufffragen zu beantworten. Jetzt versteht er ihn ein bisschen besser. Gleichzeitig ist er froh, dass er auch dieses Szenario mit Sophie durchgespielt hat. Selbst wenn das, was kommt, wenig schön ist. Er setzt ein schmieriges Grinsen auf. »Sie wurde mir empfohlen.«

Die Reaktion fällt nicht so aus wie erwartet. »Von wem?«

Kurz droht Pirlo aus seiner Rolle zu fallen. »Wie meinen Sie – von wem?«

»Von wem wurde Nicky empfohlen?«

»Von einem anderen Kunden.«

»Und weswegen?«

Er versucht es wieder mit dem Grinsen. »Sie wissen schon.«

Die Frau stemmt eine Faust in ihre massige Hüfte. »Nein, ich weiß das nicht. Weder, was Sie meinen, noch, was Sie genau von ihr wollen. Ich meine: Falls es diese Nicky hier überhaupt gibt.«

Pirlo stutzt. »Sie haben doch gerade von ihr gesprochen.«

»Von wem?«

»Von Nicky.«

»Ja?«

»Ja.«

»Ich kann mich nicht daran erinnern.«

»Sie haben doch gerade gefragt, was ich von Nicky will.«

Die Frau zuckt mit den Schultern. »Ich nehme an, Sie haben sich verhört. Vielleicht haben Sie verstanden, dass ich *Nicole* meine.«

»Haben Sie denn jemanden, der so heißt?«

»Wie?«

»Nicole.«

»Nein, auch nicht.«

Pirlo fährt sich durch die Haare. Danach noch einmal. Und wieder. Schön ist das hier nicht. »Haben Sie denn sonst *irgendwelche* Damen?«

Die Frau strahlt. »Aber natürlich!« Sie klatscht in die Hände.

Durch eine Tür betreten vier Frauen den Raum. Das Spektrum reicht von alt bis jung, groß bis klein, weich bis fest. Gemeinsam ist allen nur der Kleidungsstil. Alles kommt sehr reduziert daher. Sozusagen. Pirlo schluckt kurz. Dann fällt ihm auf, dass er vergessen hat, Maliki zu fragen, wie diese Nicky aussieht. Fuck. *Fuck*! Sein Hirn rast. Sein Blick auch. Während Ludmilla oder Linda, oder wie auch immer, ihm die einzelnen Frauen vorstellt, versucht Pirlo zu erraten, welche Art von Frau dem kleinen, schmächtigen Nachwuchsgangster gefallen dürfte. Was natürlich aussichtslos ist. Maliki könnte die ältere Dame mit der dunklen Haut genauso gut finden wie die gertenschlanke blasse Riesin. Und so weiter. Weswegen Pirlo hier eigentlich nichts richtig machen kann. Viel falsch aber auch nicht. Er entscheidet sich für die Riesin. Sie dürfte dem Alter nach am nächsten an Maliki dran sein. Während sich die anderen Frauen wieder zurückziehen, kommt sie lächelnd auf Pirlo zu, nimmt ihn an der Hand und führt ihn in einen Nebenraum. Der Duft ist hier derselbe wie bei der Molligen. Ein bisschen zu süß. Ein bisschen zu pappig. Ein bisschen zu präsent. Pirlo hat das Gefühl, auf einer Wolke zu laufen, die rosa ist. Und klebrig.

»Ich bin Bernadette.«

»Werner«, antwortet Pirlo.

»Schön, dich kennenzulernen, Werner.«

Sie setzen sich auf das Bett. »Ebenfalls, Bernadette. Was ein schöner Name ist.«

»Danke.«

»Verwendest du ihn denn immer?«

Sie schlägt fragend die Augen auf. »Was meinst du?«

Pirlo versucht ein freundliches Lächeln. »Ich meine, ob du immer diesen Namen trägst. Oder ob du dich manchmal auch anders nennst.«

Sie lacht, als habe er einen großartigen Witz gemacht. »Ich

nenne mich Bernadette, weil ich nun mal so heiße. Nicht nur heute, sondern immer.«

Pirlo hebt beschwichtigend die Hände. Ihre finden derweil seinen Schritt. Was es nahelegt, hier langsam zum Ende zu kommen. Wenn auch auf eine andere Art, als die von ihr erwartete. »Bernadette«, setzt er an, »ich suche eine Frau, die Nicky heißt. Kennst du sie? Ist sie vielleicht eine Kollegin von dir?«

Sie schüttelt den Kopf. Das Lächeln ist weg. Die bemühte Freundlichkeit bleibt allerdings. Noch jedenfalls. »Mir sagt dieser Name nichts. Aber wollen wir nicht vielleicht auch mal an andere Sachen denken, Werner? Ich meine, deine Zeit läuft.« Sie zwinkert ihm zu und schürzt die Lippen. Trotzdem ist die Stimmung im Eimer. Pirlo bemerkt das. Und er merkt, dass Bernadette merkt, dass er es merkt. Trotzdem wirkt sie immer noch einigermaßen motiviert. »Lass uns weniger reden und mehr leben. Pass auf, Werner, ich komme gleich wieder, und dann verzaubere ich dich so, wie dich noch nie eine Frau verzaubert hat. Ich verspreche dir, du wirst alle anderen vergessen, ganz gleich, wie sie heißen.«

»Auch Nicky?«

»Auch Nicky.« Sie lacht, drückt Pirlo einen Kuss auf die Wange und verschwindet durch die Tür. Er wartet kurz. Dann schnappt er sich sein Telefon. Sophie geht sofort dran. Sie klingt schläfrig, aber auch angespannt. »Wie läuft es im Bordell?«

»Nicht besonders. Die Puffmutter war ähnlich ergiebig wie bei der Polizei. Jetzt bin ich mit einer der Frauen in einem Zimmer, komme aber auch nicht weiter.«

»Und, wie ist es da so?«, fragt sie.

Pirlo sieht sich um. »Plüschig.«

Sophie lacht. Wirklich erfreut klingt sie nicht. Andererseits hat sie auch eine Menge Schmerzmittel intus. Wer ist da schon das blühende Leben?

»Und jetzt?«

»Die Frau ist kurz raus.«

»Konntest du was herausfinden?«

»Bisher nicht.«

»Und was passiert als Nächstes?«

Woraufhin Pirlo antworten will, dass er es noch nicht weiß. Was aber eigentlich nicht stimmt. Richtiger ist das hier: »Als Nächstes passiert nichts Gutes.«

Dann nimmt ihm der statt Bernadette in den Raum gekommene Hüne das Telefon aus der Hand. Kurz darauf ist Pirlos Kragen in dessen Händen. Das Weitere spielt sich erstaunlich schnell ab. Und erstaunlich routiniert. Der Kerl schleift Pirlo zu einem Seitenausgang. Dort stößt er eine Tür auf und Pirlo hindurch. Dann wirft er ihm das Telefon nach, das auf dem Boden in mehrere traurige Teile zerspringt. Dabei fällt die ganze Zeit kein einziges Wort. Genau genommen ist das aber auch nicht nötig.

47.

PUSCHKIN

Etwas später

Zurück in der Wohnung, sitzt Pirlo auf dem Sofa und dreht an seinen Haaren. Sophie ist mittlerweile bei sich zu Hause. Pirlo ist allein. Was gerade gut ist. Die Lage ist auch ohne große Erklärungen beschissen genug. Aus dem Schallplattenspieler quäkt leise die Trompete von Miles Davis. Diesmal hilft das ausnahmsweise nicht viel. Pirlo fühlt sich benommen. Was weniger mit dem Whisky in seiner Hand zu tun hat. Eher mit dem sonstigen Drumherum. Der ganze Tag war ein einziges Desaster. Die Schläge, die Sophie eingesteckt hat. Die Erkenntnis, dass die Nazis sie auf dem Schirm haben. Sein Besuch im Club *Aphrodite* mitsamt des plötzlichen Endes. Und das alles, ohne dass sie vorangekommen wären. Entsprechend ernüchtert schreibt er Sophie per E-Mail, dass er auch nicht erfolgreich war. Sofort nach dem Versenden ärgert er sich über das »auch«. Rückgängig machen kann er die E-Mail trotzdem nicht. So bleibt noch eine weitere kleine Sache, die ihm einfach nur unangenehm ist. Er schließt die Augen und nimmt einen Schluck Whisky. Das macht zwar nichts besser, hilft aber dabei, dass der Scheißtag wenigstens irgendwie auspendelt. Für alles andere, vor allem die angebrachte Wut über die Ereignisse, die Ergebnisse und sich selbst, fehlt heute die Kraft. Manchmal ist das einfach so.

Die Klingel weckt ihn. Etwas verstört angelt Pirlo nach seinem Telefon. Beinahe fällt dabei das Glas auf den Boden. Er ist mit dem Whisky in der Hand eingenickt. Pirlo sortiert seine Haare und fuchtelt weiter orientierungslos auf dem Sofa herum. Es dauert eine Weile, bis ihm einfällt, dass er kein Telefon finden wird, weil er gerade keines hat. Mit dieser Erkenntnis ist auch die Erinnerung an den Desastertag wieder da. Weiter kommt er nicht. Es klingelt erneut. Diesmal länger, möglicherweise auch ungeduldiger.

Als er öffnet, steht Alena vor ihm. Für einen kurzen Moment wirkt sie noch aufgebracht. Das allerdings weicht echter Sorge.

»Toni, was ist los mit dir?«

»Wie meinst du?«

Sie zeigt auf ihr Telefon. »Ich habe ein Dutzend Mal bei dir angerufen, ohne dich zu erreichen. Auch meine Nachrichten kommen nicht durch. Vor allem aber siehst du einfach furchtbar aus.«

Pirlo atmet müde durch. »Mein Telefon ist kaputt. Ich wusste nicht, wie ich dir das sonst hätte mitteilen sollen. Deine E-Mail-Adresse habe ich nicht. Wo du wohnst, weiß ich auch nicht. Außerdem …« Er lässt den Satz in der Luft hängen.

»Ja?«

»Außerdem war ich wahrscheinlich einfach auch zu erschlagen. Heute zumindest.« Er grinst schief. Richtig gelingen will es ihm allerdings nicht.

Sie sieht ihn fragend an. Liebevoll, aber auch irritiert. »Was ist denn passiert? Und warum riechst du nach einem Striplokal?« Sie fragt es ohne Drama. Trotzdem ist klar, dass er sich nicht um eine Antwort drücken kann.

Pirlo fährt sich über das Gesicht. »Komm vielleicht einfach erst mal rein.«

Alena nickt. Sie setzt sich auf das Sofa. Pirlo verschwindet in die Küche, um Kaffee zu kochen. Als er zu ihr kommt, hat er seinen Frieden mit der Situation gemacht. Er setzt sich. Trinkt starken Mokka. Und erzählt. Alena hört geduldig zu. Sie stellt keine Rückfragen, sondern lässt ihn einfach nur berichten. Als Pirlo mit allem durch ist, fühlt er sich noch mehr erschlagen. Falls das überhaupt möglich ist. Dann wartet er auf Alenas Reaktion. Er merkt selbst, dass er dabei unsicher unter den ins Gesicht gefallenen Haaren hervorlinst. Dass er keine Ahnung hat, was sie jetzt sagen wird. Tatsächlich beugt sie sich aber einfach nur zu ihm und küsst ihn sanft auf die Stirn. Einen kurzen Moment wartet sie noch. Dann küsst sie ihn auch auf den Mund.

Eine Weile passiert nichts. Dann hält Pirlo die Stille nicht mehr gut aus. Selbst wenn Miles Davis sie in Grundzügen füllt. »Was denkst du?«

Alena lächelt schwach. Sie sieht atemberaubend aus. Kurz fragt sich Pirlo, wie er nur so viel Glück haben kann, dass diese Frau hier in seiner Wohnung auf seinem Sofa sitzt. Dass sie ihm zuhört. Ihn anlächelt. Und das sogar jetzt noch, in diesem Zustand. Ganz vielleicht ist ja doch nicht alles total beschissen. Dann sagt Alena: »Die Illusion, die uns verherrlicht, ist uns lieber als zehntausend Wahrheiten.«

Pirlo lächelt zurück. Einfach so, reflexhaft, um nicht wie der überforderte Schwachkopf zu wirken, als der er sich fühlt. Tatsächlich hat er keine Ahnung, worauf sie hinauswill. Sie merkt es aber natürlich auch so. Ihr Lächeln wächst. »Das ist von Alexander Puschkin, einem der großen Dichter meiner alten Heimat.«

»Und was bedeutet das?«

Sie lacht. »Ich denke, es ist wie immer bei diesen großen Zitaten: für den einen das eine, für den anderen das andere.«

»Was bedeutet es für dich?«

Sie lehnt sich auf dem Sofa zurück, hält dabei aber seine Schulter fest. Langsam sinkt Pirlo an ihre Seite. Sein Kopf kommt neben ihrem Hals zum Liegen. Falls sie ihm eine Möglichkeit geben wollte, sich an ihr anzulehnen, ohne das aktiv tun zu müssen, hat das geklappt. Falls nicht, hat es sich einfach ziemlich gut gefügt.

»Für mich bedeutet das Zitat, dass man manchmal nicht alles bekommt, was man will. Aber trotzdem nicht aufgeben sollte.«

Kurz rätselt Pirlo, ob er wirklich *das* in den Puschkin-Spruch hineinlesen will. Oder kann. Plötzlich ist Alena aber wieder ganz nah. Sehr nah sogar. Und dann, das erste Mal an diesem Tag, passiert tatsächlich doch noch was Gutes.

48.

SQUASH

11.12. Am Morgen

Am nächsten Morgen muss der Frust raus. Kann ja sein, dass der Abend mit Alena gut war. Der Tag selbst steckt Pirlo aber immer noch in den Knochen. Was dagegen hilft, ist Squash. Zumindest meistens. Diesmal läuft es allerdings etwas anders. Pirlo rennt. Kämpft. Flucht. Die schwarzen Haare fliegen ihm um den Kopf und kleben ihm wirr im Gesicht. Trotzdem hat er gegen Fenina keine Chance.

»Weil du alt bist«, erklärt der. Feinfühlig wie immer. »Alt und langsam.« Nur um das noch mal klarzustellen.

Pirlo will eine schlagfertige Antwort geben. Das kann er eigentlich auch von sich erwarten. Es kommt allerdings trotzdem nichts. Dazu ist er viel zu sehr mit Grundlegendem beschäftigt. Schwitzen. Atmen. Überleben.

Später sitzen sie frisch geduscht in Pirlos Auto. Die Haare sind noch ein wenig nass. Die Heizung ballert. Über allem die Musik von Oasis. Pirlos Standardprogramm. Nur die gute Laune fehlt diesmal.

»Alles okay?«, fragt Fenina.

»Warum?«

»Du wirkst nachdenklich.«

»Sonst fragst du mich doch auch nicht nach meinen Gefühlen.«

»Sonst wirkst du auch nicht so.«

»Nachdenklich?«

»Als ob du welche hättest.«

Pirlo grinst. Das hat Fenina fein vorbereitet. Der sowieso ein schlauer kleiner Teufel ist. Schon zweimal hat er das Kunststück geschafft, komplizierte Kryptowährungen zu hacken. Jedenfalls zwei Male, von denen Pirlo weiß, weil sie jeweils in einer Ermittlungsakte gelandet waren und Fenina einen Verteidiger gebraucht hatte. Beide Fälle gingen gut aus. Trotzdem: Fenina ist ebenso virtuos darin, in das Leben anderer Menschen einzudringen, wie darin, sich in Schwierigkeiten zu bringen. »Ich bin der verdammte Rembrandt der Probleme«, hatte Fenina mal gesagt. Da war schon was dran.

Zwischenzeitlich sind sie angekommen. Pirlo hält vor dem Altbau in Flingern, in dem Fenina wohnt. Pirlo mag das Viertel. Um die Ecke ist ein kleiner Platz. Nicht weit von hier ist der Flinger Broich, von wo die Fortuna stammt.

»Ist eine schöne Gegend hier«, brummt Pirlo. Einfach so, um überhaupt noch irgendwas zu sagen, was einigermaßen locker klingt.

»Ich mag das auch. Man vergisst, dass Düsseldorf auch richtige Arbeiterkieze hat. Ich merke das, wenn Freunde von außerhalb da sind. Die denken, die Armeleuteecken von Düsseldorf heißen Oberhausen und Duisburg. Wenn ich denen erzähle, dass ich in Flingern aufgewachsen bin, gehen sie immer davon aus, das sei irgendwo gleich links von der Kö.« Beide lachen. Fenina fährt fort: »Offen gestanden kapiere ich nicht, warum ihr mit der Kanzlei in der Carlstadt sitzt. Hier passt ihr doch viel besser hin. Irgendwie find ich die Entscheidung *weird*, dass ihr die Bude dann doch so klassisch aufgezogen habt. In der Carlstadt. Maisonette. Sekretär. Huiuiui. Alles so *oldschool* und bürgerlich. Ihr habt ja nicht mal einen Account auf Insta.«

»Was sollten denn Anwälte auf Instagram zu tun haben?«

Fenina verdreht die Augen. »Na, Werbung machen, Mann. Sagen, wie die Rechtslage ist und so. Die Leute mitnehmen in deinen aufregenden Alltag. Zeigen, wo du bist.«

»Wo ich bin?«

»Alter!« Fenina kramt sein Handy raus. Kurz darauf ist es Pirlo schwindlig. Mit schnellen Fingern hat Fenina alle möglichen Profile aufgeblättert. Pirlo hat mehr Anwälte auf einmal gesehen, als er für möglich gehalten hätte. Und als er jemals sehen wollte. Anwälte im Anzug. Anwälte vor, bei, neben Gerichten. In der Robe. Im Bikini. Auf Pferden. Im Auto. Beim Tanzen. Beim Warnen. Beim Irgend-welche-Sachen-Machen. Es war alles dabei.

»Wenn du willst, setze ich das gern für euch auf.«

»Und dann?«

»*Think about it.* Ihr seid ja immer mal vor Gericht. Das postet ihr dann eben. Oder ich mach das für euch. So weiß jeder, wo ihr seid und was ihr tut.«

»Aha«, brummt Pirlo. Dann macht sich ein Gedanke breit. »Leute posten, wo sie sind und was sie tun.«

Fenina nickt. »Klar, Mann. Das ist quasi der Witz dieser ganzen Sache.«

Pirlo verarbeitet das. Dann dreht er Oasis ab und streicht sich die Haare aus der Stirn. Er ist angespannt. Fokussiert. Das kommt auch bei Fenina an. »Was ist los, Mann?«

»Das heißt, dass wir auch nachsehen können, wo andere Leute wann waren.«

»Wenn sie das gepostet haben. Klar.«

Ein paar Minuten später hat Pirlo schon alles, was er braucht. Oder besser: alles, was Instagram ihm erzählen kann. Was gar nicht so wenig ist. Sie haben sich in Feninas Wohnung vor dessen großen Bildschirm gesetzt. Fenina hatte dort Instagram aufgerufen und #casinodortmund eingegeben. Der Rest ging schnell.

Am zwanzigsten November hatten sowohl @kingmaliki als auch @rainerkampfgeist das Casino besucht und unter den Hashtags verlinkt. Die anderen Bilder der Accounts lassen keinen Zweifel: Sie gehören zu Faruk Maliki und Rainer Waßmer. Auch Clans freuen sich über Herzchenbestätigungen. Nazis sowieso.

»Fuck«, murmelt Pirlo.

»Was denn?«, fragt Fenina von der Seite. Auch ihn hat das Jagdfieber gepackt. Worauf auch immer es gerichtet sein mag.

»Das hier«, sagt Pirlo und zeigt auf die Bilder des zwanzigsten Novembers. Einmal grinst Faruk Maliki mit einem Bündel Geldscheine in die Kamera. Einmal hält sich Rainer Waßmer an einem Pils fest. Sehr wahrscheinlich einem deutschen. »Sie waren beide an diesem Abend im Casino und haben das auch beide gepostet.«

»Und?«

»Das bedeutet, dass auch jemand anderes das sehen konnte. Ich meine, dass sie beide dort waren. Gleiche Zeit, gleicher Ort.«

Fenina nickt. »Das stimmt schon. Aber was ergibt sich daraus?«

Pirlo streicht nachdenklich eine Strähne hinters Ohr. »Ganz ehrlich: keine Ahnung. Vielleicht gar nichts. Vielleicht aber auch ganz viel.«

49.

CUI BONO, ALTER!

Wenig später in der Kanzlei

»Sie waren zur selben Zeit am selben Ort und haben das beide über Instagram geteilt«, doziert Pirlo. Er läuft mit großen Schritten durch den Raum. »Verstehst du?«

»Ja«, sagt Wang. »Du hast es ja auch ungefähr ein Dutzend Mal wiederholt.«

Pirlo bleibt stehen und starrt ihn an. Sein Blick flackert. »Aber ist dir klar, was das bedeutet?«

»Dass das auch andere sehen konnten?«

»Genau!«, ruft Pirlo. »Sehr guter Gedanke!«

»Den du auch selbst schon hattest«, ergänzt Wang. »Ebenso ein Dutzend Mal.«

Pirlo bleibt irritiert stehen. »Ja?«

»Ja.«

»Hm. Und was machen wir daraus?«

Wang streckt seine Arme durch. »Keine Ahnung. Sag doch einfach auch noch mal den ganzen Rest.« Pirlo sieht ihn ausdruckslos an. Wang seufzt. »Du weißt schon. Dass jemand die beiden genau dort auch sehen *wollte* und sie dann von dort aus verfolgt hat. Ein unbekannter geheimnisvoller Dritter.« Wang setzt dazu Anführungszeichen in die Luft, die so wenig Elan haben, dass es den Eindruck macht, seine Finger könnten dabei einschlafen. Trotzdem ist Pirlo fest entschlossen, das zu ignorieren. Die fehlende Begeisterung. Das Träge. Alles, was ihn in seinen Gedanken bremst. Also sozusagen den ganzen Wang. Leider. Denn eigentlich könnte alles so einfach sein. Pirlo braucht einen Sparringspartner. Sophie ist mit ihren Verletzungen noch außer Gefecht, aber Wang ist vor Ort. Weil die Kanzlei seit Tagen um das Maliki-Mandat kreist, hat er nicht allzu viel zu tun. Also kann er sich auch mit Pirlo in den Besprechungsraum setzen, Kaffee trinken und durchspielen, was sie an neuen Erkenntnissen gewonnen haben. Nur dass das eben nicht klappt. Zumindest nicht alles. Klar, Wang sitzt da. Er trinkt auch Kaffee. Der ganze Rest ist allerdings eine Tragödie. Er ist gerade nicht nur kein guter Partner. Ganz allmählich geht er Pirlo auch hart auf die Nerven. Außerdem denkt Pirlo natürlich an Sophie. Daran, dass sie sich irgendwo durch ihre Schmerzen quält, und daran, wie viel besser das hier sonst mit ihr läuft. Keine Frage, Pirlo vermisst sie. Und zwar auf alle möglichen Arten. Worüber er sich gerade aber keine Gedanken machen kann. Sogar ganz bestimmt nicht.

»Also«, raunzt er Wang an, »wer kann das sein, unser geheimnisvoller Dritter?«

»Was weiß denn ich? Einer, der den Nazi nicht leiden konnte, wahrscheinlich.«

»Warum den Nazi?«

Wang sieht Pirlo an, als sei der total bescheuert. »Weil nur er tot ist, vielleicht?«

Pirlo hält kurz inne. Er kratzt sich am Bart. »Das ist kein schlechter Gedanke.«

»Ich habe meine Momente«, zitiert Wang ihn. Es gelingt ihm, das ohne jedes Lächeln zu tun.

Pirlo sieht ihn lange an. »Warum bist du eigentlich so abgefuckt, Junge?« Wang zuckt mit den Schultern. Pirlo insistiert. »Sag's mir einfach. Ich geh dir auf den Sack. Du gehst mir auf den Sack. Was ist das Problem?«

Wang sieht auf sein Telefon. »Sie heißt Jule.«

»Ist sie heiß?«

»Und wie.«

»Hat sie Bock auf dich?«

»Anzunehmen.« Jetzt grinst Wang. Jetzt! Pirlo schluckt seinen Ärger mit Mühe runter. Er denkt an Arland und dessen Weisheiten. Ein Team zu leiten könnte unheimlich Spaß machen, wenn es nur nicht so viel mit Menschen zu tun hätte.

»Wann siehst du sie das nächste Mal?«

»Vor einer halben Stunde.«

Wang seufzt. Pirlo auch. Er pustet durch. »Also gut: ein Anlauf noch.«

»Von mir aus«, nuschelt Wang.

»Dann reiß dich zusammen!« Kurz dröhnen die Wände noch nach. Pirlo schreit nicht oft. Wenn, dann kurz. Und laut.

Wang zieht die Augenbrauen hoch. »Entschuldige, Chef.« Es klingt nicht witzig. Er meint es wahrscheinlich auch nicht so.

»Fassen wir noch mal zusammen«, sagt Pirlo. »Jemand Drittes könnte auf Instagram gesehen haben, dass Maliki und Waßmer zeitgleich im Casino waren. Diese Person könnte die Eskalation auf dem Parkplatz mitbekommen haben. Dann könnte sie Waßmer vor dem Club *Aphrodite* aufgelauert haben, und zwar genau zu dem Zeitpunkt, zu dem Maliki von dort auf den Parkplatz des Clubs kam.«

»Wie hätte man das denn organisieren sollen?«

»Keine Ahnung. Vielleicht über diese Nicky.«

»Die Prostituierte?«

»Genau.«

»Aber dann hätte sie ja Waßmer anrufen müssen.«

»Du meinst Maliki.«

Wang schüttelt den Kopf. »Nein, ich meine schon Waßmer. Klar, Maliki *auch*. Aber eben auch Waßmer. Den nach dem anderen.«

Pirlo hält inne. Das ist nicht mehr nur Geplapper. Nicht mehr nur Wangs Wunsch, einfach wegzukommen. Im Gegenteil, Pirlo hat das Gefühl, dass sein Sekretär gerade etwas wirklich Wichtiges gesagt hat. Leider kommt die Klingel dazwischen.

»Wer ist das?«

»Keine Ahnung«, antwortet Wang, dessen ganzes Gesicht aber etwas anderes zum Ausdruck bringt. Die Hoffnung auf Erlösung. Auf eine heiße Jule. Umso ernüchterter schaut er aus der Wäsche, als er von der Tür zurückkommt und Ahmid im Schlepptau hat.

»*Wallah*, Herr Anwalt!«, brüllt der durch den Raum.

»Hallo, Herr Khatib«, entgegnet Pirlo ruhig. »Kommen Sie doch herein.« Im Hintergrund sieht er, wie Wang nervös auf den Fußspitzen wippt. Er seufzt. »Ich denke, das war es dann für heute. Haben Sie einen schönen Feierabend.«

Wang strahlt. »Danke, Herr Dr. Pirlo.« Und weg ist er.

Übrig bleibt Ahmid. Und dessen schiefes Grinsen. »*Herr Dr. Pirlo*, Alter.« Er lässt das etwas durch den Raum schweben.

Pirlo streicht die Haare aus der Stirn. »Was willst du?«

»Von dir nichts.«

Das ist neu. Pirlo zieht die Stirn in Falten. »Erzähl keinen Scheiß. Du tauchst doch hier nicht einfach so auf.«

Ahmid bestätigt diese Vermutung auf seine Weise. »Bei dir jetzt oder was? Nein, ganz bestimmt nicht.«

»Also?«

»Also was?«

Pirlo fährt sich durch die Haare. An diese Art von Gespräch gewöhnt er sich nie. »Ahmid, was machst du hier?«

Ahmid grinst. »Ist doch wohl klar, oder?«

»Nein, verdammt.« Pirlo verliert allmählich die Geduld.

Ahmid scheint es ganz ähnlich zu gehen. »Genug gelabert, Bruder. Wo ist sie?«

»Wer?«

»Wie wer?« Ahmid starrt ihn irritiert an. »Na, Frau Rechtsanwältin Mahler. Deine Kollegin, Bruder.«

»Meine Kollegin?«

»Na klar, Mann. Was meinst du, was ich sonst hier will?«

Kurz ist Pirlo versucht zu lachen. Dann sieht er genauer hin. Ahmid trägt einen Anzug. Und zwar keinen zum Joggen. Hose und Sakko sind dunkelgrau, darunter spannt sich ein dünner schwarzer Rollkragenpullover. Man kann sehen, dass Ahmid regelmäßig seine Brustmuskeln trainiert. Dass er einen guten Kleidergeschmack hat. Und dass er das hier offensichtlich ernst meint. So seltsam Pirlo das auch findet.

»Du willst wirklich zu Sophie, oder?«

»Klar, Mann! Also, wo ist sie?«

»Nicht hier.«

»Wie, nicht hier?«

»Sie ist nicht hier. Hattet ihr denn einen Termin?«

Ahmid schaut irritiert. »Nein, das nicht.«

»Sondern?«

»Na ja, ich dachte, sie arbeitet eben immer. So wie du.« Und damit das hier nicht zu persönlich wird: »Du Opfer.«

Pirlo zuckt mit den Schultern. »Heute nicht. Ich fürchte, du musst sie wann anders stalken.«

»Oder du gibst mir einfach ihre Adresse.«

»Ganz bestimmt nicht, *Bruder.*«

Kurz zögert Ahmid. Vielleicht will er noch was sagen. Oder Pirlo eine knallen. Dann gibt er sich aber einen Ruck. »Und was machst *du* hier?«

Pirlo hält überrascht inne. »Wie meinst du das?«

Ahmid spricht ganz langsam. So, als komme es darauf an, behutsam mit einem sehr, sehr dummen Menschen umzugehen. Wahrscheinlich fühlt sich das für ihn sogar so an. »Deine heiße Kollegin ist nicht da. Du schon. Warum?«

Pirlo deutet auf seinen Laptop. Dann tippt er sich an den Kopf. »Ich muss nachdenken.«

»Oh«, sagt Ahmed. Dann haut er Pirlo richtig um. »Worüber?«

»Warum willst du das wissen?«

»Warum nicht?«

»Weil du Ahmid bist.«

»Und?«

»Und du dich nicht für mich interessierst, Bruder. Schon vergessen?«

Ahmid überlegt kurz. Dann grinst er. »Ich interessiere mich ja auch nicht für dich, sondern für das, was du machst. Was dasselbe ist wie das, was deine Kollegin macht. Die heiß ist.«

Wohinter tatsächlich eine gewisse Logik steckt. Pirlo seufzt. »Ich habe immer noch mit diesem Mordfall zu tun, bei dem man meinem Mandanten vorwirft, dass er der Täter sei.«

»Maliki?«

»Ja.«

»Und?«

»Ich glaube, dass er es nicht war.«

»Glaubt deine Kollegin das auch?«

Pirlo nickt. »Ja.«

Ahmid wackelt mit dem Kopf. »Dann ist da sicher was dran.« Pirlo verdreht die Augen. Ahmid verschränkt die Hände hinter dem Rücken und schreitet langsam durch den Raum. Kurz muss Pirlo schmunzeln. Dann haut Ahmid tatsächlich einen Gedanken raus. »Was hätte denn Maliki davon?«

»Wie meinst du?«

»Ich meine es so, wie ich es sage: Was hätte er denn davon, wenn er diesen Nazi killt? *Wallah*, das hat für ihn doch gar keinen Sinn, oder?«

»Wie meinst du?«

»Alter, der Albaner bringt den Nazi um. Dann sind doch automatisch alle Nazis sauer. Das ist schlecht fürs Geschäft. Dann prügeln die Nazis einen Maliki ins Krankenhaus. Was auch schlecht fürs Geschäft ist. Der Rest trommelt die Jungs zusammen.« Ahmid klopft sich auf die Brust. Schon klar. Er ist einer davon. Von den Jungs. Die man zusammentrommeln kann. In seiner Welt ist das offensichtlich etwas Gutes. Pirlo lässt es unkommentiert.

»Worauf willst du hinaus?«

Ahmid bleibt stehen und breitet die Hände aus. »Das merkst du doch selbst: Keiner hat etwas davon, dass der Nazi stirbt.«

»Außer die Menschheit vielleicht«, murmelt Pirlo.

Ahmid lächelt schief. Ein bisschen Humor hat sogar er. Vor allem dann, wenn keiner da ist, der ihn dabei erwischen könnte. »Aber sonst bringt das doch einfach gar nichts. Nur Stress. Nur Theater!«

Pirlo kratzt sich am Bart. Dann sagt er, was er sagen muss, jetzt, hier, wo er offensichtlich die Rolle des *advocatus diaboli* innehat. Zwar nur gegenüber Ahmid, aber immerhin. Mittlerweile ist er froh über jeden, der ihn zu neuen Gedanken inspiriert. Und sei es nur sein Bruder. »Waßmer und Maliki hatten vorher Streit. Maliki könnte beleidigt gewesen sein und sich dafür gerächt haben.«

Ahmid lacht auf. »Alter, als ob! Ein bisschen Gelaber ist doch kein Streit! Wenn das ernst wäre, müsste ich jede Woche fünf Leute umbringen.«

»Kann ja sein. Aber was soll hier das Argument sein? Dass man, wenn solche Provokationen ausreichten, *noch mehr* Leute umbringen könnte?«

Ahmid schüttelt den Kopf. »Bruder, das ist doch eine Scheißfrage!«

»Eben.«

»Dann musst du sie aber auch lassen und stattdessen die richtige Frage stellen.«

»Und welche soll das sein?«

Ahmid grinst neunmalklug. »*Cui bono*, Alter.«

Pirlos Gesichtszüge entgleisen kurz. »Was hast du da gerade gesagt?«

»*Cui bono*, Mann.« Pirlo starrt Ahmid sprachlos an. Der wartet kurz. Dann sagt er: »Krieg dich ein, Herr Doktor. Ich hab das in einem Podcast gehört.«

»Und?«

»Und ich weiß, dass das heißt: Für wen ist die Scheiße gut? Sonst war es das aber auch mit Latein. Keine Sorge, du bleibst das einzige Kopfopfer in der Familie. Diese Schande nimmt dir schon keiner.«

Pirlo nickt. Das klingt schon eher nach Ahmid. Nach einem Ahmid übrigens, der einen guten Gedanken hat. Auch wenn Pirlo das hier nicht zugeben will. Niemals. Auf gar keinen Fall.

»Ich denk mal darüber nach.«

»Sag es auch der Kleinen. Ich glaube, die ist sowieso schlauer als du. Und sag ihr, dass das von mir kommt.«

»*Cui bono*?«

»Und der ganze Rest.« Ahmid grinst. Dann klopft er Pirlo auf die Schulter und verschwindet.

Pirlo bleibt allein im Besprechungsraum sitzen, den Kopf voller Fragen. Wer hatte etwas davon, dass Rainer Waßmer starb? Was hat das mit Faruk Maliki zu tun? Vor allem aber: Wie geht es wohl Sophie? Und wann kommt sie endlich wieder?

50.

CHEF DER CHEFS

In Oberkassel

Als sie durch den Spion in der Tür späht, rechnet Sophie mit vielem. Damit aber nicht. Ihre Freundin Hannah wäre vielleicht zu erwarten gewesen. Früher hat sie öfter mal einfach so reingeschaut. Aber da hatte ihr auch noch nicht der tolle Daniel aus der Arztpraxis am Stadttor den Hof gemacht. Vielleicht wäre auch noch einmal ein Auftritt von Manu zu erwarten gewesen, um den es seit diesem missglückten Abend in der *Casa Palmieri* erstaunlich still geworden ist. Ansonsten wäre natürlich Pirlo ein Kandidat für einen unerwarteten Besuch. Wenn es um wenig Vorhersehbares geht, ist er das ja quasi immer. Wie gesagt: grundsätzlich alles denkbar. Bis auf das, was wirklich geschieht. Vor der Tür steht ihr Vater. In der Hand hält er einen Blumenstrauß. Die nächste Überraschung folgt auf dem Fuß. Als Ernst Mahler die Verletzungen seiner Tochter sieht, reagiert er sofort. Wenn auch ganz anders als gedacht. Er wird kreidebleich. »Himmel, Kind, was haben sie dir angetan?«

»Ich hatte Stress mit Leuten«, nuschelt sie.

Ihr Vater starrt sie entgeistert an. »Du hattest Stress?« Sie sieht, wie sich seine Pupillen weiten. Gleich geht das Theater los. Er ist eben doch, wer er ist. Insofern rechnet sie es ihm hoch an, dass er zumindest versucht, den Ärger wegzuatmen. »Du hattest also Stress. Mit Leuten. Und dann kommt so etwas dabei heraus.« Er lässt den Satz in der Luft stehen. Betrachtet ihn von verschiedenen Seiten. Sophie sagt nichts. Ihr fällt schlicht und ergreifend nichts ein. Dann seufzt ihr Vater lang und tief. »Ich nehme an, wenn ich frage, wer das war, bekomme ich keine Antwort?«

Sophie schüttelt langsam den Kopf.

»Dann sag mir einfach nur: Hat es mit diesem Dr. Pirlo zu tun?«

Sie verneint wieder.

Ihr Vater drückt sich eine Hand auf die Augen. Er atmet einmal tief durch. Dann hat er sich gefangen. »Kann ich denn etwas für dich tun?«

»Nein«, antwortet sie. Und: »Danke.«

Nach dem Abend bei Pirlo war sie bei ihrer Frauenärztin. Nicht etwa weil die besonders viel davon verstünde, wie man verdroschene Menschen behandelt. Zumindest hofft Sophie das. Sondern weil sie zu ihr ein besonderes Vertrauensverhältnis hat und sich weiteres Drama ersparen wollte. Die Untersuchung verlief schmerzhaft. Das Ergebnis war klar: Es war nichts gebrochen. Die Beschwerden würden noch eine ganze Weile bleiben. Es würde aber alles verheilen, wahrscheinlich sogar ohne jede Narbe. Ihre Ärztin hatte Sophie eine Menge Cremes und Tabletten in die Hände gedrückt. Seitdem hatte Sophie sich vor der Welt versteckt. Ihren Eltern hat sie geschrieben, dass sie krank sei. Ansonsten hat sie versucht, so wenig wie möglich zu sprechen und so viel wie möglich zu schlafen. Tatsächlich hatte sie an den letzten Tagen fast neun Stunden im Bett verbracht, damit fast das Doppelte der Zeit von dem, was sie gewohnt ist, seitdem sie für Pirlo arbeitet.

Ihr Vater meldet sich noch einmal. »Warst du wegen dieser Sache eigentlich bei der Polizei? Hast du eine Strafanzeige gestellt?« Sophie sieht ihn ruhig an. Die Antwort kann er sich auch allein geben. Einen Moment sagt keiner etwas.

Dann fragt sie: »Magst du einen Kaffee?«

Er nickt. »Ja.« Und sagt dann ein wenig resigniert: »Danke.«

Als sie mit den Tassen aus der Küche kommt, steht er vor ihrem Bücherregal.

»Beeindruckend«, sagt er steif. »Camus. Kafka. Hemingway. Ich wusste gar nicht, dass du solche, wie soll man sagen, klassische Sachen liest.«

Er lächelt. Sie weiß, dass er sich freundlich zeigen will. Deshalb verschweigt sie einfach auch, dass das alles Bücher sind, die Pirlo ihr empfohlen hat. Manche hat sie tatsächlich schon gelesen. Und wiederum einige davon fand sie auch wirklich gut.

Sie setzt sich vor ihn, fasst die langen blonden Haare zusammen und drückt den Rücken durch. Klar, alles schmerzt. Aber falls jetzt wieder die große Ernst-Mahler-erklärt-das-Leben-Rede kommen sollte, darüber, dass sie die falschen Entscheidungen trifft, dass sie Manu heiraten sollte und dass sie ihre Eltern so einfach froh machen könnte, anstatt ihnen nur Sorgen zu verursachen, ist sie wenigstens gewappnet. Es folgt allerdings die nächste Überraschung. Ihr Vater spricht ganz ruhig. »Heute vor zehn Jahren habe ich Patrick gefragt, ob er die Kanzlei übernehmen will.«

Sophie schluckt. Sie weiß nicht, was sie sagen soll. Himmel, sie weiß noch nicht einmal, ob sie das hier hören will. Es gehört zu den ungeschriebenen Gesetzen, dass, was immer mit Patrick zu tun hat, in ihrer Familie jeder mit sich selbst ausmacht. Auf seine Art. Ihr Vater mit einem Arbeitsrhythmus, von dem ihn erst ein Herzinfarkt erlösen wird. Ihre Mutter mit Alkohol. Sophie mit Sport und, seit sie Pirlo kennt, mit dem Beruf. Genau genommen auch ein bisschen mit Pirlo selbst. Trotzdem kann sie den Satz nicht einfach unkommentiert stehen lassen. Dazu ist er zu wichtig. Patrick ist dazu zu wichtig.

»Was meinst du?«

Ernst Mahler räuspert sich. »Ich habe dir davon nie erzählt.« Er nimmt seine Brille ab und fährt sich langsam über die Augen. »Das tut mir leid.«

Sophie glaubt, ihren Ohren kaum trauen zu können. Hat ihr Vater sich gerade wirklich entschuldigt? Bei ihr? Für sein eigenes Verhalten? Er scheint sogar noch nicht einmal fertig damit zu sein. »Ich ahne, dass du denkst, ich wüsste nicht, wie Patrick über diesen Beruf gedacht hat. Über die Arbeit bei *Müller & Mahler*. Du denkst wahrscheinlich, das sei mir alles egal gewesen. Dass es mir nur darauf angekommen sei, einen würdigen Thronfolger zu haben und mein Erbe voranzubringen.«

Sophie sieht auf ihre Hände. Sie muss das nicht kommentieren. Ihr Vater hat das alles ganz gut zusammengefasst. Auch wenn absehbar ist, dass da noch etwas kommt.

Er räuspert sich wieder. Lauter. Sophie hat ihren Vater in zahlreichen Gesprächssituationen erlebt. Immer wieder hatte sie Praktika bei *Müller & Mahler* absolviert und bestaunen dürfen, was für ein toller Hecht er doch ist. Ernst Mahler weiß, wie man sich bei einer Rede wirkungsvoll in Szene setzt. Jetzt macht er das allerdings nicht. Sophie erlebt ihren Vater ruhig und offen. Ehrlich. Es ist fast ein bisschen unheimlich.

»Was soll ich sagen, Sophie? Was du denkst, oder besser, was ich ahne, was du denkst, stimmt. Ja, ich stehe dazu, dass ich einen direkten Nachfolger haben wollte. Und ja, ich stehe dazu, dass das Patrick sein sollte. Mein Erstgeborener. Mein Sohn. Ich weiß heute, dass das nicht richtig war. Gegenüber niemandem. Nicht gegenüber meiner Tochter und auch nicht gegenüber meinem Sohn. Es ist aber auch so, Krümel: Ich habe dafür eine gewisse Zeit gebraucht.« Er schluckt. »Du sollst wissen, dass ich deshalb eine ganze Weile jemanden getroffen habe.« Ernst Mahler bemerkt Sophies unsicheren Blick. »Nicht, was du vielleicht denkst. Keine Frau. Jedenfalls keine, mit der ich deine Mutter betrogen hätte.« Er nimmt einen Schluck Kaffee. »Nein, ich habe eine Psychologin getroffen.« Er sieht sie an. Klare blaue Augen. »Ich habe eine Therapie gemacht.«

Sophie nickt. Sonst fällt ihr nichts ein. Ihr Vater hat eine Therapie gemacht. Ernst Mahler. *Der* Ernst Mahler. Er hätte ihr auch beichten können, dass er im letzten Jahr vier Kinder mit drei Frauen gezeugt hat. Oder aus Versehen ein Mittel gegen Krebs erfunden hat. Sie wäre nicht viel überraschter gewesen.

»Jedenfalls«, fährt er fort, »habe ich versucht, das alles aufzuarbeiten. Was mit Patrick war. Wie er gelebt hat. Wie er gestorben ist.« Er braucht einen Moment, fasst sich aber dann. »Ich weiß heute, dass er nicht glücklich war. Dass er das so, wie ich es für ihn wollte, auch nie hätte werden können. Ich habe verstanden, Krümel, dass das, was ich für Patrick geplant hatte, vor allem auch etwas war, was mir selbst wichtig war. Mein Wunsch. Meine Show. Mein Ego.« Er atmet schwer durch. Langsam legt ihm Sophie eine Hand auf die Schulter. Ihr Vater zittert. Er ist allerdings auch noch nicht fertig. Sie entscheidet sich daher zu warten. Zuzuhören. Vielleicht das erste Mal seit langem. Oder überhaupt.

»Vor zehn Jahren konnte ich das noch nicht sehen. Ich *konnte* es einfach nicht. Wahrscheinlich, weil ich es auch nicht wollte. Vor zehn Jahren war ich fest entschlossen, Patrick nach seinem Jurastudium in die Kanzlei aufzunehmen, ihn erst zum Juniorpartner zu machen, danach zum Managing Partner, ihn mit allen Aufgaben, allen Funktionen, allen Personen in Verbindung zu bringen, ein paar Monate hier, ein paar Monate dort, in London, klar, außerdem in Brüssel, natürlich auch in Rom. Patrick sollte eine richtige Antrittsreise unternehmen. Alle sollten verstehen, dass das der Mann der nächsten Generation ist. Dass der Name Mahler nicht nur im Titel stehen, sondern das Unternehmen auch in die Zukunft führen wird. Nur: Er wollte nicht. Ich weiß das heute. Vielleicht wusste ich es auch schon damals. Ich konnte das nur nicht akzeptieren. Ich wollte es einfach nicht glauben. Also bin ich mit ihm eine Woche nach Kanada geflogen. Wir wollten bergsteigen. Angeln. Zum Rafting. Aus meiner Sicht sollte das ein Teambuilding unter vier Augen sein. Eines für die künftige Führungspersönlichkeit Patrick Mahler. Dabei hat er, wenn ich ehrlich bin, wahrscheinlich jeden Moment von Herzen gehasst.« Ernst Mahler muss lachen. Es klingt traurig. Aber nicht nur. Sophie lacht mit. Wie sie ihren Bruder kennt, war er tatsächlich vor allem damit beschäftigt gewesen, die Stunden zu zählen, bis er vor den kanadischen Moskitos, Schlangen und Bären flüchten, wieder zurück nach Düsseldorf fliegen und sich in seinem Zimmer mit seinen Büchern einschließen konnte. Sie erinnert sich vage an die Reise ihres Vaters und ihres Bruders. Vor zehn Jahren hatte sie gerade begonnen zu studieren. Sie interessierte sich damals deutlich mehr für Partys als für die Frage, ob und wie Ernst Mahler seine Kanzleidynastie durch ihren älteren Bruder fortsetzte.

Sophie merkt, dass der Blick ihres Vaters weich geworden ist. Er schweift in die Ferne. »Zehn Jahre ist das jetzt her. Seit vier Jahren lebt Patrick nicht mehr. An eine Dynastie ist längst nicht mehr zu denken. Außer, du übernimmst das Ruder.«

Hoppla, denkt Sophie. Gleichzeitig ärgert sie sich, dass sie ernsthaft überrumpelt ist. Sicher, es war berührend, dass sich ihr Vater so geöffnet hat. Aber er ist eben immer noch ihr Vater. Mit allem, was dazugehört. Gefühl und Agenda müssen sich da nicht ausschließen. Eher im Gegenteil.

»Was meinst du damit?«, fragt sie vorsichtig.

Er wendet sich ihr zu. »Sophie, wann kommst du zu *Müller & Mahler*?«

Sie schluckt. »Du weißt, dass ich meinen Job als Strafverteidigerin ernst nehme. Dass ich ihn mit viel Leidenschaft ausübe. Dass ich dabeibleiben will. Papa, das ist dir doch alles klar.«

»Sicher«, sagt er und klingt schon deutlich sachlicher. »Und das respektiere ich auch. Ich frage mich einfach nur, wie lange das noch so gehen soll. Ich meine, Krümel, ich zeige dir das Land, wo Milch und Honig fließen, und du erklärst mir, dass du lieber in der staubigen Wüste wandeln willst.«

Sie senkt den Blick. »Manchmal ist das eben so.«

Er richtet sich auf. »Ja, manchmal. Aber nicht hier.«

»Wie meinst du das?«

Seine Stimme ist fest. »Ich will, dass du die Kanzlei übernimmst.«

»Du weißt, dass *ich* das *nicht* will.«

»Was ich weiß, ist, dass du mir das so sagst. Ob du das nicht *willst*, weiß ich nicht. Ich kenne dich schon so lange wie du dich selbst. Dein bewusstes Leben begleite ich sogar schon länger. Du bist meine Tochter.«

»Papa, ich …« Sie kommt nicht dazu, den Satz zu Ende zu bringen. Ernst Mahler ist jetzt in Fahrt.

»Ich denke, es ist vernünftig, wenn du dich langsam mit dem Geschäft vertraut machst. Auch mit den Privilegien, die damit zusammenhängen. Die Kanzlei ist nicht mehr das Unternehmen von vor zehn Jahren. Wir sind weitergewachsen. Noch professioneller geworden. Mittlerweile gibt es einen Managing Partner an jedem einzelnen Standort. Was allerdings noch fehlt, ist eine koordinierende Hand. Ein Chef der Chefs. Befreit vom operativen Geschäft, dem Personalstress und dem täglichen Kleinklein. Was ich brauche, ist eine Galionsfigur, auf die sich alle einigen können. Was ich brauche, bist du.«

»Wenn du mich tatsächlich auf diese Weise brauchst, dann nur als Maskottchen, das deinen Nachnamen trägt«, entgegnet Sophie. Sie hört selbst, dass sie bitter klingt.

Ihr Vater geht darauf nicht ein. »In drei Monaten steht die erste Station an. Brüssel. Ich habe ein Appartement in Ixelles gesucht. Nahe genug an allen wichtigen Institutionen. Trotzdem im Künstlerviertel. Bars, Cafés, *savoir vivre*. Es ist alles da. Und gleichzeitig, wenn ich das so sagen darf, in der ganzen großen Stadt wahrscheinlich niemand, der dir einfach so das Gesicht zertrümmert.« Sie weiß, dass er versucht hat, das nonchalant zu sagen. Seine Stimme klingt trotzdem belegt.

Als sie antwortet, klingt ihre auch so. »Danke, Papa.« Sie zögert kurz. Was sie jetzt braucht ist Ruhe. Eine Pause. »Ich denke darüber nach.«

Als er durch die Tür ist, schüttelt sie den Kopf. Es ist unfassbar, dass er sie einfach so überrumpeln konnte. Und das, obwohl ihre Antwort sowieso feststeht. Im Spiegel erhascht sie einen Blick auf sich. Sie sieht müde aus. Geschlagen. Im wahrsten Sinne des Wortes. Trotzdem, das hier ist das Leben, das sie sich ausgesucht hat. Das, zu dem sie passt. Selbst wenn es sich vielleicht nicht immer so anfühlt. Zum Beispiel gerade jetzt.

51.

FLORALES GEMETZEL

20.12.

Dann ist auch Pirlo da. Etwas mehr als eine Woche hat er es ausgehalten. Danach setzt sich die Ungeduld durch. Und die Sorge. Klar, er ist fest entschlossen, die Sache kurz zu halten. Nicht anstrengender zu sein als zwingend notwendig. Vorbeikommen will er aber trotzdem. Und zwar unbedingt. Er weiß einfach nicht, wie er anders mit der Situation umgehen soll. Auf seine Nachrichten hat Sophie zwar jeweils geantwortet. Ja, sie sei zu Hause. Es gehe ihr auch etwas besser. Er störe nicht. Nie. Trotzdem ist er nervös. Angespannt. Getrieben. Irgendwann kapituliert er dann einfach, gibt sich einen Ruck und lässt sich im Blumenladen ein Bouquet zusammenstellen, das er am Ende kaum tragen kann. Was nur halb so peinlich ist wie der Umstand, dass er es auch nicht schafft, den Strauß bei Sophie durch die Tür zu bugsieren. Jedenfalls nicht, ohne die Hälfte der Blumen im Hausflur zu verteilen.

»Danke«, sagt sie. »Für den Besuch und für die Blumen.«

»Schade, dass es nicht alle durch die Tür geschafft haben.«

Sophie betrachtet das florale Gemetzel zu seinen Füßen. »Ich würde sagen, grob die Hälfte hat das Zeitliche gesegnet.«

»Na ja. Manche sagen so, manche sagen so.«

»Die, die dabei waren, sagen: die Hälfte.«

Pirlos Versuch eines Grinsens wird von dem Blumenungetüm

verschlungen. Sophie hat daran ersichtlich Spaß. Trotzdem kennt sie noch keine Gnade. Wahrscheinlich sogar deswegen. »Was wolltest du denn eigentlich mit dem Monster anstellen?«

Pirlo lugt hinter den Gewächsen hervor. »Mit dem Strauß hier? Ach, kümmere dich nicht darum. Der ist nachher für jemand anderen.«

Jetzt endlich hat Sophie ein Einsehen. Sie lacht. Pirlo macht mit. Dann sagt sie: »Eigentlich ganz gut, dass die Botanik so zusammengestrichen wurde.«

»Weil dadurch auch die anderen Hausbewohner was davon haben?«

»Weil damit noch was vom Zimmer übrig bleibt.«

Was lustig ist. Und stimmt. Pirlo ist immer wieder überrascht, wie bescheiden Sophie lebt. Obwohl sie die Tochter des *Müller & Mahler*-Mahlers ist, genügen Sophie zwei kleine Zimmer am Belsenplatz. Nahe an vielen Oberkasseler Cafés, aber nicht weit vom Rhein entfernt. Vor allem ruhig gelegen. Auch wenn Pirlo sich das nicht wirklich eingestehen möchte: Mit zunehmendem Alter hat das irgendwie seinen Reiz. Klar, er mag seine Wohnung in Pempelfort auf der anderen Seite des Flusses. Er ist von dort schnell an den Rheinterrassen. Das Nachtleben ist sowieso toll. Genau da liegt aber auch der Haken. Nimmt er daran teil, ist am nächsten Tag der Kopf schwer. Nimmt er nicht daran teil, findet er es draußen laut und hat drinnen Angst, etwas zu verpassen. Selbst wenn er das niemals zugeben würde.

Auch ansonsten ist Sophies Wohnung ein Gegenentwurf zu seiner. Die Möbel sind aufeinander abgestimmt. Das Geschirr steht nicht einfach irgendwo, sondern sortiert in der Küche. Die Pflanzen wirken gesund. Die Räume vermitteln den angenehmen Eindruck von Organisation und Frische. Es wirkt wie der Aufenthaltsort eines erwachsenen Menschen. Und nicht wie eine bohèmeversiffte Räuberhöhle. Oder wie auch immer Arland das bei seinem Besuch in Pirlos Bude genannt hatte. Es war der einzige geblieben. Aus Gründen.

»Was schaust du?«, fragt Sophie.

»Ich dachte gerade, dass du es hier schön eingerichtet hast.«

»Danke«, sagt sie. »Ich habe einen großartigen Tipp für dich.«

»Ja?«

»Rahmen für Poster.«

»Klingt gut. Allerdings halten die doppelseitigen Kleber nicht so gut auf den Scheiben.«

Beide lachen wieder. Trotzdem: Der Schwung der Begrüßung ist irgendwie weg. Genau genommen ist Pirlo aber auch nicht nur dafür gekommen. Sondern auch für das hier: »Ich habe einen neuen Gedanken.«

Sophie sieht interessiert auf. Pirlo muss nicht betonen, dass es ein Gedanke zu ihrem Fall ist. Das hört sie schon an seiner Stimmlage. Mittlerweile sind sie da gut eingespielt. »Schieß los!«

Pirlo dreht an seinen Haaren. »Zugegeben, ganz frisch ist die Überlegung nicht. Ich finde aber, dass sie es wert ist, noch einmal ganz besonders ins Auge gefasst zu werden.«

»Jetzt mach es nicht so spannend.«

Pirlo sieht sie konzentriert an. Seine dunklen Augen funkeln. »Also: Für wen war das Ganze gut?«

Sophie wartet einen Moment. Dann lacht sie laut. Kurz darauf zögert sie wieder. »Oh, warte. Du meinst das ernst?«

Pirlo unterdrückt jeden Impuls. Obwohl davon gleich mehrere zur Verfügung stünden. Stattdessen nickt er einfach. »Ja.«

»Haben wir darüber nicht schon ein paarmal gesprochen? Zum Beispiel mit Fathi Maliki, ganz am Anfang? Oder mit Faruk Maliki. Den haben wir dazu doch auch gelöchert. Genauso Rinor Maliki.«

»Du vergisst den von der Tankstelle.«

»Eben. Alim Maliki. Womit die Boyband komplett beieinander

ist. Jedenfalls nach meiner Erinnerung. Leider gehört dazu auch, dass es von keinem davon eine vernünftige Ansage gab. Von keinem. Oder irre ich mich da?«

»Nein.«

»Aber?«

Pirlo seufzt. »Ich kann das Ganze einfach noch nicht richtig greifen. Vorher war eigentlich alles in Ordnung. Jeder hat seinen Bereich. Jeder macht seine Umsätze. Jetzt ist einer der Anführer tot, ein anderer ist im Krankenhaus. Finanziell hat es sich auch nicht gelohnt. Das Geschäft der einen Seite ist nicht auf die andere gewechselt, sondern überall zusammengebrochen.«

»Außerdem haben sie jetzt noch die Polizei an der Backe.«

»Und zwar alle.«

»Was nicht gut ist.«

Pirlo schüttelt den Kopf. »Nein. Gar nicht.«

»Warum ist das also geschehen?«

»Hm.«

»Genau.«

»Noch was.«

»Ja?«

»Ich habe mit Fenina gesprochen.«

»Dem Computer-Typen?«

Pirlo grinst. Man merkt, dass Sophie und er viel Zeit miteinander verbringen. Auch der Wortschatz nähert sich an. »Richtig. Er hat mich auf eine Idee zu Instagram gebracht.«

»Instagram?«

Pirlo nickt. »Beide haben an diesem Abend aus dem Dortmunder Casino gepostet. Maliki genauso wie Waßmer. Beide haben einen Account, dem man einfach folgen kann. Das heißt: Wer sie auf dem Schirm hatte, konnte wissen, dass sie zur gleichen Zeit am gleichen Ort waren.«

Sophie lässt das sacken. »Du meinst, wer auch immer das gesehen hat, hätte theoretisch dafür sorgen können, dass sie in Düsseldorf zusammentreffen?«

Pirlo dreht an einer Strähne. »Ich weiß, wie das klingt. Und ich weiß natürlich auch, dass sich da schon wieder die Frage stellt, warum das jemand wollen sollte. Aber überleg mal: Beide sind zweimal in derselben Nacht am selben Ort. Ein Mal kann das womöglich noch erklärbar sein. In das Casino gehen schließlich viele Menschen. Aber woran wir eigentlich hängen, ist das Treffen auf dem Parkplatz des Club *Aphrodite*.«

»Und die Eskalation dort. Die hat es schließlich gar nicht gebraucht.«

»Du meinst, dass sie sich bei einem Treffen dort auch hätten ignorieren können?«

»Richtig. Möglicherweise *hätten* sie das sogar einfach getan. Ich meine, warum auch nicht? Sie treffen sich im Casino. Sie pöbeln rum. Damit ist dem allgemeinen Geplänkel Genüge getan. Kein Grund, danach jemandem ein Messer in den Bauch zu rammen. Erst recht nicht, wenn es eigentlich keinen Sinn ergibt und das auch allen Beteiligten klar ist. Hätten Maliki und Waßmer sich auf dem Puffparkplatz getroffen, hätten sie doch auch einfach aneinander vorübergehen können. Ein bisschen unangenehm berührt vielleicht, klar, zum einen wegen des Ortes, zum anderen wegen des vorherigen Rumgeschreies. Jetzt wäre aber niemand dabei gewesen, für den man eine Show hätte abziehen müssen. Sie hätten einfach jeder seiner Wege gehen können. Kein Grund für Stress. Erst recht nicht für einen Mord.«

»Den es aber gab.« Sophie übernimmt. »Weil jemand anderes Waßmer zur Strecke gebracht hat. Und zwar genau so, dass Maliki auftauchte, als Waßmer seine letzten Atemzüge tat. Was allerdings voraussetzt, dass jemand nicht nur wusste, dass beide zuvor am selben Ort waren. Sondern auch, dass sie später zusammentreffen würden.«

»Jemand musste sie also einbestellen.«

Sophie überlegt. »Jemand aus dem Puff vielleicht? Was ist mit dieser Nicky?«

Pirlo hebt abwehrend die Hände. »Ich wünschte auch, wir wären da weiter. Sind wir aber leider nicht.« Dann fällt ihm eine andere Frage ein. Was allein schon gut ist, weil er damit ablenken kann. »Hat man eigentlich Waßmers Telefondaten ausgewertet?«

Sophie tippt auf ihrem Laptop herum. »Es gibt einen Vermerk der Kripo dazu. Er fällt allerdings ziemlich knapp aus. Sie haben nur festgehalten, dass es zahlreiche WhatsApp-, SMS- und Telegram-Nachrichten gab, die für andere Verfahren von Bedeutung sein könnten. Für unseren Fall sei aber nichts Entscheidendes dabei gewesen.«

Pirlo grübelt. »Was nicht stimmen muss. Womit ich nicht meine, dass die Polizei hier zwingend schlecht gearbeitet hat. Vielleicht wussten sie auch einfach nicht, wonach sie suchen sollten, und haben sich daher auf die falschen Begriffe konzentriert. Zum Beispiel nur auf Maliki. Und nicht auch auf ...«

»Nicky«, ergänzt Sophie.

Pirlo nickt. »Richtig.«

»Vielleicht sollten wir uns mal selbst die Asservate bei der Kripo vorknöpfen.«

Sophie klackert mit ihrer Tastatur. »Die Ermittlungen leitet einer, der Bischoff heißt.«

»Klingt nach einem Namen, den ich in Düsseldorf schon mal gehört habe. Ist das dieser Max Bischoff?«

Sophie googelt. »Der Cousin. Peter.«

»Die sind beide im Morddezernat?«

»Der eine nicht mehr. Max Bischoff unterrichtet jetzt an der Hochschule. Peter Bischoff ist danach von der Sitte zu den Kapitalsachen gewechselt.«

»Ist doch schön. Dann gibt es immer einen Bischoff dort.«

»Vielleicht wollen die Leute das so.«

»Zurück zur Sache: Wir organisieren also über diesen Bischoff eine Einsichtnahme in die Asservate?«

»Mach du das«, sagt Sophie.

»Und du?«

»Ich versuche herauszufinden, warum jemand etwas vom Stress zwischen den beiden Banden haben könnte.«

»Wie willst du das anstellen?«

»Ich gehe einfach dorthin, wo man solche Sachen weiß.«

Pirlo zieht die Augenbrauen hoch. »Welche Banden Stress miteinander haben?«

Sophie lacht. »Das vielleicht nicht. Aber wer in Düsseldorf was von wem hat, haben will oder haben könnte, das schon.«

Pirlo zögert noch. »Geht es dir denn schon wieder gut genug?«

Sie nickt. »Dafür schon.«

»In Ordnung. Wann sollen wir loslegen?«

Sie grinst. »Lass es mich so beantworten, wie ich das selbst schon mal gehört haben könnte: jetzt.«

52.

FUCK

Kurz darauf am Jürgensplatz

Kriminaloberkommissar Heinz Kowalke ist ein gemütlicher Mensch. Das ist für sich genommen mehr gut als schlecht. Außer man will etwas von ihm. Was auf Pirlo leider zutrifft. Wobei die Sache als solche eigentlich ganz einfach ist: Jeder, dem der Staat einen Vorwurf macht, hat das Recht, Einsicht in die dazu geführte Akte zu nehmen. Darin muss, jedenfalls zusammengefasst, all das stehen, was die Staatsanwaltschaft ermittelt hat. Dazu gehört etwa ein Auswertevermerk zu den Telefonverbindungen von Waßmer und Maliki. Der enthält allerdings nur, was der Polizei als wichtig erschien, und nicht, was *insgesamt* in den Telefonen enthalten ist. Da aber auch das von Bedeutung sein könnte, darf die Verteidigung die asservierten Telefone als solche in Augenschein nehmen. Was Kowalke natürlich weiß. Gesteigertes Interesse an der damit verbundenen Arbeit hat er allerdings trotzdem nicht. Um das mal sehr zurückhaltend auszudrücken.

»Warum müssen Sie damit denn ausgerechnet zu mir kommen?«, fragt Kowalke mit breitem rheinischem Akzent. »Warum stellen Sie nicht einfach ein erweitertes Gesuch gegenüber der Staatsanwaltschaft und lassen sich den Krempel zuschicken?«

»Ich wünschte ja auch, es wäre anders«, antwortet Pirlo. »Aber ich finde es hier bei der Polizei einfach so schön. Selbst wenn ich da der Einzige sein sollte.«

»Aha«, murmelt Kowalke. Was folgt, ist so was wie ein genuscheltes »Arschgeige«. Man weiß es nicht genau. Viel Liebe schwebt jedenfalls gerade nicht durch den Raum. Kowalkes Kopf verschwindet in einer Kiste. Als er wieder auftaucht, ist die Rübe gerötet. »Hier haben Sie Ihr ach so sehr begehrtes Telefon nebst Anruf- und Inhaltsverzeichnissen. Ich hoffe, Sie sind jetzt glücklich.«

»Mein Herz jubelt.«

»Meines auch.«

»Wollen wir versuchen, uns voneinander loszureißen?«

»Wenn es denn sein muss.« Kowalkes Mundwinkel zuckt. Kann ja sein, dass er keinen Bock hat. Das erstreckt sich aber eher auf den Bereich Arbeit. Was nicht heißt, dass er nicht für ordentlichen Schabernack zu haben ist. Rheinländer sein ist schließlich auch irgendwo eine Verpflichtung.

Pirlo hebt den Aktenauszug mit den Telefonnummern hoch. »Ich ziehe mich dann mal in einen Ihrer Besprechungsräume zurück.«

»Versuchen Sie, dabei möglichst wenig kaputt zu machen. Oder zu bescheißen.«

Pirlo sieht auf. Kowalkes Augen lachen. Fies sieht es nicht aus. Auch wenn es ziemlich so geklungen hat. »Was haben Sie da gerade gesagt?«

»Sie sind doch dieser Dr. Pirlo.«

»Ja. Und?«

»Na eben.«

»Ich habe keine Ahnung, was Sie meinen.«

Kowalke lacht. Jetzt, wo die schlimme Fron erledigt ist, scheint er tatsächlich bester Laune. »Na, dieses Dingens hier. Der Fall mit der reichen Tante. Die, die ihren Alten um die Ecke gebracht hat.«

»Um die Ecke gebracht haben soll«, murmelt Pirlo reflexhaft.

Jetzt lacht Kowalke noch lauter. »Als ob!« Dann verengen sich die Äuglein ein wenig. Das Leuchten bleibt. Immerhin. »Aber dass Sie mir hier mal nicht wieder solchen Unfug treiben, Herr Doktor.«

»Habe ich nicht vor«, brummt Pirlo.

»Das will ich Ihnen auch geraten haben.«

Pirlo streicht die Haare zurück. Schön ist das hier gerade nicht. Dann fällt sein Blick auf Kowalkes Tasse. Beziehungsweise: das Logo darauf. Zeit für einen Gegenschlag. Auch wenn es ein gemeiner ist. »Wie läuft es eigentlich bei der Fortuna?«

»Na, jetzt werden Sie mal nicht unsachlich, junger Mann.« Kowalke verzieht den Mund. »Wollten Sie sich nicht eigentlich zurückziehen?«

Jetzt ist es Pirlo, der lacht. »Ich setze mich in einen der Besprechungsräume.«

»Sie finden Sie an der Quelle des indischen Flusses.«

»Was?«

»Na, am Ende des Ganges.« Kowalke greint.

Pirlo kratzt sich am Kopf. Das ist ein seltsames Gespräch. Wobei er nicht weiß, was ihn mehr irritiert. Dass er ihm trotzdem folgen kann. Oder dass er dabei innerlich auch noch einen Tusch hört.

Zehn Minuten später ist das vergessen. Alles andere auch, zumindest insofern es mit Kowalke zu tun hat. Pirlo hat die Anrufverzeichnisse von Waßmer und Maliki vor sich auf dem Tisch liegen und will fluchen. Was halb so schön ist, wenn man es nicht teilen kann. Umso besser, dass es die Schnellwahltaste gibt.

»Gibt's was Neues?«, fragt Sophie direkt.

»Allerdings.«

»Was denn?«

»Wut. Fassungslosigkeit. Und eine Spur, die bisher keiner entdeckt zu haben scheint.«

»Klingt bis hier wie ein normaler Betriebsausflug zur Polizei. Mach es nicht so spannend, Pirlo. Was hast du?«

Pirlo sieht auf die beiden Listen. »Maliki und Waßmer wurden in den letzten sechs Wochen immer wieder von zwei Nummern angerufen.«

»Du meinst eine Nummer, die beide angerufen haben?«

»Nein«, Pirlo sammelt sich. »Es sind tatsächlich zwei verschiedene Nummern. Die eine ruft Waßmer an, die andere Maliki.«

»Wie ergibt sich daraus für uns eine Spur?«

»Wegen der zeitlichen Überschneidungen und wegen des Namens.«

»Was meinst du?«

»Bei Maliki war die Nummer gespeichert als ›Nicky‹.«

»Die große Liebe?«

»Ganz genau.«

»Und bei Waßmer.«

»Waßmer nannte die Nummer, die ihn angerufen hat, ›Immensee‹.«

»Immensee?«

»Ja.«

»Was soll das sein?«

»Keine Ahnung. Ich weiß noch nicht, wie das alles zusammenpasst. Einerseits sind es zwei verschiedene Nummern und zwei verschiedene Namen. Andererseits gibt es bei den Anrufen eine Art Muster. Beide Nummern tauchen fast zeitgleich auf. Außerdem finden die Anrufe zu ähnlichen Zeiten statt. Ruft die eine Nummer Waßmer an, meldet sich meistens die andere wenig später auch bei Maliki. Oder eben umgekehrt. So wie auch am Abend des zwanzigsten Novembers.«

»Was war da?«

»Wieder diese Nummern. Wieder ein Anruf bei beiden. Erst Maliki, dann Waßmer. Und zwar fast genau eine Stunde später.« Am anderen Ende wird es still. »Bist du noch da?«

Pirlo weiß, dass Sophie gerade grübelt. Er weiß sogar, wie sie dabei aussieht. »Fuck, Pirlo.«

»Du sollst doch nicht mehr so viel fluchen.«

Sophie lacht kurz. »*Du* sollst nicht so viel fluchen. Bei mir ist das was anderes. Außerdem ist das hier auch einfach angebracht. Das könnte wirklich eine neue Spur sein.«

Pirlo nickt ins Telefon. »Allerdings.«

53.

ALS OB

Nach dem Telefonat

Sophie hält das Telefon noch in der rechten Hand, als die linke schon klingelt. Der Türöffner summt unmittelbar danach. Was eigentlich ganz gut ist. Pirlos Neuigkeiten sind verstörend. Und wichtig. Sie sollte darüber in Ruhe nachdenken, idealerweise sogar mit ihm zusammen, vor allem jetzt, wo gerade wieder etwas Entspannung zwischen ihnen eingekehrt ist. Dann wäre es aber natürlich auch gut, gleich alle losen Enden zusammenzubringen. Unter anderem das mit dem Gelände zusammenhängende Ende, das sie hierhergeführt hat. Zur Mertensgasse eins. Dem Sitz der Düsseldorfer Jonges.

»Herzlich willkommen«, flötet die Empfangsdame. »Sie müssen Frau Rechtsanwältin Mahler sein.«

»Richtig.«

»Kommen Sie einfach herein. Der Baas ist gleich für Sie da.«

Was tatsächlich so ist. Ehe sich Sophie bedanken kann, steht ein eleganter Mann vor ihr. Sophie hat alles über ihn gelesen. Natürlich hat sie das. Sie kennt auch alle Bilder. Trotzdem ist sie überrascht. Im wahren Leben wirkt Wolf Derendorfer sogar noch schlanker und sportlicher als auf den vielen Fotos, und das, obwohl er fünfzehn Jahre älter ist als ihr Vater. Um den es hier auch gleich geht. Was in Ordnung ist. Schließlich ist er ihre Eintrittskarte.

»Frau Mahler«, knarzt Derendorfer. »Von Ihnen habe ich schon viel gehört. Selbstverständlich nur Gutes.« Er lacht jovial. »Ihr Vater und ich gehören derselben Tischgemeinschaft an. ›Die Üblichen Verdächtigen‹ gibt es seit 1983. Damit ist sie übrigens vergleichsweise jung.« Sophie nickt. Zu mehr kommt sie nicht. Mehr wird aber offensichtlich auch nicht von ihr erwartet. Derendorfer ist in Fahrt. Während sie ihm über steile Stufen in den dritten Stock folgt, prasselt eine Geschichtsstunde zu den Düsseldorfer Jonges auf sie ein. Vor Ort und in Farbe. Ob sie will oder nicht. »Die Jonges sind der größte Heimatverein Europas.« Mit erstaunlich schnellen Schritten erklimmt Derendorfer vor ihr die nächste enge Treppe. Sein Finger schnellt in die Höhe. »In der Welt verwurzelt, in Düsseldorf zu Hause. Übrigens ist das Büro des Baas genau an der Stelle, wo Heinrich Heine früher als Kind spielte.« Sie sind in einem weitläufigen Raum angekommen. Derendorfer strahlt sie an. Nichts lässt erkennen, dass er gerade einen Treppenmarathon hinter sich hat. »Hier hat nämlich sein Onkel gewohnt.«

»Aha«, sagt Sophie. Mehr fällt ihr dazu gerade nicht ein. Es ist aber auch nicht nötig. Der Baas lacht sowieso. Sie setzen sich. Dann geht der Vortrag weiter.

»Der Baas ist übrigens der Präsident der Jonges. So nennen wir das hier. Ein Ehrenamt, aber *full time.* Apropos Englisch: Als die deutschen Auswanderer in den Vereinigten Staaten ankamen, brachten sie ihre eigenen Begriffe mit, wehrten sich aber auch nicht dagegen, dass die Sprache dort sie veränderte. Aus dem *Baas* wurde der *Boss.* Da kommt dieser Ausdruck her.« Derendorfer hebt bedeutungsschwer die Augenbrauen.

Sophie macht es ihm nach. »Allerhand.«

»Es freut mich, wenn ich Sie ein wenig für unsere Geschichte begeistern kann. Auch wenn Sie deshalb wahrscheinlich nicht gekommen sind.«

Womit das Geplänkel vorbei ist. Gut so. Sophie räuspert sich.

»Mich beschäftigen ein paar Fragen, die mit einem Grundstück im Düsseldorfer Norden zu tun haben.«

Der Baas lehnt sich zurück. »Und warum kommen Sie damit zu mir?«

Jetzt ist Sophie an der Reihe, die Jonges in den Himmel zu loben. So läuft das hier nun mal. »Schon als Kinder hat uns unser Vater immer wieder dieselbe kleine Geschichte erzählt: Ein Karlsruher Wirtschaftsingenieur sitzt auf gepackten Koffern. Demnächst tritt er einen Job in Düsseldorf an. Frage an seinen Personalberater: ›Da am Rhein kenne ich niemanden; was soll ich machen?‹ Der Berater ist ein kundiger Mann: ›Sieh zu, dass du Kontakt zu den Jonges findest; die helfen dir.‹«

Derendorfer lacht. Er scheint sich bestens zu unterhalten. Kurz überlegt Sophie, ob es daran liegt, dass ihm die Geschichte gefällt. Oder daran, dass er sie dabei erwischt hat, wie sie einfach einen Werbeflyer der Jonges zitiert hat. Dann allerdings verschränkt Derendorfer die Arme vor der Brust.

»Ich nehme an, dass Ihnen das Grundbuchamt hier sehr viel schneller sehr viel mehr helfen wird.«

»Kann sein.«

»Aber?«

»Aber vielleicht will ich auch solche Sachen wissen, die nicht im Grundbuch stehen. Vielleicht ist mir der Verwaltungsweg auch einfach zu umständlich.« Sophie legt die Stirn in Falten. Nicht nur diese Mimik ist ihr vertraut. Sie rundet sie auch noch durch eine echte Pirlo-Phrase ab: »Manchmal ist das so.«

Der Baas streicht sich gemächlich über das noch erstaunlich volle Haar. »Um welches Grundstück geht es Ihnen überhaupt?«

»Um die *Große Freiheit* in Reisholz.« Sophie hat den Namen kaum ausgesprochen, als sie schon sieht, dass sie einen Treffer gelandet hat. Außerdem auch, dass Derendorfer bemerkt, dass sie das sieht. Und dass ihm klar ist, dass sie genau deswegen ganz bestimmt nicht wieder verschwinden wird, ehe er ihr alles gesagt hat, was er zu dem Grundstück weiß. Das alles hat nicht viel mehr als einen Sekundenbruchteil gedauert. Was aber auch genügt. Manchmal ist eben auch das so.

Er braucht einen Moment, ehe er sich für die nächste Frage gesammelt hat. »Rauchen Sie?«

»Nein.«

»Nun, ich schon.« Er hebt die Hände, von sich selbst erwischt. Sophie hätte es sich denken können. Eine Stimme wie die des Baas hat nicht allein das Leben geformt. »Leisten Sie mir Gesellschaft?«

Kurz darauf stehen sie auf einem kleinen Balkon. Unter ihnen brodelt die Altstadt. In der Ferne leuchtet der Schlossturm auf dem Burgplatz. Derendorfer zieht langsam an seiner Zigarette. »Wenn Sie hier stehen und auf diese Stadt sehen, atmen Sie Geschichte.« Er klingt jetzt anders. Nachdenklicher vielleicht. Womöglich auch müder. »Ich weiß noch, wie es war, als das *Merkeisen*-Werk unter Dampf stand. Was für ein Krach das war. Und was für ein Leuchten. Diese Maschinen, immer unter Feuer, die ganze Nacht. Badamm! Badamm! Wir Kinder waren völlig begeistert. Stundenlang konnte man da zusehen.« Derendorfer wedelt mit den Armen. Sophie unterdrückt ein Schmunzeln. »Dann kam der Umschwung. Oder besser noch: der *Ab*schwung. Aus Arbeitgebern wurden Bittsteller, aus Malochern Obdachlose, aus Gastarbeitern wieder Fremde.« Er wendet sich Sophie zu. »Sie haben gleichzeitig den Fluch und die Gnade der späten Geburt, Frau Mahler. Sie wissen nicht, wie das war, als hier noch die Industrie blühte. Als hier noch richtig gearbeitet wurde, Tag und Nacht, im Schweiße des Angesichts. Und Sie wissen nicht, wie es sich anfühlte, als das langsam endete. Wie ein Krebs war das. Eine langsam wachsende, schleichende Krankheit.« Er unterbricht sich. Ringt um ein Lächeln. »Wie auch immer: Mit einem Mal war alles vorüber. Der Hochofen aus, wenn Sie so wollen. Sicher, das hatte sich abgezeichnet. Als es dann aber passierte, war das trotzdem ein Schock. Nach einem solchen Schock kommt Leere. Und danach kommt erst mal gar nichts mehr. Selbst wenn man das nicht glauben mag. So wie etwa bei der *Großen Freiheit*. Das *Merkeisen*-Gelände geriet aus dem Blick und verwahrloste. Dann übernahmen es Menschen, auf die das ebenfalls zutreffen mag. Gelände wie die *Große Freiheit* gerieten aus dem Fokus. Eine Weile war es dann einfach nur noch *da*, seltsam, unnütz, genauso wie der Gedanke, man müsse damit doch irgendwie *etwas machen*. Nur: Das geschah nicht. Natürlich nicht. Die Wirtschaft verlagerte sich in den Dienstleistungssektor. Wenn niemand mehr etwas produzieren will, braucht auch niemand mehr Produktionsstätten. Das muss ich Ihnen nicht erklären. Es ist in Ihrer eigenen Generation geschehen.« Er räuspert sich. Zündet noch eine Zigarette an. »Jetzt fragen Sie sich vielleicht, warum ich Ihnen das alles erzähle. Wissen Sie« – er hustet –, »ich denke, das erzähle ich vermutlich auch mir selbst. Irgendwie muss ich ja damit zurechtkommen, was ich nicht gesehen habe. Ich nicht und andere auch nicht. Das ungeheure Potenzial dieser Flächen. Diese riesigen Gelände, mitten in der Stadt. Sie müssen sich das mal vorstellen, Frau Mahler: Die Stadt wuchs und wuchs, nur eben um diese Flächen herum. Und ehe Sie fragen: Klar haben viele daran gedacht, dass man das auch anders verwenden könnte. Dass das ein guter Ort für Wohnraum wäre. Nur gab es dann auch gleich wieder das ganze Theater mit behördlichen Genehmigungsverfahren, mit dem Rückbau von Anlagen, mit Abfallresten, Wasserverunreinigungen und so weiter. Gelände wie die *Große Freiheit* waren wie eine komplizierte Dame. Einerseits eine absolute Verheißung, sobald man sich aber näher damit befasste auch durch und durch gefährlich, am Ende möglicherweise sogar ruinös.«

Derendorfer atmet durch. Die Raucherlunge holpert. »Das, Frau Mahler, war lange mein Standpunkt. Ob er auch richtig war, weiß ich nicht. Erst recht nicht mehr heute. Vielleicht war das auch einfach sehr kurz gedacht. Sehr konservativ. Sehr deutsch.«

Sophie wartet einen Moment. Als sich abzeichnet, dass nichts mehr kommt, fragt sie: »Was meinen Sie damit?«

Derendorfer legt die Stirn in Falten. »Was ich damit meine, ist, dass andere solche Gedanken womöglich nicht haben. Solche Zweifel. Oder Skrupel. Je nachdem, wie Sie es haben wollen.«

Sophie reicht das Gerede langsam. Es ist Zeit für direkte Fragen. Und direkte Antworten. »Wem gehört das Gelände der *Großen Freiheit*, Herr Derendorfer?«

Der Baas wackelt mit dem Kopf. »Ich fürchte, ich kann Ihnen das nicht sagen.«

»Warum nicht?«

»Kommen Sie, ich bringe Sie zur Tür.« Er schiebt sie freundlich weiter.

»Warum nicht, Herr Derendorfer?«

»Vielleicht, weil zu viel Neugier nicht vernünftig ist, Frau Rechtsanwältin. Vielleicht deswegen.«

Er lacht leise in sich hinein. Was nicht nur nicht echt wirkt. Sondern bei Sophie einen neuen Gedanken aufkommen lässt. Einen, der zwar gewagt ist, die Angelegenheit aber vielleicht auch beschleunigt. So oder so ist er einen Versuch wert. Sie drückt den Rücken durch. Wehrt sich gegen das Geschiebe. Sieht ihn nachdenklich an. »Sie wissen es selbst nicht, oder?«

»Wie bitte?« Derendorfer ist stehen geblieben. Das Lachen ist weg.

»Ich sagte, dass Sie es selbst nicht wissen«, wiederholt Sophie. »Ganz einfach, weil es auch so ist. Das ganze Geschwurbel von früher, diese vielen Geschichten, das war alles dafür gedacht, über diesen kleinen Schmerz hinwegzutäuschen: dass sie vielleicht

Gerüchte gehört haben, aber selbst nicht genau wissen, wem das Gelände gehört.« Jetzt ist sie in Fahrt. »Und mehr noch: Ich glaube, Sie haben sogar gehofft, dass *ich* es Ihnen sagen kann.«

Derendorfer zögert. Einen Moment stehen sie sich einfach im Türrahmen gegenüber. »Und?«

Sophie schüttelt den Kopf. »Ich weiß es auch nicht. Und glauben Sie mir, es trifft mich mindestens genauso wie Sie.«

»Ach.« Derendorfer lacht wieder. »Ich bin schon ein alter Haudegen. *So* dringend will ich das gar nicht wissen.«

»Was ja dann auch ganz gut ist«, sagt Sophie. Jetzt lacht sie auch. Zwei Dilettanten im Laientheater. Immerhin bei allerbester Laune.

»Grüßen Sie Ihren Vater. Und beehren Sie uns bald mal wieder.« Derendorfer strahlt sie an. »Wenn Sie denn Fortschritte gemacht haben. Was in unserem schönen Düsseldorf geschieht, ist schließlich immer von Interesse. Auch wenn es einem selbst vielleicht gar nicht immer wichtig ist.«

Als ob, denkt Sophie. Als ob.

54.

SCHWARZE RUSSEN

Später

Pirlo trifft Sophie im *Paradise Now*, Düsseldorfs neuem heißem Scheiß, tagsüber ein Restaurant, abends ein Club im Stil der Siebziger. Vor allem aber der Ort, an dem man eben einfach sein muss.

»Das ergibt für mich keinen Sinn«, schreit Sophie in Pirlos Richtung.

Er zögert kurz. »Für mich auch nicht.«

»Warum sind wir dann hier?«

»Weil es nahe war und ich gehört habe, dass es gut sein soll.«

»Von wem?«

Pirlo überlegt. Er weiß es tatsächlich nicht. »Keine Ahnung. Irgendwie hört man so was eben.«

»Wie bitte?«

Pirlo wiederholt das Ganze noch einmal eine Spur lauter. Sophie nickt. Dann formen ihre Lippen ein Wort, das Pirlo auch ohne das Akustische versteht. »Paolo.« Dazu malt sie ein groß geschwungenes Fragezeichen in die Luft. Mit Punkt.

Ehe Pirlo antworten kann, hat der Kellner allerdings den Tisch mit Speisen vollgestellt. Sie hatten es gehandhabt wie sonst auch so oft: anrufen, bestellen und dann pünktlich zum Essen auftauchen. Was nicht immer schön ist, angesichts des latenten Zeitproblems, aber auch weitgehend alternativlos. Selbst wenn damit ein paar ungute Überraschungen einhergehen können. So wie etwa die Lautstärke hier.

Pirlo dreht an seinen Haaren. Er merkt es selbst und will es eigentlich lassen, ist dann aber doch zu genervt. Schön ist das alles nicht. »Lass uns einfach hier was essen und den Lärm ignorieren. Wir haben genug anderes zu tun.«

Sophie nickt. Wobei ihrem Einverständnis auf die Sprünge hilft, dass das Essen ausgezeichnet ist. Pirlo nascht an Linguine, die fast das Zeug dazu haben, sich auch bei der *Casa Palmieri* auf die Speisekarte zu schleichen. Währenddessen schreien sie sich konstruktiv an. Dazu gibt es Weißwein. Es könnte also auch deutlich schlimmer sein. Trotz allem. Außerdem ist das, was es zu beschreien gilt, auch viel zu wichtig.

»Irgendwas stimmt nicht.«

»Absolut.«

»Vielleicht steckt hinter dem Mord an Waßmer auch was ganz anderes. Etwas richtig Großes.«

»Oder auch nicht.«

Und so weiter.

Beim Dessert haben sie sich an die Lautstärke gewöhnt. Auch in ihrem Gespräch sind beide hinreichend angekommen. Der Digestif leistet dazu seinen Beitrag. Es gibt einen Black Russian. Und zwar für beide. Danach sogar noch einen. Pirlo nimmt es zur Kenntnis. Mehr nicht. Sophie trinkt normalerweise keine starken Sachen. Es kommen allerdings auch nicht häufig solche Tage vor wie heute. Sie müssen das alles ja auch erst mal sacken lassen. Jeder für sich und dann auch noch beide gemeinsam. Die Zusammenfassung gebührt dabei am Ende Sophie. Was aber auch nicht anders zu erwarten war.

»Maliki und Waßmer wurden zeitversetzt an denselben Ort gerufen. Wer wollte, konnte wissen, dass sie zuvor beide in Dortmund waren. Dort gab es zu allem Überfluss auch noch Streit.«

»Richtig.«

»Am Ende ihres Treffens in Düsseldorf ist Waßmer tot. Alles spricht dafür, dass Maliki der Täter ist.«

»Auch richtig.« Pirlo nickt. Leider etwas zu heftig. Bei den Black Russians hat er Sophie zwischenzeitlich überholt. Der Klassiker. Links blinken und rechts vorbeiziehen.

»Beide stehen für Organisationen, die einen gewissen Einfluss auf die *Große Freiheit* in Düsseldorf haben.«

»Beziehungsweise, die dort ihr Unwesen treiben.«

»Manche sagen so, manche sagen so.«

Beide lachen. Zumindest kurz.

»Das, was du bei den Jonges erfahren hast, klingt danach, dass die beiden Gruppen jemandem hart auf den Sack gegangen sein könnten.«

»Was ja auch irgendwie nachvollziehbar ist. Stell dir vor, du investierst in ein Gelände und hast es dann mit zwei Banden zu tun, die es sich dort gemütlich eingerichtet haben und durch geschicktes Schmieren dafür sorgen, dass für sie alles schön so bleibt.«

»Würde mich nerven.«

»Mich auch.«

»Also versuche ich, beide auf einen Schlag zu erledigen.«

»Indem sie sich gegenseitig aus dem Weg räumen.«

»Oder zumindest die Öffentlichkeit so gegen sich aufbringen, dass die Polizei eben doch einschreiten muss. Ob sie nun will oder nicht.«

Pirlo trinkt aus. »Fuck. Das klingt abgefahren.«

Sophie sieht ihn nachdenklich an. »Aber auch nicht ganz unplausibel.«

»Ich weiß nicht, ob es das besser macht.«

Sie nickt. »Ich auch nicht.«

Womit düstere Gedanken angebracht sein könnten. Große Fragen. Rätsel. Zweifel. Nur passt das alles nicht so ganz zu Katy

Perry. Zu *Electric*. Zu Düsseldorf. Oder dazu, irgendwie auch noch am Leben teilzunehmen. Was ja manchmal nicht so ganz verkehrt ist.

»Tanzen?«, fragt Pirlo.

»Gern«, antwortet Sophie.

Was sie dann auch tun. Und warum auch nicht? Maliki holen sie heute Abend sowieso nicht mehr raus. Jetzt sind sie hier. Sie haben gut gegessen. Sie trinken immer noch. Auch die Tische verschwinden langsam um sie herum. Zeit, was rauszuhauen. Jedenfalls für Pirlo und dessen sehr eigenem Zugang zur Partymusik. Ansonsten muss es krachen. Gitarren. Schlagzeug. Lärm. Wenn getanzt wird, ist ihm allerdings auch alles andere recht. Er ist dabei so gut gelaunt wie unbeholfen. Gut ist, dass er das weiß. Noch besser ist, dass es ihm völlig egal ist. Selbst wenn Katy Perry läuft. Und all das andere Zeug, das Pirlo noch nicht einmal dem Namen nach zuordnen kann. Was übrigens auch egal ist.

Die Musik: egal.

Dass sich der Laden dramatisch füllt: auch egal.

Dass sie gerade keine Ahnung haben, wie sie jetzt eigentlich weiterkommen: überhaupt nicht egal. Spontan aber auch nicht zu ändern.

Wie gut, dass stattdessen jemand einen neuen Black Russian bringt. Sophie bekommt auch noch einen. Sie wirbelt herum, die weiße Bluse hängt aus der Hose. Den Zopf hat sie gelöst. Die blonden Haare fliegen. Die blauen Augen leuchten. Wann ist Pirlo eigentlich das letzte Mal aufgefallen, wie unfassbar interessant seine Kollegin aussieht? Er grinst. Tanzt. Trinkt. Genießt. Und nimmt überrascht zur Kenntnis, dass jemand ihn küsst. Das im Übrigen auch noch ziemlich gut.

»Hallo, Toni«, raunt eine vertraute Stimme in sein Ohr. Er weicht ein Stück zurück. Kalibriert den Blick. Grinst weiter. Und küsst zurück.

Eine kleine Weile danach stehen sie gemeinsam an der Bar. »Wo kamst du denn plötzlich her?«

»Ich hatte einen Termin in der Ecke und wollte hier Freunde treffen.« Alena lächelt. Ihre Finger spielen mit seinen. »Ich hoffe, ich störe dich nicht.«

»Ach was.« Pirlo strahlt. »Ich bin hier einfach nur mit Sophie. Wir haben gegessen und nachgedacht. Dann wollten wir tanzen.«

»Sophie«, wiederholt Alena. »Aha. Wo ist sie denn?«

Was eine gute Frage ist. Eine, auf die Pirlo allein nicht wirklich gekommen ist. Und möglicherweise auch nicht gekommen wäre. Jedenfalls nicht jetzt, wo Alena da ist. Tatsächlich braucht er einen Moment, um herauszufinden, wo Sophie steckt. Dass es ihm überhaupt gelingt, hängt möglicherweise auch damit zusammen, dass Sophie umgekehrt ihn sucht.

Plötzlich taucht sie vor ihm auf. Schwitzend. Glühend. Gut gelaunt. Zumindest kurz. »Hier versteckst du dich also.«

»Ja«, antwortet Pirlo. Mehr fällt ihm dazu gerade nicht ein.

»Hallo, Alena«, kommt es von Sophie.

»Hallo, Sophie.«

Mehr gibt es dann irgendwie auch nicht zu sagen. Jedenfalls nicht zueinander. Alena beugt sich schließlich zu Pirlo und flüstert ihm etwas ins Ohr. Der versteht zwar kein Wort. Aber es kitzelt und klingt nach Sex. Dann nickt Alena in Richtung Sophie. Pirlo lacht. Und bereut es auf der Stelle. Auch wenn es dafür natürlich zu spät ist. Viel zu spät sogar.

»Ich lasse euch dann mal«, murmelt Sophie. Es klingt eher traurig als wütend. Was es fast noch schlimmer macht.

»Warte«, sagt Pirlo. Was sie aber nicht hört. Oder nicht hören will. Man weiß es nicht. So oder so dreht sich Sophie nicht um und taucht auch sonst nirgendwo mehr auf, bis Pirlo eine halbe Stunde später das *Paradise Now* verlässt. Alena im Arm. Zwei schwarze Russen mehr hinter der Binde. Was mehr als ausreichend ist. Außer dafür zu vergessen, dass er sich wegen Sophie irgendwie schlecht fühlt. Selbst wenn er das jetzt gerade auch nicht ändern kann.

55.

MAL WIEDER

Am nächsten Morgen

Als Sophie aufwacht, ist sie allein. Nach dem Abend im *Paradise Now* hatte sie ziemlich einen sitzen und daher ihren Frieden damit gemacht, sich nicht mehr abzuduschen, sondern einfach ein Fenster zu kippen. Jetzt bereut sie das. In der Wohnung ist es eiskalt. Was kein besonders schönes Aufwachen bedeutet. Erst recht nicht, wenn da sonst keiner ist. Noch nicht einmal derjenige, der sie doch angeblich so dringend heiraten will. Dafür, dass Manu dazu extra aus Afrika zurückgekommen ist, lässt er sie erstaunlich oft allein. Kurz zwingt sich Sophie, diesen Gedankengang zu unterbrechen. Irgendwo ahnt sie, dass er bei seinen Eltern in Benrath ist, wartet und wahrscheinlich einfach nur nicht aufdringlich sein will. Nicht *noch* aufdringlicher jedenfalls. Vielleicht tut sie ihm mit ihrer Enttäuschung an der Stelle daher unrecht. Was sie andererseits eher sogar noch wütender auf ihn macht. So oder so, sie ist allein, frustriert, und Manu trägt seinen gehörigen Teil dazu bei. Ganz bestimmt will sie dann aber nicht auch noch wegen ihm ein schlechtes Gewissen haben.

Nach einer heißen Dusche sieht die Welt zwar noch nicht wirklich besser aus. Sie fühlt sich aber zumindest so an. Und nicht nur das, auch die Motivation ist wieder da. Warum auch nicht? Es gibt schließlich mehrere neue Erkenntnisse zu ordnen. Waßmer und

Maliki könnten gezielt dazu gebracht worden sein, am Tattag und Tatort aufeinanderzustoßen. Von wem? Unklar. Warum? Ebenfalls unklar. Allerdings könnte der Mord etwas mit dem Gelände zu tun haben. Derendorfer hat zwar unter dem Strich nicht viel dazu zu sagen gehabt. Das Wenige war allerdings bezeichnend genug. Und dann ist da noch die Sache mit den Telefonnummern. Sophie betrachtet nachdenklich die Fotos, die Pirlo ihr von der Anrufübersicht der Handys von Waßmer und Maliki geschickt hat. Bei beiden tauchen ab Anfang Oktober zwei neue Rufnummern auf. Die Vorwahl lautet jeweils 0151, was nach allem, was Sophie im Internet herausfindet, eine Prepaidnummer sein kann, aber nicht muss. Bei Waßmer gibt es den ersten Anruf am fünften Oktober, bei Maliki vier Tage später. Bei beiden gibt es in der Folge einen regen Austausch. Mal rufen sie selbst an, mal die Nummern. Kein Telefonat findet vor neun Uhr abends statt, keines dauert länger als fünf Minuten. Teilweise liegt zwischen den Gesprächen mit den beiden keine halbe Stunde. Ein Profilbild zu »Nicky« und zu »Immensee« gibt es bei beiden Telefonen nicht, auch keine WhatsApp-Nachrichten oder sonstigen Austausch. Anscheinend haben Nicky beziehungsweise Immensee Wert darauf gelegt, dass telefoniert wird. Und sonst nichts. Bei Personen, die sich in klassischerweise dokumentationsarmen Halbweltbereichen bewegen, dürfte das allerdings kaum für Verwunderung gesorgt haben.

Zugleich könnte das auch der Grund dafür sein, dass das ermittelnde Landeskriminalamt nicht mehr auf die Rufnummernparallelität eingegangen ist. Sie dürfte schlichtweg niemandem aufgefallen sein. Dazu gab es bei beiden, Maliki und Waßmer, einfach viel zu viele Anrufe und Nachrichten. Und zwar rund um die Uhr. Wer eine kriminelle Organisation aufbaut, leitet oder unterstützt, muss augenscheinlich durchgehend erreichbar sein, fleißig und offen in alle Richtungen. Alles in allem ist es damit halb so mysteriös, dass es eine Nummer, die bei beiden niemand Bekanntem zuzuordnen war, nicht in die Akte geschafft hat. Was zu der alles entscheidenden Frage führt, wer sich dahinter verbirgt.

Kurz überlegt Sophie, ob sie einfach dort anrufen soll. Eigentlich will sie das mit Pirlo teilen. Wenn der Mensch, der sich am anderen Ende meldet, nicht mit ihnen sprechen will, können sie sich das zumindest beide anhören und aus der Art der Ansage ihre Schlüsse ziehen.

Als sie Pirlo beim ersten Versuch nicht erreicht, ist sie irritiert. Das Telefon klingelt durch, ehe die Mailbox anspringt und verkündet, dass Dr. Anton Pirlo nicht erreichbar sei, aber zurückrufen werde. Kurz ist Sophie überrascht, dass Pirlo einfach nur einen stumpfen Standardtext verwendet. Irgendwie hat sie bei ihm mehr erwartet. Dann fällt ihr allerdings auch auf, dass sie überhaupt noch nie die Mailbox dranhatte. Sie hat Pirlo immer einfach erreicht. Bis jetzt. Auch der nächste Anruf fünf Minuten später läuft so. Genau wie der nach zwei Stunden, der am Abend und der am nächsten Morgen. Und nicht nur das: Die Anrufversuche bleiben ebenso unbearbeitet wie die WhatsApp-Nachrichten und die beiden E-Mails, die Sophie ihm zwischenzeitlich geschickt hat. Die Erkenntnis ist so klar wie bitter: Pirlo ignoriert sie. Mitten in einem laufenden Fall, mit einem Mandanten in Untersuchungshaft und, zu allem Überfluss, auch noch neuen, guten Erkenntnissen, ist er einfach abgetaucht. Sophie ruft noch einmal an. Wieder nichts. Dann ist ihre Geduld am Ende. Sie beschließt, wegen seines Verschwindens nicht mal mehr besorgt zu sein. Sondern nur noch wütend. Allein schon weil die Arbeit an ihrem Fall damit an ihr hängen bleibt. Mal wieder.

Was bedeutet, dass sie den Anruf allein anzugehen hat. Bei Nicky, Immensee oder wem auch immer. Einen Moment zögert sie noch. Sammelt sich. Atmet durch. Im Anschluss wählt sie die erste Nummer. Ihre eigene hat sie unterdrückt. So viel hat sie jedenfalls bei ihrem Harley-Quinn-Auftritt gelernt. Man kann nicht vorsichtig genug sein.

Dann geht alles ganz schnell. Es springt eine elektrische Ansage an, die ihr mitteilt, dass die Rufnummer nicht vergeben sei. Das wiederholt sich bei der zweiten Nummer. Und das war es dann auch schon.

Einen Moment starrt Sophie ihr Telefon einfach an. Dann bricht die Wut durch. Auf ihre eigene Zuversicht. Auf die Lage, wie sie ist. Vor allem aber auf Pirlo. Der kann zwar auch nichts dafür, dass die Nummer ins Nichts führt. Dass sie jetzt zwar abstrakt eine Spur haben, konkret aber nach wie vor keine Ahnung. Oder dass Maliki möglicherweise unschuldig im Knast sitzt, sie aber nichts – *nichts*! – dagegen tun kann. So als wäre das alles anders ausgegangen, wenn er mit dabei gewesen wäre. Oder, anders noch, wenn es ihn überhaupt *interessieren* würde. Was aber ganz offensichtlich nicht so ist. Punkt. Es scheint, als müsse sie damit leben. So wie mit allem anderen, was Pirlo betrifft, auch.

Als sie noch einmal seine Nummer wählt, weiß sie schon gar nicht mehr, warum sie das eigentlich macht. Und worauf sie dabei hofft. Es spielt auch keine Rolle. Pirlo nimmt nicht ab. Kurz ist Sophie davor, ihr Telefon quer durch den Raum zu werfen, ganz so wie Pirlo das wahrscheinlich machen würde. Dann besinnt sie sich allerdings. Es spielt keine Rolle, wie Pirlo etwas machen würde oder nicht. So wie sie offensichtlich ihm egal ist, sollte auch er ihr egal sein. Überhaupt ist es langsam mal an der Zeit, weniger an Pirlo zu denken. Und mehr an sich selbst.

56.

SASHIMI

11.01.

Fast zwei Wochen nach dem Jahreswechsel hat sich Pirlo immer noch nicht gemeldet. Jedenfalls nicht wirklich. Nicht zu Wichtigem. Nicht zur Kanzlei. Nicht zu Maliki. Noch nicht einmal zu irgendwas Persönlichem. Etwa dazu, wie es Sophie damit geht, dass sie den Laden fast allein am Laufen hält. Um nur mal ein Beispiel zu nennen. Stattdessen gab es ein paar halbgare WhatsApp-Nachrichten. Einen schmalen Anruf zu Silvester. Und das war es dann auch. Pirlo hatte ihr vor Monaten schon angekündigt, dass es in ihrer Branche zwischen Weihnachten und Karneval eher ruhig zugehe. Sie hatte daraus allerdings nicht den Rückschluss gezogen, dass er sie dabei einfach sitzenlassen werde. Wobei das bis vor ein paar Wochen ohnehin noch nicht vorstellbar gewesen wäre. Jetzt allerdings schon.

Anfangs war Sophie noch irritiert. Dann genervt. Anschließend wütend. Mittlerweile ist sie einfach nur noch abgefuckt und enttäuscht. Trotzdem ist sie jetzt nervös. Obwohl es eigentlich keinen Grund dafür gibt. Was sie vorhat, steht ihr schließlich einfach nur zu. Es ist richtig, gut und angemessen. Ein schlechtes Gefühl bleibt aber irgendwie trotzdem.

Sie atmet tief durch und streicht ihre Haare zurecht. Schon wieder. Der brave Seitenscheitel ist immer noch ungewohnt. Außerdem lädt er dazu ein, sich große Fragen zu stellen: Was ist eigentlich zuerst da, die Großkanzlei oder das Anliegen, sich normkonform zu kleiden? Vielleicht sollte sie sich viel Zeit nehmen und das mal von allen Seiten betrachten. Wenig wäre ihr gerade lieber als das. Nicht weil sie die Antwort wissen will. Falls es überhaupt eine gibt. Sondern weil es dann etwas zu tun gäbe. Etwas anderes jedenfalls als das, was passiert, wenn sie sich einen Ruck gibt und doch wieder durch die Toilettentür geht. Zurück ins japanische Restaurant. An den gemütlichen kleinen Tisch am Fenster. Dorthin, wo Joshua Maurer wartet. Dr. Joshua Maurer. Salary Partner von *Müller & Mahler*. Kurze Haare. Brave Frisur. Bescheiden. Zurückhaltend. Leise. Quasi das wandelnde Pirlo-Kontrastprogramm. Was kein Zufall ist. Dazu kennt Sophie ihren Vater viel zu gut. Er hat Maurer mit großer Sicherheit nicht nur einfach ausgewählt. Er hat ihn auch aufmunitioniert und dann, als er die Mischung für gelungen hielt, mit einem klaren Auftrag auf den Weg gebracht. Sophie ist das alles klar. Trotzdem kann sie sich schlecht gegen Maurer wehren. Und gegen das, was er sagt. Egal, wie viel Unsinn auch dabei sein mag.

»Es ist ein beliebter Irrtum, dass wir in der Großkanzlei den ganzen Tag nur arbeiten.« Sophie nickt. Natürlich. Er nimmt das lächelnd auf. Perfekte Zähne. Kein Bart. Überhaupt ist der gesamte Maurer an vielen Stellen erstaunlich haarfrei. Eigentlich mag Sophie keine Männer mit Kurzhaarfrisur. Angedeutetem Undercut. Oder was auch immer das hier sein soll. Zumindest dachte sie das. Manu trägt einen gepflegten Wunschelkopf. Ansonsten hat sich Sophie so sehr an Pirlos Bart und lange Haare gewöhnt, dass sie jetzt gar nicht weiß, wo sie hinsehen soll. Auch wenn Maurer eigentlich nicht schlecht aussieht. Adrett, würde ihre Mutter sagen. Maurer ist ein adretter Typ mit einnehmender Persönlichkeit. Was noch so eine Kampfvokabel ist.

Er trägt derweil weiter vor. »Was ich zum Beispiel an meinem Job bei *Müller & Mahler* mag, ist, dass es unheimlich viele Sportangebote gibt. Die Work-Life-Balance ist super. Wir haben ein eigenes Fußballteam, eine Rudermannschaft und die Möglichkeit, ein Fitnessstudio mit Schwimmbad zu nutzen.«

Klar, denkt Sophie, alles, was die Großkanzleilemminge bei Laune hält, ist willkommen. Falls ihre Bedenken bei Maurer ankommen, lässt er sie gekonnt an sich abperlen. Warum auch nicht? Er hat es schließlich geschafft. Ein großartiges Leben mit großartigen Menschen und großartigen Erfolgen. *He did it.* Man darf beeindruckt sein. Zumal er auch noch Sashimi so auf Stäbchen transportieren kann, dass nichts runterfällt. Wofür es übrigens eine Erklärung gibt. Sie hat mit Erfolg zu tun. Und mit *Müller & Mahler*. Überraschenderweise. Maurer hat ein Jahr für die Kanzlei in Tokio verbracht und kennt, wie er, zugestandenermaßen, freundlich-zurückhaltend erklärt, aus alter Leidenschaft auch die besten Restaurants in Düsseldorfs Japanischem Viertel. Das hier, das *Fujimori*, ist tatsächlich sehr gut. Dezent. Angenehm. Es passt zu Maurer wie ein zweiter teurer Anzug. Weswegen er auch direkt im unaufdringlichen Flüsterton bei der Bedienung die nächste Runde Sushi bestellt, ohne auch nur ein Mal in die Karte gesehen zu haben.

Die kleine Pause gibt Sophie Gelegenheit, ihren Kanzleigedanken zu Ende zu bringen. Warum also lehnt sie die großen Einheiten so kategorisch ab? Vielleicht ja am Ende wirklich vor allem wegen Patricks Leiden an dessen Thronfolgerrolle. Außerdem dürfte Ernst Mahler seinen Beitrag dazu geleistet haben, ihr ewig rechtschaffener, immer auf sein Image bedachter, strahlender Vater. Einer, der morgens schon alles richtig macht und damit bis zum Abend auch nicht mehr aufhört. Und dann ist da natürlich noch Pirlos permanentes Geschimpfe auf die Schlipsträger von der Kö, eine Art Dauerindoktrinierung gegen den Großkapitalismus. In den Karibikstaaten lässt man Pick-ups mit Lautsprecheranlagen durch die Gegend fahren, aus denen rund um die Uhr die Schelte gegen die Amerikanisierung der Wirtschaft plärrt. In Düsseldorf braucht es das nicht. Hier, bei Sophie, ist Pirlo ein eigenes Ein-Mann-Revolutionskommando. Ein scheinheiliges übrigens noch dazu. Schließlich gehörte er selbst bis zu seinem Rauswurf bei *Ohmsen & Partner* zu den Juraglitzerschickis. Womit das alles auch wieder nicht so richtig passt. So wie manches bei Pirlo.

»Woran denken Sie?«, fragt Maurer höflich. Sophie fällt auf, dass sie unangenehmerweise schon eine Weile nichts mehr gesagt hat. Sie merkt, dass sie rot wird. Maurer lächelt aber nur. Falls ihn ihre Geistesabwesenheit irritiert haben sollte, lässt er es sich jedenfalls nicht anmerken. Natürlich nicht.

»Ach, eigentlich an nichts Bestimmtes.«

»Vielleicht einen Fall?«, schlägt er vor. Was ja klar war. Woran sollte eine Anwältin denn sonst in ihrer Mittagspause denken?

»Erwischt«, sagt sie und lächelt zurück. Eigentlich hat sie das ziemlich souverän aufgefangen. Findet sie zumindest selbst. Wirklich freuen kann sie sich darüber allerdings nicht. Parallel droht die Katastrophe. Pirlo ruft an.

Jetzt. Ausgerechnet.

Das erste Mal seit Tagen. Was irgendwie klar war. Und ihr trotzdem Schweißperlen auf die Stirn treibt. Worüber sie sich gleichzeitig wieder ärgert, weil Pirlo ja wirklich der Letzte ist, der hier irgendwas zu wollen, zu fordern oder sich zu wünschen hat. Sagt ihr das Gedankenkarussell. Und dreht sich trotzdem immer weiter. Das Scheißding.

Es ist aber auch wirklich unfassbar. Ein Mal, *ein Mal* lässt sie sich dazu breitschlagen, ein Gespräch mit *Müller & Mahler* zu führen. Ein Mal ist sie bereit, sich nicht nur von ihrem Vater belagern zu lassen, sondern tatsächlich jemanden von dort zu treffen, Maurer nämlich, mit dem sie an sich nicht viel mehr als ein freundliches, gesittetes Kennenlerngespräch führen will. Oder soll. Oder was auch immer. Genau dann aber ruft Pirlo an. Der Mistkerl. Aber wirklich!

Als das Telefon das dritte Mal klingelt und Sophie immer noch nicht aus ihrer salzsäulenhaften Erstarrtheit herausgefunden hat, nickt Maurer ihr ermutigend zu. »Gehen Sie ruhig dran, Frau Kollegin. Ich verstehe das doch. Wenn die Pflicht ruft, sind wir zur Stelle.« Sein Lächeln schwingt sich zu einem Strahlen auf. Schön, dass er Freude hat. Die Pflicht und so. Toll.

Sophie lächelt entschuldigend und nimmt ab. Pirlo lässt ihr keine Zeit, sich großartig zu erklären. Er fällt direkt mit der Tür ins Haus. Wie eigentlich immer. »Ich habe einen Namen, Sophie!«

Sophie bemüht sich, die Augen nicht zu verdrehen. Womöglich würde Maurer das falsch verstehen. Und der kann hier wirklich nichts dafür. Sie hebt kurz um Nachsicht bittend die Hand. Dann steht sie auf und marschiert mit Pirlo am Ohr raus in die mittägliche Januarkälte und in den ewigen Düsseldorfer Nieselregen. Was sich beides nicht gerade förderlich auf ihre Laune auswirkt. Genauso wenig, dass sie eben doch wissen will, was der Spinner mit seiner Ankündigung meint. »Was soll dieser Anruf, Toni?«

Sie ahnt, dass er jetzt sein Telefon anstarrt. Eine typische Pirlo-Geste. Etwas kommt nicht so, wie er das erwartet hat. Er meldet sich nach Tagen. Ruft irgendwas Kryptisches in den Hörer. Und erntet keinen Jubel. Seltsam. Er zögert. Rätselt. Jemand ist nicht völlig begeistert von einem Anruf des großen Pirlo. Wie kann das nur sein? Was ist denn bloß los? Als Nächstes sagt er dann für gewöhnlich so etwas stark Durchdachtes wie »na ja«. Mit tiefer Stimme. Diesem sonderbar anmaßenden Charme. Und kommt damit auch noch durch. Normalerweise.

»Na ja«, murmelt Pirlo.

Wie gesagt: normalerweise. Heute steht das allerdings nicht

auf dem Programm. Heute sitzt Sophie in einem feinen Restaurant, um sich von einem eigens dafür abgerichteten Vorzeigeanwalt ausführen und umschmeicheln zu lassen und um sich für einen Lebensentwurf zu begeistern, der ungefähr so anstrengend wäre wie ein einziger langer Sonntag. In warmem Klima und Licht. Ohne Nieselregen. Da passt es dann auch einfach mal nicht rein, wenn Herr Dr. Pirlo etwas Aufregendes erlebt. Oder denkt. Oder glaubt, das zu tun. Weswegen Sophie Luft holt. Und dann loslegt.

Als sie kurz darauf wieder in das Restaurant kommt, dampft auf dem Tisch das Hauptgericht. *Katsudon*, dazu eine *Miso*-Suppe. Es sieht großartig aus. Maurer lächelt Sophie zu. Sophie lächelt zurück. Sie versucht, sich auf die nächste Stunde zu freuen. Gutes Essen. Leichtes Geplauder. Ein steter Strom von Erfreulichem. Auch wenn sie weiß, dass das nicht klappen wird. Was nicht an Maurer liegt. Der macht das hier ganz perfekt. Nein, es liegt an Pirlo. Mal wieder. Sie ärgert sich schon, seit sie aufgelegt hat. Ihre Standpauke war zwar mehr als angemessen. Jetzt weiß sie aber nicht, was er mit dem Namen meint. Was sie umtreibt. Und zwar pausenlos. Genauso wie die Sorge, dass Pirlo mitbekommen haben könnte, dass sie sich nach einem anderen Job umsieht. Zumindest theoretisch. Auch wenn ihr das natürlich eigentlich zusteht. Und so weiter.

»Schmeckt es Ihnen?«, fragt Maurer.

»Sicher«, antwortet Sophie reflexhaft. Sie spürt, wie ihr Gesicht aufflammt. Diesmal im Übrigen völlig zu Recht. Wie lange hat sie schon nichts mehr gesagt? Und, noch schlimmer, wie lange hat sie schon nicht mehr zugehört? Das hat der arme Maurer nicht verdient. Was, um alles in der Welt, hat er eigentlich gerade erzählt? Irgendwas mit Brüssel vielleicht? Kurz versucht Sophie, sich zu erinnern, lässt es dann aber doch bleiben. Schon weil ihr das Ganze eigentlich auch vollkommen egal ist. Am Ende ist einfach darauf zu hoffen, dass er sie für eine Sozialautistin hält und deswegen bei seinem eingefrästen Lächeln bleibt. Oder dass ihm alles gleichgültig ist, solange er nur den alten Mahler zufriedenstellt. Was hier sogar ziemlich wahrscheinlich ist.

Trotzdem versucht Sophie, ihm noch einmal entgegenzukommen. »Sie wissen schon, der Fall.«

»Natürlich«, sagt Maurer. Charmant und freundlich. Was auch sonst?

57.

GRUNDBUCH-ACTION

12.01. Am Abend danach in der Kanzlei

Als Sophie in der Kanzlei ankommt, ist der Tisch im Besprechungsraum voller Unterlagen. Papierstapel reihen sich an Papierstapel. Pirlo hat gewütet. Oder gearbeitet. Je nachdem, wie man es nennen mag. Manchmal liegt beides gar nicht so weit auseinander. Sofort hat Sophie ein schlechtes Gewissen. Sie hasst es, wenn er das tut. Also, nicht arbeiten per se. Sondern *das* hier. Diese typische Pirlo-Aktion. Ewig lamentiert er nur herum, verschwindet für eine Weile, trinkt hier einen Kaffee, sorgt dort für Chaos. Und dann haut er doch plötzlich etwas raus, was ihr den Mund offen stehen lässt. So wie jetzt.

»Was ist das?«

Er grinst, mit sich und der Welt im Reinen. Zumindest fast. »Das ist das Investment ›Aufbruch 2022‹. Das, was hinter dem Gelände der *Großen Freiheit* steht. Und zwar seit fast genau acht Monaten.«

»Klingt vielversprechend.«

»Ist es auch.«

»Wieso nehme ich dann diese Schwingungen wahr?«

»Welche?«

»Unzufriedenheit und so. Normalerweise kenne ich das anders.«

»Nämlich wie?«

»Berauschter.«

»Von den Ergebnissen?«

»Von dir selbst.«

Pirlo legt den Kopf schief. »Hoppla, da ist aber jemand auf großer Fahrt.« Sophie lässt das unkommentiert. Er kratzt sich am Bart. »Aber du hast recht. Die Freude ist immer noch überschaubar. Ab einem bestimmten Punkt kommen wir einfach nicht weiter.«

Sophie tritt näher. Sie mag es, dass er an dieser Stelle »wir« sagt. Das wird sie an ihm immer mögen. Sie verdrängt den Gedanken, ob das für sie schon irgendwie nach Abschied klingt, und nimmt die Papierstapel genauer in Augenschein. Schnell ist ihr klar, wie Pirlo gedacht und was er gemacht hat. Kurz beißt sie sich auf die Lippe. Das hätte auch von ihr kommen können. Oder sogar müssen. Zumindest nach ihrem eigenen Anspruch.

Er führt sie durch die Recherche: »Nach dem, was du von den Jonges berichtet hast, wollte ich den durch den Baas gelegten Spuren folgen und mir zuerst einen Einblick in das Grundbuch verschaffen. Was sich allerdings nicht gerade als leicht herausstellte.«

»Weil es dafür ein berechtigtes Interesse braucht.«

»Was du natürlich schon drauf hattest und ich noch lernen musste.«

»Paragraph zwölf Grundbuchordnung.«

Pirlo sieht sie von der Seite an. »Gibt es eigentlich auch etwas, was du nicht weißt?«

Sie streicht die Haare aus der Stirn. Eine Geste, die ihm mehr als bekannt ist. Dann antwortet sie auf eine ihm sogar noch vertrautere Art. »Wenig.«

Kurz lachen beide. Trotz allem. Dann wandert ihre Konzentration zum Tisch zurück. Pirlo fährt fort. »Das mit dem berechtigten Interesse war tatsächlich ein Problem. Datenschutz und so. Immer eine schwierige Kiste.«

»Weil du keines hattest.«

»Ich fand, schon.«

»Aber die Leute im Grundbuchamt nicht.«

»Frau Paschulke.« Die Art, in der Pirlo den Namen ausspricht, bringt Sophie zum Schmunzeln.

»Kein Fan?«

»Es kann einen nicht jeder gut finden. Auch wenn ich mir gewünscht haben würde, dass Frau Paschulke sich zumindest ein bisschen mehr Mühe damit gegeben hätte, es wenigstens zu versuchen.«

Sophie lacht. »Was hast du dann gemacht?«

»Ganz ehrlich? Ich war ein kleines bisschen vor den Kopf gestoßen.«

Sie schmunzelt. »So schwierig?«

»Allerdings«.

»Na ja«, sagt sie, »man kann eben nicht immer einfach so irgendwo einbrechen, denke ich.«

Pirlo zögert. Er weiß nicht, was er dazu sagen soll. Wirklich nicht. Gut, dass er im Gesicht so viele Haare hat. Wenn er mal rot werden sollte, dann wahrscheinlich jetzt. Zumindest bis ihm einfällt, dass auch Sophie einmal einen Einbruch an den Tag gelegt hat, damals, vor einer gefühlten Ewigkeit, in der Sache von Späth. »Du meinst so wie bei der Tennisparty.«

»Genau«, antwortet sie langsam. »So wie bei der Tennisparty.« Wobei sie aber irgendwie komisch klingt. Oder nicht? Oder doch? Pirlo zieht die Augenbraue hoch. Warum müssen diese Gespräche mit ihr in der letzten Zeit eigentlich immer wieder so schnell so unangenehm werden?

»Jedenfalls«, setzt er an, einfach so, um wieder etwas zu sagen, »kam ich erst mal nicht weiter.«

»Wie hast du es dann gelöst?«

»Ich dachte an Fenina.«

Sie verzieht den Mund. »Du wolltest das Grundbuchamt hacken?«

Pirlo lacht. »Himmel, wenn du es so aussprichst, klingt es wirklich verdammt unsexy. Aber ja, das war ein Gedanke.« Er beobachtet ihre Reaktion. Wirklich zuordnen kann er sie allerdings nicht.

»Dazu kam es dann aber nicht, oder?«

Klingt sie hier vorsichtig? Fragend? Tastend? Ja? Nein? Vielleicht? Na ja, er kann es auch kurz machen: »Nein. Mir fiel was anderes ein.«

»Nämlich?«

»Die Kantine.«

»Die Kantine?«

Pirlo nickt. »Du weißt schon, Kantinen machen Beamte glücklich. Spaghetti bolognese für zwei Euro fünfzig. Ćevapčići für knapp drei. Warum lachst du?«

»Weil die ersten zwei Gerichte, die dir für das Essen bei einer Behörde einfallen, aus durchwühlter Fleischmasse bestehen.«

»Passt doch dann eigentlich auch ganz gut.«

Sophie nimmt einen Schluck Kaffee. Sie hat ihn selbst gebraut. Aus Gründen. »Und dann?«

»Da saßen Frau Paschulke und ihre Kolleginnen. Eine davon war etwas jünger als die anderen. Und hübscher.«

Sophie stellt die Tasse ab. »Das meinst du jetzt nicht ernst, oder?«

Pirlo runzelt demonstrativ die Stirn. »Was denn?«

»Um an Informationen zu kommen, hast du nicht einfach eine der Grundbuchamt-Trullas geknallt?«

»Hallo, was ist das denn für eine Sprache?«

Sophie atmet durch. »Entschuldige. Was ich meinte, war natürlich: Um an Informationen zu kommen, hast du nicht einfach eine der sicher hochkompetenten Grundbuchamt-Mitarbeiterinnen geknallt?«

Pirlo grinst. »Nein.«

»Gut.«

»Zumindest nicht diesmal.«

»Toni!«

»Was denn? Ich tat es für die gute Sache!«

»Ich dachte, das sei nicht diesmal gewesen.«

»Daran siehst du, wie motiviert ich vorher schon war. Antizipiert sozusagen. Auf Vorrat.« Er grinst immer noch. Auch wenn er sich nicht mehr ganz so wohl fühlt. Übrigens auch ohne ganz genau sagen zu können, wieso eigentlich. »Können wir das nicht einfach vom Ergebnis her sehen?«

Sophie zuckt mit den Schultern. »Ich frage besser mal nicht, was Alena dazu sagt.«

»*Sterpitsja, sljubitsja* vielleicht.«

»Wo kam das denn jetzt wieder her?«

Er sieht sie erstaunt an. »Was jetzt?«

»Was du gerade gesagt hast.«

»*Sterpitsja, sljubitsja*?«

»Ja.«

»Keine Ahnung, sie sagt das oft. Es bedeutet: *Wer aushält, der verliebt sich.*«

»Aha.«

»Ja.«

»Und das hast du dir einfach so gemerkt.«

»Warum nicht? Sprachen sind dafür da, dass Menschen sie verwenden, um sich miteinander auszutauschen. Russisch ist eine davon. Wenn man mal anfängt, darüber nachzudenken, ist alles halb so kompliziert.«

»O Mann.«

»Was hast du?«

Sie sieht ihn einen Moment an. »Ich glaube, die größere Frage ist, was *du* hast.«

Pirlo beschließt, die Richtung zu ändern. Diese hier führt eindeutig auf zu dünnes Eis. »Ich habe jedenfalls den Namen aus dem Grundbuch.«

»Und?«

»Halt dich fest. Das gesamte Gelände samt Liegenschaften und so weiter ist vor acht Monaten in Eigentum auf den neuen Investor übergegangen.«

»Und wer steckt dahinter?«

Pirlo deutet auf die weiteren Papierstapel. »Das ist leider nicht so ganz einfach. Wir kommen aber hiermit zumindest etwas näher dran.«

Eine halbe Stunde später sind sie einmal durch. Auch wenn es ein wilder Ritt war. Pirlo fasst ihn noch mal zusammen: »Das Eigentum an dem Gelände gehört einer erst vor einem knappen Jahr gegründeten GmbH & Co. KG, deren Verwaltungs-GmbH als Komplementärin die *Mnogo Svobody* GmbH ist. Die Kommanditisten sind unbekannt.«

»Was bedeutet das eigentlich?«

»Was?«

»Mnogo Svobody.«

»Große Freiheit.«

»Wie passend.«

»Ja.«

»Und in welcher Sprache?«

»Russisch.«

»Na dann *sterpitsja, sljubitsja.*«

Pirlo sieht sie überrascht an. Sophie verzieht keine Miene. »Ach weißt du, am Ende ist das ja auch nur eine Sprache. Nichts Wildes. Das kann man sich schon merken können.«

Er belässt es dabei, die Augen zu verdrehen. »Wie auch immer. Die *Mnogo Svobody* GmbH besteht in der aktuellen Verfassung auch erst seit ein paar Monaten. Sie scheint allerdings schon vor fünf Jahren als Mantelgesellschaft gegründet worden zu sein. Der Sitz ist in Düsseldorf, Inselstraße sieben.«

»Was für ein langfristig geplantes Investment spricht.«

»Könnte man jedenfalls so sehen. Du kennst die Ecke übrigens ganz gut. Die *Casa Palmieri* liegt drei Häuser daneben.« Sophie nickt. Sie weiß das natürlich. Was wiederum Pirlo weiß. Worum es hier aber nicht geht. Sondern: »Von außen ist das einfach nur ein Altstadthaus. Schön zwar, aber ansonsten eher unscheinbar.«

»Was sagen die Klingeln?«

»Nichts, was irgendwie auffallen würde.«

»Vielleicht war das nur der Gründungssitz der Gesellschaft.« Sophie überlegt. »Oder der Wohnsitz eines Strohmanns.«

»Der würde hier dann wahrscheinlich Thomas Müller heißen.«

»Ist das der eingetragene Geschäftsführer?«

»Genau.«

Sophie zieht die Augenbrauen hoch. »Immer diese Fußballernamen.«

»Wobei so ja schon auch noch der ein oder andere heißen dürfte.«

»Ja. Leider. Bist du denn danach noch weitergekommen?«

»Ich habe mir den Geschäftsgegenstand genauer angesehen. Der Erwerb, das Halten und Verwalten von Personen- und Kapitalgesellschaften sowie die Übernahme der Geschäftsführung, insbesondere im Bereich von Investitionstätigkeiten sowie die Durchführung von Holdingfunktionen.«

»Also alles und nichts.«

»Ja.«

»Und dieser Müller?«

»Es gibt so viele Menschen dieses Namens, dass es sich nicht richtig einkreisen ließ.«

»Was Absicht sein könnte.«

»Aber nicht sein muss.«

Sophie pustet die Haare aus der Stirn. »Immerhin bin ich mit einem anderen Namen weitergekommen. Wir haben jetzt eine Spur zur Frage, wer *Immensee* ist. Oder besser: Was.«

»Nämlich?«

»*Immensee* war der Titel eines Nazifilms von 1943. Untertitel: *Ein deutsches Volkslied.*«

»Klingt nach etwas, das Waßmer Freude macht. Worum geht es in dem Film?«

»Liebe.«

»Hm«, brummt Pirlo. »Liebe. Eigentlich ist das ja immer was Schönes.«

»Vor allem ist es etwas, das an diese Nicky erinnert.«

Das Klingeln von Pirlos Telefon unterbricht ihre Gedanken.

»Oh. Schon halb acht.«

»Und?«

Er versucht, sein Grinsen hinter einem harmlosen Lächeln zu verschleiern. »Ich muss los.«

»Jetzt? Mitten in unserem Gespräch?«

»Sorry. Wir machen bei der nächsten Gelegenheit weiter, okay? Vielleicht wird ja aus diesen ganzen Spuren doch noch was. Den Anrufen. Dem Grundbuch. Nickyimmensee und Immenseenicky. Wir sollten das auf jeden Fall im Blick behalten.«

»Das meinst du jetzt ernst, oder?«

Er hält inne. Auch wenn er schon fast in der Tür ist. »Ja, klar. Warum?« Pirlo merkt, dass Sophie ihn lange ansieht. Sein Telefon klingelt allerdings auch schon wieder. »Ist denn noch was?«

Sie schüttelt langsam den Kopf. »Nein. Gerade nicht.«

Er zwinkert ihr zu. »Gut. Lass uns so bald wie möglich weiter darüber sprechen. Irgendwas ist hier nämlich absolut nicht in Ordnung.«

Er hört, dass Sophie noch etwas murmelt. Vielleicht: »Den Eindruck habe ich allerdings auch.« Vielleicht aber auch nicht. Wirklich dramatisch kommt es darauf aber sowieso nicht an. Pirlo hat alles mit ihr besprochen, was es zu besprechen gab. Findet jedenfalls er. Dann eilt er um die Ecke zum Supermarkt, um noch schnell Obst einzukaufen. Außerdem Schokolade. Und Champagner. Er hat gesagt, dass er das macht, und freut sich auch darauf. Morgen geht es ans Meer.

58.

FEUER

14.01. Am Meer

In Noordwijk ist alles egal. Der Ort mag zwar keine Schönheit sein. Er hat aber seine Vorzüge. Es gibt ihn. Man kommt einigermaßen schnell hin. Direkt hinter der Promenade liegen der Strand und das Meer. Das genügte bereits, als Pirlo vor zehn Jahren das erste Mal allein hierherkam. Es genügt noch immer.

Diese zehn Jahre ist es her, dass Riyad Khatib, sein Vater, ihm die Erlaubnis gegeben hat, seine berufliche Zukunft nach dem Studium frei zu wählen. Schon zehn Jahre. Nur zehn Jahre. Je nachdem, wie man es nimmt. Beides hat seine Berechtigung. So oder so: Die Entscheidung liegt verdammt weit zurück. Pirlo kommt es nicht nur vor wie eine ganz andere Zeit. Sondern wie ein ganz anderes Leben.

Als sein Vater starb, war Pirlo bereits seit einigen Jahren als Anwalt bei Ohmsen. Im typischen Rhythmus der großen Kanzleien knechtete er sechzig Stunden die Woche dafür, ab und zu ein lobendes Wort von einem der Partner zu erhaschen. Trotzdem stimmte er nach den späten Feierabenden nicht in das übliche Gejammer der Kollegen mit ein. Die Arbeit bei Ohmsen empfand Pirlo als Privileg. Aus gutem Grund. Als Pirlo ein paar Monate gearbeitet hatte, reichte seine Bonität für einen Kredit. Er hatte davon zwei schwarze Mercedes gekauft. Einen hatte er seinen Eltern vor die Tür gestellt. Den Schlüssel ließ er im Schloss. Er hatte geklingelt, sich dann aber zurückgezogen. Ein Auto vor der Tür des *Arabers* rührte sowieso niemand an. Auch nicht, wenn der Schlüssel steckte. Statt großer Erklärungen war Pirlo durch die Stadt nach Pempelfort gelaufen. Dorthin, wo er wohnte. Wo das zweite Auto stand. Er hatte die Musik aufgedreht. Oasis. *Bring it on down.* Dann war er an den nächsten Ort mit Strand gefahren. Nach Noordwijk. Er war drei Tage geblieben. Es war der erste Urlaub seines Lebens.

»Seitdem komme ich immer wieder gern hierher«, sagt er.

»Das kann ich verstehen«, flüstert Alena. Ihr Mund hat sich durch Pirlos lange Haare gewühlt und ist ganz nahe an seinem Ohr. »Es ist schön hier.«

Pirlo nickt. Das stimmt. Selbst jetzt im Januar. Sie haben den Ort hinter sich gelassen und sind nach Norden gelaufen, den Strand entlang, rechts endlose Dünen, links das Meer. Die Luft ist frisch, klar und salzig. Obwohl es nicht regnet, ist fast niemand unterwegs. Hier und da jemand mit einem Hund. Ansonsten haben sie den Strand für sich. Tapfer stapfen sie durch die Kälte. Ab und an bleibt Pirlo stehen. Er macht sie auf eine besondere Muschel aufmerksam. Sieht aufs Meer. Küsst sie. Atmet. Er ist glücklich.

Später sitzen sie in einem der Strandrestaurants. Auch hier ist fast niemand. Sie haben den großen Kamin für sich allein. Vor ihnen knistert ein wärmendes Feuer.

Alenas Hand streicht über seine. »Hier kommst du also hin, wenn du allein sein willst.«

Pirlo kneift die Augen zusammen. »Hier komme ich hin, wenn ich allein bin. Ob ich immer allein sein will, weiß ich gar nicht.«

»Was meinst du damit?«, fragt sie. Ihre Stimme klingt weich. Er ahnt, dass sie ganz genau weiß, was er meint. Es ist für sie wahrscheinlich nur schöner, es noch einmal von ihm zu hören. Und für ihn, es ihr noch einmal zu sagen.

»Vielleicht habe ich bisher einfach noch nicht den richtigen Menschen gefunden, mit dem ich hier sein wollte.«

Sie lacht. Er auch. Dann küssen sie sich lange. Als sie wieder zu sich kommen und sich Alena vorsichtig die Reste des Lippenstifts abgetupft hat, überrascht sie ihn. »Wie schaffst du es nur, das alles auszuhalten?« Pirlo nimmt einen Schluck Bier. Sortiert sich kurz. Alena bemerkt es. Natürlich. Sie lacht. »Ich hoffe, der Themenwechsel war jetzt nicht zu abrupt?«

»Nein«, sagt Pirlo. Auch wenn er da nicht ganz sicher ist.

Sie lächelt. »Irgendwie gingen meine Gedanken zu dem Fall.«

»Welchem?«

»Dem, den du gerade hast. Dem Mordvorwurf.« Pirlo verzieht den Mund. Gerade war das alles noch weit weg. Dort hätte es auch ruhig bleiben dürfen. Alena scheint das nicht zu entgehen. Sie lacht. »Du musst mich nicht ansehen, als hättest du auf eine Zitrone gebissen, Toni.« Sanft boxt sie ihn an die Schulter. »Eigentlich will ich auch auf etwas ganz anderes hinaus.«

»Nämlich?«

»Den Stress. Das alles.«

Er sucht ihren Blick. »Was meinst du?«

Alena drückt seine Hand. Ihre dunklen Augen sind plötzlich ernst. Sehr ernst sogar. »Ich will nicht einfach nur ein kleiner Zeitvertreib für dich sein, Toni.« Sie zögert kurz. »Du bist kein einfacher Mann.« Er überlegt, ob er widersprechen soll, aus Prinzip. Dann hält er aber doch die Klappe. Selbst Pirlo weiß, wann er den Mund halten sollte. Zumindest manchmal.

Alena fährt fort: »Du bist kein einfacher Mann, und du führst kein einfaches Leben. Ich weiß, dass du viele schwierige Fragen zu beantworten und viele schwierige Situationen zu meistern hast. Das ist mir klar. Ich bewundere sehr, wie du das meisterst.« Er will es abtun. Sie geht dazwischen. Küsst ihn. »Sag jetzt nichts. Ich bewundere das wirklich. Du hältst viel aus. Wenn jemand an deiner Seite sein will, dann muss das auch für diesen Menschen gelten. Dass er viel aushält. Viel entbehrt. Und gleichzeitig da ist, wenn er gebraucht wird. Als Partner. Als Frau.«

Pirlo wird es plötzlich warm. Sein Mund ist trocken. Alena hat sich in seinen Arm geschmiegt. Sie sieht ihn an. Er versucht zu schmunzeln. Cool zu sein. Bereut, dass er in der Hand immer noch das Bierglas hält. Und vor allem, dass es leer ist.

Alenas Hand findet seine. »Ich habe über dich nachgedacht, Dr. Pirlo. Wir treffen uns noch nicht besonders lange. Trotzdem habe ich das Gefühl, dass ich dich kenne. Dass ich verstanden habe, wer du bist. Und dass ich genau das will. Das und nichts anderes mehr. Ganz gleich, wie anstrengend dein Leben sein mag, ich will einen Platz darin finden. Meinen.« Ihre Finger sind miteinander verschränkt. »Das ist schon alles. Ich wollte nur, dass du das weißt.«

Pirlo nickt. Wahrscheinlich sollte er jetzt etwas sagen. Ganz bestimmt sogar. Etwas, das passt. Das gut ist. Richtig. Kraftvoll. Vielleicht sogar das Unaussprechliche. Alenas Augen lachen. Sie scheint zu merken, dass er mit sich ringt. Unsicher ist. Vielleicht sogar, dass er Anlauf nimmt für den großen Sprung. Den ins Ungewisse. Ins Nichts. Was dann auch tatsächlich passiert. Er sagt: »Ich liebe dich.«

Sie lacht. »Ich weiß.« Dann küsst sie ihn.

Kurz darauf sind sie draußen. Jetzt ist es nicht mehr nur frisch. Es ist kalt. Der Abendwind hat den Tag vertrieben. Der Strand liegt im Dunkeln. Alena drückt sich an Pirlo. Er legt seinen Arm um sie. Zieht sie an sich. Küsst sie. Brummt ihr ins Ohr. »Wir sollten noch nicht zurückfahren. Wann musst du morgen im Büro sein?«

»Gar nicht.« Was überraschend ist. Auf eine gute Art. »Ich kann auch mal einen Tag aussetzen. Meine Zahlen laufen nicht weg. Wie ist es bei dir?«

Pirlo streicht sich die Haare aus dem Gesicht. Und die Gedanken aus seinem Kopf. »Ich habe auch Zeit.«

Sie lacht. Küsst ihn. Anders jetzt. So, dass er weiß, dass er die richtige Entscheidung getroffen hat. Und dass es kein Zurück mehr gibt.

Auf keinen Fall. Dann geht es schnell. Sie nehmen das erstbeste Hotel an der Promenade. Selbst die fünfzig Meter bis dorthin sind fast noch zu weit. Draußen kommt ein Sturm auf. Das Meer tost. Was aber egal ist. Alles ist egal. Er ist jetzt hier. Und alles andere spielt keine Rolle.

59.

BRÜGGE SEHEN ...

14.01. Zeitgleich im Land daneben

An normalen Tagen findet Sophie Brügge schön. Nur: Es ist kein normaler Tag. Sie hat noch nicht einmal normale Gesellschaft. Unter diesen Umständen ist es dann sogar in Brügge ein kleines bisschen scheiße. Selbst wenn die Stadt nichts dafür kann. Sondern Manu. Beziehungsweise: dessen Verhalten.

»Hast du nachher vielleicht noch Lust auf eine Fahrt in der Gracht?«, fragt er zum bestimmt zehnten Mal.

»Sicher«, murmelt sie. Warum nicht? Wobei sie schon gar nicht mehr weiß, ob sie das jetzt gesagt hat. Oder nur gedacht. Eigentlich ist es ihr auch gleichgültig. Hauptsache, Manu ist zufrieden. Und gibt Ruhe. Er ist wirklich schwer zu ertragen. Wenn sie ehrlich zu sich ist, geht er ihr schon seit Stunden auf die Nerven. Seit sie bei ihren Eltern zum Mittagessen angetreten war und er dort vor der Tür stand. Schon wieder.

Sie hatte versucht, freundlich zu sein. »Was machst du denn hier?«

»Dich abholen.«

»Womit?«

»Damit.« Er hatte nach hinten gedeutet. Auf den babyblauen Aston Martin. Das Lieblingsauto ihres Vaters. Sie hatte den Wagen immer gemocht. Trotzdem hatte sie bis Mitte zwanzig gebraucht, um zu verstehen, dass es für ihn ein besonderes Fahrzeug war. Vorher hatte sie es einfach so hingenommen. Klar, das Modell war schön. Es war aber eben auch nur ein Auto. Außerdem sahen die der anderen Oberkasseler Familien auch nicht so viel anders aus. Kleinwagen kannte sie aus dem Fernsehen. Aber bestimmt nicht aus Düsseldorf.

»Was hast du vor?«

»Einen Ausflug.«

»Wohin?«

»Nach Brügge.« Manu hatte trotz der Befragung weiter strahlend gelächelt. Tapfer war er ja. Und fest entschlossen.

»Wann?«

»Jetzt.«

»Warum?« Was eine wirklich fiese Frage war. Sophie bemerkte es selbst. Allerdings erst, nachdem sie sie bereits gestellt hatte.

Er hatte sich die Haare verwuschelt, eine Geste, die sie von ihm noch nicht kannte. Und die sie an Pirlo erinnerte. Ausgerechnet. »Ich glaube, es gab zuletzt einfach viele Missverständnisse. Zu viele, wenn du mich fragst. Dabei ist das Wichtigste leider völlig untergegangen.«

»Nämlich?«

»Wir.« Sein Lächeln war traurig geworden. Nachdenklich. »Wir lieben uns doch, Sophie. Ich weiß das. Du weißt es auch. Wir haben nur leider zugelassen, dass andere Dinge aufkommen. Dass sie uns ablenken. Zwischen uns stehen.« Sie hatte bemerkt, dass er sich bremste. »Ich habe das jedenfalls gespürt. Genau deshalb will ich aber auch etwas dagegen tun. Dich mitreißen. Mitnehmen. Begeistern, froh machen, lachen sehen.«

»In Brügge?«

»Warum nicht?« Sie hatte gegen das lauernde Seufzen gekämpft. Gegen die Müdigkeit. Mein Gott, das war immer noch Manu. Ihr Manu. Er hatte ihr die Hand entgegengestreckt. »Na, wie sieht's aus?«

Sie hatte gezögert. Und sich selbst dafür gehasst. Was ja klar gewesen war.

Manu hatte ihr zugezwinkert. Ihre Gedanken gelesen. Möglicherweise. »Heute Nacht sind wir wieder da.«

Er hatte verschmitzt gelächelt. Das alte, vertraute Manu-Strahlen. Es hatte sich angefühlt, als habe jemand einen Topf Honig in ihrem Bauch verschüttet. Ihr Widerstand war ins Bröckeln geraten. Und im Übrigen: Warum sollte sie nicht auch auf ihre Kosten kommen? Mal rausfahren? Abschalten? Das machte Herr Großkotzanwalt ja wohl mit seiner neuen Flamme ganz genauso. Also: Wieso nicht?

Kurz darauf waren sie tatsächlich auf der Autobahn. Der Aston Martin flog über den linken Fahrstreifen. Manu lachte und erzählte von Afrika. Sophie lächelte. Nickte. Sah nach draußen und versuchte wirklich von Herzen, sich zu entspannen.

Spätestens vor dem Belfried muss sie sich eingestehen, dass es nicht klappt. Nicht das Entspannen. Sonst auch nichts. Vor allem nichts, was mit Manu zu tun hat. Sogar wenn er sich bemüht. Wobei: wahrscheinlich gerade deswegen. Er hat ihr die Rozenhoedkaai gezeigt, sie haben an der Liebfrauenkirche eine heiße Schokolade getrunken. Gerade gab es auf dem Marktplatz eine Waffel mit Schokolade und Belgisches Bier. Mit anderen Worten: Sie haben das Touristenprogramm durch. Dabei mussten sie sich noch nicht einmal hetzen. Brügge ist nicht besonders groß. Zumindest nicht in dem Bereich, der aussieht wie ein einziges Mittelaltermuseum. Was jetzt noch fehlt, ist eigentlich nur die vielfach heraufbeschworene Bootsfahrt. Dann können sie endlich nach Hause. Jedenfalls hofft Sophie das. Denn was immer Manu auch angestellt hat, es zündet nicht bei ihr. Sie sieht ihn nachdenklich an. Er ist ein großer, schöner Mann. Arzt aus Überzeugung. Sportler aus Leidenschaft. Er ist ihr bester Freund. Wenn heute Nacht ein Komet auf die Erde fiele, wenn ihre ganze Welt zusammenbräche, wenn sie Schulden hätte oder tödlich erkrankte, er wäre da. Nur: Das alles passiert nicht. Heute nicht. Morgen vielleicht auch nicht. Und ist es dann wirklich eine gute Idee, mit ihm zusammenzubleiben? Ist das denn überhaupt fair?

»Woran denkst du?«, fragt Manu einmal mehr. Sie sitzen in einem der Grachtenboote. Wenigstens diese Freude konnte sie ihm machen.

»Ach, nichts«, antwortet sie. Wie in einer schlechten Hausfrauenserie aus den 90ern. Einem dieser Formate, das sich ihre Mutter in der Endlosschleife reinzog, wenn sie sich am frühen Nachmittag die ersten Margaritas reinzimmerte. Das, was man sagt, wenn es sonst nicht mehr besonders viel zu sagen gibt.

»Na gut«, antwortet Manu. Es rumort in ihm. Sie weiß das. Irgendwie rechnet sie es ihm hoch an, dass er sich trotzdem zusammenreißt. Es gibt keine Spitzen gegen ihren Job. Die Kanzlei. Pirlo. Nicht jetzt. Nicht hier. Stattdessen: die Bootsfahrt. Manu und sie, allein in diesem Kahn. Rechts und links ein paar andere. Abendnebel. Frierende Touristen. Und zwar jeweils mehrere. In diesem kleinen Schiffchen dagegen nur sie beide. Was ein Zufall sein kann. Oder auch nicht. Die Panik kommt ziemlich zeitgleich mit der Erkenntnis, dass sie zu spät geschaltet hat. Manu kniet schon. Das Boot wackelt.

»Liebe Sophie.«

Er sagt auch noch andere Sachen. Bestimmt sind sie schön. Sicher, er ist nicht wahnsinnig souverän mit Worten. Also nicht so wie sie. Oder wie Pirlo. Aber auch Manu hat seine Momente. Erst recht wenn er sich vorbereiten konnte. Hier war das auf jeden Fall so. Er lächelt. Scherzt. Dann weint er. Sie weint auch. Vor Rührung. Vor Überforderung. Irgendwie auch vor Scham. Als alles dann endlich, nach einer langen, langen Zeit vorbei ist, sagt sie die ehrlichsten Worte dieses Tages. Vielleicht sogar die ehrlichsten seit langem. »Es tut mir leid.«

Manu nickt. Er steht auf. Verstaut den Ring. Setzt sich neben sie und schweigt. Der Bootsführer versteht die Signale auch so. Er steuert behutsam das Ufer an. Lässt sie raus. Drückt Manu den Arm. Für Sophie hat er keinen Blick übrig. Sie ist aber in dieser Geschichte auch nicht der Held. Noch nicht einmal auf eine tragische Weise.

Auf der Rückfahrt spricht Manu kein Wort. Auch die Musik bleibt aus. Sie fahren tonlos durch die Nacht. Angestrengt schweigend. Immer im Rahmen der Geschwindigkeitsbegrenzung. Als er in Oberkassel vor ihrer Wohnung hält, dreht sie sich noch einmal zu ihm um. Die ganze Fahrt über hat sie gegrübelt, was sie jetzt sagen soll. Fast drei Stunden lang. Es ist ihr nichts eingefallen. Nichts Gutes zumindest. Als sie noch nicht einmal dazu kommt, etwas zu sagen, ist sie fast erleichtert.

Manu kommt ihr zuvor. »Lass es einfach.«

Sie nickt. Er starrt auf die Straße. Als sie die Haustür aufgeschlossen hat, ist er schon um die Ecke. Sophie seufzt. Sie hängt ihren Mantel auf. Kocht Tee. Setzt sich an den Schreibtisch. Dann, endlich, kommen die Tränen. Als sie wieder auf die Uhr sieht, ist es kurz vor zwei. Sie wischt sich das Gesicht ab. Atmet durch. Dann schaltet sie ihren Computer ein und sucht nach Gesellschaftsgründungen in der Inselstraße 7.

60.

RICK BLAINE. NUR ANDERS. NOCH WENIGER GUT

17.01. Drei Tage später

Als Pirlo die Tür öffnet, fliegen ihm Schokoladenmuscheln entgegen. Leider ist außen herum immer noch die Verpackung aus Blech. Er hält sich den Kopf und flucht unterdrückt. Dann schielt er in den Raum.

»Verdammt nochmal, was war das denn?«

»Muscheln aus belgischer Schokolade«, antwortete Sophie ungerührt. Sie hat sich bereits wieder zu ihrem Schreibtisch umgedreht.

»Du weißt schon, dass andere Menschen das einfach nur essen?«, fragt er, klingt dabei aber vorsichtig. Irgendwas ist hier. Etwas, das Umsicht gebietet. Seine Antennen sind jedenfalls ausgefahren. Einer der wenigen klaren Vorteile, wenn man das Glück genießt, als kleiner Bruder von Mahmed und Ahmid Khatib aufzuwachsen.

»Wo warst du?«, fragt Sophie, den Rücken ihm zugewandt.

»Zu Hause«, antwortet er.

»Du bist zu spät.«

»Das tut mir leid. Du weißt, dass ich bei Regen ab und zu die U-Bahn nehme. Und dass die Düsseldorfer ihre Fahrpläne eher als grobe Richtlinien verstehen.«

»Klar, da kommen dann schon mal ein paar Minuten zusammen«, sagt Sophie. »Bei dir ungefähr fünftausend.«

»Ach, komm schon«, fängt Pirlo zu brummen an.

Sophies Blick bremst das allerdings jäh aus. »Fakt ist: Du hast mich hängenlassen. Schon wieder.«

Dann dreht sie sich um und geht. Einfach so. Einen Moment weiß Pirlo nicht, was er tun soll. Als er kurz darauf zerknirscht an ihrer Bürotür erscheint, fällt ihm erst auf, wie blass sie aussieht. Wie müde. Da ist aber auch noch etwas anderes. Er braucht einen Moment, bis er das richtige Wort dafür gefunden hat. Verbitterung? Kann er das wirklich sagen? Oder zumindest denken? Irgendwie weiß Pirlo das nicht. Er weiß sowieso nicht, was er von der ganzen Situation halten soll. Er hat Sophie noch nie so gesehen. Sie funkelt ihn wütend an. Die klaren blauen Augen schießen Zornesblitze.

»Hör mal, es tut mir wirklich leid, dass ich irgendwie abgetaucht bin.«

»Ach weißt du, es ist mir fast gar nicht aufgefallen. Wahrscheinlich war ich einfach viel zu beschäftigt damit, mich durch die Akte zu quälen und alle Zeugenaussagen aufzubereiten, alles mit dem ganzen Scheiß abzugleichen, den uns unser ehrenwerter Mandant aufgetischt hat, nach Rechtsprechung zu Beweisfragen zu suchen und mir einfallen zu lassen, wie wir anderweitig an Aussagen kommen könnten, die uns zumindest eine Ahnung davon verschaffen, was bei diesem Scheißpuff an diesem Scheißabend wirklich passiert ist. Womöglich hat mich dieser Haufen Arbeit einfach viel zu sehr abgelenkt, so dass mir doch tatsächlich durchgerutscht ist, dass ich das alles ganz allein machen musste, weil mich mein ehrenwerter Herr Starverteidigerkollegenarsch schon wieder ohne jede Form von Anstand oder Erklärung im Stich gelassen hat.«

Pirlo kratzt sich den Bart. »Ist ganz schön ungewohnt, dich so viel fluchen zu hören.«

Sie hält inne. Schmale Lippen. Laseraugen. »Findest du das jetzt auch noch witzig oder was?«

Pirlo hebt die Hände. »Nein. Entschuldigung.« Er meint es wirklich so.

»Wo warst du überhaupt? Ich habe mir verdammte Sorgen gemacht!«

Er ahnt es. Sie hat ungefähr zwanzigmal angerufen. Was er allerdings erst heute Morgen gesehen hat, als er sein Telefon wieder einschaltete.

»Es tut mir leid, dass ich schlecht zu erreichen war«, murmelt er.

»Schlecht zu erreichen?«, wiederholt sie giftig. »Eher gar nicht, würde ich sagen. Nicht so und auch nicht anders. Was übrigens richtig krass ist. Jetzt mal ernsthaft: Ist dir eigentlich klar, dass ich außer Arland niemanden kenne, der dich kennt? Der überhaupt mit dir in Verbindung steht? Den ich hätte fragen können, was mit dir los ist? Ich habe schlichtweg keine Ahnung, wo und mit wem du dich so herumtreibst.« Der Blick, den sie ihm dabei zuwirft, schickt ihm einen Schauder über den Rücken. Darin liegt mehr als nur Wut oder Enttäuschung. Seine Gedanken rasen: Was, zur Hölle, ist das? Misstrauen etwa? Oder sogar – Angst?

»Hast du Arland denn erreicht?«

»Ja.«

»Und was hat er gesagt?«

»Dass du ein Hallodri bist und ein Mistkerl, eigensinnig, unzuverlässig und unbedacht. Und dass es dir wahrscheinlich sofort leidtut, wenn du irgendwann mal wieder deine fünf Sinne beieinanderhast.«

Pirlo verkneift sich ein Schmunzeln. Auf den Alten ist eben Verlass. Dann nickt er aber doch. »Das ist auch so.«

»Was nicht die Frage beantwortet.«

»Welche?«

»Stell dich nicht dümmer als du bist. Wo warst du, Pirlo?«

Er überlegt. Was soll das hier eigentlich? Dieses Kreuzverhör?

Sie ist schließlich nicht seine Mutter. Oder seine Frau. Andererseits ist sie natürlich seine Kollegin, die er mit der ganzen Arbeit allein gelassen hat. Schon wieder. Wirklich heldenhaft war das nicht. Das sieht er auch schon ein. Also räuspert er sich. »Ich war am Meer.«

»Am Meer?«

»Ja, in Holland.«

»Warum?« Ihre Stimme klingt weicher. Nachsichtiger. Sie weiß, dass er dorthinfährt, wenn er eine Pause braucht. Luft zum Atmen.

Er ahnt, was sie umtreibt. Ob sie ihm vielleicht unrecht getan hat. Ob er eigentlich ihre Hilfe braucht. Ihren Beistand. Das macht das, was er jetzt zu sagen hat, nicht einfacher. »Ich musste mal raus.«

»Um allein zu sein?« Ihre Augen sind jetzt warm. Die Wut ist weg.

Pirlo schaut auf seine Hände. Er spielt mit seinen Haaren. »Nicht direkt.«

Sie sieht ihn irritiert an. »Was meinst du?«

»Ich war nicht direkt allein.«

»Sondern?«

»Mit Alena.«

»Bitte was?«

Er seufzt. Streckt den Rücken durch. »Ich war mit Alena, und ich habe schon wieder die Zeit vergessen.«

»Mehrere Tage lang? Während ich mich hier zum Deppen mache und diese ganze Scheiße allein regle?«

Er zuckt mit den Schultern. »So mehr oder weniger.«

Sophie steht auf. Sie ist einen guten Kopf kleiner als Pirlo. Irgendwie scheint das dem Raum-Zeit-Kontinuum aber gerade aus dem Blick geraten zu sein. Als sie sich vor ihm aufbaut, kommt es ihm vor, als würde sie den gesamten Raum ausfüllen. Sie und ihre

Wut. Und als würde beides immer weiterwachsen. Zumal sie einen langsamen, bedrohlichen Schritt auf ihn zukommt. »Ich reiße mir hier tage- und nächtelang den Allerwertesten auf, renne hinter jeder noch so kleinen Spur und deinem ganzen Gesellschaftskram her, und du stehst jetzt tatsächlich hier und erzählst mir, dass du die Zeit aus dem Blick verloren hast, als du mit deiner neuen Flamme am Meer herumgetändelt bist?«

Pirlo starrt dem Ungeheuer ins Auge. Vielleicht kann er es ja so bändigen. Wobei: vielleicht auch nicht. Er entscheidet sich daher für den direkten und ehrlichen Weg. Es ist auch der einzige, der ihm übrigbleibt.

»Ja.«

Ihre Augen lodern. Dann erlöschen sie. Es geht ganz schnell. Einfach so. Umso mehr trifft es ihn. Sophie setzt sich wieder hin. »Geh einfach, Pirlo.«

Er bleibt an ihrer Tür stehen. »Es tut mir leid.«

Dann tut sich der Erdschlund auf. Die Walküre von Wagner wäre leiser. Selbst auf Speed. »Verpiss dich!«

Pirlo hört, wie Wang draußen ein Glas fallen lässt. Er ist ihm nicht böse. Der Schock muss ihm in die Glieder gefahren sein. Genau wie Pirlo selbst. Und wahrscheinlich jedem anderen nichttauben Menschen in ein paar Kilometern Entfernung.

Kurz verharrt Pirlo. Als das Fiepen in seinen Ohren nachlässt, tritt er langsam den Rückzug an. Irgendwann muss man es gut sein lassen. Selbst er. Selbst hier. Gegenüber Sophie. Auch wenn er das kaum für möglich gehalten hätte. Draußen klaubt er ein paar aus der geplatzten Verpackung im Raum verteilte Schokoladenmuscheln auf. Dann verzieht er sich nachdenklich in Richtung eines Rotweins in die *Casa Palmieri*.

Zwei Stunden später ist er wieder da. Ein bisschen Schlagseite hat er vielleicht. Aber wirklich nicht viel. Zumindest fühlt es sich nicht so an. Trotzdem war er so vernünftig, den Aufzug zu nehmen, statt der Treppe. Wenigstens ausnahmsweise mal. Und sei es nur, um einigermaßen sicher in der Kanzlei anzukommen. Dort verrät ihm ein schneller Blick, dass ziemlich tote Hose herrscht. Was ja eigentlich ganz gut ist. Dann hat Pirlo wahrscheinlich auch nicht viel verpasst. Von Sophie ist nichts zu sehen. Wang scannt gerade am Empfang eine Akte.

»Na, wie kommst du voran?«, fragt Pirlo jovial. Irgendwas muss er ja sagen. So fühlt es sich jedenfalls an.

Wangs Antwort fällt etwas würdelos aus, was auch damit zusammenhängt, dass er erst nach Pirlos drittem Anlauf überhaupt aufsieht. »Pirlo.«

»Wang.«

Was Pirlo als Begrüßung cool findet. Fast wie im Wilden Westen. Nur dass hier einer scannt und einer wankt.

»Wie ist die Lage?«

Wang sieht auf seine Hände und das darin befindliche Papier. »Ich scanne.«

»Hm«, brummt Pirlo. »Und wie läuft das so?«

Wang zuckt mit den Schultern. »Erstaunlich überraschungsfrei.«

Dann kommt Pirlo ein kluger Gedanke. »Wo steckt denn Sophie?«

Wieder zucken Wangs Schultern. »Keine Ahnung. Vorhin war sie eine ganze Weile in ihrem Büro. Jetzt ist sie gerade gegangen. Habt ihr Streit oder was?«

Pirlo kommt nicht bis zu einer Antwort. Es hört sich an, als reiße jemand das Gebäude ein. Und zwar von unten.

»Was, zur Hölle, ist das?«

»Keine Ahnung«, schreit Wang. Offensichtlich ist das heute seine Standardantwort. Vor allem. Für alles. »Bässe?«

»Welcher Idiot soll denn hier in der Altstadt mit solchen Bässen rumfahren?«, brüllt Pirlo zurück. Dann stockt er. Eigentlich fällt ihm nur einer ein, der *überhaupt* irgendwo mit solchen Bässen glänzt. Vorsichtig wankt er ans Fenster. Tatsächlich. Dort unten steht ein AMG. Schwarz. Tiefergelegt. Wummernd. Auch wenn das keinen Sinn ergibt. Nicht so. Nicht hier. Pirlo rätselt noch, was das alles soll, als sich plötzlich etwas tut. Dass aus dem Auto Ahmid aussteigt, ist schon keine Überraschung mehr. Ganz anders sieht es allerdings damit aus, dass Sophie aus dem Gebäude kommt und auf ihn zusteuert. Ahmid läuft um das Fahrzeug herum und öffnet die Beifahrertür. Sophie steigt ein. Und Pirlo steht hier oben wie Rick Blaine, wenn Elsa mit Victor László geht. Also klar, der Vergleich hinkt. Hier geht es ja doch um was ganz anderes. Aber irgendwie auch wieder nicht, oder?

Weswegen Pirlo fassungslos ist. Und schreit. Laut. Ungläubig. Wütend. Zumindest geht er selbst davon aus. So ganz kann man das bei der Lautstärke nicht sagen. Dann ist das Auto weg. Und Pirlo geschlagen. Was sich jetzt aber mal so richtig scheiße anfühlt.

61.

CLANSCHLAMPE

20.01., 23.00 Uhr.
Und zwar auf die Minute genau

Um Punkt elf Uhr abends stellt Ahmid seinen AMG vor der Wohnung von Sophie ab. »Pünktlich auf die Minute«, sagt sie.

»So wie ich es versprochen hatte«, antwortet er. Ahmid lächelt. Es sieht freundlich aus. Fast schüchtern. Ein Bild, das so gar nicht zu dem Ahmid Khatib passt, den Sophie vorher kennengelernt hat. Dafür sehr zu dem von heute Abend. Tatsächlich hat sich Ahmid als Gentleman erwiesen. Und zwar durch und durch. Nichts anderes hatte sie zwar eingefordert. Dass sie das aber auch bekommen würde, war dennoch erstaunlich. In gewisser Weise war sie Pirlo fast dankbar. Zwar war sie bei der Frage, was er mit Ahmid Khatib zu tun hatte, immer noch nicht weitergekommen. Außerdem hatte der Arsch sie einmal mehr versetzt. Zuerst tagelang. Vorhin dann auch noch in der Kanzlei. Immerhin hatte sie vor dem Hintergrund dieser ganzen Gemengelage aber einen interessanten Abend erlebt. Viel gebraucht hatte es dafür nicht. Eine kurze Nachricht an Khatib. Und schon war er unterwegs.

Eine knappe halbe Stunde später hatte ihr Ahmid die Tür zu einer Großraumdisco im Pkw-Stil geöffnet. Alles andere war stimmig. Sakko statt Trainingsjacke. Jeans statt Jogginghose. Sneaker statt Turnschuhe. Sie waren nach Lörick gefahren, weg von dem ewigen Trubel der Altstadt. Dort waren sie am Fluss entlangspaziert. Zwar war es frisch, aber, wie meist am Rhein, nicht wirklich kalt. Ahmid verhielt sich vorsichtig und zurückhaltend. Er versuchte noch nicht einmal, ihr den Arm um die Schultern zu legen. Stattdessen organisierte er in einem Café für sie einen Tee auf die Hand. Und er erzählte. Als er Sophie abgeholt hatte, war sie nicht nur auf eine Menge Straßentheater eingestellt gewesen, sondern, noch mehr sogar, auf harte Langeweile. Heftiges Geprahle ohne Inhalt. Ungefähr so. Als sie dann aber tatsächlich mit ihm spazieren ging, zündete er die größte Überraschung von allen. Was er zu sagen hatte, war nicht nur interessant. Er erzählte es auch noch gut.

Ahmid schlug den großen Bogen. Die Familiengeschichte im Libanon. Riyad, sein Vater. Die Anfänge in Deutschland. Die beiden Jungen, Mahmed und er. Die Kinder, auf die es für das Geschäft der Familie ankam. Wie es funktionierte, das *business* des Arabers. Wie er es von der Pike auf gelernt und verstanden hatte. Dann der Tod des Vaters. Der Wille, etwas Eigenes zu machen. Etwas Großes. Die Gewissheit, dass das sicher auch bald klappen würde.

»Was meinst du damit?«, fragte Sophie. Sie waren zum Du übergegangen. Warum auch nicht? Er war schließlich nicht ihr Mandant, sondern ihre, ja was, Verabredung? Wie auch immer, sie spazierten gemeinsam durch die Nacht. Er hatte ihr Tee gekauft. Da konnte man sich schon mal duzen.

Ahmid schaute auf den im Dunkeln dahinfließenden Rhein. »Was Großes halt. Etwas, das richtig kracht. Mein Vater hat immer nur auf sein Geschäft geschaut. Nicht zu wenig. Nicht zu viel. Was können wir? Was ist gut für die Familie? Wie fallen wir nicht auf?«

»Was ist daran schlecht?«

Ahmid warf einen Stein in den Fluss. »Nichts. Alles. Was weiß denn ich? Weißt du, die anderen da, die sind mit mir auf die

Schule gegangen. Die sind mit mir im Fitnessstudio. Und trotzdem sind die der Babo und nicht ich. Ich bin immer nur der Sohn des Arabers.«

Sophie nickte. »Ich verstehe das.«

»Ja?«

»Ich denke schon. Es ist nicht leicht, wenn Eltern das Leben prägen. Wenn alle Leute nur sie sehen und immer die Frage im Raum steht, ob man ihnen wohl gerecht werden kann. Das schmerzt. Und zwar ganz egal, woher der Druck kommt. Er ist ja trotzdem da.«

Ahmid blieb stehen. Der nächste Stein wippte in seiner Hand. Er dachte nach. Sophie ahnte, dass ihn nicht viele so erlebten. Oder ihn sich auch nur im Ansatz so vorstellen konnten. Was irgendwie ein schönes Gefühl war. Und gleichzeitig auch ganz schön unheimlich.

»Genau. Deshalb brauche ich ja was Großes. Und das schaffe ich auch. Wart's ab.«

»Warst du deshalb bei den Malikis?«

Ahmid zögerte. Dann zuckte er mit den Schultern. »Die Malikis. Die Ben Hamids. Die Marori. Das sind doch alles nur Namen. Am Ende haben wir alle dieselben Interessen. Unter dem Strich wollen alle nur in Ruhe ihre Geschäfte erledigen. Solange da klare Regeln herrschen, ist das auch alles kein Problem.«

»Also bietest du dich dort dafür an?« Sie vermutete, dass ihm das Gespräch keine Freude machte. Dass das Eis dünner wurde.

Dann lächelte er schwach. »Ich knüpfe Kontakte, weißt du. Networking und so. In der Geschäftswelt ist das wichtig. Der Austausch unter Clans ist das LinkedIn der Straße.«

Er musste lachen. Sie lachte mit. Sie hatte und hat zwar keine Ahnung, was Ahmid Khatib mit ihrem Chef verband. Warum sie einander kannten, aber auch entschieden abzulehnen schienen. Aber irgendwie glaubte sie, dass Pirlo und er sich auch auf eine gewisse Weise gut verstehen würden. Die beiden waren sich ähnlicher, als sie sich das wahrscheinlich selbst vorstellen konnten.

»Vielleicht ändert sich ja jetzt was, wo Maliki im Knast sitzt«, murmelte Sophie. Sie merkte selbst, dass sie vorsichtig geworden war. Einen Köder ausgeworfen hatte. Mal wieder. Auch wenn der Gedanke, dass sie mit jemandem unterwegs war, für den der Tod Waßmers und der Streit zwischen den Banden profitabel war und der deswegen dabei nachgeholfen haben könnte, keine besonders schönen Gefühle mit sich brachte.

Umso erleichterter war sie, als Ahmid heftig den Kopf schüttelte. »Maliki kommt da wieder raus. Der wird nie im Leben verurteilt. Das kann nicht mal dieser Vollpfosten verhindern.«

»Wen meinst du?«, fragte Sophie. Auch wenn sie die Antwort natürlich kannte. Als Ahmid trotzdem nichts sagte, hakte sie nach. »Pirlo?«

»Was auch immer.« Ahmid spuckte aus und setzte seinen Schlendergang über den Deich fort.

Womit Sophie vor einer Wahl stand. Sie konnte jetzt weiter nach Pirlo fragen. Was Ahmid da eigentlich beschäftigte. Oder störte. Sie konnte aber auch fragen, wie er das mit Maliki meinte. Eines von beiden. Fall oder Pirlo. Sie fluchte innerlich, als sie sich für den Fall entschied. Andererseits: Was auch sonst?

»Wie meinst du das, dass Maliki nicht verurteilt wird?«

»Weil er den nicht umgebracht hat. Deshalb.«

»Und woher weißt du das?« Sophie spürte, wie sich eine Gänsehaut auf ihrem Unterarm ausbreitete. Der Moment knisterte. Zumindest kurz.

Dann sagte Ahmid: »Weil er eine verdammte Muschi ist, deswegen. Nicht das Holz, aus dem seine Brüder sind. Der Rest der Familie. Einfach nur ein kleiner Poser und Spast. Der hat das einfach nicht drauf.«

Sophie verdrehte die Augen. Na toll. So viel zur Gänsehaut.

Ahmid hatte derweil einen neuen Stein geworfen. Es dauerte eine Weile, bis Sophie das Wasser platschen hörte. »Hast du das gesehen?«, fragte er. »Das ist Kraft. Power.« Er deutete auf seinen rechten Oberarm. »Da drin.«

»Klar«, murmelte Sophie. Sie konnte es nicht fassen. Proll blieb Proll blieb Proll. Wie hatte sie daran nur zweifeln können?

Ahmid nickte heftig. Er sah aufs Wasser. »Deswegen geht das nicht.«

»Was?«, fragte sie. Allein schon aus Höflichkeit. Sie klang dabei so müde, wie sie sich fühlte. Und hörte es selbst.

Plötzlich tauchte Ahmid direkt vor ihr auf. Er wirkte gestresst. Sie war es sofort auch. Auf keine gute Art. Er berührte sie aber nicht, sondern blieb stehen und riss die Augen auf. Sie spürte seine Frage, ohne dass er sie stellte. Wie konnte sie nur so schwer von Begriff sein?

»Ein Mann geht pumpen, verstehst du? Das ist dein Ausweis auf der Straße. Breites Kreuz, breiter Arm, breiter Typ. Einer, den man ernst nehmen muss. Deswegen macht das einer wie Waßmer. Der hatte das verstanden.« Ahmids Augen funkelten vor Anspannung. »Hast du dir eigentlich mal deinen Mandanten angeschaut, Frau Anwältin? Wo hat der denn was drauf? Wo hat der denn solche Arme?«

Sophie nickte. Das stimmte schon. Und dann fiel plötzlich auch der Groschen.

Ahmid konnte es sehen. Sofort schaltete er einen Gang hoch.

»Hast du schon mal jemanden mit einem Messer angegriffen?«

»Nein«, sagte Sophie.

Sie sah, wie sich Ahmid auf die Lippe biss. Das war die falsche Frage. »Na, jedenfalls ist das nicht so leicht, verstehst du? Man muss nah ran. Dann braucht man Platz. Es muss schnell gehen. Mit Wucht. Und mit Kraft. Da sind ein Haufen Knochen und so.

Wenn das Messer da reingeht, steckt es vielleicht fest. Deshalb muss man da schon echt was können.«

»Und das war bei Maliki nicht so?«

Ahmid riss die Hände in die Höhe. Jetzt hatte sie es endlich geschnallt. »Eben!«

Sophie brauchte einen Moment. Sie ließ das sacken. »Ich muss dazu unbedingt in die Akte schauen.«

»Mach das, Frau Anwältin.«

Sie gingen ein paar Schritte. Ihr Tee war leer. Ihr Kopf voll. Ahmid bemerkte das offensichtlich. Und war tatsächlich der perfekte Gentleman. Jedenfalls heute Abend. Er deutete auf die Uhr. »Wir sollten langsam fahren. Ich habe einer schönen Frau ein festes Versprechen gegeben.«

Ein Gedanke drängte sich ihr dann aber doch noch auf. »Warum ist da bisher sonst keiner drauf gekommen?«

»Weil die Polizei anders denkt. Aber auch nur die. Ich glaube nicht, dass irgendjemand sonst das anders sieht.«

»Du meinst, allen ist klar, dass Maliki das nicht gewesen sein kann.«

Ahmid hob die Arme. »Allen von meinen Leuten. Aber was soll man machen? Er hat halt einen beschissenen Anwalt.«

Wow, dachte Sophie. Und: scheiße.

Kurz darauf sind sie in Oberkassel. Elf Uhr. Punktgenau. Die Bässe sind aus. Ahmid scheint fest entschlossen, alles richtig zu machen. Unbedingt. Und weiterhin. Er steigt aus und grinst sie an. Dann tritt er einfach zur Seite und sagt: »Vielen Dank für den schönen Abend.«

Sie nickt. Mehr fällt ihr nicht ein. Als sie an ihm vorbeigeht, streicht sie ihm kurz über die Schulter. Sie merkt selbst, wie unbeholfen das ist. Aber da muss er jetzt durch. Und sie auch. Dann hat sie sowieso andere Sorgen.

In ihrer Wohnung steht Manu. Um ihn herum sind Kisten verteilt. Manche sind voll, manche noch leer. Dasselbe gilt für die Regale. Nur eben umgekehrt.

»Was machst du da?«, fragt sie. Einfach so. Selbst wenn es offensichtlich ist.

»Ich packe meine Sachen.«

»Woher weißt du, was deine Sachen sind?« Was natürlich nicht das ist, was sie eigentlich fragen will. Es kommt einfach so. Außerdem: Irgendwie interessiert sie das schon auch. Selbst wenn sie darauf keine Antwort bekommt.

Stattdessen stellt Manu eine Gegenfrage: »Wer war das?«

»Wer war was?«

»Der Kerl, der dich gebracht hat.«

Sie weiß nicht, was sie antworten soll. Sie weiß noch nicht einmal, ob sie überhaupt etwas antworten *will.* »Ein Mandant.«

Er zieht die Augenbrauen hoch. »Ein Mandant. Abends um elf. Den du zum Abschied umarmst.«

»Ich habe niemanden umarmt«, sagt sie tonlos. Eigentlich ist es aber auch egal. Darum geht es hier ja gar nicht.

»Ich sehe, dass du nicht lange gebraucht hast, um dich gründlich neu aufzustellen«, zischt Manu, während er einen kleinen Stapel Bücher in einen Karton wuchtet. Paolo Hewitt. Die Bücher gehören ihr. Sie hat sie wegen Pirlo gekauft. Trotzdem sagt sie nichts. Es ist besser so. Zumal Manu weiterwütet: »Wie schön auch, dass du gleich jemand kulturell so Interessantes gefunden hast. Womöglich habe ich mich mit meinen Zweifeln an deiner Berufswahl doch einfach geirrt. Vielleicht bist du ja genau da, wo du sein solltest.«

»Ich glaube, es reicht«, murmelt sie.

Manu richtet sich auf. Er ist verschwitzt. Waidwund. Aber auch im Angriffsmodus. »Das glaube ich auch, Sophie. Keine Sorge, ich bin hier bald raus. Lass mich einfach meine Sachen nehmen und zu meinen Eltern bringen. Übermorgen bin ich dann auf dem Weg nach Afrika. In Mali können sie jemanden gebrauchen, der die Welt ein kleines bisschen besser macht. Der Kummer nimmt. Das hier ist einfach nicht mehr der richtige Ort für mich.« Er wirft ein weiteres Buch in eine Kiste. »Und auch nicht der richtige Umgang. Hier scheint es eher ein Paradies zu sein für die, die Kummer verursachen. Und die, die ihnen helfen, damit davonzukommen.« Sophie will etwas entgegnen. Er ist aber in Schwung. Und fest entschlossen. »Hier ist eher ein Ort für Gangster und Clanschlampen.« Er sieht sie an. Sein Blick flackert. »So wie dich.«

Die Luft ist klar und kalt. Sie tut gut. Sophie beginnt zu laufen. Sie hat sich einfach umgedreht und die Tür hinter sich zugezogen. Kein Geknalle. Kein Geschrei. Nichts davon. Sie weiß, dass Manu verletzt ist. Sie weiß aber auch, dass das jetzt sein Problem ist. Nicht ihres. Nicht mehr. Sie muss nicht lange überlegen, wo sie hin soll. Bei ihren Eltern hat sie nichts Gutes zu erwarten. Jedenfalls nicht gerade. Kurz will sie Pirlo anrufen. Sie unterdrückt aber den Impuls. Aus Gründen. Dann geht sie dorthin, wo sie sich wohlfühlt. Über die Brücke. Durch die Altstadt. An den Carlsplatz. Zur Kanzlei. Dorthin, wo die Akte ist. Und wo sie selbst sein sollte. Jetzt. Und irgendwie auch sonst.

62.

SNAFU

21.01. In der Kanzlei

Als Sophie in der Kanzlei ankommt, ist es kurz nach eins. Es hat alles länger gedauert als gedacht. Manchmal ist das so. Am Burgplatz hat sie sich am Büdchen noch einen Kaffee gekauft. Dann ist sie über die Rheinpromenade spaziert, entlang der Kasematten, des Schiffchens, das in einem schönen, gleichzeitig aber auch herzergreifend unpraktischen Binnenbecken liegt, der alten Speicherhäuser, wo Ohmsen & Partner sitzt, die Kanzlei, in der Pirlo auf dem Weg zum Durchbruch war und gescheitert ist. Sie hat ihn nie gefragt, ob es ihm etwas bedeutet, in derselben Stadt wie Ohmsen eine Kanzlei eröffnet zu haben. Ob ihm das wichtig ist. Dazu ist immer viel zu viel los. Es kommt einfach keine Ruhe rein. Nicht in irgendetwas, das mit Dr. Anton Pirlo zu tun hat. Zumindest darauf kann sie sich verlassen.

Kurz hat sie überlegt, ob sie sich in der Carlstadt noch ein Radler kaufen soll. Am Büdchen gibt es auch diese anderen Mischgetränke. Alles bunt. Alles süß. Alles eigentlich gar nicht so schlecht. Vielleicht würde ihr das guttun. Etwas zur Erfrischung. Zur Zerstreuung. Etwas, das die schlimmsten Gedanken nehmen kann. Dann aber dachte sie an ihre Mutter. Den Helene-Mahler-Rhythmus. Konzentriertes Trinken bis zum Abend. Und das täglich. Eine feste Routine, seit Patrick gestorben ist. Fast fünf Jahre hartes Saufen. Das ist beeindruckend genug. Und zwar für alle. Weswegen es Sophie lässt. So sehr sie auch Lust auf etwas hat, was ihr zumindest ein klein wenig Ablenkung verschafft.

Da weiß sie ja aber auch noch nicht, dass sich Wang offensichtlich etwas hat einfallen lassen, das ihr genug Anlass dazu gibt, sich aufzuregen, sich zu ärgern, zu schimpfen und zu fluchen. Was jeweils mehr als willkommen ist. Der Grund dafür ist so schlicht wie prinzipiell harmlos: Überall in der Kanzlei brennt das Licht. Mehr ist es nicht. Trotzdem spürt sie, dass sie wütend wird. Allein schon weil sie dazu fest entschlossen ist. Es sind aber auch tatsächlich alle Lampen an. Die im Flur. Am Empfang. In den Büros. Im Besprechungsraum. Wo allerdings Pirlo vor seinem Laptop sitzt. Und schläft.

Sophie räuspert sich. Pirlo zuckt zusammen und richtet sich mühsam auf. Sein Mate-Becher kippt um, und der Tee verteilt sich auf dem Tisch. Pirlo flucht. Seufzt. Gähnt. Richtet sich die Haare. Alles gleichzeitig. Er wirkt dabei so unbeholfen wie hektisch. Und Sophie kann nicht anders. Sie muss lachen. Pirlo starrt sie irritiert an. Verpennt und erschrocken. Vor allem aber wieder einigermaßen normal. Jedenfalls in ihren Augen. Verpeilt. Ehrgeizig. Pirlohaft. Endlich. Es hat ja auch lange genug gedauert.

Kurz darauf stehen sie in der Küche. Pirlo kocht Kaffee. Er bietet ihr welchen an. Sie weiß, dass er es freundlich meint und ihre Ablehnung nicht persönlich nimmt. Dazu ist ihr das Leben aber dann doch zu lieb.

»Ich habe nach wie vor keine Ahnung, wie du das trinken kannst.«

»Ganz einfach so wie jeden anderen Kaffee auch. Für meinen muss man nicht besonders viel können.«

»Außer zwei Ersatzherzen haben.«

Sie lachen beide.

Im Besprechungsraum sortiert Pirlo umständlich seine Haare.

Als er sich hinreichend wiederhergestellt sieht, grinst er Sophie an. »Also gut, was machen wir hier?«

Sie sieht auf ihren Computer. »Zum einen ist da die Zeugenliste. Die Polizisten, die zum Tatort gekommen sind. Die Nazis und Waßmers Arbeitgeber, die alle aussagen, dass er ein Musterschüler war und quasi nur Freunde hatte.«

»Ja. Beim Volkssturm.«

»Womöglich«, sagt Sophie, die Pirlo für genau diese Kommentare mag. Auch wenn es darum gerade nicht geht: Es hat ihr gefehlt. Er hat ihr gefehlt. Das hier alles. Das, was jetzt, wenn es draußen dunkel und kalt ist, wenn der Wind pfeift und der Geruch von Pirlos Todeskaffee durch den Raum wabert, zumindest wieder ein bisschen da ist. Sophie ist fest entschlossen, das zu genießen, solange es eben dauert. Und übrigens auch, den Fall zu gewinnen. Diese Kleinigkeit steht ja auch noch an. Weswegen sie sich endlich auf genau das konzentrieren. Alles andere blenden sie aus. Sophie fragt nicht nach Pirlos Verbindung zu den Khatibs. Schon gar nicht nach Alena. Pirlo fragt nicht nach Manu oder Ahmid. Stattdessen stürzen sie sich in die Arbeit. Sie diskutieren. Suchen und verwerfen Hypothesen. Erzählen sich von ihren jeweiligen Ermittlungen und Kontakten. Wälzen die Akte und ihre Unterlagen. Stundenlang. Wieder und wieder. Zwar ohne konkrete Ergebnisse, aber immerhin gemeinsam. So findet Wang sie vor, als er um acht Uhr in der Tür steht. Er sieht blass aus. Und ziemlich erschüttert.

»Was ist los, Wang?«, ruft Pirlo. »Macht es dich nicht wenigstens ein bisschen froh, dass wir miteinander klarkommen?«

»Doch klar«, antwortet Wang. »Das schon. Aber das hier nicht.« Er wirft einen frisch geöffneten Briefumschlag auf den Tisch.

»Was ist das?«

Wang zuckt entschuldigend mit den Schultern. »Die Anklage gegen Faruk Maliki.«

»Fuck«, murmelt Sophie. Und meint es genau so. Sie weiß, was das bedeutet. Sie wissen es beide. Das Ermittlungsverfahren ist vorbei, damit auch die Chance, die Sache noch irgendwie ohne öffentliches Tamtam zu beenden. Und das, obwohl sie beide das Gefühl haben, dass irgendetwas nicht stimmt. Trotzdem haben sie es noch nicht einmal geschafft, ein einziges Schreiben an die Staatsanwaltschaft zu schicken. Stattdessen haben sie eine Menge im Dunkeln herumgesifft, sich mit dem Mandanten gestritten und, vor allem, untereinander. Das haben sie jetzt davon. Sie sind im Zwischenverfahren gelandet.

»Ist das nicht auch ein Stück weit völlig üblich?«, fragt Wang.

»Klar«, antwortet Pirlo. »Wenn auch auf die *snafu*-Art.«

»Snafu?«

»Situation normal. All fucked up.«

»Hab ich noch nie gehört«, sagt Wang.

»Ich auch nicht«, ergänzt Sophie. »Kann man aber tatsächlich so sagen.«

ZWISCHENVERFAHREN

1.

RASSELN

24.01. Am Montag,
nach Zustellung der Anklage

»Das können Sie doch, verdammt nochmal, nicht machen«, brummt Pirlo ins Telefon. Er wiederholt sich. Zum dritten Mal schon. Und das, obwohl er natürlich weiß, dass Grobulla das tatsächlich *genauso machen* kann.

»Ich kann das tatsächlich *genauso* machen«, antwortet Grobulla. »Wenn Sie der Vollständigkeit Genüge tun wollen, Herr Dr. Pirlo, dann können Sie gern festhalten, dass ich das sogar schon *genauso* gemacht habe. Die Anklage ist erhoben. Ich gehe davon aus, dass das Landgericht die Sache sehr zeitnah zur Verhandlung zulässt. Des Weiteren gehe ich davon aus, dass Ihr Mandant sich wegen Mordes zu verantworten hat. Ob Ihnen das so passt oder nicht.«

Pirlo verdreht die Augen. Die Anspannung hatte über das Wochenende viel Zeit, in Ruhe zu reifen. Ebenso der Frust. »Aber Sie haben doch überhaupt keine Beweise.«

Grobulla klingt, als habe er einen Asthmaanfall. Verursacht durch verschluckte Schrauben. Sophie kann sich schwer entscheiden, was das mehr ist: gruselig oder eklig. Greklig. Ein gutes Wort. Jedenfalls für diesen ganz besonderen Staatsanwalt aus dem Morddezernat. Der greklige Grobulla. Der, der jetzt, wo es in Richtung einer Hauptverhandlung geht, das Verfahren wieder an sich gezogen hat. Sicher, Staatsanwalt Jungk hat die Ermittlungen geführt. Er hat seinen Job auch gut gemacht. Sophie hat die Anklage ein Dutzend Mal seziert. Sie ist wasserdicht. Genau deswegen übernimmt jetzt aber auch Oberstaatsanwalt Grobulla die Angelegenheit. Jungk muss sich hinten anstellen. Es ist das übliche Schicksal des Weisungsempfängers in der Behördenhierarchie. Das hier nicht zuletzt zum Tragen kommt, weil Grobulla noch eine Rechnung mit Pirlo offen hat. Mit Sophie übrigens auch. Umso mehr zeigt er sich jetzt bester Laune. »Ich sehe ganz klar einen hinreichenden Tatverdacht gegen Ihren Mandanten. Rainer Waßmer ist tot. Faruk Maliki war vor Ort. Er hatte vorher angekündigt, dass er Waßmer abstechen werde. Genau das hat er dann auch getan.«

»Wofür Sie keine Zeugen haben.«

»Das stimmt zwar.« Grobulla schnauft ins Telefon. »Dafür haben wir aber eine Menge anderer Indizien. Außerdem« – die Schrauben geraten wieder in Bewegung – »außerdem wird sich Herr Waßmer ja wohl nicht selbst ein Messer in den Leib gerammt haben. Dreimal hintereinander. An jeweils tödlichen Stellen.«

»Wie soll das denn unser kleiner, schmächtiger Mandant überhaupt geschafft haben?«, fragt Pirlo. Sophie fängt seinen Blick. Er zwinkert ihr zu. Es war ihr Gedanke. Ehre, wem Ehre gebührt. Da ist Pirlo anständig. Selbst jetzt noch, unter Druck.

»Was weiß denn ich?«, antwortet Grobulla. »Glück. Können. Begabung.« Hier stoppt er. Sophie hat den Eindruck, dass er das aus guten Gründen tut. Ehe er etwas über Kulturkreise sagt. Oder so. Grobulla ist hart. Manchmal ist er vielleicht sogar fies. Dumm ist er aber ganz bestimmt nicht. Erst recht nicht, wenn es darum geht, sich seinen Fall nicht mit Formulierungen kaputt zu machen, die ihm auf die Füße fallen könnten.

Sophie schiebt Pirlo einen Zettel zu. Das Gespräch führt er. Wenn Pirlo mit Grobulla spricht, stoßen die Schwergewichte aufeinander. Sie hält sich da gern noch im Hintergrund. Pirlo respektiert das. Auch wenn er es für unnötig hält.

Er nimmt den Zettel und liest vor: »In einer Entscheidung des Großen Senats des Bundesgerichtshofs für Strafsachen vom 19.05.1993, Aktenzeichen GSSt 1/93, hat der Täter dem Opfer mit einer zwölf Zentimeter langen, spitz zulaufenden Klinge in den Oberbauch gestochen, und es hat überlebt.«

»Und?«, brummt Grobulla. »Was hat das mit meinem Fall zu tun?«

»Es zeigt zumindest, wie schwer es ist, einen Menschen zu erstechen.«

Grobulla rasselt wieder. Pirlo deutet das als erneutes Lachen. Auch wenn es weiterhin furchterregend klingt. »Tragen Sie das gern in der Hauptverhandlung vor. Das macht aus einem bedingten Vorsatz ziemlich schnell eine unbedingte Tötungsabsicht. Den Mordvorwurf zurrt es also nur noch fester.«

Pirlo starrt Sophie an. Die starrt zurück. Scheiße. Gerade wirkte der Gedanke noch ganz schlau. Jetzt aber irgendwie nicht mehr. Das ist das, was Jura manchmal so unangenehm macht. Dass die andere Seite auch mitdenkt.

Grobulla zieht das Gespräch wieder an sich. »Hören Sie, Herr Dr. Pirlo, Sie wollten sprechen, und das haben wir getan. So weit, so gut. Ich habe mir das ja auch durchaus gern angehört. Alles, was mir ein Theater wie beim letzten Mal erspart, ist willkommen.« Zack, da war er wieder, der Seitenhieb auf das Von-Späth-Verfahren. Wenn auch unklar ist, auf wessen Kosten er eigentlich ging. Grobulla fährt fort: »Nur habe ich offen gestanden den Eindruck, dass Sie mir eigentlich gar nicht besonders viel zu sagen haben. Zumindest nichts, was wir nicht auch im Gericht besprechen könnten. Wenn Sie wirklich der Überzeugung sind, dass ihr Mandant unschuldig ist, können Sie ja dort versuchen, die Kammer ebenfalls zu überzeugen. Ich bin schon mal gespannt. Diesmal scheint es jedenfalls wenig Spielraum für irgendwelche Tricks und Sticks zu geben. Das wirkt hier doch alles deutlich handfester. In diesem Sinne, Herr Dr. Pirlo, Frau Rechtsanwältin Mahler, falls Sie das Glück gehabt haben sollten, Ihrem Chef hier lauschen zu dürfen: Auf bald vor Gericht.« Dann legt er auf.

Pirlo atmet durch den Mundwinkel aus. Er wirkt nicht besonders glücklich. Dann schleicht sich zumindest ein kleiner Funken in seinen Blick. »Tricks und Sticks? Hat er das gerade wirklich gesagt?«

Sophie schmunzelt. »So sind sie eben bei der Staatsanwaltschaft. Könner ihres Fachs. Die eigentlichen Düsseldorfer Gangsta-Rapper.«

Beide lachen. Obwohl es nicht witzig ist. Und sie noch dazu schlechte Laune haben. Allein schon weil der nächste Besuch noch unangenehmer ist. Was vor allem daran liegt, was sie auf dem Weg ins Krankenhaus als Mitbringsel dabei haben. Blumen. Pralinen. Eine Anklage.

2.

UNGLÜCKLICH

25.01. Im Krankenhaus. Leider

Pirlo hasst Krankenhäuser. Er konnte sie schon nicht leiden, bevor sein Vater an Krebs erkrankte. Spätestens das hat ihm aber den Rest gegeben. Seitdem ist er in seiner Ablehnung kategorisch. Er hasst den Geruch. Die Geräusche. Wie sich der Boden anfühlt. Die bunten Linien darauf, die in verschiedene Bereiche führen, von denen einer schlimmer ist als der andere. Einfach alles. Es gibt daher keinen Ort, an dem er gerade weniger gern wäre. Und das gilt alles sogar unabhängig von Fathi Maliki. Ihn zu besuchen rundet den Ausflug ins Elend allerdings so richtig ab.

Als sie reinkommen, ist er wach. »Frau Rechtsanwältin Mahler. Herr Dr. Pirlo. Es freut mich sehr, Sie zu sehen.«

»Umgekehrt gilt das mindestens genauso«, sagt Pirlo. Und fragt sich gleichzeitig, wie lange sie wohl um den heißen Brei herumreden wollen. Schon der nächste Satz von Maliki gibt eine klare Antwort: gar nicht.

»Faruk wurde angeklagt.«

»Richtig.« Pirlo ist kein bisschen überrascht, dass Fathi Maliki das weiß. Nachrichten wie diese finden ihren Weg.

»Das ist nicht gut.«

»Wir verstehen das.«

Fathi Maliki setzt sich auf. Er verzieht den Mund, gibt aber kein

Geräusch von sich. Pirlo kann seine Schmerzen nur erahnen. Das ist schlimm genug.

»Ich bin mir nicht ganz sicher, ob das wirklich so ist.« Fathi Maliki sitzt jetzt aufrecht und lässt sich langsam gegen ein hochgestelltes Kissen sinken. Sein Blick wandert durch den Raum. Sie sind allein. Vor der Tür steht einer seiner Cousins. Trotzdem senkt er die Stimme. »Wir müssen uns nichts vormachen, Herr Dr. Pirlo. Was wir tun, ist vielen ein Dorn im Auge.« Pirlo will etwas entgegnen, doch Maliki hebt die Hand. Noch schwach, aber entschieden. »Lassen wir das Gerede. Es ist, wie es ist. Wir können unser Geschäftsmodell nur aufrechterhalten, wenn wir nicht für Schwierigkeiten sorgen. Sicher kann man bei manchen Sachen auch mal wegschauen. Glücksspiel. Drogen. Prostitution. Das alles gibt es sowieso immer. Es kann von Vorteil sein, wenn man zumindest weiß, dass sich ordentlich darum gekümmert wird. Von ernst zu nehmenden Leuten, die wissen, was Respekt ist und wie man ihn zeigt.« Maliki verzieht den Mund. Das Sprechen scheint ihm Schmerzen zu bereiten. Kurz wartet er. Dann fährt er fort: »Es steht und fällt allerdings alles mit den Überschriften. Was in dieser Hinsicht auf keinen Fall mehr geht, ist Mord. Das kann ich sogar nachvollziehen.«

Pirlo nickt. Er kann das auch.

Maliki faltet die Hände. »Die Anklage ist daher eine Katastrophe. Unsere Kontakte distanzieren sich bereits jetzt von uns. Und damit meine ich nicht nur die von der Stadt. Ich meine auch die anderen.«

»Die Nazis?«, fragt Pirlo. Nur um sicher zu sein, dass sie von denselben sprechen.

Maliki winkt ab. »Man kann sie nennen, wie man will. Sie können machen, was sie wollen. Das ist ein freies Land, oder nicht? Am Ende des Tages sind das für mich einfach Geschäftsleute. So wie wir für sie welche sind.«

»So einfach ist das?«

Maliki hebt die Hände. »Es kommt nicht darauf an, was trennt. Sondern auf das, was eint. An Karneval verkleidet sich einer als Löwe und einer als Jäger. Wenn das Licht angeht, schunkeln sie trotzdem miteinander. Nur jetzt gilt das eben nicht mehr.« Maliki ist ein wenig abgerutscht. Er setzt sich mühsam wieder auf. »Rainer Waßmer hat seinen Laden mit viel Autorität geführt. Er war für uns ein wichtiger Ansprechpartner. Kann ja sein, dass andere dort ideologisch versprengt sind. Er war das aber nicht. Mit anderen Worten: Er war derjenige, der auf keinen Fall wegfallen durfte.«

»Und jetzt?«

»Jetzt sprechen wir nicht nur nicht mehr miteinander. Jetzt haben wir auch noch einen verdammten Krieg.« Maliki sieht an sich herunter.

Pirlos Blick folgt ihm zu den immer noch vorhandenen Schläuchen. Gut ist das alles nicht. Er bewegt sich etwas näher an Malikis Ohr. »Ist das denn damit jetzt vorbei? Der Krieg?«

Maliki dreht den Kopf. Auch er flüstert. »Wenn es nach mir geht, genügt das völlig. Aber versuch das mal den Jungen zu sagen. Die wollen es einfach nicht begreifen. Was die wittern, ist eine Gelegenheit. Für die sind wir Alten schwach, weil wir uns organisiert haben. Dabei geht es nur so.« Er lässt sich zurücksinken. »Das spielt aber gerade sowieso alles keine Rolle. Wenn Faruk verurteilt wird, machen sie uns das Licht aus. Es kostet schon genug, die Lage aufrechtzuerhalten, wie sie ist. Was das für Sie bedeutet, ist klar.« Er wendet sich an Pirlo. »Sie müssen gewinnen.«

Pirlo nickt. »Das ist immer unser Anspruch.«

Maliki lächelt schwach. »Solche Sätze können Sie sich für Ihre Interviews aufheben, Herr Dr. Pirlo. Hier gewinnen Sie nicht, weil das Ihr Anspruch ist. Sondern unserer. Faruk hat das nicht getan. Und selbst wenn er es getan hat, hat er es nicht getan. Das heißt: Wenn er verurteilt wird, wäre das sehr unglücklich. Für uns alle. Aber auch für Ihre Kanzlei. Und für Sie.«

Maliki sieht ihn direkt an. Freundlich. Und klar in der Aussage.

3.

WARUM?

25.01. Im Knast

Als Letztes steht das Gespräch mit Faruk Maliki an. Es läuft anders als gedacht. Er ist ruhig. Zu ruhig.

Pirlo spricht ihn direkt darauf an. »Was hast du genommen?«

»Nichts.«

»Erzähl keinen Scheiß. Was hast du genommen?«

»Nichts, Mann.«

Pirlo steht auf. Zu Sophie sagt er: »Lass uns morgen wiederkommen. Oder wann anders.«

Maliki zögert. »Okay. Zeug halt.«

»Was für Zeug?«

»Tabletten.«

»Von wo?«

»Krankenstation.«

»Wie gesagt, erzähl keinen Scheiß. Schau dir mal deine Pupillen an, Junge. So was bekommst du nicht von der Krankenstation.«

»Doch. Klar.« Maliki grinst schwach. »Nur vielleicht nicht die Dosis.«

»Ich frage noch ein Mal: Woher hast du das Zeug?«

»Von Leuten.«

»Hör auf, das zu nehmen.«

»Holen Sie mich raus, dann mach ich das.«

Pirlo atmet durch. Er klingt genervt. Das bleibt ihm nicht verborgen. Aber was soll er machen? Er *ist* genervt. Manchmal ist das einfach so. »Wir arbeiten dran.«

»Und was soll dann die Anklage?«

»Das ist ein Zwischenschritt. Die Unschuldsvermutung bleibt unberührt.«

»Unschuldsvermutung am Arsch. Warum bin ich dann trotzdem hier drin?« Der Klassiker. Maliki hebt den Blick. »Wenn ich verurteilt werde, wie lange komme ich dann in den Knast?«

Pirlo kratzt sich am Bart. »Das kommt immer drauf an.« Die dümmste aller Anwaltsantworten, klar. Aber was soll er dem zugedröhnten Maliki denn sonst sagen?

»Nicht höflich sein«, brummt Maliki mit verpennter Stimme. »Bitte. Was ist denn die normale Strafe?«

Pirlo seufzt. »Lebenslänglich. So steht es im Gesetz.«

»Was aber nicht heißt, dass das für immer ist«, ergänzt Sophie von der Seite. Sie meint es gut. Pirlo weiß das.

Maliki erschrickt trotzdem. Es ist fast erstaunlich, dass doch noch so viel Energie in ihm steckt. »Heißt das, nicht mal Sie glauben noch an mich, Frau Anwältin?«

»Doch, klar.«

Maliki lässt das kurz sacken. Dann beginnt das Karussell von vorn. »Warum bin ich dann hier drin?«

Und jetzt mal ernsthaft: Was soll man darauf eigentlich antworten?

4.

DONNERLOTTCHEN

28.02. Einen überraschend schnell vergangenen Monat später in der Casa Palmieri

»Habt ihr wirklich einen ganzen verdammten Monat lang keine neue Spur gefunden?« Paolo klingt nicht nur überrascht. Er sieht auch so aus.

»Ja«, sagt Pirlo, dem man diesen Monat mehr ansieht, als ihm recht sein kann. »Manchmal ist das einfach so. Wobei wir es zumindest versucht haben.«

Was stimmt. Wochenlang haben sie die Akte von rechts auf links gedreht und dann wieder zurück. Wenn es darin einen Entlastungsbeweis für Maliki gäbe, hätten sie ihn entdeckt. Dem war aber nicht so.

Die Rufnummern von »Nicky« und »Immensee« haben sich tatsächlich als Prepaidnummern herausgestellt. Auch hier sind sie nicht weitergekommen, genauso wenig wie beim Durchforsten aller Prostituiertenportale nach sämtlichen »Nickys«, die sie finden konnten. Mit manchen davon haben sie gesprochen. Andere waren entweder nicht mehr aufzufinden oder nicht sehr mitteilsam.

An der Inselstraße 7 haben sie geklingelt, aber nicht nur keine Gesellschaft mehr vorgefunden, sondern auch niemanden, der sich daran erinnern konnte, dass es dort einmal eine gegeben hatte. Die *Mnogo Svobody* GmbH & Co. KG hat keine Homepage und auch sonst keine Möglichkeiten der Erreichbarkeit. Nach wie vor haben sie keinen blassen Schimmer, wer der als Geschäftsführer eingesetzte Thomas Müller ist. Oder ob es ihn überhautp gibt.

Bei *Immensee* sind sie ebenfalls nicht weit gekommen. Der Film basierte auf einer Novelle von Theodor Storm. Sie hatten sowohl das Buch gelesen als auch den Film angesehen. Beides war nicht ergiebig. Es ging um Liebe. Das hatten sie aber auch vorher schon gewusst.

Womit sie unter dem Strich viel versucht haben. Und nichts etwas gebracht hat.

Bis jetzt, bis zu dem Abend vor dem Prozessauftakt. Eigentlich die Zeit, sich zu sammeln und zu beruhigen. Und sei es, indem eine Flasche Primitivo geleert wird. Oder zwei. Pirlo holt tief Luft und fasst noch einmal zusammen, was er sonst nur für sich selbst wiederholt. »Manchmal passiert im Zwischenverfahren eben nicht besonders viel Gutes.«

»Wozu soll das dann überhaupt gut sein?«, fragt Paolo.

»Ach.« Pirlo winkt ab. »Das weiß doch sowieso keiner so ganz genau.« Er trinkt aus. Dann besinnt er sich. Paolo ist auf seiner Seite. Er meint es gut. Das sollte man hier nicht vergessen. »Die Idee ist eigentlich ganz in Ordnung. Die Staatsanwaltschaft erhebt Anklage, wenn sie einen hinreichenden Tatverdacht bejaht. Das bedeutet, dass sie eine Verurteilung für wahrscheinlicher hält als einen Freispruch. Dabei kann sie sich aber möglicherweise auch verrannt haben. Daher gibt es eine Kontrollinstanz. Das Gericht, bei dem die Anklage liegt, soll entscheiden, ob es den Fall zulässt und das Verfahren eröffnet. Erst wenn das so ist, kommt es zur Verhandlung.«

»Wie genau prüfen die das denn?«

»Was, den Fall?«

»Klar, den Fall!« Paolo lacht und schenkt nach. Sie haben schon etwas Schlagseite. Ausnahmsweise sogar alle beide.

»Na ja«, murmelt Pirlo, »manche sagen so, manche sagen so. Man kann es aber auch einfach vom Ergebnis her sehen und seine Schlüsse ziehen.«

»Heißt?«

»Frag mich, wie viele Verfahren nicht zugelassen werden.«

Paolo rückt den Stuhl zurecht und streckt die Nase in die Höhe. Pirlo ahnt, dass er eine Art schlauen Jurastudenten darstellen will. Oder eine Parodie davon. Oder beides. Auch im wahren Leben sind die Übergänge hier schließlich fließend. »Also: Wieviele?«

Pirlo setzt sich ebenso dramatisch auf. »Fast keines.«

»Was bedeutet das, Herr Professor?«

»Keine Ahnung, Herr Superschlau Palmieri. Ich denke mal, weniger als ein Prozent.«

»Oha!«

»Ja.«

»Könnte es also sein, dass euer Mandant so richtig gefickt ist?«

»Könnte schon sein.«

»Donnerlottchen.«

»Aber hallo.«

Dann lachen sie. Obwohl hier eigentlich gar nichts lustig ist. Im Gegenteil: Die Schwierigkeiten gehen jetzt erst richtig los. Faruk Maliki ist immer noch im Knast, aber das Hauptverfahren steht vor der Tür. Und damit auch die Hauptverhandlung.

HAUPTVERFAHREN

1.

SCHLAGABTAUSCH

01.03. Erster Verhandlungstag, 9.30 Uhr

»Die Hauptverhandlung beginnt mit der Verlesung der Anwesenden. Erst danach kommt die Anklage. Das mit den Anwesenden ist nur nicht wirklich spannend. Deswegen wird es in Filmen selten gezeigt.«

Pirlo beugt sich verschwörerisch zu Maliki rüber. Den könnte das nicht weniger interessieren. Dann legt der Vorsitzende Richter los. Diesmal hat es Martin Meurer erwischt. Die erste große Strafkammer. Schwurgericht.

Zuerst begrüßt Meurer die Staatsanwaltschaft, die durch Grobulla und Jungk vertreten ist. Pirlo dreht nachdenklich an einer Strähne. Hat es der junge Ambitionierte also doch geschafft, sich einen Platz bei der Anklage zu sichern. Oder Grobulla hat ihn ganz bewusst dazugenommen, um diesmal schnell für klare Verhältnisse sorgen zu können. Beides wäre auf seine Art nicht gut.

»Ferner ist anwesend der Angeklagte, Herr Faruk Maliki, außerdem für ihn als Verteidigung Herr Rechtsanwalt Dr. Pirlo und Frau Rechtsanwältin Mahler«, vermerkt Meurer. Es fällt auf, dass er sich Mühe gibt, seinen rheinischen Akzent angesichts des mit Medienvertretern und Schaulustigen proppenvollen Saals so weit wie möglich einzudämmen. Und dass das nicht immer gelingen wird.

»Kommen wir also zur Verlesung der Anklage.«

Grobulla steht auf. »Der Angeklagte und sein späteres Opfer gerieten am 20. November auf dem Parkplatz des Dortmunder Casinos aneinander. Bei dieser Gelegenheit erklärte der Angeklagte gegen 23.00 Uhr vor Zeugen, dass er das spätere Opfer ›abstechen‹ wolle. Um 1.00 Uhr trafen der Angeklagte und das Opfer auf einem Parkplatz im Außenbereich des Erotiketablissements *Aphrodite*, Leo-Fritz-Straße 17, 40497 Düsseldorf, aufeinander. Der Angeklagte nutzte diese Begebenheit, um seine Ankündigung in die Tat umzusetzen. Er stach insgesamt dreimal auf das Opfer ein. Dieses erlitt schwere Verletzungen im Bereich des Abdomens. Jede dieser Verletzungen wäre für sich tödlich verlaufen. Das Opfer verstarb an Ort und Stelle an den durch den Angeklagten zugefügten Stichwunden. Der Angeklagte handelte in der zuvor angekündigten Absicht, einem anderen Menschen das Leben zu nehmen. Seine Tat war jedenfalls auch motiviert durch Imponiergehabe. Dieses stellte der Angeklagte erkennbar über ein anderes Menschenleben. Er handelte damit aus niedrigen Beweggründen und ist daher wegen Mordes zu bestrafen.«

Grobulla setzt sich und fixiert die Verteidigung. Zunächst ist aber noch einmal Meurer dran. »Herr Maliki, Sie haben gehört, was Ihnen die Staatsanwaltschaft zur Last legt. Sie haben jetzt die Möglichkeit, etwas dazu zu äußern, können darauf aber auch verzichten.«

Pirlo geht dazwischen. »Mein Mandant verteidigt sich schweigend.« So hat er es zuvor mit Maliki besprochen. »Aber die Verteidigung wäre Ihnen verbunden, wenn Sie eine kurze Einordnung vornehmen kann.«

»Ein Opening Statement ist in der Strafprozessordnung nicht vorgesehen«, grollt Grobulla.

Pirlo legt demonstrativ die Stirn in Falten. Er ist aber auch tatsächlich überrascht. Mit so viel Gegenwind zu einem so frühen Zeitpunkt war eigentlich nicht zu rechnen gewesen. Andererseits: Irgendwann geht das Theater ja sowieso los. Dann eben gleich jetzt.

»Der Verteidigung ist bewusst, dass das Opening Statement nicht im Gesetz geregelt ist«, fängt Pirlo an.

»Dann halten Sie auch keines«, geht Grobulla direkt dazwischen. Pirlo fängt seinen Blick. Grobulla hat die Unterlippe vorgeschoben. Oha. Das kommt hier nicht etwa mit feinem Degen und Augenzwinkern daher. Grobulla ist wütend. Immer noch. Und er hat noch nicht einmal ein gesteigertes Interesse daran, das zu verbergen.

Was Pirlo umso mehr einen Grund für ein leichtes Lächeln gibt. Freundlich. Verbindlich. Gelassen. So wie es der anderen Seite am meisten weh tut. »Wie gesagt, Herr Vorsitzender, der Verteidigung ist bewusst, dass es für eine Stellungnahme vorab keine schriftliche Grundlage geben dürfte. Einerseits. Denn andererseits ist, kann, ja *muss* das Opening Statement eine Ausprägung des Rechts des Angeklagten auf rechtliches Gehör ebenso sein wie seines Rechts auf eine angemessene Verteidigung, beides geregelt, praktischerweise, im selben, der Kammer sehr vertrauten Artikel sechs der Europäischen Menschenrechtskonvention. Genau deshalb ist selbst dann, wenn der Angeklagte schweigt, aber auch eine einordnende Stellungnahme der Verteidigung als Gegenpunkt zu dem Anklage- und Vorwurfsmonopol der staatlichen Strafverfolgungsbehörden gut, richtig und wichtig.«

Pirlo hält den Blick auf die fünf Kammermitglieder gerichtet. Grobulla muss jetzt allein damit klarkommen, dass die Verteidigung Zähne gezeigt hat. Und wo der Hammer hängt. Aus den Augenwinkeln bemerkt Pirlo, wie die Journalisten auf ihren Notizblöcken und Tablets herumkritzeln. Gut so. Die nächste Titelseite gehört ihm. Zumindest wenn hier alles normal läuft. Was noch nicht wirklich klar ist.

Ehe Meurer etwas zu Pirlos Anliegen sagen kann, geht Jungk

dazwischen. »Es kann aus Sicht der Staatsanwaltschaft nicht richtig sein, dass die Verteidigung jetzt schon das Verfahren dazu missbraucht, ihre Standpunkte durchzustecken und die Kammer ebenso wie die öffentliche Meinung vorab zu beeinflussen.«

Pirlo reagiert sofort: »Mit Verlaub, aber genau *dazu* ist ein Opening Statement gedacht. Wann und wo sollte es denn sonst die Gelegenheit geben, einmal die Perspektive des Angeklagten darzustellen, ohne dass in der Beweisaufnahme ausschließlich die Anklage über allem schwebt?«

Aber auch Jungk ist schnell: »Sie hätten im Ermittlungsverfahren zu jeder Zeit Stellung nehmen können, Herr Dr. Pirlo. Bezeichnenderweise haben Sie davon aber durchgehend abgesehen.«

Wieder Pirlo: »Auch der Staatsanwaltschaft ist allerdings vollauf bewusst, dass sich die Beweiswürdigung aus dem Inbegriff der Hauptverhandlung schöpft. Hier und nur hier ist daher für die Verteidigung der richtige Ort, um mündlich vorzutragen.«

Gleich danach Jungk: »Wir verwehren uns gegen diese Amerikanisierung des Strafprozesses. Anders als die Verteidigung anzunehmen scheint, kommt es hier bestimmt nicht darauf an, eine möglichst große Show zu inszenieren.«

»Und *wir* verwehren uns gegen diese inhaltslose Unterstellung der Staatsanwaltschaft.« Das kam von Sophie. Noch sitzen alle. Es sind trotzdem schon große Gefühle im Spiel.

Meurer fällt das natürlich auch auf. Die Mikrophone aller anderen Prozessteilnehmer hat er längst abgeschaltet. Jetzt knipst er seines an. »Ich glaube, das reicht für den Moment.« Staatsanwaltschaft und Verteidigung verstummen. Am Sandkasten hat der Erwachsene gesprochen. Jetzt warten alle, wer die Schaufel bekommt. Meurer kratzt sich umständlich am schütteren Haar. »Herr Dr. Pirlo, gelingt es Ihnen, sich kurz zu fassen?« Pirlo nickt. Meurer atmet durch. »Dann erhält die Verteidigung das Wort.« Er hebt einen gänzlich ironiefreien Zeigefinger. »Aber kurz.«

»Danke, Herr Vorsitzender«, sagt Pirlo. Er streckt den Rücken durch. Aufgestanden wird nur zum Plädoyer. Pirlo lässt den Blick über die Mitglieder der Kammer, die Schöffin und den Schöffen wandern und spricht sie so frei wie direkt an. Notizen braucht er nicht. Vor allem nicht dann, wenn es endlich zur Sache geht.

»Es ist der Verteidigung ein Anliegen – kurz – auf die Umstände aufmerksam zu machen, die uns hier zusammenführen. Ein Mann ist auf eine tragische, eine dramatische Weise verstorben. Das Beileid der Verteidigung gilt daher den Angehörigen von Rainer Waßmer. Unser Mandant teilt das unbedingt. Er nimmt hier und heute das ihm strafprozessual zustehende Recht zu schweigen in Anspruch. Allein daraus, dass sich unser Mandant nicht zur Sache äußert, kann indes *kein* Hinweis darauf gewonnen werden, er könne mit der Tat auch nur irgendwie in Verbindung stehen.« Pirlo spricht hier betont langsam. Was er sagt, gilt der Presse. Allen anderen hier im Saal sind diese Regeln sowieso klar. »Die Verteidigung geht vielmehr fest davon aus, dass Herr Faruk Maliki nichts mit dem Tod von Rainer Waßmer zu tun hat. Ich sage das ganz klar: Nach unserer Überzeugung ist er *nicht* der Mörder.« Pirlo wartet wieder. Kein Stress jetzt. Das soll ruhig jeder genau so mitschreiben dürfen. Dann erst zieht er das Tempo an. Was jetzt kommt, sind Angriffe gegen die Staatsanwaltschaft. Rechts. Links. Rechts. »Wir gehen davon aus, dass die Staatsanwaltschaft selbst ganz erhebliche Zweifel an einer Täterschaft hat. Es fehlt an einem nachvollziehbaren Motiv. Allein eine Auseinandersetzung auf einem Parkplatz genügt hier längst nicht. Es waren dort noch eine Menge anderer Leute dabei. Niemandem sonst außer unserem Mandanten macht sie einen Vorwurf. Außerdem fehlt es an Zeugen für die Tat selbst. An Bildern. An überhaupt irgendetwas objektiv Greifbarem dafür, dass unser Mandant für den Tod von Herrn Waßmer verantwortlich sein könnte.«

»Außer den Fingerabdrücken auf dem Messer«, ruft Grobulla

dazwischen. Was ein Sakrileg ist. Die Kammer hat der Verteidigung das Wort erteilt. Die Staatsanwaltschaft hat daher zu warten. Und zu schweigen. Pirlo verzichtet darauf, das zu betonen. Wenn er jetzt darauf eingeht, verliert sich die große Linie im Scharmützel. Gut möglich, dass es Grobulla sogar genau darauf ankommt.

»Wie gesagt, hohes Gericht, werte Schöffen, es gibt keine objektiven Anhaltspunkte dafür, dass unser Mandant die Tat begangen hat. Das gilt auch nicht, insofern die Staatsanwaltschaft bemerkt, dass sich seine Fingerabdrücke an der Tatwaffe befinden sollen. Im Gegenteil ist hier davon auszugehen, dass Herr Maliki auf dem Parkplatz des Etablissements *Aphrodite* Herrn Waßmer schwerstverletzt vorfand und dann versuchte, um zu helfen, das Messer aus dessen Körper zu *entfernen* und es nicht etwa hineinzustoßen.«

Jetzt sieht Pirlo doch zur Staatsanwaltschaft. Das liegt schon daran, dass Grobulla dort umständlich herumfuhrwerkt und Unterlagen von links nach rechts schiebt. Irgendwo muss die ganze Wut ja hin. Pirlo verkneift sich ein Lächeln. Er kann Grobullas Ärger nachvollziehen. Die Fingerabrücke auf der Waffe sind das Argumentationspfund der Staatsanwaltschaft. Der Endgegner für die Verteidigung. Der bereits jetzt, direkt zu Beginn der Verhandlung, auf ein Normalmaß zusammengeschrumpft sein könnte. Wenn Grobulla vorher wütend war, dürfte er jetzt rasend sein. Was bedeutet, dass es langsam Zeit ist, hier zum Ende zu kommen.

»Zusammengefasst gibt es keinen objektiven Beleg dafür, dass die Tat durch den Angeklagten begangen worden sein könnte. Es spricht so viel wie so wenig dafür, dass Herr Maliki mit dem tragischen Versterben des Herrn Waßmer überhaupt etwas zu tun hat. Die Verteidigung geht daher schon jetzt davon aus, dass ein solcher allein auf Indizien gestützter Prozess nur das Ergebnis haben kann und wird, Herrn Maliki freizusprechen.«

Womit eigentlich alles gesagt ist. Beziehungsweise: Hätte gesagt sein können. Vielleicht noch eine Rüge der Kammer dafür, dass der Schlussvortrag nicht vorwegzunehmen sei. Und das wäre es dann. Zeit für die Beweisaufnahme. Nur: Es kommt nicht so. Die Staatsanwaltschaft scheint fest entschlossen, der Verteidigung keinen Raum zuzugestehen. Und zwar nicht einen einzigen Zentimeter.

Wieder ist es Jungk, der dazwischengeht: »Was natürlich alles Unsinn ist.«

»Was meinen Sie?«, fragt Meurer. Er klingt ein bisschen müde. Können sich die Bälger denn nicht langsam mal einkriegen? Sich zivilisiert verhalten? Oder zumindest zivilisiert*er*?

Jungk bleibt am Ball. »Die Staatsanwaltschaft kann nicht einfach stehen lassen, dass der Indizienprozess keine Verurteilung zulassen kann. Im Gegenteil, wir verweisen auf ein Urteil des Bundesgerichtshofs vom 25.11.1982, Aktenzeichen 4 StR 564/82: Liegen mehrere Beweisanzeichen vor, so genügt es nicht, sie jeweils einzeln abzuhandeln. Erforderlich ist vielmehr eine Gesamtwürdigung. Auch wenn keine der jeweiligen Indiztatsachen für sich allein zum Nachweis der Täterschaft des Angeklagten ausreicht, besteht die Möglichkeit, dass sie in ihrer Gesamtheit dem Gericht die entsprechende Überzeugung vermitteln können.«

Pirlo kommt nicht dazu, darauf einzugehen. Sophie ist schneller. Was gut ist. Präziser ist sie sowieso. »Die Staatsanwaltschaft verkennt allerdings die Aussage des Bundesgerichtshofs dazu vom 01.07.2020, Aktenzeichen 2 StR 326/19, eine im Übrigen wesentlich aktuellere Entscheidung. Dort heißt es: Das Urteil muss erkennen lassen, dass der Tatrichter solche Umstände, die geeignet sind, die Entscheidung zugunsten oder zuungunsten des Angeklagten zu beeinflussen, erkannt und in seine Überlegungen einbezogen hat. Aus den Urteilsgründen muss sich ferner ergeben, dass die einzelnen Beweisergebnisse nicht nur isoliert gewertet, sondern in eine umfassende Gesamtwürdigung eingestellt wurden.«

»Das sage ich doch gerade«, mosert Jungk und schnauft, »auf die Gesamtwürdigung kommt es an.«

»Klar«, antwortet Sophie, »aber Sie vergessen, dass nur etwas insgesamt gewürdigt werden kann, wenn die *gegen* eine Täterschaft sprechenden Indizien eine solche Würdigung überhaupt noch tragen.«

Grobulla antwortet unmittelbar: »Zu welchem Ergebnis eine solche Gesamtwürdigung kommen dürfte, hat die Staatsanwaltschaft schon umfangreich dargelegt. Wie sie dann konkret ausfällt, ist ja wohl Aufgabe des Gerichts.«

»Eben«, donnert es vom Richtertisch her. »Und genau deswegen beendet die Kammer diesen Schlagabtausch jetzt auch. Es reicht langsam. Bitte wahren Sie die Würde des Gerichts. Und zwar alle. Was übrigens auch die Öffentlichkeit mit einschließt.«

Im Rückraum sehen sich zahlreiche Bartträger fragend an. Pirlo folgt ihrem Blick und errät den Gedanken. Die anderen prügeln sich, und sie sollen was falsch gemacht haben? Klar, das fühlt sich nicht richtig an. Die Kammer bleibt trotzdem bei ihrem antizipierten Anschiss. Manchmal ist das so. Und manchmal ist es sogar auch angebracht.

2.

ZISCHEN

01.03. Nach einer kurzen Pause

Nach einer kurzen Verhandlungspause geht es weiter. Die kleine Auszeit hat gutgetan. Und zwar allen. Die Gerichtsreporter konnten mit den Redaktionen die ersten Überschriften durchsprechen, Staatsanwaltschaft und Verteidigung ihr Mütchen kühlen. Dann fängt die Beweisaufnahme an.

»Warum geben die dem Spasten eine so große Bühne?«, zischt Faruk Maliki von der Seite.

»Weil er gestorben ist«, zischt Pirlo zurück. »Da ist das nun mal so. Und nenn ihn nicht Spast. Ich will nicht, dass das hier einer hört.«

»Was dann, Nazi?«

»Auch nicht.«

»Wäre aber richtig. Ihr sagt das doch auch immer.«

Pirlo seufzt. Dann versucht er es mit einem der ekligsten Sätze der Anwaltspädagogik. »Wenn zwei dasselbe tun, ist es noch lange nicht das Gleiche.«

Was nicht funktioniert. Irgendwo auch zu Recht. »Was soll das denn bitte heißen?«, hakt Maliki nach.

Pirlo dreht sich ihm zu und fängt seinen Blick auf. »Lass es einfach. Bau so wenig Scheiß wie möglich. Konzentrier dich auf das, was passiert, und vor allem anderen, lass zu, dass wir das auch machen.«

Malikis Blick flackert. Pirlo hat keine Ahnung, ob er im Knast tatsächlich an irgendwelchen echten oder selbstgebastelten Downern genascht hat. Sogar wenn es so war, dürfte die Wirkung jetzt langsam verfliegen. Leider. »Aber es weiß doch jeder, dass das ein Nazi war. Wozu muss der Scheiß um ihn hier dann überhaupt sein?«

»Wegen des Inbegriffs der Hauptverhandlung.«

»Wegen was?«

»Weil nur gilt, was hier besprochen wird.«

»Was soll das denn heißen?«

Pirlo dreht an seinen Haaren. »Das hat Sophie dir doch schon verdammte zehnmal erklärt, Mann.«

»Ja, aber …«

»Was?«

»Da war das nicht hier. Nicht so …«

»Was?«

»Nicht so echt.«

Pirlo verdreht die Augen. Er weiß zwar genau, was Maliki meint. Es spielt hier nur keine Rolle. Hier kommt es darauf an, was Mirja Waßmer, die Ehefrau von Rainer Waßmer, über den Verstorbenen zu sagen hat. Und das ist eine Menge, mehr sogar als das, was sie der Polizei zur Akte mitgeteilt hat. Wenn nur die Hälfte davon stimmt, wäre Waßmer eigentlich ein idealer Kandidat für den Posten des Bundespräsidenten gewesen. Wenn er diese Position denn anerkannt haben würde.

»Reiß dich jetzt einfach zusammen. Wir müssen hier zuhören. Möglicherweise ergibt sich aus ihrem Geschwurbel ja etwas, was für deine Verteidigung gut ist.«

»Dann passen Sie jetzt besser auf, verdammt!«

»Würde ich. Wenn du aufhörst zu reden.«

»Okay.«

»Klappe jetzt!«

»Kann es sein, dass die Verteidigung dazu ein Anliegen umtreibt?«, fragt Meurer. Behäbig und ausgerechnet jetzt. War ja klar. »Herr Dr. Pirlo, ich nehme bei Ihrem Mandanten rege Bewegung war. Wenn er schon so mitteilsam ist, kann er das auch gern gegenüber der Kammer sein, nicht wahr? Herr Maliki, haben Sie uns denn etwas zu sagen?«

Pirlo bemüht sich um Fassung. »Unser Mandant verteidigt sich weiter schweigend.«

»Den Eindruck hatte ich jetzt nicht gerade.«

»Es ist aber so.« Neben Pirlo nickt Maliki heftig. Auf Sophies Bildschirm sieht Pirlo die wichtigsten Leitentscheidungen zum Teilschweigen aufploppen. Nur so, zur Sicherheit, für den Fall, dass das hier gleich noch etwas rauer wird. Die Kammer lässt es dann aber mit der Ermahnung gut sein. Nachdem der freie Vortrag der Zeugin Waßmer über die Errungenschaften und Talente ihres Mannes, das gemeinsame Glück mit seiner Geschäftsführerstellung im Gebrauchtwagenhandel und ihren Aufgaben gegenüber den zwei Töchtern, außerdem natürlich den Schmerz über seinen Verlust fast zwei Stunden gedauert hat, folgt die nächste Pause. Pirlo ist darüber erleichtert. Obwohl das Verfahren erst einen Vormittag dauert, fühlt er sich ordentlich zermürbt. Auch wenn er das so nicht zugeben würde.

Auf dem Flur spielt er an seinem Telefon herum. Die POST hat das Verfahren online auf die Titelseite gepackt. »Auftakt zum Mordprozess des Jahres! Toughe Poweranwältin setzt sich für Clanbubi ein.« Dazu ein Foto von Sophie beim Anziehen der Robe. Was gut aussieht, klar. Aber irgendwie auch ein bisschen scheiße ist. Vor allem: schon wieder. Pirlo pustet durch. Wenn es läuft, dann läuft es. Wenn nicht, ist es eben wie hier. Dann reißt er sich zusammen und geht in den Saal zurück. Gleich stehen die Fragen der Verteidigung an.

3.

PLAUDERTON

01.03. Die weitere Beweisaufnahme

Die Staatsanwaltschaft hat keine Fragen. Mirja Waßmer hat ihre Sichtweise umfassend und wortgewaltig dargelegt. An manchen Ecken mag das etwas zu viel gewesen sein, an anderen sogar total drüber. Das kann der Strafverfolgungsbehörde eigentlich aber auch ziemlich egal sein. Das aus ihrer Sicht Wesentliche steht sowieso fest: Faruk Maliki hatte Rainer Waßmer angekündigt, ihn abzustechen. Dann hat er genau das getan. Punkt. Ende der Geschichte. Ob Waßmer der großartige Mensch war, als den seine Witwe ihn zeichnen will, oder nicht, spielt dafür keine besondere Rolle. Strafbar ist, dass man einen anderen Menschen tötet. Das hat Faruk Maliki nach Überzeugung der Staatsanwälte getan. Was soll man da also noch weiter nachfragen?

Der Ball liegt bei der Verteidigung. Sophie beobachtet, wie Pirlo sein Mikrophon zurechtrückt und sich etwas mehr nach vorn setzt, um den Winkel zu der Zeugin zu verkleinern, so, dass sie ihn besser sehen kann. Und er sie. Dann lächelt er freundlich.

»Frau Waßmer, können Sie bitte für mich noch einmal wiederholen, wie lange Ihr Mann und Sie verheiratet waren?«

»Fünfzehn Jahre.« Sie schnieft geräuschintensiv. Mirja Waßmer ist ein Mensch mit ausladenden Proportionen. Das drückt sich auch im Akustischen aus.

Pirlo nickt. »Wenn Sie die private Frage erlauben: Wie war

denn das Miteinander in Ihrer Ehe?« Er klingt dabei locker und entgegenkommend. Sophie schreibt sich die Einleitung auf. *Wenn Sie die private Frage erlauben.* Als würde es darauf auch nur im Ansatz ankommen.

Mirja Waßmer reagiert so, wie Sophie und Pirlo das erwartet haben, als sie sich auf die Vernehmung vorbereiteten. Mit Ablehnung. Mit Unverständnis. Und mit einer Rückfrage.

»Wie meinen Sie das?«

Pirlo hebt entschuldigend die Hände. »Verzeihen Sie, wenn ich ungenau in meiner Formulierung war. Was ich damit meine, ist, dass es mich interessiert, wie Sie miteinander umgegangen sind, insbesondere was die Exklusivität Ihrer Zweisamkeit anbelangt.«

»Können Sie das vielleicht noch umständlicher formulieren?«, brummt Grobulla.

Pirlo gibt sich ertappt. »Die Staatsanwaltschaft hat völlig recht. Ich kann das auch sehr viel einfacher und direkter fragen: Ihr Mann und Sie, waren Sie sich in der Ehe denn treu?«

Mirja Waßmer schickt mit ihren Augen kleine Pfeile. Ihre Stimme bleibt trotzdem ruhig. »Natürlich waren wir das.«

»Spielte das in Ihrer Ehe denn eine Rolle?«

»Was?« Sie klingt pampig. Was gut ist.

»Treue.«

»Natürlich. Das spielt in jeder Beziehung eine Rolle, oder nicht?«

»Weil Ihre Ehre Treue heißt?«

Hinten wird gelacht. Was Frau Waßmer erkennbar irritiert. »Ich verstehe die Frage nicht.«

Pirlo wird wieder ernst. »Im Wesentlichen geht es darum, dass Ihnen Treue wichtig war. Das haben Sie ja auch bestätigt. Sehr wichtig, oder?«

»Ja.«

»Sehr, sehr wichtig?«

»Was soll das denn?« Das erste Mal, seit Pirlo Fragen stellt, dreht Mirja Waßmer sich ihm direkt zu. Was Pirlo nicht gerade mit Schönheit blendet. Mirja Waßmer ist eher der Typ Walküre, nur dass ihr Haupt statt wallenden Haars eine ziemlich abenteuerlich gefärbte Renee-Frisur abrundet. Was bei einer Frau mittleren Alters nicht nur nicht besonders passend aussieht. Sondern auch nicht besonders gut.

»Ich frage ja nur«, fährt Pirlo im Plauderton fort. »Und freue mich, dass Sie antworten. Lassen Sie mich das einfach noch einmal zusammenfassend fragen: War Ihnen Treue sehr wichtig? So sehr, dass es für Sie ein wesentlicher Bestandteil Ihres Eheversprechens, Ihres Lebens war?«

»Ja. Ich denke schon.«

Pirlo tippt auf seinem Computer herum. Sophie weiß, dass er nichts nachsieht, abgleicht oder aufschreibt. Es genügt allerdings, dass jemand anderes das nicht weiß: die Zeugin. Dann, nach einer quälend langen halben Minute sagt er einfach nur. »Das überrascht mich.«

Sophie sieht, dass Mirja Waßmer das unkommentiert lassen will. Sie kann es nur nicht. »Was soll Sie denn daran überraschen?«

»Ach, nur der Ort, an dem Ihr Mann zu Tode gekommen ist.« Dann sieht Pirlo auf, ganz so, als sei ihm gerade ein ganz neuer Gedanke gekommen: »Sind Sie mit dem Etablissement *Aphrodite* vertraut, Frau Waßmer?«

»Nein, bin ich nicht«, antwortet sie spitz.

»Wissen Sie, worum es sich dabei handelt?«

Sie zieht zwischen schmalen Lippen Luft ein. Ehe sie antworten kann, ist aber auch die Staatsanwaltschaft zur Stelle. »Ich sehe nicht, was das zur Sache tut.« Grobulla mal wieder.

»Ich schon«, antwortet Pirlo. Mehr hat er dazu offensichtlich nicht zu sagen.

»Wozu sollen diese Fragen denn bitte schön gut sein?«, poltert Grobulla.

»Vielleicht lassen Sie die Zeugin antworten, und wir finden es einfach heraus.«

»Das geht so aber nicht! Ich beanstande die Frage des Verteidigers!«, kommt es von Grobulla. An Samthandschuhen scheint er wirklich nicht besonders interessiert.

Womit wieder Pirlo dran ist: »Das ist doch Unsinn!«

»Das hat ja wohl immer noch die Kammer zu entscheiden! Herr Dr. Pirlo kann sich schließlich nicht seine eigenen Regeln machen. Nicht hier! Nicht schon wieder!«

»Worauf wollen Sie denn mit der Frage hinaus, Herr Verteidiger?«, hakt Meurer schließlich nach. Er klingt erschöpft. Wahrscheinlich ist er es auch, denkt Sophie. Es ist der erste Verhandlungstag. Trotzdem prügeln sich Staatsanwaltschaft und Verteidigung jetzt schon wie auf dem Schulhof. Aus Sicht des Vorsitzenden Richters verheißt das nichts Gutes.

Sophie bemerkt, dass Pirlo ihren Blick sucht. In seinen Augen steht eine Frage. Sie kennt ihn mittlerweile so gut, dass es dafür keinen Übersetzer braucht. Soll er voll auf den Konflikt zurennen? Oder nicht? Kurz, für den Bruchteil einer Sekunde, ist Sophie stolz, dass das für ihn überhaupt zur Debatte steht. Und dass er dabei Wert auf ihre Meinung legt. Ihre Gedanken rasen. Dann steht ihr Ergebnis. Sie nickt ihm zu. Die Abteilung Attacke hat Freigang.

»Ich erkläre gern, wozu die Frage gut sein soll.« Pirlo fängt langsam an. Ruhig. Sachlich. Dann geht es schnell. Was er sagt, kommt mit Tempo. Und laut. Schon um zu verhindern, dass es im Geschrei untergeht. »Die Frage zielt darauf ab herauszufinden, ob Frau Waßmer bekannt ist, dass es sich bei dem Club *Aphrodite* um ein Bordell handelt.« Sophie sieht, wie Grobulla nach vorn springt. »Denn wenn das so sein sollte, dann wäre das für eine

Person, der Treue in der Ehe sehr, *sehr* wichtig ist, sicher kein Vergnügen. Im Gegenteil, wenn so jemand so etwas mitbekäme, wäre diese Person vielleicht wütend. Enttäuscht. Impulsiv.«

»Das ist unsachlich!«, motzt Grobulla. »Außerdem stellt die Verteidigung keine Fragen, sondern stellt einfach nur Behauptungen auf.«

»Wenn so jemand so etwas mitbekäme, hätte diese Person vielleicht ein Motiv!«, ruft Pirlo in den Raum.

»Rainer war nicht im Puff«, schreit Frau Waßmer. »Ich verbitte mir solche Unterstellungen!«

»Und was hat er dann dort gewollt? Und was wollten Sie möglicherweise dort? Wo waren Sie überhaupt in der Nacht zum zwanzigsten November?«

»Die Verteidigung schiebt der Zeugin Aussagen in die Schuhe. Ich beanstande das!«, brüllt Grobulla.

»Das kann doch alles nicht wahr sein!«, ruft Jungk hinterher.

»Rainer hatte mit Puffs nichts am Hut! Er war eine treue Seele«, ruft Frau Waßmer.

»Ruhe jetzt!«, brüllt Meurer.

Sophie versteckt ihr Gesicht hinter ihrem Laptop. Was für ein Chaos! Ein bisschen schämt sie sich schon. Aber als sie zu Pirlo linst und dessen Mundwinkel zucken sieht, sucht auch bei ihr ein Schmunzeln seinen Weg. Selbst wenn das keiner merken soll.

4.

NICKY

01.03. Die weitere Beweisaufnahme

Die nächsten Zeugen sind unergiebig. Die Kammer hat die Befragung nach dem Geschrei um Mirja Waßmer ausgesetzt. Sie ist als Zeugin zwar noch nicht entlassen. Das Gericht behält sich vor, sie zu einem späteren Zeitpunkt noch einmal zu befragen. Dann aber erst, wenn sich die Lage etwas beruhigt hat. Und wenn sich alle Beteiligten zusammengerissen bekommen. Bis dahin gibt es noch einige andere zu vernehmende Personen. Meurer scheint nicht traurig, sie in den kommenden Tagen der Reihe nach abklappern zu können, ohne andauernd ein Tohuwabohu schlichten zu müssen. Auf die Befragung der Kinder der Waßmers verzichten alle Prozessbeteiligten dabei im gegenseitigen Einvernehmen. Was man von Mirja Waßmer gehört hat, genügt. Was man bei ihrer Vernehmung erlebt hat, auch. Stattdessen kommen Hans Kowalski, Alexander Mehdorn und Gunther Stahl an die Reihe, die drei Männer, die Rainer Waßmer an dem in Rede stehenden Abend in das Dortmunder Casino begleitet haben. Alle drei sagen ziemlich genau dasselbe aus. Sie gestehen zwar zu, dass sie sich vorher hinsichtlich der anstehenden Vernehmung besprochen haben, wirken aber auch so, als sei das, was sie erzählen, einfach nur richtig. Leider. Immerhin Stahl, der Letzte der drei, lässt sich durch Pirlo zumindest ein bisschen locken. Die Kammer ist mit ihren Fragen längst durch. Die Staatsanwaltschaft ebenso.

Dann versucht es Pirlo mit einer etwas anderen Herangehensweise. Bei Kowalski und Mehdorn kreisten alle Fragen darum, wie es im Casino war. Die Antwort: gut. Die Einsätze hätten sich gelohnt. Es sei nicht viel getrunken worden. Danach kamen Fragen, wie die Eskalation auf dem Parkplatz verlaufen war. Die Antwort fiel erstaunlich differenziert aus: Es habe Provokationen von beiden Seiten gegeben. Einen Mord habe allerdings nur der Angeklagte angekündigt. Das war es dann auch schon. Nichts spricht dafür, dass das bei Stahl anders ausfallen könnte. Außer, Pirlo lässt sich was einfallen.

Und sei es nur das hier: »Herr Stahl, waren Sie eigentlich enttäuscht, dass Rainer Waßmer nicht mit Ihnen in den Puff gehen wollte?«

»Was?«, fragt Stahl.

»Ich beanstande die Frage«, ruft Jungk.

»Was?«, fragt Stahl noch einmal. Nachdem die Fragen des Gerichts und der Staatsanwaltschaft gemächlich verlaufen waren, hat er mit Pirlos Ansatz ganz offensichtlich nicht gerechnet.

»Ich dachte, meine Frage sei eigentlich klar gewesen«, wiederholt Pirlo in reizend freundlichem Ton: »Herr Stahl, waren Sie eigentlich enttäuscht, dass Rainer Waßmer nicht mit Ihnen in den Puff gehen wollte?«

»Ich beanstande die Frage, verdammt!«, entfährt es jetzt auch Grobulla. »Wir beanstanden sie beide!«

Meurer seufzt. »Herr Dr. Pirlo, worauf wollen Sie hinaus?«

Pirlo sieht den Vorsitzenden Richter mit gespielter Enttäuschung an. »Jetzt sagen Sie mir aber bitte nicht, dass ich Ihnen die Frage auch noch erklären soll.«

Hinten lacht jemand. Grobulla bleibt aber am Ball. »Es ist für mich nicht erkennbar, was die Verteidigung mit dieser Frage bezwecken will.«

Pirlo lächelt schmal. »Vielleicht *sollen* Sie das ja auch gar nicht erkennen.«

»Das ist doch Humbug!«

»Wenn Sie das sagen, nehme ich das gern zur Kenntnis. Meine Frage stelle ich trotzdem. Also, Herr Stahl, waren Sie enttäuscht, oder waren Sie es nicht?«

»Weswegen?«

»Dass Rainer Waßmer Sie nicht im Puff mit dabeihaben wollte.«

Stahl sieht fragend zur Kammer. Das fällt auch Meurer auf, der mittlerweile Interesse an den Geschehnissen zu entwickeln scheint. Er kratzt sich etwas umständlich an den Schläfen. »Herr Stahl, einmal ungeachtet dessen, dass die Wortwahl der Verteidigung vielleicht etwas zurückhaltender sein könnte, frage ich mich langsam auch, womit Sie sich eigentlich so schwertun. Allzu kompliziert ist die Frage ja nicht. Ich neige dazu, sie mir für die Kammer selbst zu eigen zu machen.«

»Unsinn«, brummt Grobulla.

Jungks Gesicht schmollt hinter dem Bildschirm. Pirlo nickt Meurer ermutigend zu. Nicht dass es darauf ankommt. Dem Vorsitzenden Richter dürfte wenig egaler sein als die Frage, ob die Verteidigung damit einverstanden ist, dass das Gericht eine Frage selbst stellt. Es sieht aber trotzdem gut aus.

»Der Reihe nach, Herr Stahl«, fasst Meurer zusammen. »Wussten Sie, dass Herr Waßmer noch vorhatte, nach Düsseldorf zu fahren?«

Stahl ist mittlerweile ordentlich angespannt. Das kriegt jetzt auch der Letzte mit. Als er spricht, wackelt die Stimme etwas: »Ich verweigere die Aussage und beziehe mich auf mein Schweigerecht.«

Meurer schüttelt langsam den Kopf. »Sie sind hier als Zeuge, Herr Stahl. Das heißt, Sie müssen uns von Ihren Wahrnehmungen berichten und dabei die Wahrheit sagen. Sie dürfen weder etwas hinzufügen noch etwas weglassen. Wer nicht die Wahrheit sagt, der lügt und wird bestraft, im Falle eines Meineids mit einer Freiheitsstrafe von mindestens einem Jahr. Eine Auskunft verweigern können Sie dabei nur, wenn Sie sonst Gefahr liefen, sich oder einen anderen einer Straftat oder einer Ordnungswidrigkeit verdächtig zu machen. Dafür sehe ich hier allerdings kein Risiko. Anders sieht es damit aus, dass Sie ein Ordnungsgeld kassieren oder sogar in Ordnungshaft kommen können, wenn Sie eine Auskunft verweigern, ohne dass es einen triftigen Grund dazu gibt. Haben Sie das verstanden?«

Die letzten Worte waren laut. Und deutlich. Meurer funkelt den Zeugen von der Richterbank herunter an. Pirlo spart sich ein Grinsen. Er kennt den Vorsitzenden noch aus Zeiten, als er nicht der große Boss des Schwurgerichts, sondern ordentlicher Richter am Amtsgericht war. Schon damals kam Meurer gern mal schlafmützig daher. Jedenfalls so lange, bis ihm etwas gegen den Strich ging. Dann schlüpfte ihm der Richter-Hulk aus dem Hemd. So wie jetzt. Das kommt auch bei Stahl an.

Kurz wankt er noch. Dann murmelt er: »Kann schon sein, dass Rainer noch nach Düsseldorf wollte.«

»Lauter«, donnert Meurer.

Stahl seufzt. Er schaut auf seine Hände. Die Schultern zittern leicht. Dann reißt er sich aber doch zusammen. Ein deutscher Junge weint nicht. »Kann schon sein, dass Rainer noch nach Düsseldorf wollte.«

»Und was wollte er dort?«

»Ich weiß das nicht mehr so genau.«

Meurer beugt sich vor. »An diesem Abend kam Herr Waßmer zu Tode. Das ist Ihnen klar, oder?«

»Ja.«

»Haben Sie sich seitdem häufig mit diesen Geschehnissen auseinandergesetzt?«

»Ja. Na klar. Ständig.«

»Dann erzählen Sie mir nicht, dass Sie nicht mehr wissen, was Herr Waßmer Ihnen gesagt hat, sonst lernen Sie die Kammer von ihrer unfreundlichen Seite kennen!« Das Ausrufezeichen hört man durch den ganzen Saal. Meurer wartet eine Antwort auch gar nicht mehr ab. Er setzt direkt nach. »Also?« Stahl fixiert seine Hände. Meurer dämpft etwas die Stimme. Das Bedrohliche weicht trotzdem keinen Zentimeter. »Herr Stahl, ich nehme an, dass Ihnen der Tod von Rainer Waßmer sehr nah geht. Das glaube ich sogar zu spüren. Sie haben jetzt und hier die Gelegenheit, dazu beizutragen, dass wir die Umstände, die dazu geführt haben, aufklären. Das geht aber nur, wenn Sie die Wahrheit sagen.«

Stahl löst den Blick von seinen verschränkten Fingern. Pirlo erkennt, in welche Richtung seine Gedanken gehen dürften. Klar, die Ehre heißt Treue und so weiter. Aber fällt es darunter nicht auch, den Tod zu rächen? Na eben. Stahl beugt den schweren, muskelbepackten Oberkörper nahe ans Mikro. »Rainer wollte noch nach Düsseldorf fahren. Ich ahnte, dass er dort in einen Puff wollte. Aber ich wollte nicht mit.«

»Warum ahnten Sie, dass Herr Waßmer in ein Bordell fahren wollte?«, fragt Meurer, wie immer um Form, Sprache und Distanz bedacht.

Stahl sieht auf den Boden, antwortet aber. »Weil er dort häufiger hinfuhr.«

»Wohin?«

»In den Club *Aphrodite.*«

»Seit wann?«

»Noch nicht lange. Seit ein paar Wochen vielleicht. Vorher war er mehr in Bottrop unterwegs.« Dann, als habe er gemerkt, was er da sagt. »Wenn überhaupt.«

»Wissen Sie, was Herr Waßmer im Club *Aphrodite* wollte?«

Stahl grinst. Was ein bisschen schäbig aussieht. Und auch ein bisschen unangenehm. »Na was wohl?«

Meurer bleibt allerdings ungerührt. »Ich meinte: Warum wollte Herr Waßmer ausgerechnet zu diesem Club? Ausgerechnet nach Düsseldorf, mehr als eine Stunde Fahrzeit entfernt?«

»Das weiß ich nicht.« Und dann, mit Blick auf die Kammer. »Ich schwöre.«

»Hat Herr Waßmer zu Ihnen einmal etwas darüber gesagt? Warum es ihn nach Düsseldorf in den Club *Aphrodite* ziehe?«

»Na ja.«

»Was, na ja?« Meurers Stimme bleibt hart.

»Rainer meinte, dass es dort eine ganz besonders heiße Person gebe.«

»Was meinen Sie mit Person?«

»Na ja, eine, wie soll ich das sagen?«

»So, wie Sie es meinen.«

»Na, eine Nutte eben.« Jemand lacht. Stahl errötet. Ein Stiernacken mit Farbe. Dann fällt ihm ein Kompromiss ein. »Eine Frau.«

»Und können Sie uns auch einen Namen dazu sagen?«

Pirlo ahnt, was kommt, ehe Stahl den Namen ausspricht. Als es dann geschieht, steht ihm trotzdem kurz der Mund offen.

»Ja. Nicky.«

»Fuck«, murmelt Pirlo. Sein Blick wandert zu Sophie, die genauso irritiert zurückschaut. »Fuck.«

5.

GRAU. SCHWARZ. NUR SO ALS BEISPIEL

01.03. Während einer Verhandlungspause im Café

»Waßmer und Maliki wollten am selben Abend zu derselben Frau.« Sophie fasst noch einmal zusammen, was die Beweisaufnahme gerade ergeben hat. Nicht dass das wirklich nötig wäre. Besonders kompliziert ist die Sachlage schließlich nicht. Eher verstörend. Wenn auch auf eine gute Weise.

»Wenn du mich fragst, stand das die ganze Zeit im Raum.«

»Kann sein. Jetzt ist es aber erst so richtig greifbar.«

»Was meinst du?«, fragt Pirlo, der die Antwort eigentlich kennt. Trotzdem, das darf jetzt ruhig kleinteilig sein. Lieber eine Frage zu viel stellen als eine zu wenig. Dazu ist das, worum es geht, einfach auch zu heikel. Und zu wichtig.

»Denken wir mal laut.« Sophie bleibt stehen und fixiert Pirlo. »Beide, Waßmer und Maliki, sind zweimal in derselben Nacht am selben Ort. Ein Mal dürfte das Zufall gewesen sein.«

»Wenn überhaupt«, murmelt Pirlo.

»Richtig.« Sophie nickt. Der blonde Zopf wackelt mit. »Wenn überhaupt. Das zweite Mal werden sie aber quasi einbestellt. Und zwar zeitversetzt.«

Pirlo nimmt das auf. »Wir haben keine Nachrichten auf ihren Telefonen und auch keine Anrufe von derselben Nummer.«

»Beide werden allerdings über einen vergleichbaren Zeitraum

immer wieder von zwei Nummern angerufen, die wahrscheinlich zu Prepaidtelefonen gehörten. Bei Faruk war als Name auch tatsächlich ›Nicky‹ eingespeichert.«

»Bei Waßmer allerdings nicht.«

»Waßmer war aber auch verheiratet. Dass sich bei ihm immer wieder eine Frau meldet, wäre vielleicht zu Hause aufgefallen. Du weißt doch, Treue und so. Frau Waßmer schien das ernst zu meinen. Vielleicht hat er daher einfach einen Kunstnamen gewählt.«

»Immensee?«

»Genau.«

»Also war Waßmer doch ein romantischer Nazi?«

»Oder einfach ein kleines bisschen schlauer als seine Frau.«

Pirlo kratzt sich am Bart. »Kann sein, spielt hier aber eigentlich keine Rolle. Was wirklich wichtig ist: Wir haben zwei Telefone, aber beide Male verwenden diejenigen, die angerufen werden, denselben Namen. Für wie plausibel hältst du das?«

»Was meinst du?«

»Gehen wir davon aus, dass jemand ein Interesse daran hatte, Waßmer und Maliki über eine Frau in den Griff zu bekommen. Wie viel trauen wir dieser Nicky zu? Und warum hat man ihr erlaubt, bei beiden denselben Namen zu verwenden?«

Sophie fährt sich durch die Haare. »Wir suchen nach einer Persönlichkeit, die in der Lage ist, zwei Männer so um den Finger zu wickeln und im Griff zu haben, dass sie beide zur gleichen Zeit an den gleichen Ort bestellen kann. Beziehungsweise zeitversetzt so, dass sie dort aufeinandertreffen. So jemand wächst wahrscheinlich nicht gerade auf Bäumen.«

Pirlo spinnt den Gedanken fort. »Und hier musste das auch noch jemand sein, für den zwei sehr unterschiedliche Typen empfänglich sind.«

»Was bedeutet, dass man, wenn man so etwas plant, froh ist,

eine solche Frau zu finden. Wenn sie sich dann wohler fühlt, insofern sie sich Nicky nennen und denselben Namen bei beiden Männern verwenden kann, macht man damit vielleicht auch irgendwann einfach seinen Frieden. Besser so, als dass sie die Namen durcheinanderwirft.«

Pirlo nickt und grinst schief. »Außerdem hat einer der beiden ja auch ein geschmackvolles Pseudonym gefunden. Vielleicht hat sie ihm dabei sogar geholfen.«

Sophie pustet durch und lässt die Arme schlackern. Wie lange war sie eigentlich nicht mehr im Fitnessstudio? Es fühlt sich an, als sei es eine Ewigkeit her. An das letzte Mal im Kickboxring kann sie sich schon gar nicht mehr erinnern. »Warum dann die beiden Telefone?«

Pirlo zuckt mit den Schultern. »Für mich ergibt das Sinn.«

»Wie meinst du das?«

»Stell dir vor, eines ist schwarz, eines ist grau. Wenn das eine klingelt, ist der eine dran, klingelt das andere, ist es der andere. Dasselbe gilt bei einem aktiven Anruf. Je nachdem, an wen man sich richtet, kommt das eine oder das andere Gerät zum Einsatz.«

Sophie zieht die Augenbrauen hoch. »Schlau gedacht. Meinst du, manche halten das wirklich so?«

Pirlos Gesicht verschwindet hinter einem Kaffeebecher. »Ich kann es mir jedenfalls so vorstellen.« Dann sieht er auf die Uhr. »Es ist kurz nach drei. Wir sollten wieder zurück.«

Zusammen laufen sie von dem Café *Justitia*, wo sie sich auf der anderen Straßenseite des schmucklosen Gerichtskomplexes in der Verhandlungspause einen schnellen Kaffee geholt haben, durch das vernieselregnete Oberbilk zurück zur Verhandlung. Obwohl es Nachmittag ist, wirkt es, als verwandele sich das Grau des Himmels schon langsam in Richtung eines abendlichen Dunkels. Düsseldorf im März. Man muss das schon wirklich sehr wollen.

Nachdem sie die Schleuse am Eingang des Landgerichts passiert haben, winkt ihnen Gichner zu. Der rasende Reporter der POST. Sophie fängt Pirlos Blick, kann ihn aber nicht deuten. Ehe sie sich weiter absprechen können, steht Gichner schon vor ihnen. »Habt ihr was für mich?«

»Nein«, brummt Pirlo.

»Ach kommt schon, irgendwas ist doch mit dieser Nicky. Wer ist das? Warum spielt sie eine Rolle? Die geheimnisvolle Prostituierte aus Reisholz. Kommt schon, das interessiert die Leute.«

»Dann ist das wahrscheinlich auch morgen noch so«, antwortet Pirlo lapidar.

»Weil ihr da was Besonderes vorhabt?«

Sophie ringt sich ein Augenzwinkern ab. »Weil wir dann wiederkommen.«

Pirlo hebt die Hände. »Klingt so, als habe die Kollegin Mahler ein Machtwort gesprochen. Das war es dann wohl für heute.«

Damit lassen sie einen irritierten Gichner in der weitläufigen Eingangshalle stehen. Was Sophie nur recht sein kann. Klar, es kann helfen, die Medien auf der Seite der Verteidigung zu haben. Dann müssen sie dort aber auch wirklich sein wollen. Weswegen es hilft, ihnen keinen Unsinn zu erzählen. Bei der Verteidigung von Marlene von Späth war das komplett nach hinten losgegangen. Gut also, dass Pirlo seine Lektion gelernt hat. Für Sophie gilt das erst recht. Vor allem an solchen Tagen, an denen es so oder so schon genug Überraschungen gegeben hat. Die Kammer scheint das ganz ähnlich zu sehen. Meurer schließt die Verhandlung um kurz nach halb vier. Keine der Seiten hatte noch Fragen, auch nicht die Verteidigung. Jedenfalls nicht an den Zeugen. Was Maliki anbelangt, sieht es da schon ganz anders aus.

6.

PRETTY WOMAN. NRW-STYLE

02.03. In der Arrestzelle

»Faruk, bitte streng deine Erinnerung an. Sag uns, wann du Nicky gesehen hast, wann und was sie dir dabei erzählt hat. Das ist wirklich wichtig, verdammt nochmal!« Sophie hat das jetzt bereits dreimal wiederholt. Wenn auch das erste Mal in Verbindung mit fluchen. Maliki scheint sie damit trotzdem nicht zu erreichen. Er schaut zwar in ihre Richtung. Pirlo ist sich aber ziemlich sicher, dass er sie gar nicht richtig sieht. Es wirkt, als seien Malikis Gedanken ganz woanders. Er kommt Pirlo ordentlich verloren vor. Wäre die Lage nicht so verdammt ernst und Maliki sonst nicht so absurd anstrengend, er könnte ihm fast leidtun.

So aber ist auch Pirlo langsam schwer genervt. Er schnipst mit seinen Fingern vor Malikis Gesicht. »Hey, Faruk. Bist du wach? Bekommst du was mit? Wir stellen die ganze Zeit Fragen, mit dem Ziel, dich aus diesem ganzen Scheiß hier herauszubekommen. Es wäre also verdammt vernünftig von dir, wenn du dich zusammenreißen und uns Antworten geben könntest.« Maliki reagiert nicht. Pirlo schnipst noch einmal. Dann ist es ihm zu blöd.

Er wendet sich an Sophie: »Lass uns einfach aufbrechen. Wir verschwenden hier unsere Zeit. Vielleicht finden wir in der Akte doch noch irgendwas, das uns weiterhilft. Hier drin bessern sich weder unsere Aussichten noch unsere Laune.« Dann dreht er sich zu Maliki. »Was natürlich vor allem an dir liegt, und daran, dass du einfach nicht schnallst, wie wichtig es ist, dass wir diese Nicky greifen können. Oder zumindest das, was sie zu dir und Waßmer gesagt hat.«

»Ich glaube nicht, dass sie diesem Schwein etwas gesagt hat«, murmelt Maliki. »Und ich glaube auch nicht, dass sie mit diesem *Peder* überhaupt etwas zu tun hatte.«

Pirlo dreht sich zu Sophie. »Was heißt *Peder*?«

Sie zuckt mit den Schultern. »Nichts Gutes, denke ich.«

Woraufhin Pirlo die Stirn in Falten zieht und sich doch noch einmal an den Tisch der Besprechungszelle setzt. Dort legt er seinen Kopf schief und sieht Maliki lange an, ehe er vorsichtig nachhakt. »Sag mal, Faruk, kann es sein, dass dein Problem gar nicht so sehr Rainer Waßmer ist? Beziehungsweise: dass sich Nicky bei ihm gemeldet haben könnte?« Maliki reagiert nicht. Pirlos Stimme wird noch tiefer, als sie es ohnehin ist. Ab und zu kommt das schon mal vor. Außerdem gibt er ihr einen weichen Klang. Aus Gründen. »Faruk, alter Knastbruder, dir war schon klar, dass Nicky auch andere Männer trifft, oder? Dass das quasi mit zu ihrer Berufsbeschreibung gehört.«

Maliki antwortet nicht. Was nicht heißt, dass hier nichts passiert. Er schiebt die Unterlippe vor. Dann beißt er darauf herum. Pirlo beobachtet das und staunt. Vor allem aber weiß er nicht recht, ob er lachen oder weinen soll. Und wie er Maliki trotz all dem zu einer sinnvollen Antwort bewegen kann. Kurz darauf kommt zumindest ein Teil davon.

»Ich wollte sie da rausholen«, flüstert Maliki.

»Wen?«, fragt Pirlo automatisch. So ganz kann er das hier noch nicht glauben. Außerdem hält er damit den Dialog aufrecht. Immerhin.

Maliki hat sich kerzengerade aufgerichtet. Sein Blick verschwimmt zwischen Erstaunen und Entsetzen. »Na, Nicky! Ich wollte sie rausholen. Wir beide wollten das. Dass sie das alles hinter sich lassen kann.«

»Und dann?«, fragt Sophie. Sie klingt sanft. Ruhig. Verständnisvoll. So als hätten sie hier alle Zeit der Welt für die Geschichte, wie der Clansprössling die Prostituierte aus dem Erosclub im Düsseldorfer Industriegebiet retten wollte. Pretty Woman. NRW-Style.

»Wir wollten einfach weggehen, Mann, einfach irgendwohin, wo wir zusammen ganz neu anfangen.«

»Was hattet ihr denn vor?«, fragt Pirlo. Einfach so, aus Interesse.

»Keine Ahnung. Ich wollte eben was arbeiten, so, und Nicky wollte natürlich studieren.«

»Natürlich.«

»Ja.«

Womit das Gespräch erstaunlich schnell doch wieder an einem Nullpunkt angekommen ist.

Sophie scheint allerdings noch eine Idee zu haben. »Hattest du denn darüber schon mit jemandem gesprochen?«

Maliki sieht auf. »Wie meinen Sie?«

»Na ja«, sagt Sophie, »ich stelle mir vor, dass es vielleicht für Nicky gar nicht so einfach war, das Etablissement zu verlassen. Dass es da Leute gegeben haben könnte, die ein Interesse daran hatten, dass sie blieb, wo sie war. Deshalb interessiert es mich, ob du mit jemandem gesprochen hast, den Betreibern des Ladens etwa, darüber, ob und wie du Nicky dort tatsächlich herausholen kannst.«

Pirlo schaltet sich ein. »Was Frau Mahler fragt, ist, ob du schon konkret verhandelt hast. Einen Preis oder so. Und mit wem?«

»Nein.« Maliki schüttelt den Kopf. »Nicky meinte, dass sie das nicht will. Dass sie das selbst regeln muss.«

»Wo kam sie eigentlich her?«

»Wie meinen Sie das?«

»Was ich meine, ist, wo sie geboren wurde. In welcher Stadt oder in welchem Land.«

Maliki strahlt. »Sie kommt aus Transsilvanien. Wie Dracula. Was ja ziemlich cool ist, oder?«

»Klar«, murmelt Pirlo. »Total. Und von wo kommt sie dort?«

Maliki sieht ihn irritiert an. »Aus Transsilvanien halt.«

»Dir ist schon klar, dass das größer ist als Pempelfort?«

»Was?«

Pirlo winkt ab. »Vergiss es. Transsilvanien also.«

»Ja.«

Womit sie wieder ziemlich feststecken. Pirlo seufzt. »Noch einmal zu Rainer Waßmer.«

Maliki kommt jeder Frage zuvor. »Sie hat ihn nie erwähnt.«

»Nur ihn nicht oder auch niemanden sonst?«

»Niemanden. Gar niemanden. Warum hätte sie das auch tun sollen?«

Was auf viele Arten eine schlaue Frage ist. Genau deswegen passt es aber auch, das Gespräch an der Stelle abzubrechen.

7.

OMSK

08.03. Der nächste Verhandlungstag

Der nächste Verhandlungstag findet erst wieder nach einer knappen Woche statt. Er verläuft unspektakulär. Mehr oder weniger fängt er auch schon direkt so an. Mag ja sein, dass für die POST etwas in der Luft liegt, seit die Sprache auf Nicky gekommen ist. Auch die anderen Verfahrensbeteiligten, die Mitglieder der Kammer, der Vorsitzende, die Berichterstatterin, die Beisitzerin, die beiden Ersatzrichter, die Schöffen, dazu die beiden Vertreter der Staatsanwaltschaft dürften rätseln, wer das sein soll. Außer Sophie und Pirlo hat allerdings keiner auf dem Schirm, was damit tatsächlich zusammenhängt. Oder besser: zusammenhängen *könnte*. Denn genau darin liegt das Problem.

Nachdem sie Maliki in der Vernehmungszelle verabschiedet haben, war ihr Gespräch kurz. Und ihre Entscheidung einfach.

»Sollen wir einen Beweisantrag dazu stellen, diese Nicky vor Gericht zu hören?«

Pirlo hatte sich nachdenklich am Bart gekratzt. »Ich glaube nicht, dass das notwendig ist. Sinnvoll dürfte es auch nicht sein.«

»Warum nicht?«

»Der Beweisantrag ist wahrscheinlich nicht notwendig, weil die Kammer selbst nachforschen lassen wird, wer diese Nicky ist. Alles andere würde mich bei Meurer stark überraschen.«

»Was meinst du, wird passieren?«

Pirlo hatte das Gesicht verzogen. »Sie dürften bei dem Club *Aphrodite* anfragen, wer dort am verfahrensrelevanten Abend gearbeitet hat.«

»Das wäre doch gar nicht so verkehrt.«

»Klar, vor allem nicht, wenn die Kammer klarmacht, dass sie alles, was nicht freiwillig herausgegeben wird, sicherstellen lassen kann, notfalls sogar auf dem Weg der Beschlagnahme durch die Polizei oder, wenn es richtig fies wird, den Zoll und die Steuerfahndung.«

Sophie hatte ein Lächeln gewagt. »Auch das klingt doch ganz gut. Wichtig ist doch nur, dass wir diese Nicky greifen können, ganz gleich unter welchem Namen und in welcher Form sie dort tätig ist.«

»Das stimmt schon. Allerdings dürfte die richtige Zeitform nicht *ist* sein. Sondern *war*.«

Was zurück in den Gerichtssaal führt, wo Meurer vorab zu der weiteren Beweisaufnahme eine Erklärung verliest: »Die Kammer hat sich im Rahmen ihrer Sachaufklärungsverpflichtung darum bemüht, die durch den Zeugen Stahl angesprochene Person, die in der verfahrensrelevanten Nacht unter dem Namen Nicky in dem Club *Aphrodite* tätig war, ausfindig zu machen, um von ihr hier im Rahmen der Hauptverhandlung zu erfahren, ob und wie sie Einfluss darauf genommen hat, dass sich Rainer Waßmer, das spätere Opfer, am Abend des 20. November auf dem Parkplatz des besagten Clubs aufhielt. Auf eine Anfrage bei der Betreibergesellschaft des Clubs hat uns diese die an diesem Tag sowie in der Woche davor und danach tätigen Personen benannt und uns alle relevanten Meldeformulare vorgelegt. Es besteht für die Kammer kein Zweifel daran, dass diese Unterlagen vollständig sind. Insgesamt handelt es sich um elf Frauen. Keine davon heißt mit bürgerlichem Namen Nicky. Wir lassen den Verfahrensbeteiligten die entsprechenden Erkenntnisse als Kopie aus der Akte zukommen.« Dazu erhebt sich der Justizwachtmeister und gibt Staatsanwaltschaft und Verteidigung jeweils einen Stick. Sophie nimmt ihn an sich und klickt die neuen Aktenbestandteile an. Die wenigen frisch dazugekommenen Seiten zeigen Fotografien von Personalausweisen. Vier der Frauen stammen aus Russland, drei aus Polen, zwei aus Litauen, eine aus den Niederlanden, eine aus Bamberg. Sophie klickt sich durch die Gesichter. Dabei kann sie es sich sparen, bei Maliki nachzufragen, ob er eine der Frauen kennt. Oder zumindest zu kennen glaubt. Als sie die Aktenseite mit dem Bild von Dasha Karpina anklickt, bricht links neben ihr Maliki in akute Schnappatmung aus.

»Nicky!«

Er hat das so laut gesagt, dass die Kammer nachhakt. »Frau Rechtsanwältin Mahler, hat Ihr Mandant etwas zu den Bildern zu sagen?«

Sophie schüttelt den Kopf und bemüht sich um ein Lächeln. »Nein. Es passt alles.«

Meurer lässt allerdings nicht locker. »Mir war so, als habe er gerade etwas gesagt. Wollen Sie das vielleicht wiederholen, Herr Maliki?«

Sophies Lächeln wird breiter. Bestimmt bleibt sie trotzdem. »Nein, Herr Vorsitzender, mein Mandant will das nicht. Selbst wenn er etwas gesagt haben sollte, was, wie ich meine, nicht der Fall war, würde er das jetzt nicht noch einmal wiederholen wollen. Meinem Mandanten ist die Rechtsprechung zum Teilschweigen bewusst. Im Lichte dessen verteidigt er sich weiterhin schweigend. Und zwar ganz.«

Meurer nickt. Er wirkt nicht unzufrieden. Sophie ist es auch nicht. Weder mit der Lage noch mit sich. Vor drei Monaten hat sie noch den Prozessauftakt um Marlene von Späth in den Sand gesetzt. Davon ist nicht mehr viel übrig. Ein Blick zu Pirlo verrät ihr, dass ihm das ebenfalls gerade durch den Kopf gegangen sein dürfte. Auch wenn man das bei ihm nie so genau weiß. Weswegen sie sich umso mehr freut, als er unter dem Verteidigertisch auf Hüfthöhe den Daumen reckt. Danach gilt die ganze Aufmerksamkeit sowieso wieder Maliki, dessen Blick sich in dem Passbild verloren hat. Sophie nimmt das Foto genauer in Augenschein. Es zeigt eine junge Frau, deren Geburtstag laut des Dokuments vor zweiundzwanzig Jahren war. Und zwar in Omsk. Sophie sieht, wie Malikis Lippen schwerfällig dieses Wort formen. Im Übrigen verharrt der Rest des Malikikörpers immer noch in kompletter Schockstarre. Nach einer kleinen Weile hat sich dann ein Gedanke bei ihm ausgeformt. »Omsk. Was soll das sein?«

Sophie bemüht sich um einen warmen Blick. Irgendwo tut er ihr auch leid. »Omsk ist eine Stadt in Sibirien.«

»Sibirien?«

»In Russland. So, wie es hier steht.« Sie tippt auf das Dokument auf ihrem Bildschirm. Oben ist das russische Wappen. Darunter die kyrillische Schrift mit dem lateinischen Äquivalent. In dem steht, dass Frau Karpina aus Omsk stammt.

»Aber sie ist aus Transsilvanien.« Maliki sieht sie verständnislos an. »Das ist in Rumänien.« Er sagt es so, als stünde er an einer Schultafel. Und zwar genau bei dem Test, auf den er sich nicht vorbereitet hat. Die Antwort mag hier an sich richtig sein. Sie passt nur nicht zu der gestellten Frage.

»Brauchst du eine Pause?«, fragt Sophie sanft.

Maliki schüttelt den Kopf. »Nein. Ich brauche Nicky.« Sophie verkneift sich zu viel Wärme. Wie gesagt: Leid tut er ihr schon. Aber er ist eben immer noch Faruk Maliki. Und, vor allem, ihr Mandant.

Trotzdem tut Ablenkung gut. Sie konzentriert sich auf das, was der Vorsitzende Richter sagt, der gerade zum Ende kommt. »Die Betreiber des Club *Aphrodite* haben den von der Kammer mit dem Ermittlungsauftrag bedachten Polizeibeamten mitgeteilt, dass nach ihrer Kenntnis keine der im verfahrensrelevanten Zeitpunkt dort tätigen Damen den Namen Nicky getragen hat. Die Kammer verkennt nicht, dass eine dieser Frauen gleichwohl diesen Namen verwendet haben kann. Es scheint ihr aber mit den dem Gericht zur Verfügung stehenden Mitteln auch nicht weiter aufklärbar. Da es sich hier, ungeachtet dessen, dass es für die Kammer in der Gesamtschau von Interesse gewesen wäre zu erfahren, wer diese Frau ist, nicht um einen Aspekt von wesentlicher Bedeutung für die Schuld- und Rechtsfolgenfrage handelt, sieht die Kammer davon ab, diese Frage noch weiterzuverfolgen.« Meurer legt das Papier, von dem er das abgelesen hat, zur Seite. »Haben die weiteren Verfahrensbeteiligten Anmerkungen dazu?«

Die Antwort der Staatsanwaltschaft kommt schnell und fällt klar aus. »Nein.«

»Wie ist es mit der Verteidigung?«

Sophie bemerkt Pirlos Blick. Die darin liegenden Zweifel. Fast schon etwas Unsicherheit. Wenn auch ganz bestimmt nur einen kleinen Hauch. Trotzdem tut es gut zu sehen, dass er manchmal nicht nur nicht weiß, wo irgendetwas steht, wer genau etwas gesagt und welches Gericht was wie entschieden hat, sondern eben auch nicht, wie er auf etwas reagieren soll. Selbst wenn es andersherum natürlich auch ganz praktisch gewesen wäre. Dann kramt Pirlo aber sein Gerichtslächeln raus. »Die Verteidigung hat für den Moment dazu auch kein weiteres Anliegen.«

»Für den Moment?«

»Richtig.«

»Was soll das heißen?«

»Das erfahren Sie möglicherweise zu gegebener Zeit.«

Im Saal wird vereinzelt gelacht. Sophie kann damit leben. Es bleibt ihr sowieso nichts anderes übrig.

Der Rest des Verhandlungstages ist aus Sicht der Verteidigung unergiebig. Er zieht sich aber trotzdem.

Die Kammer hört Dr. Sattler als Sachverständigen der Rechtsmedizin dazu, wo die Stiche in den Bauch von Rainer Waßmer erfolgt sind. Es gibt ein paar unappetitliche Bilder, außerdem Sattlers Zusammenfassung, dass der Tatverlauf auf einen Täter schließen lässt, der mit viel Abgeklärtheit vorgegangen ist. Oder einfach viel Glück hatte. So oder so: Rainer Waßmer hatte keine Chance.

»Könnte denn ein Mensch mit der schmalen Statur meines Mandanten einen solchen Angriff überhaupt durchgeführt haben?«, erkundigt sich Sophie, als das Fragerecht an die Verteidigung gegangen ist.

Die Antwort ist frustrierend. »Das kann schon sein.«

»Würden aber nicht allein die Vehemenz und die Frequenz der Stiche dafür sprechen, dass es sich um einen eher athletischen, eher kräftigen Menschen als Täterin oder Täter handeln müsste?«, hakt sie nach.

Die Antwort des Sachverständigen hatte sie zwar geahnt. Als er sie jetzt in der Verhandlung aber gibt, ist sie trotzdem genervt. »Man kann das nicht zwingend sagen. Die Angriffe trafen den unteren Bauch. Sie waren, obwohl sie in einem Abstand von wenigen Sekunden erfolgten, jeweils für sich kausal für den Tod des Opfers. Da der untere Bauch nicht durch Knochengewebe geschützt ist, sondern die dort liegenden Organe direkt unter dem Bauchfell liegen, hätte es keines besonderen Kraftaufwandes bedurft, um es zu durchstoßen. Dazu kommt, dass spätestens ab dem Eindringen des ersten Stichs die Muskulaturspannung in sich zusammengefallen sein dürfte.«

»Danke«, murmelt Sophie. Und: »Fuck.« Wenn auch nur ganz leise.

8.

ERDBODEN

09.03. Im Morgengrauen

Pirlo schläft noch nicht viel länger als drei Stunden, als es an der Tür klingelt. Erst hat er sich die halbe Nacht mit einer völlig ergebnislosen Recherche auf den Homepages von Saunaclubs, Puffs, Bordellen, Laufhäusern, und was es sonst noch so alles in Düsseldorf und Umgebung gibt, herumgetrieben, ohne auch nur den Ansatz einer Spur aufzutun, die mit Dasha Karpina zu tun haben könnte. Wenn es überhaupt Bilder der Damen gab, die ihre Leistungen anboten, waren zwar mehrfach Nickys dabei gewesen. Keine davon sah aber so aus wie die sehr junge, sehr schmale, sehr blauäugige Frau, die Pirlo aus der Akte von ihrem Ausweis anlächelte. Irgendwann hatte ihn Alena dann zu sich ins Bett geholt, wo es ihr überraschend schnell gelungen war, ihn auf andere Gedanken zu bringen. Zumindest für kurze Zeit.

Dann, als sie eingeschlafen war, hatte er sich wieder davongestohlen, um sich noch einmal, zum wahrscheinlich fünfzigsten Mal, die Akte vorzuknöpfen und Suchdurchläufe zu starten, die auf die Telekommunikation seines Mandanten am Tatabend abzielten und etwas, *irgendetwas*, in Richtung dieser Nicky erkennen ließen. Das Ergebnis war so absehbar wie bitter. Dasselbe galt für den Geschmack in seinem Mund. Einerseits hatte er den Frust und die Langeweile dadurch zu bekämpfen versucht, dass er sich immer wieder aus einer Flasche *Pisco* nachschenkte. Andererseits war er von seiner Arbeit zu gefesselt gewesen, um in die Küche zu schleichen und dort etwas Vernünftiges zum Mischen zu holen. Außerdem hatte er Alena nicht wecken wollen. Es war nervig genug, ihr zu erklären, warum er so viel an diesem Fall arbeitete. Er wollte sich nicht auch noch weiter dafür rechtfertigen müssen, wenn er das mitten in der Nacht tat und sich dabei einen hinter die Binde kippte.

Als das Klingeln schließlich zu ihm durchdringt, liegt er doch wieder im Bett. Irgendwie muss er den Weg zurückgefunden haben. Selbst wenn damit womöglich ein kleiner Filmriss einhergegangen war. Sein Mund fühlt sich jedenfalls pelzig an. Außerdem riecht es auf keine sehr angenehme Art nach zu viel Alkohol. Pirlo braucht wenig Phantasie, um zu verstehen, dass der Geruch von ihm kommt. Neben ihm brummt Alena in ihr Kissen. Dann schnüffelt sie ins Dunkel. »Hast du getrunken?«

»Höchstens ein bisschen.«

»Riecht nicht so.«

Die Klingel befreit Pirlo von der Verlegenheit einer Antwort.

»Wer ist das?«, fragt Alena.

»Keine Ahnung.« Pirlo steht auf, zieht ein T-Shirt über, kratzt sich und wankt zur Tür. Davor steht Sophie. Sie sieht beschissen aus.

»Sophie! Was ist los?«

Sie tritt von einem Fuß auf den anderen. Ihre Augen schwirren von hier nach da. Klare Sache: Die Nerven sind durch. Pirlo fasst sie vorsichtig an der Schulter an. »Was ist denn los, Sophie? Was kann ich für dich tun?«

Er fängt ihren Blick auf. Sie hat Tränen in den Augen. »Kannst du bitte mitkommen?«

»Wohin?«

»Ins Krankenhaus.«

»Ins Krankenhaus?«

»Ja.«

»Jetzt?«

»Ja. Bitte.«

»In welches denn?«

»Das Marienhospital.«

Pirlo runzelt mit der Stirn. »Ist etwas mit Fathi Maliki?«

Sophie schüttelt den Kopf. »Der ist da nicht mehr.«

»Gut. Richtig. Was ist sonst? Etwa etwas mit deinem Vater? Deiner Mutter?« Sophies Kopfschütteln geht mechanisch weiter. Der Tränenfluss ebenso. Pirlo merkt, wie sein Puls langsam in der Situation ankommt. Und rast. Außerdem meldet sich ein fieser Pisco-Kopfschmerz. Das alles ist nicht gerade geduldsfördernd. »Was ist denn los, verdammt? Geht es dir etwa schlecht?«

»Nein.« Sie beißt sich auf die Unterlippe. »Es ist jemand anderes im Krankenhaus. Es ist nur so ...«

»Ja?«

»Ich fürchte, es sieht nicht besonders gut aus.«

»Okay. Wir regeln das schon.« Pirlo atmet durch. Bemüht sich um ein Lächeln. Angelt nach seiner Jacke. »Um wen geht es denn?«

Dann tut sich vor ihm der Erdboden auf. Sie sagt: »Ahmid Khatib.«

Im Auto erklärt sie ihm noch einmal alles. Er *muss* es noch einmal hören. Auch wenn er es schon beim ersten Mal verstanden hat, kommen die Informationen trotzdem nicht wirklich bei ihm an.

»Ich weiß, dass es ein Fehler war«, schluchzt sie, während sie einem anderen Auto die Vorfahrt nimmt. Lautes Hupen ist die Folge. Pirlo könnte es kaum egaler sein. Sophie fährt normalerweise gut. Zu ihm ist sie mit dem Taxi gekommen. Er selbst ist weit davon entfernt, fahrtüchtig zu sein. Er presst seine Augen zusammen und trinkt aus der großen Wasserflasche, die er sich gegen den Pelzmund gegriffen hat, als er Alena und alles andere erklärungslos zurückließ und mit Sophie in Richtung seines Wagens rannte.

»Wie gesagt, ich weiß, dass das falsch war.« Über Sophies Wangen laufen Tränen. »Aber das war nun mal das Einzige, was mir eingefallen ist!« Ein heftiges Schluchzen schüttelt sie durch.

»Mach langsam«, murmelt Pirlo halbherzig. »Wir sind sowieso gleich da.«

»Dann lass es mich dir noch einmal erzählen. Bitte.«

»Von mir aus.« Er hört selbst, dass er tonlos klingt. Stumpf. Geschockt. Besser bekommt er es gerade aber eben auch nicht hin.

»Ahmid Khatib hat sich bei mir in den letzten Tagen immer wieder gemeldet. Wir haben uns gut verstanden. Er kann auch ein netter Kerl sein, wirklich ganz anders, als er sonst daherkommt, nicht nur ein Proll oder ein Gangster oder was auch immer das ist.«

»Aha«, brummt Pirlo.

»Jedenfalls hat er mich angerufen und gefragt, wie der Verhandlungstag gelaufen ist. Er hatte dazu die Nachrichten verfolgt und über die POST mitbekommen, dass es ein Rätsel um ein Bordell gibt, wo eine Prostituierte für die Kammer nicht mehr aufzufinden sei.«

»Hm.«

»Na ja, ich habe gegenüber Khatib erkennen lassen, dass ich mich ärgere. Es kann sein, dass ich erwähnt habe, dass wir beide auch nicht weitergekommen sind als die Polizei. Himmel, Toni, ich weiß nicht mehr genau, was ich gesagt habe, verstehst du?«

»Ja.« Was soll er darauf sonst antworten?

»Na ja, und dann hat er angeboten, dass er sich ja mal umhören könnte.«

»Ahmid Khatib.«

»Ja. Wie ein Privatdetektiv. Als Ermittler. Für uns. Sozusagen als Dankeschön dafür, dass wir ihn neulich aus seinen Schwierigkeiten geholt haben.«

»Und das hast du dann angenommen.«

Sie nickt. »Ja.«

»Du hast einfach Ahmid Khatib dahingeschickt, wo ich rausgeflogen bin und wo man sicher auch den Prozess verfolgt hat und gewarnt gewesen sein dürfte.«

Sophie weint. »Mensch, Toni, ich konnte doch nicht wissen, dass das so enden würde.«

»Nein. Natürlich nicht.«

»Als er mich anrief, musste ich sogar kurz lachen. Er klang so überfordert und verzweifelt. Anscheinend ist er wirklich einfach in diesen Puff gegangen und hat nach einer Nicky gefragt. Als sie sagten, dass sie keine haben und er gehen sollte, hatte er wohl angefangen, in Richtung der Räume zu gehen und alle Türen aufzumachen. Er muss dabei ziemlich energisch gewesen sein.«

»Ziemlich energisch?«

»Ja.« Ihre Unterlippe zittert. »So wirkte es jedenfalls auf mich. Er lachte ja auch selbst, als er mich anrief und mir erzählte, dass sie ihn mit vereinten Kräften rausgeschmissen hätten. Da muss er gerade auf der Höhe der Fischerstraße, Ecke Ratinger Straße gewesen sein, irgendwo dort, wo das Theatermuseum ist.«

»Wo wollte er denn hin?«

»Er meinte, nach Pempelfort.«

Pirlo nimmt einen großen Schluck Wasser. »Hat er denn gesagt, warum?«

»Nein. Er hat plötzlich sowieso fast nichts mehr gesagt und wenn, dann ganz gepresst.«

»Und wieso?«, fragt Pirlo. Auch wenn er sich das jetzt schon zum dritten Mal anhört.

»Er meinte, dass hinter ihm ein Jeep klebe. Einer von diesen großen, kompakten.«

»Und?«

»Und dass sie ihn verfolgen und nicht in Ruhe lassen.«

Pirlos Mund fühlt sich trocken an. Da kann er noch so viel trinken. »Und dann?«

»Dann habe ich nur noch den Unfall gehört. Das Telefon blieb eingeschaltet. Ich konnte Ahmid schreien hören – und dann plötzlich nichts mehr. Dann waren da die Stimmen anderer Leute, ganz viele und durcheinander. Dass jemand einen Krankenwagen rufen solle. Ich habe mich dann sofort angezogen und bin los. Zu dir.«

Sie sind zwischenzeitlich am Marienhospital angekommen. Die Fischerstraße gehört zum direkten Einzugsgebiet. »Warum eigentlich?«, fragt Pirlo plötzlich.

Sophie hält inne. »Was meinst du?«

»Warum bist du zu mir gekommen?«

Sie sieht ihn einen Moment einfach nur an. »Es schien mir passend.«

Pirlo nickt. Er hat keine weiteren Fragen. Weitere Gedanken hat er sowieso nicht. Die Wasserflasche ist leer. Er fühlt sich wieder einigermaßen nüchtern. Das ist alles, was er wissen muss, während er neben Sophie im Grau des anbrechenden Tages ins Krankenhaus stolpert, um herauszufinden, ob sein Bruder noch lebt.

9.

WATTE

10.03. Im Gericht

Ein paar Stunden später sitzt Pirlo in einer Welt aus Watte. Zumindest fühlt es sich so an. Und zwar alles. Das Gericht, der Saal, die Leute um ihn herum, alles ist gedämpft. Weit weg. Seltsam. Pirlo ist zwar mittendrin und weiß auch, dass das so ist. Natürlich weiß er das. Es ist nur so, dass es ihn nicht interessiert. Nicht interessieren kann. Sobald er sich auf diese Situation hier einlässt, auf den ganzen Scheiß, der damit zusammenhängt, muss er anerkennen, was gerade passiert ist. Er war bei Ahmid im Krankenhaus. Dem es zwischenzeitlich besser geht. Er hat ein Schleudertrauma und mehrere empfindliche Prellungen. Nach einem Tag zur Beobachtung kann er nach Hause. Vielleicht lassen sie ihn dort in Ruhe. Vielleicht aber auch nicht. Wer immer *sie* auch sein mögen. Pirlo muss sich eingestehen, dass er keine Ahnung hat, worauf Ahmid sich eingelassen hat. Oder er selbst.

»Jemand hat Ihr Fahrzeug an der Kreuzung abgedrängt und sich danach aus dem Staub gemacht«, hatte der Arzt zu Ahmid gesagt, als Sophie und Pirlo bei ihm im Krankenzimmer gestanden hatten. Ahmid war ansprechbar gewesen und hatte ihre Anwesenheit gestattet. Niemand hatte etwas dagegen gehabt, erst recht nicht der Arzt, der ohnehin vor allem damit beschäftigt war, immer wieder den Kopf zu schütteln. »Ich kann mir das offen gestanden nicht erklären. Die Kreuzung ist eigentlich nicht schwer zu befahren. Ärgern Sie sich aber nicht: Sie haben nichts falsch gemacht.« Dazu hatte der Arzt Ahmid die Hand auf die Schulter gelegt. Was die Absurdität seines letzten Satzes nur noch mehr hervorgehoben hatte. Ahmid hatte nichts falsch gemacht. Diesmal. Ausnahmsweise. Da ist sein ganzes beschissenes Leben eine Aneinanderreihung von Katastrophen, Eskalationen und Irrsinn, und jetzt, wo es ihn wirklich erwischt hat, wo er im Krankenhaus liegt, hat er nichts falsch gemacht. Frage an das Universum: Wie seltsam kann das Leben eigentlich sein? Antwort: Ja.

Dass das andere Auto verschwunden war, wunderte Pirlo schon gar nicht mehr. Es würde auch nicht mehr auftauchen. Die einfache Wahrheit war: Jemand hatte ein Zeichen setzen wollen und genau das auch getan. Scheiß drauf, ob das die Polizei auf den Plan bringt. Scheiß genauso drauf, dass dabei ein Mensch verletzt wird. Genau darauf kommt es doch gerade an.

Deswegen wird sich das alles aber auch nicht mehr aufklären lassen, so, wie sich nicht aufklären lässt, wer Rainer Waßmer getötet hat. Dass es nicht Faruk Maliki war, steht für Pirlo mittlerweile fest. Er ahnt, dass das auch für Sophie gilt, will gerade aber auch nicht zu viel an sie denken. Daran, dass sie Ahmid erst auf den Weg geschickt hatte, obwohl sie vermuten, obwohl sie eigentlich *wissen* musste, dass das nichts bringen würde. Daran, dass er für sie einfach nur ein nützlicher Idiot war.

Das Gericht ruft zur Sache auf und stellt fest, wer anwesend ist. Pirlo nimmt davon kaum Notiz. Es ist ihm einfach unfassbar egal. Dann geht die Beweisaufnahme weiter. Der Typ, der für die Kameraüberwachung des Eingangsbereichs des Parkplatzes vor dem Club *Aphrodite* zuständig ist, führt umständlich aus, was von der Kamera dort eingefangen wurde und warum der Parkplatz selbst nicht dazugehörte. Stichwort Datenschutz für Freier und so weiter. Weswegen man sie nur bei der Ein- und Ausfahrt filmt, sonst aber nicht. Pirlo ist es egal. Es passt ja auch alles. Natürlich gibt es keine Bilder von dem Parkplatz, allerdings davon, dass Waßmer und Maliki auf diesen fahren. Weil das hier stattfinden soll: der Prozess, so wie er ist. Der Mordvorwurf gegen Maliki. Die ganze Scheiße mit dem Konflikt zwischen den Banden, den Nazis hier, den Clans dort. Jetzt, wo alles andere hinter Watte verschwindet, steht das für Pirlo tatsächlich ganz konkret, ganz greifbar im Raum. Das ist alles organisiert. Alles abgekartet. Alles völlig klar. Und trotzdem wird ihm kein Mensch glauben. Zusammen mit Sophie teilt er das bittere Los der Hypochonder, die ausnahmsweise wirklich krank sind. Er hat recht und weiß es. Und es ist scheißegal.

Er braucht sich hier auch keine Illusionen zu machen: Mit den Mitteln des Strafprozesses sind sie in einer Sackgasse angekommen. Nichts spricht gegen die These der Staatsanwaltschaft, dass Maliki der Mörder ist. Gar nichts. Er war allein mit Rainer Waßmer. Er hatte die Waffe angefasst. Die Staatsanwaltschaft unterstellt ein Motiv. Einen alternativen Lebenssachverhalt gibt es nicht.

Der Club *Aphrodite* ist eine *black box*. Hier kommen sie nicht weiter. Überall anders auch nicht. Eine Chance auf einen Freispruch haben sie nur, wenn ein auf Tatsachen gestützter alternativer Lebenssachverhalt vorstellbar ist, nach dem es zumindest plausibel eine andere Täterin oder einen anderen Täter geben kann. So jedenfalls sagt es irgendwo auch der Bundesgerichtshof. Kann ja sein, dass Sophie sogar präsent hat, aus welcher ganz bestimmten Entscheidung das ist. Dem Gedanken nach stimmt es jedenfalls auch so. Das weiß sogar Pirlo.

Er lässt sich zurück in seinen Stuhl sinken, schließt die Augen und fährt sich mit den Händen über das Gesicht. Wobei ja klar war, dass das der Kammer nicht verborgen bleibt.

»Herr Dr. Pirlo, nehmen Sie denn noch aktiv am Verhandlungsgeschehen teil?«, fragt Meurer. Er klingt auffallend süffisant. Warum auch nicht? Man schlägt schließlich mit Vorliebe die Schwachen. Pirlo fällt hier in jedem Fall darunter. Er trägt auch seinen Teil dazu bei und antwortet noch nicht einmal.

»Herr Dr. Pirlo, ich würde mich freuen, wenn Sie sich zusammenreißen könnten. Ihr Verhalten wirkt gerade alles andere als respektvoll«, fährt Meurer ihn an. Das Süffisante ist jetzt weg und hat erstaunlich schnell rechtschaffener Wut Platz gemacht. Pirlo reagiert trotzdem nicht.

»Herr Dr. Pirlo, mich beschleicht der Eindruck, dass Sie das alles hier gerade nicht mehr besonders interessiert«, meckert Meurer. Im Saal ist es still. Bei den Medienvertretern fliegen die Stifte. Das kann man bis nach ganz vorn hören. »Ich rate Ihnen wirklich sehr, diesen Eindruck schnellstmöglich zu erschüttern.«

Pirlo zögert einen Moment. Dann sagt er: »Nein.«

Meurer verschlägt es kurz die Sprache. Dann versucht er es mit einem »Wie bitte?«.

»Nein«, wiederholt Pirlo, diesmal deutlich lauter.

Meurer kann es immer noch nicht richtig fassen. »Nein zu was?«

»Nein zu der Frage, ob hier noch irgendwer irgendwas erschüttern kann.« Pirlos Stimme ist jetzt fest, tief und laut. Auch wenn alles andere ganz anders ist als sonst. »Nein zu der Frage, ob mich das hier noch besonders interessiert. Oder sonst wen. Die Sache ist die: Faruk Maliki ist kein Mörder. Er hat Rainer Waßmer nicht getötet. Aber wir haben absolut keine Möglichkeit, das irgendwie zu beweisen. Wer auch immer dahintersteckt, ist cleverer, schneller und besser als wir. Und ganz ehrlich: Das kotzt mich zwar hart an. Aber ich sehe es auch ein, wenn etwas nicht mehr zu halten ist. Jetzt nämlich. Jetzt ist das so.«

Im Saal ist es still. Sogar die Staatsanwaltschaft hält den Mund.

»Und was sollen wir nun Ihrer geschätzten Meinung nach tun?«, fragt Meurer. Es klingt tonlos. Grau.

Pirlo hebt die Hände. »Ganz ehrlich? Keine Ahnung. Es ist mir aber auch egal. Macht euren Scheiß einfach allein.«

Dann steht er auf. Und geht.

10.

LEERE

Am Tag darauf in der Kanzlei

Als Pirlo auch am Tag darauf nicht in der Kanzlei auftaucht, macht sich Sophie ernste Sorgen. Ein bisschen Grundexzentrik ist sie von ihm ja gewohnt. Dass er aber gar nicht kommt, ist doch beunruhigend. Genauso wie es befremdlich war, dass er im Gericht einfach aufgestanden und gegangen ist. Danach war von diesem Tag nicht mehr viel zu erwarten. Zwar wurde Faruk Maliki weiter durch Sophie verteidigt. Inklusive der Kammer schienen aber trotzdem alle hinreichend durch den Wind. Es hatte Sophie daher nicht gewundert, dass Meurer die Vernehmung des Kameramenschen kurz darauf unterbrach. Sie hätte sowieso keine Fragen an ihn gehabt. Auch die Staatsanwaltschaft hatte erleichtert gewirkt. Überhaupt hatte Sophie den Eindruck gehabt, dass Grobulla mit sich rang, ob er zu ihr kommen und sie wegen Pirlos Auftritt trösten sollte. So wie das eben ist mit der Staatsanwaltschaft: Sobald es menschlich wird, kann man sich doch wieder auf sie verlassen. Meistens zumindest. Danach war Sophie mit der U-Bahn zur Kanzlei gefahren und hatte sich die Schlagzeilen angesehen.

»Eklat im Gericht! Starverteidiger rastet völlig aus!«

»Skandal beim Mordprozess! Versucht die Verteidigung alles zum Platzen zu bringen?«

Und so weiter.

Sie hatte davon abgesehen, Pirlo anzurufen. Dazu kennt sie ihn mittlerweile viel zu gut. Er meldet sich bei ihr. Im Guten wie im Schlechten. Nur: Diesmal macht er das nicht. Weder am Tag seines seltsamen Auftritts vor Gericht noch an dem danach oder dem nach diesem. Als sie ihn schließlich doch anruft, geht er nicht dran. Wang hat ebenfalls kein Glück. Auch Paolo hat keinen Schimmer, wo Pirlo stecken könnte. Dasselbe gilt für Arland. Einmal mehr fällt Sophie auf, wie wenig sie eigentlich über das Privatleben ihres Chefs weiß. Als ihr wirklich nichts anderes mehr einfällt, ruft sie sogar Alena an. Dass Sophie ihre Nummer bekommt, war nach Pirlos Meer-Unzuverlässigkeit eine ihrer Bedingungen dafür, überhaupt noch mal mit ihm zu sprechen. Alena hat allerdings auch keine Ahnung, wo Pirlo ist. Dann erklärt sie, dass sie derzeit beruflich sehr eingespannt sei, irgendwas mit irgendwelchen Projekten. Sophie hört nicht richtig zu und wartet einfach, bis sie auflegen kann. Danach steht sie vor einem Rätsel. Der nächste Gerichtstermin ist in wenigen Tagen, und ihr Chef ist verschwunden.

Worauf sie sich allerdings verlassen kann, ist, einmal mehr, der untrügliche Instinkt ihres Vaters. Drei Tage nach Pirlos sonderbarem Verschwinden ruft er bei ihr an. Motto: Plauderton. Sonnenschein. Beste Laune.

»Na, Krümel, hast du dir Gedanken über das Angebot gemacht, das auf dem Tisch liegt?«

»Nein. Ich habe gerade auch wirklich keinen Nerv dafür.«

»Das finde ich aber schade.«

»Lass uns einfach wann anders darüber sprechen.«

Ihr Vater lacht auf diese Art, bei der sie immer sofort weiß, dass gleich noch was kommt. »Na ja, ich glaube, das geht nicht so einfach.«

»Was meinst du damit?«

»Du hast doch Herrn Dr. Maurer kennengelernt, diesen schnittigen jungen Mann, der in Tokio war und der dir von Brüssel erzählt hat.«

»Ja. Und?«

»Nun, es scheint, als sei er dabei so sehr für das Projekt ins Schwärmen gekommen, dass er sich das auch selbst vorstellen kann.«

»Was?«

»Nach Brüssel zu gehen.«

»Aha. Warum überrascht mich das nicht?«

Ihr Vater lacht jovial. »Was weiß denn ich? Weil es dort so schön ist und die Aufgabe so reizvoll daherkommt, vielleicht?«

»Na klar.«

Dann verändert sich der Ton ihres Vaters. Auch das ist keine Überraschung. Gewöhnen wird sie sich daran trotzdem nie. »Im Ernst, Krümel, lass nicht zu viel Zeit verstreichen. Ich halte dir diese Position schon eine ganze Weile offen. Du bist aber auch meine Tochter. Nicht jeder meiner Partner findet das gut. Irgendwann muss ich mich dort erklären. Es liegt an dir, dafür zu sorgen, dass aus einer Erklärung keine Rechtfertigung wird. Das ist doch nachvollziehbar, oder nicht?«

»Natürlich.«

»Ich wäre dir daher sehr verbunden, wenn du zumindest mal bei *Müller & Mahler* vorstellig werden und dich erkenntlich zeigen könntest, Krümel. Es muss ja gar nicht mehr sein. Das aber schon.«

Sophie kann ihren Vater förmlich vor sich sehen. Das Gesicht ein großes willkommenheißendes Lächeln. Die auf eine gute Art gereiften Falten um die blauen Augen zusammengekniffen. Den privaten Schmerz behält Ernst Mahler für sich. Das war schon immer so.

»Von mir aus«, murmelt sie. Es stimmt sogar. Klar, sie würde sich die Lage anders wünschen. Aber es ist, wie es ist. Sie sitzt allein in der Kanzlei. Wang irrt irgendwo durch die Stadt, um ihren Chef zu suchen. Was bleibt ihr denn hier? Bleierne Stille. Absolute Leere. Was soll sie ihrem Vater also noch anderes sagen?

Der bleibt souverän heiter. »Ach komm, Krümel, was hast du denn schon zu verlieren?« Womit er natürlich recht hat. Selbst wenn es danach schon wieder ein bisschen zu viel wird. Jedenfalls nach ihrem Geschmack. »Komm morgen einfach mal kurz zu uns und verschaff dir einen Eindruck, wie es ist, wenn man mit einem richtig guten Team zu tun hat. Mit Leuten, die verlässlich sind. Hier stehen wir fest zusammen. Und nicht einfach auf, wenn es uns gerade einfällt, um dann nicht mehr wiederzukommen.«

Womit auch dieser Seitenhieb untergebracht ist. Und auch der zu Recht.

Als sie aufgelegt haben, ist Sophie erschöpft. Nachdenklich spaziert sie durch die Maisonette, diese eigentlich so hellen, freundlichen Altbauräume unter dem Dach. Über ein halbes Jahr sind sie jetzt hier. Eigentlich keine lange Zeit. An manchen Stellen kann man das ganz gut sehen. Vor allem an Pirlos Büro, für das zwar zwischenzeitlich alle Poster gerahmt sind, aber immer noch nicht an der Wand hängen. Sophies Blick streift über die Bilder. Ein Plakat von einem *Oasis*-Konzert. Eines von Muhammed Ali aus einem Kampf mit Sonny Liston. Pirlos rätselhafte Mao-Propaganda. Bis vor ein paar Wochen hing das alles noch in seinem Wohnzimmer in Pempelfort, dort, wo die Kanzlei ihren Anfang genommen hat. Es scheint Jahre her zu sein. Kleine Ewigkeiten. Und nicht erst ein paar Mondumdrehungen.

Langsam streicht Sophie auch an Wangs Arbeitsplatz vorbei, dem Computer, dem Empfang, dem Scanner, an dem er, riesige Lautsprecher auf den Ohren, so viel Zeit verbringt, um alles digitalisiert zu halten. In der Kaffeeküche bereitet sie sich einen Cappuccino zu. Pirlo hat die Maschine gekauft, weil Sophie mit seinem selbstgebrauten Gemisch nichts anfangen kann. Was nett war. Wie er überhaupt seine Momente hat. Zurück in ihrem Büro, setzt sie sich wieder an den Schreibtisch. Er ist groß und aus sehr hellem Holz, wie überhaupt ihr Büro hell ist. Freundlich. Irgendwie leuchtend. Es ist ihr Ort. So, wie sie ihn eingerichtet hat. So, wie sie ihn haben will. Umso schwerer fällt ihr die Vorstellung, dass das alles hier plötzlich vorbei sein könnte. Es fühlt sich nicht richtig an. Eher so, als habe es noch gar nicht so richtig angefangen. Sophie nimmt einen Schluck Kaffee. Sie schaut in die Akte, auf das, was beim nächsten Verhandlungstermin ansteht, und versucht zweimal erfolglos, Pirlo zu erreichen. Irgendwann wandert ihr Blick nachdenklich aus dem Fenster. Vielleicht gibt es auch zwei Seiten der Medaille. Eine, bei der es so aussieht, als sei hier noch gar nicht alles richtig losgegangen. Und eine, die dafür spricht, dass das hier womöglich auch schon viel zu lange geht.

11.

GEWÜRZE

Zur gleichen Zeit woanders

Als Pirlo aufwacht, riecht es nach Gewürzen. Was es im Einzelnen ist, kann er nicht sagen. Koriander wahrscheinlich. Auch Kurkuma. Ganz sicher Baharat. Und noch vieles mehr. Es spielt aber eigentlich auch keine Rolle, da sich ohnehin alles zu einem Gemisch vermengt hat, das seinen ganz eigenen Geruch hat. Seine ganz eigene Wirksamkeit. Die wiederum ist immer da. Sie gehört zu dieser Wohnung wie die Wände, der Herd und die Tapete. Es ist der Geruch eines fernen Landes. Der Geruch von zu Hause.

Vorsichtig quält sich Pirlo auf dem Sofa in die Höhe. Wie vieles hier hat es seine besten Tage schon hinter sich. Was nicht heißt, dass die Einrichtung nicht teuer wäre. Sie ist nur nicht mehr ganz aktuell. Dazu gab es in der jüngeren Vergangenheit zu viele Ablenkungen. Ab dem Tag, an dem bei Riyad Khatib Nierenkrebs diagnostiziert worden war, hatte für die Familie eine neue Zeitrechnung begonnen. Die vorhandenen Mittel waren an Ärzte und Heilpraktiker geflossen. Auch die eigens aus dem Libanon gelieferten *Naturopathen* hatten ihren Teil gefordert und erhalten. Gebracht hatte es alles nichts. Das Geld war fort. Riyad Khatib auch. In der Wohnung, dort, wo er vierzig Jahre mit seiner Frau gelebt hatte, war die Traurigkeit des Stillstands eingekehrt, hatte sich mit dem Gewürzgeruch vermischt und lag jetzt wie dieser über allem, jedem Möbelstück, jedem Gespräch, jedem Gedanken. Die Wohnung war ein Ort des Schmerzes. Und es wurde immer schlimmer.

Vor ein paar Monaten war Mahmed angeschossen worden. Er hat zwar überlebt und arbeitet fleißig daran, seine ursprüngliche Körperfülle wiederherzustellen. Schwer angeschlagen ist er aber immer noch. Dasselbe gilt für ihre Mutter. Nach all den Jahren, in denen die Khatibs das ruhige, einträgliche Geschäft des *Arabers* betrieben haben, ist der Kummer der großen Clans eingekehrt. Der Schock über die Verletzung ihres Ältesten ist noch lange nicht überstanden, da liegt schon der nächste Sohn im Krankenhaus. Sie sagen zwar, es sei nur zur Sicherheit. Zur Beobachtung. Aber versuch das mal einer aufgeregten Mutter zu erklären.

Pirlo war nach Ahmids Unfall die undankbare Aufgabe zugefallen, ihr Bescheid zu geben. Als er in die Wohnung kam, stand sie am Herd. Es köchelte ein Lammragout. Er hatte sich ihr langsam genähert. Ihr die Hände auf die Schulter gelegt. Sie hatte ihn mit müden Augen angesehen, und einmal mehr hatte es Pirlo erschüttert, was das Leben mit dieser auf den verblichenen Fotos an der Wand noch so schönen, energiegeladenen Frau angestellt hatte. Er hatte sich vorgebeugt und ihr ins Ohr geflüstert, ganz so, als sei die Nachricht weniger wahr, weniger schlimm, wenn man sie nur nicht laut aussprach.

»*Aihmad fi almustashfaa.*« Ahmid ist im Krankenhaus.

Einen Moment war gar nichts passiert. Seine Mutter sagte nichts. Fragte nichts. Machte nichts. Dann knickten ihr die Knie ein, und sie fiel Pirlo in die Arme. Seitdem liegt sie in ihrem abgedunkelten Schlafzimmer, einem Raum mit Teppichen auf dem Boden und an der Wand, einem Beduinenzelt in Oberbilk, einer Insel aus Tausendundeiner Nacht. Pirlo bringt ihr etwas zu trinken und zu essen. Er legt kühlende Wickel auf ihre glühende Stirn. Er flüstert ihr zu, was ihm in den Sinn kommt. Kinderreime, Gedichte, kleine Geschichten, alles auf Arabisch mit diesem leichten Einschlag des Libanons. Es ist eine schöne Sprache, eine, die gleichzeitig sehr hart ist und auch ganz weich. Er kennt sie von seinen Eltern und seinen Brüdern. Selbst hat er sie nie richtig gelernt, nie richtig gesprochen. Als Pirlo als Nachzügler auf die Welt kam, war die Familie längst in Düsseldorf etabliert. Seine Muttersprache ist Deutsch. Nur kann er hier, in dieser Wohnung, damit nicht viel anfangen. Das weiß er ganz genau.

Nach einem Tag kommt Mahmed dazu. Pirlo wollte, dass er sich schont. Dass er keinen Rückfall erlebt in seinem ohnehin schwierigen Heilungsprozess. Trotzdem ist seine Anwesenheit eine Erleichterung. Von Mahmeds Haus bis zu der Wohnung der Eltern ist es nicht weit. Natürlich nicht. Er stellt sich in die Küche und kocht Kofta mit Couscous. Danach setzt er sich zu Pirlo an das Bett ihrer Mutter und singt leise arabische Qasīda. Langsame, wehmütige Klagelieder. Pirlo schließt die Augen. Er staunt. Und genießt. Mahmeds Arabisch ist um Welten besser als seines, wie überhaupt Mahmed ganz anders aufgewachsen ist, ein ganz anderes Verhältnis zu allen und allem hat. Und trotzdem klingt das, was hier passiert, für Pirlo vertraut. Es klingt nach einem Zuhause, das so ganz anders ist als das, was da draußen passiert, in Düsseldorf, im Gericht, in dieser ganzen seltsamen Welt, die ihm hier so fern und fremd vorkommt, selbst wenn sie sich immer und immer wieder in Erinnerung ruft, wenn er auf sein Telefon sieht. Sophie hat unzählige Male angerufen. Auch Wang. Alena. Die Kammer. Die Malikis. Pirlo geht bei niemandem dran. Er hat den Klingelton abgestellt. Erst brummte das Gerät noch, anfangs sogar fast pausenlos. Schließlich weniger. Dann gar nicht mehr. Vielleicht ist einfach die Batterie leer. Vielleicht hat man ihn aber auch einfach endlich vergessen. Er schließt die Augen und hört Mahmed zu. Er trinkt Tee. Er schläft auf dem Sofa. Er atmet den intensiven, dichten Duft dieser Gewürze ein. Zum ersten Mal seit langem weiß er, woher er kommt. Wo er ist. Und wo er hingehört.

12.

SCHEINWELTEN

Am selben Tag,
an einem ganz anderen Ort

Sophie ist weniger nervös als angenommen. Ein bisschen ist sie darüber zwar überrascht, wenn sie ganz ehrlich zu sich selbst ist, aber eigentlich gar nicht so sehr. Es gäbe auch nicht wirklich einen Grund dafür. Sie ist Sophie Mahler, die Tochter von Ernst Mahler, die heute die Büroräume von *Müller & Mahler* an der Kö, Ecke Benrather Straße, besucht, einen Ort, an dem sie jeden Winkel kennt. Sobald Patrick und Sophie einigermaßen laufen konnten, hatte Ernst Mahler sie mit in die Kanzlei genommen, zu seinem zweiten Zuhause, in die Schaltzentrale seines Imperiums. Als Kinder des über allem schwebenden Chefs hatten sie sämtliche Freiheiten genossen und waren überall mit Herzlichkeit überschüttet worden. Ernst Mahler hatte Wert darauf gelegt, dass sich alle rasch an die Kinder gewöhnten, an Patrick, da er irgendwann der Thronfolger sein würde, und an Sophie, weil sie Patricks Schwester war. So alt diese Erinnerungen sein mögen, sorgen sie doch trotz allem dafür, dass Sophie sich bei einem verklärten Lächeln erwischt, als sie im zehnten Stock, dem obersten, aus dem Fahrstuhl tritt. Sofort eilt ihr eine bildschöne junge Frau entgegen, die locker noch ein paar Jahre jünger ist als Sophie und sie daher unmöglich als Kind schon kennengelernt haben kann. Trotzdem lässt sie keinen Zweifel daran, dass sie genau weiß, wer

Sophie ist. »Frau Mahler, wie schön, Sie zu sehen! Lassen Sie mich Ihnen gern Ihren Mantel abnehmen. Ich sage den Herren dann auch gleich Bescheid!«

Die Rezeptionistin strahlt. Sophie lächelt und kommt sich dabei huldvoll vor. Die Tochter seiner Majestät besichtigt die Landgüter. Jubel bei den Vasallen und Bauern. Dann setzt sie sich in eine Sitzecke, die aussieht, als habe sie gerade jemand frisch aus einem Designkatalog gefräst, und nimmt das Angebot eines frisch gebrühten Chai Latte an. Der Tee wurde wahrscheinlich von tibetanischen Hochlandmönchen bei Vollmond gepflückt. Die Milch dürfte von Wikingerkühen an einem norwegischen Fjord stammen. Irgendwas in dieser Richtung flötet ihr jedenfalls eine weitere, ebenfalls junge, ebenfalls bildschöne Empfangsmitarbeiterin zu. Sophie beschränkt sich auf ein königliches Lächeln und sieht sich um. Der Eingangsbereich der Kanzlei ist riesig. Das gilt auch heute noch, für ihre erwachsenen Augen. Alles ist hell und lichtdurchflutet, selbst bei diesem grauenvollen Düsseldorfer Märzwetter, wofür verschiedene abenteuerliche Deckenkonstruktionen sorgen. Langgezogene Lampenschleifen verströmen weiches, warmes Licht, während sie in vier Metern Höhe gemächlich um sich selbst kreisen. Was ungefähr so abgefahren aussieht, wie es klingt.

Eine tiefe, volle Stimme dringt durch ihren Gedankendschungel. »Frau Mahler, Sophie, wenn ich das so sagen darf, schön, dich hier empfangen zu dürfen.«

Sophie sieht auf. Vor ihr strahlt das breite, bärtige Gesicht von Peter Schlotterbeck. Er lächelt. Sie auch. Sophie kennt Schlotterbeck, seit sie denken kann. Onkel Peter, wie sie als Kinder sagten, ist so alt wie ihr Vater und war ein wichtiger Motor bei der Entwicklung des Kanzleimonsters *Müller & Mahler*. Dass es bei ihm nicht zum Namenspartner gereicht hatte, lag laut ihres Vaters vor allem daran, dass Peter manchmal der notwendige Killerinstinkt abging. Und dass außerhalb Deutschlands keiner in der Lage war, den Namen richtig auszusprechen.

Sophie folgt Schlotterbeck in das Konferenzzimmer Buenos Aires. Es überrascht sie wenig. Schon als Kind mochte sie diesen Raum am liebsten. Er ist zwar nicht sehr groß, dafür aber der einzige, der sowohl nach außen als auch nach innen vollständig verglast ist. Da der an der Ecke des klobigen Gebäudes gelegene Raum ein wenig über die Grenzen der Außenmauern hinausragt, wirkt er von unten wie von oben wie ein leicht verschobener Glaswürfel, der kurz davor ist, hinunter auf die Königsallee zu fallen. Der Eindruck verstärkt sich noch dadurch, dass zwischenzeitlich auch der überstehende Bodenbereich verglast wurde. Kurz schreckt Sophie zurück, als sich direkt unter ihren Füßen das Gewusel von Düsseldorfs Eitelkeitsjahrmarkt erstreckt.

In ihrem Rücken hört sie Schlotterbeck lachen. »Keine Sorge, da sind schon ganz andere erschrocken. Ich habe auch eine Weile gebraucht, um mich an diese Scheibe zu gewöhnen, muss aber sagen, dass das schon was hat.«

»Bestimmt«, antwortet Sophie. »Es ist auf jeden Fall sehr eigen. Seit wann habt ihr das so?«

»Seit ungefähr fünf Jahren. Du warst lange nicht mehr hier, Sophie.« Schlotterbeck sagt das mit großer Beiläufigkeit. Er wird hier sicher nicht ansprechen, was vor einigen Jahren war. Das muss er auch nicht. Es steht sowieso im Raum. »Die neuen Scheiben waren eine Idee von Tom.«

»Tom?«

»Tom Kealey, unser neuer Partner für die Americas und außerdem ein ausgemachter Fan schöner Innenarchitektur.« Schlotterbeck sieht auf die Uhr. »Du warst etwas früher hier als gedacht, Sophie. Was mich natürlich nicht überrascht. Um drei kommen, pünktlich, dann auch Ernst und Tom dazu.«

»Herr Kealey ist hier?«

»Ganz genau.«

»Wird er denn woanders nicht mehr gebraucht?«

»Du meinst wegen der Americas?«

»Ja.«

Schlotterbeck lacht. »Er pendelt für gewöhnlich zwischen D. C., Chicago, Lima und Buenos Aires. Wann immer möglich, schaut er aber auch hier in Düsseldorf vorbei. Du weißt doch, die Kö bleibt die Aorta von *Müller & Mahler*. Mag ja sein, dass wir auf der ganzen Welt unterwegs sind. Das Herz schlägt aber trotzdem hier in Düsseldorf.«

»Und in London, in Moskau, in Madrid und in Mailand«, ergänzt der frisch dazugekommene Ernst Mahler. Er strahlt. Seine Tochter ist vor Ort. Das ist zwar noch nicht der letzte Schritt zum Antritt einer Partnerstellung. Mehr als der erste dürfte es aber trotzdem schon sein. Zumindest aus seiner Sicht.

Er setzt sich. Sophie und Schlotterbeck folgen. Ernst Mahler bleibt auf großer Fahrt: »Wobei wir nicht nur wachsen sollen, sondern auch wachsen wollen. Wenn es nach mir geht, betonen wir die Eigenständigkeit von *Müller & Mahler* in den Americas künftig noch mehr. Mit Tom haben wir dafür auch genau den richtigen Mann an der Hand. Aber das soll er gern selbst erklären.«

Wie aufs Stichwort betritt Kealey den Raum. Sophie kann nicht anders. Obwohl ihr das bewusst und damit, natürlich, gleichzeitig auch etwas unangenehm ist, kleben ihre Augen an seiner Erscheinung. Sicher, bei *Müller & Mahler* sind alle Berufsträger gepflegt. Sportlich. Gesund. Sie repräsentieren und verkaufen schließlich das Image einer weltweit erfolgreichen Einheit. Tom Kealeys Auftritt geht über diese Wirkung allerdings weit hinaus. Sehr weit sogar. Er sieht aus, als komme er gerade frisch vom Laufsteg, wo er aber auch nur kurz vorbeigeschaut hat, um sein Surfbrett abzustellen. Groß, braungebrannt, sorgfältig gekämmte blonde Haare, ein breites Lächeln. Grübchen. Einer dieser Männer, die nicht irgendwie hervorheben müssen, dass sie einen Waschbrettbauch haben. Man weiß es auch so.

»Hi«, sagt Kealey.

»Hi«, flüstert Sophie mit der Souveränität der Hauptrolle in einem schlechten Highschool-Film.

Schlotterbeck erlöst sie von der Peinlichkeit des Augenblicks. »Tom, ich habe gerade Sophie von deiner Begeisterung für Innenarchitektur erzählt.«

»Das freut mich.« Er lacht. Die Zähne blitzen. »Was konntest du denn berichten?«

»Nur dass die neue Glaskonstruktion auf dich zurückgeht.«

»Das stimmt.« Kealey wirkt jetzt fokussiert, wenn auch auf eine sehr amerikanische Art. *Dedicated*, denkt Sophie. Das passt hier wohl ganz gut. Dann hört sie zu. »Der Hintergrund war eigentlich ärgerlich. *Strange.*« Sie nimmt einen leichten amerikanischen Akzent wahr. Der ihm allerdings steht. Was ja klar war. »Wie wir alle wissen, ändert die EU ständig ihre Datenschutzregeln.« Alle nicken. Keiner ist begeistert. »Jedenfalls waren die Scheiben zum Flur ein Problem mit Blick auf Geschäftsgeheimnisse, Allgemeine Persönlichkeitsrechte, *you name it.* Der Raum ist aber auch bei allen sehr beliebt. Viele finden ihn absolut zu Recht ganz toll.« Er schenkt Sophie ein verschwörerisches Lächeln, allein schon um ihr zu zeigen, dass er ihre Vorliebe kennt. Natürlich kennt er sie. Das ist hier alles keine Überraschung. »Da wir daher sowieso alle Fenster austauschen mussten, so dass man zwar von innen nach außen, aber nicht von außen nach innen sehen kann, haben wir die Gelegenheit genutzt, um auch am Boden diese Scheibe einzufügen.«

»Seize the opportunity«, murmelt Schlotterbeck begeistert.

»Exactly.« Jetzt bekommt auch Schlotterbeck von Kealy ein Lächeln.

»Wir haben hier einen Schalter«, ergänzt Ernst Mahler, immer schon der Pragmatiker. Er zeigt in Richtung Tür. »Klickt man nach unten, sind die Scheiben von außen grau, so als habe man von innen einen Vorhang zugezogen. Klickt man nach oben, kann man reinschauen. Das System lehnt sich an einen Spanischen Spiegel an. Fast so, wie wenn man einen Triebtäter bei der Polizei vorführt.«

Sophie nickt. Die kleine Spitze kann sie verschmerzen. Ehe die nächste kommt, nimmt sie aber besser das Zepter in die Hand. Es gibt hier schließlich nicht nur einen Mahler im Raum. »Also, meine Herren, was führt uns zusammen?«

Schlotterbeck grinst. Kealey auch. Ernst Mahler sowieso. Sophie ahnt, was sie sehen. Eine künftige Ansprechpartnerin auf Augenhöhe. Das Küken beginnt zu laufen. Oder wie auch immer man das nennen will.

»Um es kurz zu machen«, hebt Ernst Mahler an, »wir planen eine Neustrukturierung für den Bereich *EMEA*. *Europe, Middle East, Africa*. Tom hat die Americas fest im Griff. Der Blick geht damit nach Asien. Global gesehen sind das die neuen Player, nach denen wir uns ausrichten müssen. Die Americas rücken, ganz gleich, ob es um große Projekte zum Abbau fossiler Brennstoffe und seltener Erden geht, um Immobilieninvestments oder Zulieferketten, fortan eher in die zweite Reihe. *No offense*, Tom.«

»None taken.«

»Bevor wir uns nach Asien orientieren, brauchen wir aber Ruhe im *EMEA*-Sektor. Hier hat es zuletzt, auch aufgrund des Kriegs in der Ukraine, viele Verschiebungen gegeben. Wir setzen daher auf einen starken *player* aus den eigenen Reihen. Einen, hinter dem sich unsere Standort- und Kooperationspartner vor Ort versammeln können. Ideal käme dafür natürlich jemand in Betracht, der deine Ausstrahlung und deine Kompetenz hat, Sophie.«

Außerdem meinen Nachnamen, denkt sie. Und dann plötzlich

gar nichts mehr. Ihr Hirn macht zu. Stockt. Blockt. Kommt nicht weiter. Ihr Vater spricht zwar noch. Auch Schlotterbeck sagt was. Irgendwann lachen alle. Sophie bekommt das alles aber nicht mehr mit. Nicht richtig jedenfalls. Kann schon sein, dass sie auch lacht. Dass sie irgendwie mitmacht. Ihre Gedanken kleben aber bei dem, was sie im Flur gesehen hat. Dem Menschen. Der Frau.

Im Flur steht Alena.

13.

IRGENDWIE VERSTÖREND

12.03. Am Samstag in Bilk

Den Obstladen der Shagallis gibt es gefühlt schon immer. Als Kinder haben Mahmed, Ahmid und er dort Datteln gekauft und versucht, Baklava zu klauen. Damals stand noch Samirs Großvater hinter der Kasse, irgendwann dann sein Vater. Jetzt ist es Samir selbst. Er strahlt über das ganze Gesicht, als Pirlo reinkommt.

»Ramzes!«

»Samir!«

Sie klatschen sich ab. Nehmen sich kurz in den Arm. Wie früher. Wie immer.

»Wie geht es Ahmid?«

»Es geht.« Natürlich weiß Samir, was mit Pirlos Bruder passiert ist. Jeder hier weiß immer alles.

»Mahmed?«

»Geht auch.«

»Und dir?«

»Hervorragend. Alles ist viel zu einfach.« Sie lachen beide.

Ich habe dich übrigens im Fernsehen gesehen. Die blonde Anwältin sieht richtig gut aus. Bruder, wenn mal was ist, müsst ihr mich echt auch raushauen. Als wer auch immer du dann kommst.«

»Was meinst du damit?«, fragt Pirlo lahm, obwohl er natürlich ahnt, worauf Samir hinaus will.

Samir lacht. »*Wallah*, du bist Ramzes Khatib. Aber wenn du da draußen bist, als Anwalt und so, nennst du dich anders. Was soll das denn, *habibi*?«

Pirlo zuckt mit den Schultern. »Als Ramzes Khatib wäre ich vielleicht nicht so weit gekommen.«

»Aber ist das nicht modern? Dass jeder eine Frau braucht? Einen Schwarzen? Einen Araber? *Diversity* und so?« Samir spricht es falsch aus. Pirlo weiß trotzdem, was er meint.

»Kann schon sein«, grummelt er. Gut, dass er gleich mit den Orangen durch ist. Es reicht ihm langsam. »Aber damals war das eben noch anders. Mein Studium ist eine ganze Weile her. Und auch damals war ich schon keine schwarze arabische Frau. Sondern der Sohn von Riyad Khatib. Das schien mir eher schwierig zu sein.«

»Aha.« Samir lässt das sacken. Pirlo vermutet, dass er versucht, sich alles zu merken, allein schon, damit er es später weitererzählen kann. »Und warum dann Pirlo? So wie der Fußballer? Du siehst doch auch noch so aus!«

»Eben«, murmelt Pirlo.

»Finden die Leute das nicht irgendwie seltsam? Ich meine, war das klug?«

Pirlo sieht müde auf. Schwarze Strähnen hängen in seinen Blick. »Wie viel bekommst du für das Obst?«

Draußen grummelt er vor sich hin. Ein wütender, mit sich schimpfender, arabisch-deutscher Mann mittleren Alters mit zwei Tüten voller Obst. Ein laufendes Bewerbungsschreiben für Guantanamo.

Um sich abzulenken, schaltet er das Telefon an: Es gehen Dutzende Nachrichten ein. Fast alle sind von Sophie, Wang, Paolo und Alena. Drei sind von Fathi Maliki. Eine ist von Arland. Das war es dann auch schon. Die Welt da draußen ist nicht besonders groß. Weder die von Ramzes Khatib noch die von Anton Pirlo. Ihm fällt auf, dass er in den letzten Tagen viel zu wenig gedacht hat. An die Verantwortung, die er trägt. Er seufzt und ruft Sophie an. Es klingelt zweimal, dann geht sie dran.

»Sophie«, sagt er. »Ehe du loslegst, lass bitte mich kurz sprechen. Es tut mir leid. Ich weiß, dass ich mich unmöglich benommen habe. Schon wieder. Ich will das wiedergutmachen. Das verspreche ich. Irgendwann, bald, nehmen wir uns einen Moment Zeit und sprechen über alles. Ich hoffe, dass wir bis dahin einfach gut miteinander umgehen und effektiv zusammenarbeiten können. Als Kollegen. Als Freunde.«

Vom anderen Ende kommt lange nichts. Kurz überlegt Pirlo schon, ob das Telefon noch nicht funktioniert, jetzt, wo es so lange ausgeschaltet war. Dann hört er Sophies zögerliche Stimme. »Darüber muss ich nachdenken.«

Er presst die Augen zusammen. Atmet durch. »Mach das.«

Sie räuspert sich. »Wann kommst du zurück in die Kanzlei?«

»Spätestens morgen.«

»Gut. Es bleibt uns dann nur noch ein Tag für die Vorbereitung auf die nächsten Zeugen. Denk dran, dass dann die Polizisten kommen, die den Tatort gesichert haben.«

»Ja. Ich weiß. Ich werde da sein.«

»In Ordnung.« Pirlo weiß, dass sie das nur so sagt. Dass es nicht so ist. Natürlich nicht. Dann überrascht sie ihn. »Hast du dich eigentlich bei Alena gemeldet?«

»Nein. Wieso?«

»Einfach aus Interesse. Du hast hier ewig nicht angerufen. Vielleicht solltest du es auch dort mal tun.«

»Sicher«, murmelt Pirlo. »Auch wenn das was anderes ist.«

»Inwiefern?«

»Sie ist in dieser Woche bei einem Projekt in Glasgow.«

»Aha?«

»Ja. Sie wollen dort bei einer neuen Vergabe pitchen. Alena hat das Angebot erstellt.«

»Dann ist sie die ganze Woche weg?«

»Ja.«

»Gut für sie.«

»Wie meinst du das?«

»Eine weniger, die du im Stich lässt.«

Pirlo fährt sich durch die Haare. »Wie gesagt, es tut mir leid.« Dann merkt er, dass Sophie schon aufgelegt hat.

Als er sich umdreht, steht Mahmed in der Tür. »Stress?«

»Ja. Sehr.«

»Kann ich was tun?«

Pirlo steckt die Haare hinter die Ohren. Er sieht Mahmed müde an. »Kommst du allein mit Mama klar?«

»Sicher.« Mahmed nickt. »Musst du zurück ins Gericht?«

»Ja. Langsam schon.«

»Das verstehe ich.«

Sie sehen sich lange an. Keiner sagt etwas. Pirlo überlegt, ob das stimmt. Dass Mahmed ihn versteht. Außerdem, ob ihm das überhaupt noch wichtig ist. Oder ob das alles hier eigentlich schon lange gar keine Rolle mehr spielt.

14.

MISSVERSTÄNDNISSE

16.03. Ein paar Tage später

Sophie schwitzt. Sie geht in Deckung. Schlägt zu. Deckung. Führhand. Schlaghand. Zack. Zack. Zack. Dann der Tritt. Die Drehung. Und dann wieder von vorn. Über die Kopfhörer knallen *Kasabian. Comeback Kid.* Eines der Lieblingslieder von Pirlo. Sie mag diesen Moment, wenn der Bass einsetzt. Danach kommt das Gestampfe des Schlagzeugs. Und über allem das Laute, Krachende, ehe sich doch wieder alles in einer guten Melodie auflöst. So wie fast immer bei Pirlos Musik. Zu der sie zuschlägt. Zutritt. Den ganzen beschissenen Sandsack verprügelt.

Direkt nach ihrem Termin bei *Müller & Mahler* hat sie in der Kanzlei ihre Sporttasche geholt und ist ins Fitnessstudio marschiert. Das braucht sie jetzt. Gegen den Druck. Gegen die Gedanken. Gegen alles.

Das Angebot von *Müller & Mahler* ist gut. Ach was, genau genommen ist es spektakulär. Drei Monate Brüssel. Drei Monate Madrid. Drei Monate London. Und so weiter. Antrittsbesuche. Stimmungsgespräche. Koordination. Häppchen. Und das mit achtundzwanzig Jahren. Sophie Mahler, die angehende Königin von *Müller & Mahler.* Oder zumindest die von *EMEA*. Bei Gehalt und Arbeitszeiten, die sie quasi selbst bestimmen kann. Was gibt es da eigentlich noch nachzudenken?

Wobei für viele Gedanken ohnehin kein Raum wäre. Dazu ist

etwas anderes viel zu präsent. Alena war bei *Müller & Mahler*. Und zwar in der Kanzlei in Düsseldorf. Was auch immer sie dort zu suchen hatte, mit Glasgow hatte das wahrscheinlich recht wenig zu tun. Zumindest war sie nicht dort. Anders als sie es Pirlo erzählt hat. Der hört zwar nicht immer zu. Dass er nicht verstanden haben sollte, dass Alena in Glasgow sei und nicht in Düsseldorf, ist aber selbst für seine Verhältnisse unwahrscheinlich. Also was, zur Hölle, soll das? Und wieso interessiert es Sophie überhaupt?

Nach einer Viertelstunde braucht sie eine Pause. Sie lässt den Sandsack ausschwingen. Setzt sich. Kramt das Telefon hervor. Aus dem Nebenraum taucht ein trainierter Typ auf. Er bringt ein Lächeln mit. Sagt irgendwas, das sie wegen des *Kasabian*-Lärms nicht versteht. So, wie er schaut, geht es in Richtung Anmachspruch. So, wie sie schaut, sind ihm seine Erfolgsaussichten schnell klar. Er lächelt noch mal und verschwindet dann wieder dorthin, wo er hergekommen ist. Sophie ist es unfassbar egal. Sie googelt Alena. Es ist zwar nicht das erste Mal, klar. Natürlich nicht. Jetzt aber schaut sie alles nach, was sie findet. Ausnahmslos. Und auf sämtlichen denkbaren Unterseiten. Sophie klickt schnell von hier nach da. Besonders viele Suchtreffer gibt es zu Alena Schmarowa nach wie vor nicht. Ihr Profil bei LinkedIn zeigt ein abenteuerlich schönes Foto, ansonsten nicht viel mehr als eine aktuelle Beschäftigung bei *Rassvet*, dem Beratungsunternehmen, von dem sie bei ihrem gemeinsamen Abend in der *Casa Palmieri* gesprochen hat.

Das Unternehmen hat zwar eine Homepage, zeigt dort aber keine Mitarbeiter. Die Texte sind auf Englisch, Deutsch, Spanisch und Russisch. *Moderne Unternehmensberatung für moderne Zeiten.* Was alles und nichts bedeutet. Referenzprojekte fehlen. Als Standorte vermerkt die Homepage Liverpool, Düsseldorf, Barcelona und Moskau. Es gibt dazu jeweils eine Nummer. Kurz zögert Sophie. Dann wählt sie die aus Düsseldorf. Es geht niemand dran.

Sie sieht auf die Uhr. Es ist Dienstag, kurz nach vier. Eigentlich eine klassische Bürozeit. Sie versucht die anderen Nummern. Keine Reaktion. Was sonderbar ist, aber nichts bedeuten muss. Vielleicht ist genau heute eine Betriebsversammlung. Vielleicht ein Ausflugstag. Jemand könnte gestorben sein. Was auch immer. Es gibt viele Möglichkeiten. Zu frühe Rückschlüsse sind ohnehin nie eine gute Idee. Wenn das alles auch seltsam wirkt. Kurz überlegt Sophie. Dann nimmt sie doch noch einen Anlauf. Bei Liverpool passiert nichts. Auch bei Düsseldorf ertönt nur der Signalton. Zumindest die ersten fünf Mal. Dann nimmt jemand ab.

»Rassvet.« Die Stimme ist zwar nicht klassisch unfreundlich. Ganz bestimmt klingt sie aber auch nicht einladend.

»Guten Tag, mein Name ist …« Kurz stockt Sophie. Warum tut sie sich eigentlich so schwer? Dann macht sie ihren Frieden damit. Es ist einfach so. Vielleicht ja auch ohne jeden Grund. Vielleicht aber auch nicht. Sie lacht, so als sei sie über ihr eigenes Zögern amüsiert. Dann setzt sie noch einmal an. »Guten Tag, mein Name ist Marlene Derendorfer. Ich rufe an im Namen der Heine GmbH, um mich nach dem aktuellen Projektstatus zu erkundigen. Dazu versuche ich, Ihre Mitarbeiterin Alena Schmarowa zu erreichen.«

»Frau Schmarowa ist nicht im Haus.«

»Können Sie mir sagen, wo sie ist und wann ich sie erreichen kann?«

»Ich teile ihr mit, dass Sie um einen Rückruf gebeten haben. Ihre Nummer habe ich mir notiert und gebe sie weiter. Guten Tag.«

Damit endet das Gespräch. Sophie runzelt die Stirn und starrt auf ihr Telefon. Dann geht ihr auf, was sie da gerade getan hat. Sie hat damit bei *Rassvet* angerufen. Einfach so. Ohne eine Rufnummernunterdrückung. Was bedeutet, dass Alena eine Rückrufbitte von einer Frau Derendorfer erhält, die sie zu Sophies Telefon führt und nicht beschissener sein könnte.

Überrascht stellt Sophie fest, dass sie trotzdem nicht ausrastet. Eigentlich gäbe es jeden Grund dazu. Irgendetwas hemmt sie aber. Nachdenklich beginnt sie, in leichtem Rhythmus Seil zu springen. Die lockere Bewegung hilft. Dann, plötzlich, weiß sie, was sie gestört hat. Es war nicht die Frau selbst, nicht ihre Unhöflichkeit und auch nicht ihre Sprache. Sondern der Gesprächshintergrund. Beziehungsweise: dessen vollkommenes Fehlen. Die Frau am Telefon hatte nicht so geklungen, als sei sie in einem Büro voller Leute. Wie eine freundlich-routinierte Empfangsdame klang sie aber auch nicht. Eher wie ein Mensch, der extra an einen ruhigen Ort geht, ehe er ein Telefonat annimmt, auf das er eigentlich keinen Bock hat. Warum aber sollte man so etwas tun? Vielleicht ja weil jemand gesehen hat, dass nacheinander versucht wird, die verschiedenen *Rassvet*-Nummern zu erreichen, und die Entscheidung gefallen ist, dass, schon um weitere Anläufe zu unterbinden, bei einer davon abgenommen werden soll, das aber am besten schnell, effektiv und so, dass der Anrufer zufrieden ist und Ruhe gibt, ohne irgendwelche Informationen zu erhalten. Was dann ja auch hervorragend geklappt hätte.

Mit diesem Gedanken lässt Sophie das Seil auspendeln. Auch der Sandsack hat für heute Ruhe. Sie muss nachdenken. Zumindest ist das der Plan, als das Telefon klingelt. Es ist eine unbekannte Nummer dran.

Aber ein bekannter Mensch.

»Hallo, hier spricht Alena Schmarowa.« Sie ist kurz angebunden, aber freundlich. Professionell.

»Hallo«, sagt Sophie. Dann gibt sie sich einen Ruck. Es hilft ja alles nichts. »Hallo, hier ist Sophie.«

»Sophie wer?«

»Sophie Mahler.«

»Warte mal – Sophie? Die Kollegin von Toni?«

Sophie kann es nicht leiden, wenn Alena diesen Namen ausspricht. Schon gar nicht so exaltiert und aufgekratzt. Oder überhaupt. »Ja, die Kollegin von Toni.«

»Aber das muss ein Missverständnis sein. Meine Kollegin von *Rassvet* hat mir diese Nummer gegeben und meinte, eine Frau Derendorfer bitte um einen Rückruf.«

»Ja, das war ein Missverständnis.«

»Ach? Inwiefern?«

Ja, verdammt. Inwiefern eigentlich? »Weißt du, wir ermitteln gerade in einer Sache, und ich wollte einen Anruf tätigen, bei dem ich mich als Frau Derendorfer ausgebe. Daher hatte ich das einfach noch so drauf. Das war ein unsinniger Irrtum. Nichts Schlimmes.«

»Aha«, sagt Alena. Sie könnte es jetzt dabei belassen. Einfachere Gemüter würden das wahrscheinlich tun. Nur ist sie das nicht. Ganz und gar nicht sogar. »Aber das erklärt ja noch nicht, warum du ausgerechnet bei *Rassvet* angerufen hast, oder?«

»Nein. Das stimmt.«

»Und wie kam das?«

Sophie beißt sich auf die Unterlippe. Sie hasst es, verhört zu werden. Sie hasst dieses ganze Telefonat. »Das war auch ein Missverständnis.«

»Noch ein Missverständnis. Das ist ja allerhand.«

»Ja.«

Auch hier könnte es damit sein Bewenden haben. Alena scheint allerdings fest entschlossen nachzusetzen. Und zwar immer und immer wieder. »Wie kam es denn dazu?«

Sophie seufzt. »Ich hatte mit Pirlo über deinen Job gesprochen. Ich meine mit *Toni.* Er hatte mir von dem Unternehmen erzählt, für das du arbeitest. Ich fand das alles sehr interessant, weil mich Beraterfirmen schon immer interessieren. Wie du weißt, ist mein Vater einer der Gründer von *Müller & Mahler*, einer der großen europäischen Kanzleien, die viel mit Beratern zu tun hat. Daher hatte ich mir die Nummer von *Rassvet* herausgeschrieben, um beizeiten mal zu schauen, ob ich euch vielleicht zusammenbringen kann. Also *Rassvet* und *Müller & Mahler*. Ich stelle mir vor, dass das ein richtig guter Kontakt für euch sein könnte. Na ja, und dann muss ich einfach die Nummern vertauscht haben. So wie das manchmal eben passiert. Ewig macht man alles richtig, und dann vertut man schließlich alles auf einmal. Falscher Name. Falsche Nummer. Alles auf einen Schlag.« Sie lacht. Dann wartet sie. Wie das eben so ist, wenn jemand angelt. Und jemand anderes plötzlich die Rute umdreht. Alena reagiert allerdings souverän. Nämlich gar nicht. Einen Moment sagt niemand etwas. Dann, als Sophie das Gefühl hat, dass Alena zu sprechen anhebt, ist sie schneller. »Hast du eigentlich Kontakt zu Toni?«

Alena zögert. Sophie nimmt das zur Kenntnis. »Nicht viel. Warum?«

»Er ist abgetaucht.«

»Das tut mir leid zu hören.«

Sophie nimmt auch das zur Kenntnis. Alena hat offensichtlich keine Ahnung, was vorgefallen ist. Weder bei Ahmid, noch im Gericht. Was auch immer das bedeutet. Dann beschließt sie einen großen Sprung. »Das, was da passiert ist, kann man nur eine echte Tragödie nennen. Kein Wunder, dass es Pirlo damit so schlecht geht.« Sie bemerkt, dass sie beim Namen verrutscht ist. Das ist jetzt aber egal. Es kommt auf das Tempo an. »Ich schlage daher vor, dass wir uns dringend mal zusammensetzen.«

»Was meinst du?«

»Wir sollten reden, Alena.«

Sie bemerkt das erneute Zögern. Die Distanz. Und die Abwägung. »Wann?«

»Am besten heute noch.«

»Heute noch?«

»Ja.«

Stille. »In Ordnung.«

»Gut. Treffen wir uns doch um sechs Uhr im *Beluga.*« Was unter mehreren Gesichtspunkten eine gute Wahl ist. *Müller & Mahler* ist direkt um die Ecke.

»Einverstanden.«

»Dann bis später.«

»Bis später.« So viel zu Glasgow.

Sophie legt auf und spurtet zur Dusche. Was kommt, verspricht spannend zu werden. Vielleicht irrt sie sich auch, und alles ist ein großes Missverständnis. Vielleicht stimmt aber auch irgendwas nicht bei Alena. So oder so wird es Zeit, das herauszufinden.

15.

JÜNGER

16.03. Im Café

Alena ist pünktlich. Sophie war allerdings schon etwas eher da, um sich ganz hinten in das schlauchförmige Restaurant zu setzen. Auf diese Weise muss Alena durch den ganzen Laden, um zu ihr zu kommen, und Sophie kann beobachten, ob ihr etwas Besonderes an ihr auffällt. Schlussendlich ist es dann aber nur, dass die Wellen von Alenas Haaren perfekt sind, obwohl es draußen regnet. Wie auch immer sie das macht.

»Hallo, Sophie«, sagt Alena, diesmal ohne das übliche Lächeln. Sie klingt wie vorhin am Telefon. Nicht unterkühlt. Aber auch nicht einmal im Ansatz so, wie Sophie sie erlebt, wenn Pirlo mit dabei ist.

»Hallo, Alena.«

Sie bestellen, Sophie einen Cappuccino, Alena nur ein Wasser. Sie blickt auf ihr Telefon. »Bitte sieh mir meine Unhöflichkeit nach, ich stehe ziemlich unter Druck.«

»Inwiefern?«

»Meine Abteilung plant gerade ein großes Projekt. Es sind alle möglichen Stellen und Berater beteiligt. Vor Ort geht es hin und her. Deswegen war ich auch nur ganz kurz in Glasgow.«

Aha, denkt Sophie. Mehr nicht. Jedenfalls nicht für den Moment. Jetzt sind andere Sachen wichtiger. »Worum geht es denn? Wenn ich fragen darf.«

Alena lächelt schmal. »Klar darfst du fragen. Ich darf dir nur keine Antwort geben. Du weißt schon, Geheimnisschutz und so weiter.«

»Klar.«

»Ich wusste, dass du das verstehst.«

»Habt ihr denn viel mit anderen Beratern zu tun?«

»Was meinst du?«

»Na ja, Kanzleien und so.«

Alena nippt an ihrem Wasser. »Manchmal.«

»Ich frage ja nur«, nimmt Sophie das locker auf, »weil ich überlege, dich mit meinem Vater zusammenzubringen. Oder besser gesagt, mit dessen Kanzlei. Dazu wäre es natürlich gut zu wissen, ob das überhaupt sinnvoll für dich ist. Oder für euch. Je nachdem.«

»Sicher«, antwortet Alena. Dann sieht sie wieder auf ihr Telefon. »Entschuldige.« Sie tippt ein paar Sekunden auf der Tastatur herum. Dann wendet sie sich erneut Sophie zu. »Du meintest, Toni gehe es schlecht.«

»Ja.«

»Was fehlt ihm? Du musst wissen, zuletzt war ich so eingebunden, dass wir nicht viel Kontakt hatten.«

»Klar«, sagt Sophie, »wegen Glasgow.«

»Richtig«, antwortet Alena. Sie wirkt irritiert.

Sophie kann das verstehen. Irgendwas stimmt nicht mit ihr. Also ihr, Sophie. Das muss auch bei Alena ankommen. Es ist daher Zeit für den großen Wurf. »Schau, Alena«, setzt Sophie an, »ich will hier ganz ehrlich sein. Ich weiß nicht, ob wir einen besonders guten Start hatten.« Sie hebt die Hand, um Alena daran zu hindern, ihr direkt zu widersprechen. »Und ich kann das auch verstehen. Ich bin die Kollegin von Pirlo. Er ist mein Chef. Wir haben ein enges Verhältnis und sind den ganzen Tag zusammen. Ich bin ein ganz anderer Typ Frau als du und dazu noch jünger.«

Was sie eigentlich gar nicht weiß. Es macht ihr trotzdem Freude, das zu sagen. »Du bist dagegen erst relativ kurz an Pirlos Seite. Du kennst mich nicht richtig und willst mich vielleicht auch gar nicht richtig kennenlernen.« Wieder hebt sie die Hand. »Was völlig in Ordnung wäre. Mir geht es hier nur um Pirlo. In letzter Zeit war viel los, was ihn ganz offensichtlich schwer getroffen hat. Zuletzt ist er während eines laufenden Prozesstages einfach verschwunden. Es wirkt, als sei er völlig außer Kontrolle. Ich habe daher nur eine einzige Bitte, für ihn, nicht für mich: Wenn er morgen wieder vor Gericht erscheint und du doch wieder in der Stadt bist, dann komm vorbei, zeig ihm, dass er nicht allein ist, und stärke ihm dort den Rücken, wo er dich braucht. In der Hauptverhandlung.« Sie lächelt. »Wie gesagt: Ich bitte dich für ihn. Nicht für mich.«

Alena trinkt ihr Wasser aus. »Ich weiß das, was du machst, zu schätzen. Toni kann froh sein, dass er eine so gute Mitarbeiterin hat.«

Sophie lächelt zurück. »Ich bin mir sicher, er hat eine mindestens genauso tolle Freundin.« Sie klimpert kurz mit den Augen. »Dann kann ich ihm ausrichten, dass du vor Ort sein wirst? Oder willst du es ihm lieber selbst sagen?«

Auch Alenas Augenlider fliegen. »Ich überrasche ihn gern.«

»Toll.«

Alena sieht auf ihr Telefon.

Sophie kommt ihr entgegen. »Wieder eine wichtige Nachricht?«

»Ja. Leider.«

»Das macht doch nichts. Ich habe dafür Verständnis.«

»Ich würde so gern noch weiterplaudern. Bedauerlicherweise ist aber nicht bei jedem so wenig los, wenn der Chef nicht zu greifen ist.«

»Ja, schade, was?«

»Allerdings.«

Womit das Gespräch zum Ende kommt. Oder was immer das auch sonst war.

Sophie wartet einen Moment. Dann bezahlt sie die Rechnung, ein Detail, das Alena vergessen hat. Am Eingang des Cafés sieht sie nach rechts und links. Als sie niemanden entdeckt, den sie erkennen würde, eilt sie um die Ecke zu *Müller & Mahler*. Dort geht alles ganz schnell.

Eine der Schönheiten von der Rezeption erkennt sie sofort wieder. Warum auch nicht? Sie war ja erst gestern da. Sophie lächelt breit und erklärt, dass sie nur ganz kurz ihren Vater sprechen wolle. Die Rezeptionistin antwortet, Ernst Mahler sei auf dem Weg zu den Jonges. Dort stehe heute ein Frühjahrskonzert auf dem Programm. Ein klassischer Pflichttermin. Sophie ärgert sich kurz darüber, dass sie das vergessen konnte, und fragt, ob sie aber vielleicht dennoch in sein Büro dürfe. Die Rezeptionistin zögert. Sophie hebt die Augenbraue. Es gehe um eine gemeinsame Wochenendüberraschung für ihre Mutter. Daher auch die Eile. Die Rezeptionistin ist immer noch unschlüssig. Was ja eigentlich für sie spricht.

»Es dauert wirklich nur einen Moment«, raunt Sophie ihr verschwörerisch zu. Dann, endlich, zuckt die Empfangsfrau mit den Schultern. Was soll sie sonst auch machen? Vor ihr steht möglicherweise die künftige Chefin. Und zwar nicht nur die des Rezeptionsbereichs, sondern die des gesamten Imperiums.

In Ernst Mahlers Büro lässt Sophie das Licht ausgeschaltet. Die Rezeption ist hier weit weg. Ansonsten muss keiner wissen, dass sie da ist. Vor allem nicht wenn es nur um ein paar Minuten geht. Sie schaltet den Computer ihres Vaters ein und starrt auf das Eingabefeld für das Passwort. Den ganzen Weg hierher hat sie sich Gedanken darüber gemacht. Möglich wäre vieles. *Helene* vielleicht. Der Name ihrer Mutter. Oder *Sophie. Krümel. Golf.* Selbst *Ernst* würde sie nicht ausschließen. Am wahrscheinlichsten ist aber ein ganz anderes Wort. Auch wenn es ihr schwerfällt, es zu schreiben. Dann tippen ihre Finger aber doch: *Patrick.* Der Hintergrund des Bildschirms verändert sich. Sophie ist im System ihres Vaters. Kurz darauf sitzt sie an seiner Outlook-Übersicht. Er hat Zugriff auf alle Kalender der gesamten Kanzlei. Wenn er will, sind das Tausende. Diejenigen der Besprechungsräume in Düsseldorf genügen Sophie. Nach ein paar Mausklicks hat sie den richtigen Termin offen. Es ist der, der parallel zu ihrer Besprechung von gestern stattgefunden hat. Im Terminordner sind die besprechungsrelevanten Unterlagen hinterlegt. Die Namen der Teilnehmer, aber auch die Themen und Hintergründe, um die es gehen sollte. Sophie öffnet die Schreibtischschubladen ihres Vaters. In der obersten ist alles fein säuberlich geordnet. Auch die Memory-Sticks. Genau so, wie sie es von ihm erwarten würde. Und er von ihr.

Mit ein paar schnellen Klicks wandert der Besprechungsinhalt auf einen Stick. Ein Protokoll, ein paar Verträge, eine Zeichnung, ein Organigramm und ein Handelsregisterauszug. Der Name dazu lässt Sophie stutzen. Dann siegt die Neugier. Sie klickt auf das Dokument. Und hat eine Menge neuer Fragen.

16.

WISSEN. HOFFEN.

In der Nacht

Sophie steht auf der Brücke zur Tonhalle und sieht durch den Regen den Schiffen nach. In der Ferne leuchtet bunt die Uhr auf dem Rheinturm. Unter ihr rauscht der Fluss, hinter ihr der Verkehr, um sie herum der Wind. Es stört sie nicht, im Gegenteil, sie ist genau deswegen hierhergekommen. Die Bewegung um sie herum tut ihr gut. Sie lenkt ab, hält beschäftigt und verhindert, dass sie sich in ihrem Gedankenkarussell verliert. Allzu unübersichtlich ist die Lage, über die sie zu entscheiden hat, zwar nicht. Dafür ist die Entscheidung selbst aber umso folgenschwerer. Sicher, vorhin war ihr alles noch sehr einfach erschienen, eigentlich sogar fast logisch. Die ganze Aktion im Büro ihres Vaters. Der Versuch herauszufinden, was Alena bei *Müller & Mahler* zu suchen gehabt hatte. Das Speichern der Daten zu ihrem Termin auf einem Stick. In diesem Moment hatte alles so sinnvoll und richtig gewirkt. Nur ist dieser Moment jetzt vorbei. Der Stick ist allerdings immer noch da, fest umschlossen von Sophies in ihrer Manteltasche verborgenen Faust. Es könnte jetzt alles so leicht sein. Eine schnelle Bewegung nach vorn, das Öffnen der Finger, und der Stick verschwindet im Rhein, ein Schicksal, das auch schon andere Speicherträger ereilt haben soll. Oder sie behält ihn. Was die Folgefrage aufwirft, was sie dann damit anstellt? Beziehungsweise: Was sie damit anstellen will. Was sie damit anstellen *darf*, ist deutlich leichter zu beantworten: nichts. Der Stick enthält Geschäftsgeheimnisse. Sie darf ihn weder haben noch verwerten. Einer der ebenso überschaubaren wie schrägen Vorteile der Zusammenarbeit mit Pirlo ist, dass sie das damit zusammenhängende Strafbarkeitsrisiko noch nicht einmal besonders interessiert. Ihre Gedanken kreisen stattdessen um die ganzen anderen Menschen. Um ihren Vater, Alena, Faruk Maliki, vor allem aber um Pirlo. Was bedeutet es für sie alle, wenn sie, Sophie, die Daten auf dem Stick verwendet? Spielen diese Daten denn überhaupt eine Rolle und wenn ja, welche? Sophie atmet durch und schließt die Augen. Sie ahnt, dass es hier um mehr geht als nur um die Frage, was sie jetzt machen soll. Es geht darum, wer sie ist. Und wer sie sein will. Eine Weile steht sie noch bewegungslos im Dunkeln und Rauschen auf der Brücke. Dann flacht der Wind ab, der Regen setzt ein, und Sophie läuft langsam nach Hause. Sie weiß, dass sie eine Entscheidung gefällt hat. Sie hofft einfach, dass sie sie nie umsetzen muss.

17.

UNGEWÖHNLICH

17.03. Am nächsten Verhandlungstag

Als Pirlo am Mittwoch im Gericht auftaucht, sieht er so beschissen aus, dass erst gar keiner nachfragt, warum eigentlich. Und zwar hinsichtlich beider Umstände. Des Auftauchens wie des Aussehens. Vielleicht will ihm auch einfach niemand mehr eine Bühne dafür bieten. Nicht nach dem, was er sich geleistet hat. Selbst Maliki hat nur einen fragenden Blick für ihn übrig. Er sagt nichts. So weit unten muss man erst mal ankommen. Immerhin, Sophie ist einigermaßen freundlich zu ihm. Vollständig bei der Sache scheint sie dagegen nicht zu sein. Weswegen Pirlo gern fragen würde, was los ist. Was ja auch Sinn ergibt. Nur: Wie soll er das machen, gerade jetzt, wo er mal wieder alles in Schutt und Asche gelegt hat? Schwierig. So wie das eben ist: alles immer schwierig. Also hält er den Mund und sieht ihr dabei zu, wie sie sich immer mal wieder umdreht und einen Blick in den Rückraum wirft, dorthin, wo der Zuschauerbereich ist, die Presse, die Flügeltüren zum Schwurgerichtssaal. Dann setzt die Kammer die Beweisaufnahme fort. Die nächsten Zeugen kommen von der Polizei. Was selten bis nie Gutes verheißt. Hier ist das nicht anders. Pirlo hat dafür sogar Verständnis. Polizisten haben einen anstrengenden Job. Ständig sind sie irgendwo gefordert. Dauernd drohen neue Katastrophen. Ein Tatort hier. Ein Drama dort. Eine Leiche. Eine körperliche Auseinandersetzung. Eine verschwundene Katze. Und so weiter. Das kann schon mal schlauchen. Vor allem weil die Polizei schnell ist. Und die Justiz nicht. Manchmal findet eine gerichtliche Zeugenvernehmung erst Jahre nach dem Ereignis statt, auf das sie sich bezieht. Mit Grausen erinnert sich Pirlo an das Loveparade-Verfahren. Selbst bei diesem Jahrhundertprozess hatte es sieben Jahre gedauert, ehe die ersten Zeugen vernommen wurden. Bei Maliki geht es da schon deutlich schneller. Der Mord liegt keine vier Monate zurück. Für Justizverhältnisse ist das geradezu ein Sprint. Nur: Für die vernommenen Polizeikräfte, POK Eichner, POK Becker und PHK Schäfer, ist das trotzdem ziemlich lange. Schon das führt dazu, dass die Aussagen von zweifelhaftem Wert sind. Außerdem haben sie schlichtweg nicht besonders viel gesehen. Was sogar das noch größere Problem ist.

Beispielhaft Schäfer: »Wir sind auf diesem Parkplatz angekommen, und da lag dann eben die Leiche.«

»Wo denn?«, fragt die Kammer.

»Na mittendrin.«

»Mittendrin?«

Schäfer deutet auf das auf einer Leinwand eingeblendete Foto des Parkplatzes. Seine Hand beschreibt einen weitläufigen Kreis. »Da standen all die Autos. Rechts oben das des Opfers, ein grauer BMW. Dann da das des Angeklagten, der Lambo. Und mittendrin das Opfer selbst. Das sieht man noch an der Einzeichnung.«

Meurer nickt. Damit ist auch das gerichtsbekannt festgestellt. So ist das nun mal. Die Beweiswürdigung schöpft sich aus dem Inbegriff der Hauptverhandlung. Die findet mündlich statt. Also muss auch alles einmal gesagt worden sein. Und gut ist.

»Und wo befand sich der Angeklagte?«

»Der kniete über dem Opfer.«

»Wo war das Messer?«

»Ich weiß es nicht mehr ganz genau, aber ich würde sagen: in seiner Hand.«

Was der Staatsanwaltschaft gut passt. Es kommen jedenfalls keine Fragen. Stattdessen ist die Verteidigung dran. Pirlo bemerkt, dass Sophie ihn ansieht. Alle machen das. Und er? Duckt sich weg. Spielt mit seinen Haaren. Knibbelt an den Fingern. Er kann selbst nicht genau sagen, was eigentlich los ist. Jedenfalls sagt er nichts. Irgendwie ist das gerade nicht drin.

Sophie rutscht auf ihrem Platz in Position. Sie streicht die langen blonden Haare hinter die Ohren. Fast muss Pirlo schmunzeln. Dann legt sie los.

»Sie sagen, dass der Angeklagte über dem Opfer kniete?«

»Richtig.«

»Auf dem rechten oder auf dem linken Knie?«

Schäfer zupft an seinem Mund herum. »Das ist eine gute Frage.«

»Danke. Also: rechtes oder linkes Knie?«

»So genau weiß ich das nicht mehr.«

»Aber er kniete?«

»Ja. Das schon.«

»Vielleicht auch mit beiden Knien?«

»Nein. Das nicht.«

»Aber welches Knie unten war, das wissen Sie nicht mehr.«

»Richtig.«

»Von wo haben Sie den Angeklagten denn gesehen?«

»Von da.« Der Justizwachtmeister bringt Schäfer einen Laserpointer. Der zeigt damit auf der Leinwand auf einen Punkt an der Einfahrt des Parkplatzes.

»Welchen Körperteil haben Sie denn von dem Angeklagten zuerst gesehen?«

»Wie meinen Sie das?«

Sophie lächelt verständnisvoll. »Das ist eine gute und berechtigte Rückfrage. Was ich meine: Haben Sie zuerst sein Gesicht gesehen? Seine Hände? Oder seinen Rücken?«

»Seinen Rücken.«

»Weil er ja über dem Opfer kniete?«

»Genau.«

»Wissen Sie denn noch, was der Angeklagte anhatte?«

»Ja. Das war ein langer beigefarbener Mantel von irgendeiner Marke. Moscho oder so.«

»Moschino vielleicht?«

»Ja. Kann sein.«

»Ja oder kann sein?«

»Doch, ich glaube, ja.«

»Woher wissen Sie das noch so genau?«

Schäfer muss kurz grinsen. »Weil der Angeklagte, als wir ihn festgenommen haben, gesagt hat: Passt gefälligst auf mit dem Mantel, der ist von Moscho.«

»Sie meinen Moschino?«

»Ja, genau. Das. Moschino. So war das.«

»Kam Ihnen das nicht ungewöhnlich vor?«

»Nein. Wieso?«

»Da liegt ein toter Mensch auf dem Boden, ein anderer kniet darüber, und alles, was ihm einfällt, als er verhaftet wird, ist, dass man auf seinen Mantel aufpassen soll, weil der von Moscho ist.«

»Moschino«, verbessert Schäfer.

»Danke. Also?«

Schäfers Hand ist zurück an seinem Mund. Er tut sich schwer. Das merkt man. Es geht hier schließlich auch um seine Rückschlüsse. Seine Ermittlungen. Einen Moment grübelt er noch. Dann gibt er sich einen Ruck: »Wissen Sie, was? Sie haben recht.«

»Womit?«

»Das ist wirklich ungewöhnlich. Da habe ich bislang gar nicht drüber nachgedacht.«

Hinten lacht jemand. Pirlo verzieht das Gesicht. Das passt jetzt hier gerade nicht. Sophie wartet daher auch richtigerweise ab. Pirlo brennt die nächste Frage selbst auf der Zunge. Trotzdem sagt er nichts. Das ist jetzt ihr Fragerecht. Ihre Show.

»Herr Schäfer, haben Sie eigentlich Blut am Mantel des Angeklagten festgestellt?«

Schäfer zögert. »Nein. Ich glaube nicht.«

»Glauben Sie oder wissen Sie?«

»Ich glaube. Wissen kann ich es nicht mehr. Da war ja viel Chaos. Eine Leiche, das Geschrei von Herrn Maliki und so weiter.«

Sophie nickt. Dann richtet sie sich an die Kammer. »Die Verteidigung bittet darum, Seite neunundsiebzig aus Sonderband acht aufzurufen.«

Meurer nickt der Berichterstatterin zu. Kurz darauf erscheint ein Foto einer schwarzen Männerhose auf der Leinwand. Sophie wendet sich an Schäfer.

»Herr Schäfer, ist das die Hose, die der Angeklagte an dem in Rede stehenden Tag anhatte?«

»Ja. Ich denke, ja.«

»Können Sie uns sagen, was Sie am rechten Hosenbein sehen? Ich meine das Bein der Hose selbst, nicht die Reihenfolge, in der Sie das gerade spiegelverkehrt sehen.«

Schäfer nickt. »Ich sehe dort eine dunkle Verfärbung.«

»Könnte das Blut sein?«

»Ja. Nach meiner Meinung ist das Blut. Ich bin da kein Experte, aber so, wie das sonst aussieht, kommt es schon hin.«

»Danke.« Sophie wendet sich wieder an die Kammer. »Können Sie bitte ein Bild weitergehen?«

Wieder nickt Meurer der Berichterstatterin zu. Auf der Leinwand erscheint das nächste Foto. Darauf ist ein beigefarbener langer Mantel. Ohne Flecken. Im Saal gibt es Geraune. Pirlo merkt, dass Sophie jetzt ganz bewusst wartet. Sie lässt das Foto wirken. Und die Rückschlüsse, die sich daraus ergeben.

»Herr Schäfer, nehmen Sie hier vergleichbare Verunreinigungen wahr?«

Schäfer sieht genau hin, ganz so, als gebe es tatsächlich noch etwas zu entdecken. Als er antwortet, klingt er erstaunt. »Nein.«

»Wie groß war Herr Waßmer?«

»Keine Ahnung. Groß.«

»Wenn ich Ihnen frei vorhalte, dass er nach Blatt drei der Hauptakte ein Meter zweiundneunzig maß, kommt das dann hin?«

»Ja. Das kann schon sein.«

»Für wie groß halten Sie meinen Mandanten?«

»Weiß ich nicht. Kleiner.« Sophie flüstert Faruk Maliki ins Ohr. Der steht auf. Schäfer korrigiert sich. »Wesentlich kleiner.«

»Wenn ich Ihnen frei vorhalte, dass er ein Meter fünfundsechzig misst, halten Sie das dann für realistisch?«

»Ja. Das kommt hin.« Der knackige Ruhrpotton Schäfers bleibt zwar. Jetzt lacht aber keiner mehr. Auch die Letzten haben längst geschnallt, worauf Sophie hier hinauswill. Und warum das wirklich wichtig ist. Sophie legt den Finger in die Wunde. Und zwar fast im Wortsinn. »Herr Schäfer, hatten Sie in Ihrer beruflichen Laufbahn schon einmal mit Fällen zu tun, in denen es Schnittwunden gab? Oder sogar solchen, in denen ein Mensch erstochen wurde?«

Schäfer nickt schwerfällig. »Doch, das kam vor. Leider.«

»Und nach dieser bisherigen Berufserfahrung sind Menschen, die auf andere einstechen, eher näher an ihren Opfern dran oder eher weiter entfernt?«

»Eher näher.«

»Ich bitte die Kammer um einen Aufruf von Blatt achtzehn aus Sonderband sieben.« Meurer muss schon gar nicht mehr nicken. Die Berichterstatterin setzt sich auch so in Bewegung. Auf der

Leinwand erscheint das Bild eines Messers. »Herr Schäfer, können Sie bestätigen, dass es sich bei diesem abgebildeten Messer um dasjenige handelt, mit dem Herr Waßmer getötet wurde?«

Schäfer drückt den Rücken durch. »Ja, das kann ich bestätigen.«

»Und woran liegt das?«

»Ich habe dieses Messer selbst, natürlich unter Berücksichtigung aller forensischen Sicherheitsvorkehrungen, an mich genommen und es zu den Asservaten gegeben.«

»Was ist Ihnen dabei aufgefallen?«

»Nichts Besonderes.«

»Das dachte ich mir, als ich Fotos von diesem Messer gesehen habe, allerdings auch.«

»Herr Schäfer, können Sie denn aus Ihrer beruflichen Praxis berichten, wie Messer von albanischen Großfamilien normalerweise aussehen?«

»Das kann er nicht«, brummt Grobulla laut. »Woher auch? Und was sollen diese Großfamilien sein? Die Frage dringt auf Spekulationen und ist daher unzulässig.«

Fuck, denkt Pirlo. Das war nicht gut. Er sieht, dass Sophie ins Schwitzen kommt. Dass sie droht, den Rhythmus zu verlieren. Vorsichtig beugt er sich nach vorn und sucht ihren Blick. Sie bemerkt es und lächelt ihn an. Kurz, aber lässig. Das Zeichen ist klar. Sie braucht Pirlo nicht. Er hat ihr nicht bei der Vorbereitung geholfen. Dann muss er es auch nicht bei der Umsetzung tun. Die Frage war zwar ein kleiner Ausrutscher. Alles andere ist aber auf dem Weg. Zumal der Zeuge noch einen Bonuspunkt zu vergeben hat.

»Ich ahne, worauf Sie hinauswollen, Frau Rechtsanwältin.«

»Sie sollen nichts ahnen, sondern Ihre Wahrnehmungen schildern. Nur das«, knurrt Grobulla von der Seite.

Schäfer bleibt aber unbeirrt. »Bei Großfamilien kommt es schon mal vor, dass es ganz eigene Messer gibt. Sie haben dann besondere Insignien, Wappen, Kennzahlen oder so. Bei diesem Messer hier war das nicht der Fall. Insofern war das tatsächlich ungewöhnlich.«

Sophie lächelt schmal in Richtung des Zeugen. Mittlerweile haben sie hier einen guten Lauf. Wenn es nach Pirlo geht, sollte sie aber trotzdem versuchen, die Vernehmung hier zu einem schnellen Ende zu bringen, vor allem jetzt, wo sie es gerade ein kleines bisschen vor die Welle geschafft hat.

»Herr Schäfer, wenn ein kleiner Mann einem deutlich größeren Mann drei Stiche in die Leibesmitte verpasst, wie das hier der Angeklagte getan haben soll, ist es dann, wenn das mit diesem Messer« – sie zeigt auf das Bild an der Leinwand – »geschieht, nach Ihrer bisherigen Berufserfahrung erforderlich, nahe an diesen anderen Mann heranzutreten, oder ist das auch aus der Ferne möglich?«

Grobulla und Jungk tuscheln. Sie sehen nicht glücklich aus. Sophie hätte die Frage gar nicht erst offen formulieren müssen. Es ahnt sowieso jeder, was jetzt kommt. Und sie haben noch nicht einmal den kleinen Seelenfrieden, die Frage beanstanden zu können.

»Es ist eine große Nähe erforderlich«, antwortet Schäfer da schon. »Man würde sehr nahe an das Opfer herantreten müssen.«

»Und ist es dann nicht ungewöhnlich, dass Herr Maliki nur an seiner Hose Blutspuren hatte, nicht aber auf seinem Mantel?«

»Doch.«

»Hätten dort nach Ihrer Einschätzung nicht auch Blutspuren sein müssen?«

»Spekulation«, ruft Grobulla in den Raum. Es klingt allerdings halbherzig. Er kann sich schon denken, was Schäfer antworten wird.

»Doch.«

»Finden Sie das nicht höchst ungewöhnlich?«

Schäfer kratzt sich an der Schläfe. »Doch, jetzt wo sie es sagen, schon.«

18.

CHARASCHÓ

17.03. Am Abend, im Restaurant

Pirlo ist in keiner guten Verfassung. Das weiß er selbst. Wie sehr das so ist, kann er sich aber vor allem denken, wenn er Alena ansieht. Sie wirkt nicht einmal mehr nur besorgt. Eher schon fast genervt.

»Du solltest etwas essen«, sagt sie.

»Ja«, antwortet Pirlo und merkt, dass er abgelenkt ist und fast kleinlaut klingt. Beides ist nicht gut.

Nachdem er eine Weile unmotiviert in einem Teller mit Kürbisravioli herumgestochert hat, seufzt sie laut. »Was ist denn los, Toni?«

»Ach«, sagt er. Dann versucht er, sich zusammenzureißen. Was nicht gut gelingt. »Ich bin, glaube ich, einfach abgelenkt von dieser ganzen Verfahrenssache.«

»Ich dachte, du seist da zuletzt gar nicht mehr gewesen?«, sagt sie. Er sieht überrascht auf. War das etwa Kritik? Eine Spitze? Ein Angriff?

»Ich hatte viel anderes um die Ohren.« Er zwingt sich zu einem Lächeln. »Außerdem macht Sophie das gut.«

»Ein bisschen zu gut vielleicht«, antwortet Alena.

Jetzt ist sich Pirlo doch sicher. Er hat sich gerade eben nicht verhört. Alena schießt tatsächlich kleine, fiese Pfeile. »Was meinst du damit?«

»Na ja«, sagt sie. Er rechnet nicht damit, dass jetzt viel kommt. Umso überraschter ist er, als sie sich die Lippen mit der Serviette abtupft und zum Rundumschlag ausholt. »Ich finde es schon sehr ungewöhnlich, wie viel Präsenz sie plötzlich hat. Es wirkt fast so, als sei sie der eigentliche Star der Verteidigung, erst recht nach dem, was sie da mit diesem Polizisten veranstaltet hat.«

»Aber das war doch gut.«

»Wenn du meinst.«

»Klar, natürlich. Sie hat endlich Zweifel daran gesät, dass Maliki der Mörder sein könnte.«

»Du meinst das mit dem Mantel?«

»Genau.«

Alena lacht. »Ich bitte dich, ich glaube nicht, dass das Gericht sich von so etwas beeindrucken lässt. An dem Messer waren doch auch die Fingerabdrücke von Maliki.«

»Schon, aber …«

»Und sonst keine.«

»Jemand anderes könnte aber auch Handschuhe getragen haben.«

»Wäre es dann nicht sehr ungewöhnlich, dass man trotzdem keine weiteren Spuren gefunden hat? Und dass der Mensch, der das hätte getan haben müssen, innerhalb von Sekunden hätte auftauchen müssen, zuschlagen und alles so hinterlassen müssen, dass es aussah, als hätte Maliki die Tat begangen? Warum sollte jemand so etwas tun? Dafür gäbe es doch gar kein Motiv. Maliki dagegen hatte eines. Er hat die Tat ja sogar lange angekündigt.« Sie lacht laut auf. »Warum schaust du mich so an?«

»Nichts«, murmelt Pirlo, dem die Situation unangenehm ist.

»Was hast du denn?«

»Wirklich, nichts. Ich meine, ich dachte nur gerade daran, dass du ja eigentlich nicht die Staatsanwältin bist.«

»Und?«

»Und trotzdem argumentierst du wie eine.«

Alena lässt die Schultern sinken. Sie seufzt und streicht ihm sanft über den Bart. »Aber das kannst du doch nicht persönlich nehmen, daragoj.«

»Was heißt das?«

»Liebling. Und Dummerchen. Beides trifft hier zu. Natürlich meine ich es nicht böse, wenn ich dir solche Sachen sage. Ich versuche im Gegenteil, dich davor zu bewahren, dass du Fehler machst. Dass du in eine Falle tappst.«

»In was für eine Falle denn?«

»Die deiner eigenen Hoffnungen vielleicht. Ich will dich einfach nur unterstützen, Toni. Dir vor Augen führen, wie man die Lage eben *auch* sehen kann. Weg von der Kleinteiligkeit. Hin zu dem Gesamtbild, das alle anderen haben.«

»Und wozu soll das nützen?« Pirlo hört selbst, dass er unwirsch klingt. Das Pärchen vom Nachbartisch schaut irritiert herüber.

Alena hebt die Hände. Sie sieht getroffen aus. Vielleicht sogar erschrocken. »Ich wollte dich wirklich nicht angreifen, Toni. Ich meine es nur gut.«

Pirlo nimmt ihre Hand. »Das weiß ich doch.«

»Du weißt, ich will nur helfen. Dir und deinem Mandanten. Noch ist er schließlich nicht verurteilt. Er hat ja auch selbst noch nichts gesagt. Vielleicht liegt darin noch eine Chance. Ist es denn nicht so, dass ein Geständnis auch strafmildernd wirken kann?«

»Nicht bei einem Mord.«

»Aber für später kann es doch gut sein, oder? Für den Vollzug.«

Pirlo zuckt mit den Schultern. »Kann schon sein.« Er sammelt sich. »Meinst du wirklich, das wäre eine gute Idee?«

Sie nimmt einen Schluck Wein. »Das weiß ich nicht. Du bist hier der Starverteidiger. Jedenfalls noch.«

»Noch?«

»Solange deine Kollegin Mahler dich das sein lässt.«

Er verdreht die Augen. »Das ist nicht so.«

»Gut. Dann habe ich das auch nicht behaupten wollen. Ganz bestimmt will hier niemand deine heilige Sophie angreifen.« Sie sagt das nicht besonders nett. Es kommt auch nicht so bei ihm an.

»Ich finde, sie macht ihre Sache bisher gut.«

»Dann ist doch alles wunderbar.«

»Aber weißt du was, komm doch einfach morgen vorbei. Es steht die Vernehmung von Herrn Wagner an.«

»Von wem?«

»Dem armen Kerl, der zufällig während der polizeilichen Aufklärung aus dem Club auf den Parkplatz gelaufen ist und von dem man daher annimmt, dass er etwas über die Abläufe bei *Aphrodite* aussagen kann.«

»Sozusagen aus Kundenperspektive.«

»Sozusagen.«

Alena lacht. Dann küsst sie ihn. »Vertragen wir uns wieder?«

»Wir hatten nie Streit.«

»Gut.« Ihre Hand wandert unter dem Tisch zu seiner. Er drückt sie, was sich gut anfühlt. Dann geht der Weg ihrer Finger allerdings weiter. Sie bewegen sich entlang des Hosenbeins, dorthin, wo es das andere trifft. Pirlo grinst sie an. Alena lächelt zurück. Im Licht der flackernden Kerze sieht sie bezaubernd aus. Der vielversprechende Augenaufschlag befeuert Pirlos gute Laune ganz entschieden. Und seine Bereitschaft zum baldigen Aufbruch.

Als er ihr den Mantel reicht, nimmt er das Gespräch aber trotzdem noch einmal auf. Und sei es nur, um sich abzulenken. »Also kommst du morgen mal vorbei?«

Sie verzieht den Mund. Dann lacht sie. »Nur wenn du jetzt gleich mit hochkommst.«

»*Charaschó*«, sagt er. »So machen wir das.«

»Ja«, antwortet sie. »*Charaschó*.« Dann küsst sie ihn so, dass er alles andere vergisst. Endlich mal.

19.

ÜBERRASCHUNG

18.03. Der nächste Verhandlungstag

Franz Wagner ist arm dran. Auch sein Gesicht scheint das zu wissen. Die einfachen Fakten sind: Er ist achtundvierzig Jahre alt, Lehrer an der Gesamtschule Erkrath, verheiratet und hat zwei Kinder. Was deutlich schwieriger herauszufinden ist: Warum war er am 20. November knapp nach ein Uhr nachts auf dem Parkplatz des Club *Aphrodite*? Und vor allem: Was hat er dort gesehen? Wobei die zweite Frage wichtiger ist als die erste. Was eigentlich jedem klar ist. Außer Franz Wagner.

»Ich wollte da eigentlich gar nicht hin«, erklärt er jetzt schon zum dritten Mal. »Ich hatte mich nur einfach abends verfahren.«

»Das haben wir verstanden«, unterbricht Meurer ihn mit einer Stimme, die nicht mehr ganz so geduldig klingt wie noch ein paar Minuten zuvor. »Für die Kammer ist das damit auch in Ordnung. Die Frage, die uns beschäftigt, ist, was sie gesehen haben, als sie auf den Parkplatz kamen.«

»Aber ich kam da eigentlich gar nicht drauf.«

Meurer seufzt. »Wir haben die Kamerabilder hier schon in Augenschein genommen und Ihnen auch vorgehalten. Das Fahrzeug, das auf den Parkplatz einbiegt, haben Sie selbst als das Ihre identifiziert. Außerdem sitzen Sie am Steuer. Der Mann, der um kurz nach ein Uhr den Club verlässt, dürften auch Sie sein. Er hat jedenfalls genau Ihre Statur und steuert auch auf Ihr Auto zu. Das kann man, mit Verlaub, alles ziemlich unschwer erkennen.«

Wagner fährt sich nervös durch den Bart. Er hat eine Brille, spärliche Haare und kommt ansonsten erstaunlich ausgemergelt daher. Alles in allem sieht er genauso aus wie der Mann auf der Videoaufzeichnung. Einfach auch weil er dieser Mann *ist*.

»Ich kann mich daran nicht erinnern«, stammelt Wagner.

Das merken hier alle. Vorsichtig beugt er sich über die Richterbank und dem Zeugen entgegen. »Hören Sie, Herr Wagner, ich bin ebenfalls ein erwachsener Mann. Ich habe auch Kinder. Und wenn Sie mich jetzt in der Öffentlichkeit eines Gerichtssaals fragen würden, ob mir das angenehm wäre, dass ich mich abends auf dem Parkplatz einer gewissen Lokalität herumgetrieben habe, wo rechts und links sonst nichts zu finden ist, dann wäre das wahrscheinlich nicht so recht der Fall. Ich verstehe also Ihre Lage. Aber Sie müssen hier auch meine verstehen. Wir haben einen Mord aufzuklären, Herr Wagner. Dazu hat die Kammer Sie als Zeuge geladen, und als solcher haben Sie die Wahrheit zu sagen. Wer bei einer Frage etwas hinzudichtet, etwas weglässt oder verschweigt, der lügt, und wer lügt, wird bestraft. Haben Sie das verstanden?«

»Ja«, erwidert Wagner.

Sophie ist fast beeindruckt, wie er es hinbekommt, ein Wort mit einer Silbe zu stottern. Dann setzt sich aber doch wieder ihr Mitleid durch. Wagner ist wirklich eine arme Sau. Zumal hinten im Saal eine deutlich erzürnte Dame mittleren Alters sitzt, mit der er hergekommen ist. Mutmaßlich ist das Frau Wagner. Schwer zu sagen, ob er mit ihr auch wieder geht.

»Gut«, sagt Meurer. »Dann frage ich noch einmal: Was haben Sie gesehen, als Sie auf den Parkplatz kamen?«

Wagner senkt den Kopf. Er seufzt. »Ich habe gesehen, wie ein junger Mann über einem älteren Mann kniete.«

»Können Sie diesen jungen Mann hier in diesem Saal erkennen?«

»Ja.«

»Können Sie auf ihn zeigen?«

»Ja.« Wagners Hand zittert, als er damit ruckartig auf Faruk Maliki deutet.

Sophie nimmt es so hin. Bis hierhin läuft alles wie erwartet. Die entscheidenden Fragen kommen erst noch. Sie hat sie alle stundenlang vorbereitet. Die wichtigste stellt allerdings die Kammer selbst. Sophie streicht sie gedankenverloren von ihrer Liste. Ein Teil ihrer Arbeit ist damit völlig umsonst –, und niemand wird jemals wissen, dass sie sich diese Mühe überhaupt gemacht hat. Es ist das übliche Schicksal der Strafverteidiger. Manchmal ist das eben so.

Meurer fragt: »Haben Sie gesehen, dass er sich bewegte?«

»Wer?«

»Der junge Mann.«

»Nein.«

»Was, nein?«

»Nein, ich habe nicht gesehen, dass er sich bewegte. Er kniete dort nur. Ansonsten hatte er mir den Rücken zugedreht. Und unter ihm war …«

»Ja?«

»Unter ihm war eine große Lache aus dunkler Flüssigkeit. Im Licht der Parkplatzbeleuchtung sah sie rot aus. So wie Blut.«

»Was ist dann passiert?«

»Der junge Mann hat sich umgedreht und mich angesehen.«

»Wie hat er reagiert?«

Sophie beugt sich vor. Sie sieht, dass das auch Pirlo macht. Es dürfte für alle hier im Raum gelten.

»Er wirkte sehr … wie soll ich das sagen?«

»So, wie Sie es wahrgenommen haben«, brummt Meurer. Er

klingt jetzt ganz ruhig und freundlich. Ganz so, als wolle er jemanden zu einem Spaziergang motivieren. Und nicht etwa dazu, eine entscheidende Aussage in einem Mordverfahren zu tätigen.

»Na ja«, murmelt Wagner umständlich. »Wie hat er auf mich gewirkt? Ich würde sagen, überrascht.«

»Überrascht?«

»Ja. Doch. Überrascht.«

»Woran machen Sie das fest?«

»Puh.« Mehr als das Geräusch kommt erst mal nicht. Die Antwort hängt damit ziemlich in der Luft. Viel Durchatmen. Wenig Inhalt. So wie das eben ist, wenn Zeugen versuchen, einen Eindruck wiederzugeben, der in ihrem Kopf ganz schlüssig vorhanden ist. Aber eben leider nur da. »Er hatte die Augen aufgerissen.« Wagner tastet sich langsam heran. »Außerdem ist er richtig zusammengezuckt.«

»Aber könnte das nicht auch dafür sprechen, dass er sich ertappt gefühlt hat?«, fragt Meurer behutsam.

Sophie überlegt, ob sie die Frage beanstanden soll, ist aber nicht schnell genug. Als Wagner den Kopf schüttelt, ist sie ziemlich erleichtert. Alles richtig gemacht, ohne was dafür zu können.

»Nein, das war nicht so«, sagt er. »Der Junge wirkte richtig erschrocken. Fast schon entsetzt. So als könnte er gar nicht glauben, was da passiert ist.«

»Wirkte es denn so, als habe er etwas damit zu tun gehabt?«, fragt Meurer. Was genau genommen eine unzulässige Frage ist. Weder tatsachengestützt noch hinreichend konkretisiert. Trotzdem gibt es keine Beanstandung. Nicht von Sophie, weil sie davon ausgeht, dass Wagner bei seinem Kurs bleibt. Auch nicht von der Staatsanwaltschaft, die es sich möglicherweise nicht mit der Kammer verscherzen will. Oder einfach nur auch neugierig ist.

»Nein«, antwortet Wagner. »Nein, der junge Mann wirkte völlig überrascht und durcheinander wegen dem, was er dort vorgefunden hat. Genau wie ich.«

Womit es in die Pause geht.

Auf dem Gerichtsflur dreht Pirlo nachdenklich an einer Strähne. »Vielleicht war das der nächste kleine Schritt in die richtige Richtung.«

Sophie schüttelt langsam den Kopf. »Unwahrscheinlich. Wir haben immer noch nichts, was das Gesamtbild wirklich erschüttert. Oder etwa einen alternativen Geschehensablauf auch nur im Ansatz plausibel wirken lässt.«

»Ja«, murmelt er. »Ich weiß.« Dann hellt sich seine Miene aber trotzdem auf. »Alena! Was für eine Überraschung.«

Sophie dreht sich langsam um. Tatsächlich kommt Alena auf sie zu. Pirlo schließt sie in die Arme. Er strahlt und küsst sie. Für Sophie ist es das erste Mal seit langer Zeit, dass sie ihn lachen sieht. Was alles nur noch umso schmerzhafter macht. Das, was ist. Und das, was kommt.

20.

APOCALYPSE. NOW

18.03. Nach der Pause

Pirlo streckt den Rücken durch und richtet die zerzausten Haare. Die Kammer hatte nur Wagner als Zeugen geladen. Weiter geht es dann in der Folgewoche mit den Rettungssanitätern und den Mitgliedern der Familie Maliki. Geschlossen wird die Verhandlung trotzdem noch nicht. Auf dem Programm stehen einige zu verlesende Urkunden. Der Obduktionsbericht. Die Bundeszentralregisterauszüge von Waßmer und Maliki. Ein Gutachten zum möglichen Kaufhintergrund des Tatmessers. Nichts, was nicht alle Beteiligten schon mehrfach in der Akte gelesen hätten. Pirlo kann sich darauf beschränken, einfach nur anwesend zu sein und gut auszusehen. Wie praktisch, dass gerade jetzt auch Alena da ist. Es hätte nicht besser laufen können.

»Gut«, sagt Meurer nach einer knappen halben Stunde des mehr oder minder monotonen Verlesens. »Damit sind wir für heute durch. Wenn sonst nichts ist, schließe ich die Sitzung.«

Pirlo fährt sich durch die Haare. Zeit, sich bei Alena ein bisschen Bewunderung abzuholen. Zumindest denkt er das, bis er Sophies Stimme hört. Sie klingt ungewohnt zittrig. Und zwar nicht nur in Anbetracht dessen, wie viel und wie weit sich Sophie in den letzten Monaten entwickelt hat. Sondern überhaupt.

»Die Verteidigung hat noch ein Anliegen.«

»Ja?«

Sophie hustet. Sie atmet tief durch, richtet sich auf und spricht mit klarer Stimme. »Ich beantrage die Vernehmung von Frau Alena Schmarowa als präsente Zeugin.«

Pirlos Ohren rauschen. Klar, es ist nicht das erste Mal in den letzten Tagen, dass die Welt aus den Fugen gerät. Das hier ist aber wirklich absurd. Was, zur Hölle, ist eigentlich los?

Durch einen unbestimmten Nebel hört er Meurer fragen: »Wer soll das sein?«

Pirlo sieht, wie sich Sophie in Richtung des Zuschauerraums dreht. Wie sich ihr Arm hebt und sie auf eine bildschöne Frau zeigt. Auf Alena. »Ich spreche über diese Frau.«

Der Vorsitzende Richter beugt sich nach rechts zu seiner berichterstattenden Richterin. Sie besprechen sich kurz.

»Wenn Sie darauf bestehen, Frau Rechtsanwältin Mahler, dann hat die Kammer keine Bedenken.«

Pirlo sieht Sophies energisches Nicken. Sie hat sich mittlerweile gefangen. Er kennt sie. Wobei: Kennt er sie wirklich? Ist es wirklich sie, die da gerade sagt: »Ich bestehe darauf.«

Pirlo hat keine Zeit, darüber nachzudenken. Meurer hat sich schon längst an Alena gewandt. »Würden Sie dann bitte nach vorn kommen?«

Alena steht unsicher auf. »Muss ich?«

»Aber natürlich nicht!«, ruft jemand. Pirlo begreift, dass er es selbst ist. Es reicht hier jetzt aber auch mal langsam. Einer muss diesen Spuk beenden.

»Frau Rechtsanwältin Mahler, Herr Rechtsanwalt Dr. Pirlo, ich halte es für eine sehr sinnvolle Idee, wenn Sie sich einig darüber werden, was die Verteidigung eigentlich will und was nicht«, herrscht der Vorsitzende Richter sie an.

Sophie ist mit ihrer Antwort schneller. »Herr Vorsitzender, ich bestehe darauf, Frau Schmarowa *jetzt* und *hier* als präsente Zeugin zu vernehmen. Ich übernehme auch die volle Verantwortung dafür.«

»Na gut« – Meurer seufzt –, »aber ich schlage wirklich vor, dass Sie besser wissen, was Sie da tun.«

»Das weiß ich, Herr Vorsitzender«, sagt Sophie.

Meurer kratzt sich an der Schläfe. »Gut, Frau Schmarowa, wenn Sie denn so heißen, würden Sie bitte vortreten und hier auf dem Zeugenstuhl Platz nehmen?«

Alena kommt tatsächlich näher. Dann zögert sie doch noch einmal: »Wie ich gerade schon gefragt habe: Muss ich?«

Meurer seufzt noch etwas lauter. »Genau genommen hat Sie weder der Angeklagte als Zeugin geladen, noch hat die Verteidigung einen förmlichen Beweisantrag gestellt. Wenn Sie mich also fragen, ob Sie nach dem, was in der Strafprozessordnung steht, wirklich aussagen *müssen*, ist die Antwort eher ein Nein.« Alena bleibt stehen. »Andererseits«, fährt Meurer fort, »andererseits ist es auch das Recht der Verteidigung, sich und dem Angeklagten Gehör zu verschaffen und die Beweisaufnahme auf die Beweismittel zu erstrecken, die dafür als erforderlich erachtet werden.« Er setzt eine besänftigende Miene auf. »Schauen Sie, Frau Schmarowa, ich habe keine Vorstellung, warum die Verteidigung Sie hier sehen oder hören will. Die Kammer hat jedenfalls keine Fragen an Sie. Wir wissen ja noch nicht einmal, wer Sie sind. Ich denke, dasselbe gilt auch für die Staatsanwaltschaft.« Sein Blick geht zu Grobulla und Jungk. Beide schütteln den Kopf.

»Das dachte ich mir schon. Wenn also Frau Rechtsanwältin Mahler« – diesmal dreht er sich zu Sophie, wobei sich seine Augenbrauen deutlich zusammenschieben – »der Ansicht ist, dass sie, wie sie sagt, unbedingt ein paar Fragen unterbringen muss, dann bitte ich Sie einfach höflich und im Namen aller hier Beteiligten, sich für ein paar Minuten freundlicherweise dafür zur Verfügung zu stellen, allein schon weil Sie uns damit die Mühe ersparen, Sie für einen anderen Tag förmlich zu laden.«

»Also muss ich nicht aussagen?«

Meurer atmetet schwer aus. »Heute müssen Sie es nicht. Aber Sie sollen. An einem anderen Tag sollen Sie nicht nur, Sie müssen dann auch.«

Was dazu führt, dass Alena kurz darauf tatsächlich auf dem Zeugenstuhl sitzt. Pirlo kann es nicht fassen. Sogar die Belehrung läuft bereits. »Frau Schmarowa, das Schwurgericht vernimmt Sie hiermit als Zeugin. Das heißt, Sie müssen die Wahrheit sagen und dürfen nichts dazudichten oder weglassen. Wer nicht die Wahrheit sagt, der lügt, und wer lügt, wird bestraft. Sie dürfen allerdings auf eine Frage die Antwort verweigern, wenn Sie dadurch sich oder einen Angehörigen in die Gefahr einer Verfolgung durch die Behörden bringen könnten. Haben Sie das verstanden?«

Alena nickt.

Meurer sieht sie freundlich an. »Gut. Frau Schmarowa, dann nennen Sie uns bitte Ihren vollständigen Namen.«

Alena antwortet mit fester Stimme. »Alena Katharina Anna Schmarowa.«

»Wie alt sind Sie?«

»Einunddreißig.«

»Und wo geboren?«

»In Russland.«

»Wo genau?«

»In Omsk.«

Meurer sieht auf. »In Omsk?«

»Ja.«

»Das in Sibirien?«

»Es gibt, soweit ich weiß, nur eines. Es ist ziemlich groß. Dort leben über eine Million Menschen.«

»In Omsk?«

»Ja, in Omsk.«

»Nun gut«, murmelt Meurer. »Was machen Sie beruflich, Frau Schmarowa?«

»Ich arbeite für eine Unternehmensberatung, die *Rassvet* heißt.«

»Das sagt mir nichts«, erwidert Meurer. Er klingt dabei allerdings freundlich.

»Es ist ein Unternehmen, das vorwiegend im Bereich Infrastrukturfinanzierung tätig ist. Der Sitz ist in Moskau, es gibt aber auch Niederlassungen in Liverpool, Barcelona und hier, in Düsseldorf.«

»Und was hat Sie ganz konkret nach Düsseldorf gebracht?«

Alena schürzt kurz die Lippen. »Wir verfolgen in Deutschland verschiedene Beratungsprojekte. Ich bin dabei in der Koordination tätig. Außerdem« – sie stockt, wenn auch nur kurz – »außerdem bin ich die Lebensgefährtin von Herrn Dr. Pirlo.«

Was für einen mittelschweren Tumult sorgt. Der Zuschauerraum raunt, die Schöffen, Maliki, alle flüstern durcheinander, so dass es tatsächlich zu einer der seltenen, eigentlich fast nie auftretenden Gelegenheiten kommt, in der ein Vorsitzender Richter seinen Holzhammer bemüht.

»Ruhe!«, ruft Meurer. »Ruhe jetzt! Reißen Sie sich gefälligst alle zusammen.«

»Ich glaube, eine Pause würde allen guttun«, ruft Pirlo.

»Nichts da«, kommt es von Meurer zurück. »Wir lassen das hier jetzt weiterlaufen.« Und dann, direkt an Sophie gewandt: »Frau Mahler, ich habe bisher einen sehr guten Eindruck von Ihnen und Ihrer Arbeit. Ich warne Sie. Wenn Sie meinen Gerichtssaal für irgendwelchen Klamauk oder für Eifersüchteleien missbrauchen, lernen Sie mich ganz anders kennen. Von der Rechtsanwaltskammer ganz zu schweigen!« Sophie nickt einfach nur. Meurer funkelt sie misstrauisch an. »Na dann: Ihre Zeugin.«

Pirlo dreht so fest an seinen Haaren, dass er fast fürchtet, er könne sie ausreißen. Trotzdem hat ihn die Situation völlig in Beschlag genommen. Es ist wie bei einem Totalschaden auf der Autobahn. Er kann einfach nicht wegsehen. Nur dass es sich anfühlt, als würde er gleichzeitig in einem der zerstörten Fahrzeuge sitzen.

Sophie sieht Alena an. Die schaut zurück. Kein Mann würde jemals diesen Blicken standhalten können. Jedenfalls nicht Pirlo. Er senkt die Augen und versucht, einfach zu ertragen, was kommt. Was auch immer das sein soll.

»Frau Schmarowa«, fängt Sophie gedehnt an. »Worauf genau ist *Rassvet* spezialisiert?«

»Auf den Bereich Infrastrukturfinanzierung«, antwortet Alena. Sie sieht zu Meurer. Die Mundwinkel kräuseln sich nach oben. »Das habe ich doch aber dem Gericht schon beantwortet.«

Sophie lächelt ebenfalls. Wenn auch weniger freundlich. »Das kann sein. Ich habe dazu aber trotzdem ein paar Fragen. Zum Beispiel die, was das eigentlich bedeutet?«

»Wie meinen Sie das?«

»Ihr Tätigkeitsbereich der Infrastrukturfinanzierung. Was können wir uns darunter vorstellen?«

Alena seufzt. Sie wirkt gelangweilt, wenn auch nicht nur. Pirlo bemerkt es. Alena ist gereizt. Er kann das mehr als gut verstehen. Schon weil es ihm nicht anders geht. »Soll ich jetzt unser Unternehmensportfolio runterbeten?«

Sophie bleibt zuckersüß. »Das wäre sehr nett. Alles, was uns weitere Verzögerungen erspart, ist willkommen.«

»Wobei die Verzögerungen aktuell eher aus Ihrer Ecke kommen«, murmelt Jungk genauso halblaut, dass es jeder verstehen kann.

»Na gut«, antwortet Alena. »Was wir unter Infrastrukturfinanzierung verstehen, ist, dass *Rassvet* nach Flächen und Geländen

Ausschau hält, die andere noch nicht für sich entdeckt haben. Wir kaufen in großem Umfang Objekte an, die wir aufbereiten und danach gegen Gewinn weiterveräußern.«

»Also sind Sie so etwas wie eine Gelände-Investoren-Heuschrecke?«, fragt Sophie.

»Sind wir hier bei einer Gerichtsbefragung oder bei einer politischen Anhörung?«, kommt es von Jungk, der offensichtlich Gefallen an der Einmischung gefunden hat. Oder daran, dem zarten Engel im Zeugenstand zur Seite zu stehen. Tatsächlich wurmt es Pirlo ziemlich, dass Alena dem Staatsanwalt ein Lächeln zuwirft, das er selbst auch ganz gut kennt. Allerdings nur bei und für sich. Alena zieht aus der Intervention jedenfalls ihre Schlüsse. Sie gibt einfach keine Antwort.

Sophie verzieht kurz die Lippen. Dann setzt sie ihre Befragung fort. »Frau Schmarowa, haben Sie denn mit *Rassvet* aktuell auch Projekte in Nordrhein-Westfalen am Laufen?«

»Ja, das haben wir.«

»Sind auch solche aus Düsseldorf dabei?«

»Bestimmt.«

»Bestimmt oder wahrscheinlich oder sicher?«

Alena streicht eine Locke aus der Stirn. »Ich bin im Accounting tätig. Ob ich alle Investments kenne, kann ich nicht sagen.«

»Aber befasst sich das Accounting nicht gerade mit Fragen der konkreten Finanzierung und Planung?«

»Das kann sein. Ich kenne trotzdem nicht alle Projekte. Was ich weiß, ist, dass es welche in Essen gibt. In Köln. In Wesel.«

»Und in Düsseldorf?«

»Ja, auch in Düsseldorf. In diesem Zusammenhang lassen wir uns übrigens von einer sehr großen Kanzlei beraten, die uns hervorragend hilft. Sie heißt *Müller & Mahler*. Der Name dürfte manchen nicht ganz unbekannt sein.«

Sophie ist offensichtlich entschlossen, darüber hinwegzugehen. Sie setzt weiter nach: »Gehört dazu denn auch das Projekt *Große Freiheit*?«

Alena zögert. Was keinem entgeht. Erst recht nicht, als sich dieses Zögern in die Länge zieht. Langsam bringt sich daher auch Meurer ein. »Frau Schmarowa, haben Sie die Frage der Verteidigerin verstanden?«

»Ja.«

»Und?«

»Das war meine Antwort. Ja. Soweit ich weiß, gehört zu den Projekten in Düsseldorf auch ein Vorhaben, das *Große Freiheit* heißt.«

Sophie nickt. Dann wechselt sie plötzlich das Tempo. Das geschieht so schnell, dass Pirlo kaum hinterherkommt. »Frau Schmarowa, sagt Ihnen die *Mnogo Svobody* GmbH etwas?«

»Was?«

»Die *Mnogo Svobody* GmbH, Frau Schmarowa. Ich frage mich, ob Ihnen diese Gesellschaft etwas sagt.«

Alenas Blick geht zu Meurer. »Muss ich diese Frage beantworten?«

Der Vorsitzende Richter wackelt nachdenklich mit dem Kopf. »Ich sehe nicht, dass Ihnen diese Antwort in irgendeiner Weise schaden könnte. Also ja, beantworten Sie diese Frage bitte.«

Alena schaut auf ihre Hände. Es ist nur ein kurzer Blick. Eine Momentaufnahme. Dennoch schwant Pirlo nichts Gutes. Dann sagt sie: »Ich kann mich nicht erinnern.«

»Das überrascht mich«, erwidert Sophie. Die aufsteht. Zur Kammer geht. Und einen Stick übergibt. »Würden Sie bitte das erste auf dem Speicherträger enthaltene Dokument auf die Leinwand werfen?«

Es dauert einen Augenblick. Dann erscheint ein Handelsregisterauszug. Die *Mnogo Svobody* GmbH. Gegründet am 08.09.2021 in Düsseldorf. Vor zwei Monaten. Geschäftsgegenstand: Das Halten, Verwalten, Einkaufen und Verkaufen von Grundstücken. Geschäftsführer: Thomas Müller.

»Kennen Sie diesen Herrn Müller?«, fragt Sophie.

»Nein«, antwortet Alena. »Ich weiß nicht, wer das ist. Was das hier soll, weiß ich übrigens auch nicht!«

»Warten Sie«, sagt Sophie. »Es dauert nicht mehr lange. Darf ich die Kammer bitten, auf dem Stick jetzt auch die zweite Datei zu öffnen?«

Diesmal reagiert die Berichterstatterin sofort. Auf der Leinwand erscheint ein Vertrag. Die Überschrift: Geschäftsbesorgung für die *Mnogo Svobody* GmbH – Berichterstattung, Abwicklung, Vergütung. Die Parteien: Thomas Müller. Und Alena Schmarowa.

Scheiße, denkt Pirlo. Er merkt, dass seine Wut irgendwo hinmuss. Egal wohin. Sonst platzt er. Und fällt gleichzeitig in sich zusammen.

»Frau Schmarowa, haben Sie diesen Geschäftsbesorgungsvertrag schon einmal gesehen?«, fragt Meurer. Er ist der Vorsitzende Richter. Er darf das.

Alena beißt auf ihrer Lippe herum. »Ja.«

»Leiten Sie statt Herrn Müller faktisch die Geschäfte der *Mnogo Svobody* GmbH?«

Sie zögert. »Unter anderem. Ja.«

»Was meinen Sie damit?«

»Man hilft mir dabei.«

»Wer?«

»Andere Menschen.«

Meurer scheint nachhaken zu wollen. Selbst Pirlo will das. Trotzdem sind andere Fragen wichtiger. »Diese Gesellschaft hält Interessen an dem Gelände der *Großen Freiheit*?«

»Das kann sein.«

»Bitte rufen Sie das dritte Dokument auf«, sagt Sophie.

Auf der Leinwand erscheint ein notarieller Kaufvertrag. Die

Parteien sind die Stadt Düsseldorf und die *Mnogo Svobody* GmbH, vertreten durch Herrn Thomas Müller, dieser vertreten in Untervollmacht durch Alena Schmarowa.

Pirlo starrt Sophie an. Was tut sie da? Woher weiß sie das? Und worauf will sie hinaus? Sie bemerkt seinen Blick. Für einen Moment treffen sich einfach nur ihre Augen. Pirlo spürt es, bevor er es versteht. Es ist der letzte schwerelose, luftleere Moment vor der Apokalypse. Sonst ist nichts da. Nur das. Ihre Augen. Seine sind dunkel. Ratlos. Ihre sind hell. Überraschenderweise wirken sie auf Pirlo nicht entschlossen. Es liegt etwas anderes darin. Pirlo braucht einen Moment, bis er es zuordnen kann. Dann trifft es ihn umso härter. Sophie bittet ihn um Vergebung. Und sie hat Angst, sie nicht zu bekommen. Dann dreht sie sich zu Alena um.

»Frau Schmarowa, standen die Interessen der von Herrn Waßmer und der Familie Maliki geleiteten Gruppierungen in Widerspruch zu den Interessen der *Mnogo Svobody* GmbH?«

Alenas Unterlippe zittert. Dann sagt sie: »Ich will einen Anwalt.«

Sophie legt allerdings sofort nach. Drängender. Lauter. »Frau Schmarowa, hat man Ihnen seitens der Stadt klargemacht, dass sich niemand um dieses Problem kümmern werde?«

»Ich will einen Anwalt!«

»Hat man Ihnen zu verstehen gegeben, dass die Banden fortan Ihr Problem sind?«

»Ich will einen Anwalt!«

»Haben Sie das deshalb selbst in die Hand genommen?«

»Ich will einen Anwalt!«

»Haben Sie daher dafür gesorgt, dass Rainer Waßmer getötet wurde und dass es so aussah, als sei Faruk Maliki der Täter? Haben Sie deshalb genau das« – Sophies Hand beschreibt einen weiten Kreis – »das alles hier, uns alle hier, genau so gewollt?«

»Ich. Will. Einen. Anwalt!« Alenas letzte Worte sind nicht

mehr nur laut. Nicht mehr nur wütend. Sie sind ein einziger schriller Schrei. Dann steht sie auf und eilt zur Tür. Pirlo sieht, wie die dort postierten Justizwachtmeister zur Kammer schauen. Meurer schüttelt kurz den Kopf. Die Wachtmeister lassen Alena durch.

Nur Pirlo rennt hinterher.

21.

DIE MÖGLICHKEIT EINER OBSTKISTE

Drei Tage später

Der nächste Sitzungstermin findet eine Woche später statt. Er ist denkbar kurz. Die Kammer ruft die Sache auf und hat ein paar formelle Anliegen gegenüber den Rettungssanitätern. Mehr tut sich nicht. Keiner hat mehr Fragen. Keiner hat mehr Bock. Dazu liegen allen die Neuigkeiten viel zu sehr im Magen. Vor allem Pirlo.

Er weiß, dass er beobachtet wird. Klar, das ist auch sonst so. Jetzt ist die Aufmerksamkeit aber geradezu absurd. In den Zuschauerraum passen vor lauter Medienvertretern kaum mehr normale Menschen. Die POST hat ihn auf dem Titel. Zusammen mit Maliki. Und Sophie. Ein privater Fernsehsender hat ihm achtzigtausend Euro für ein exklusives Interview geboten. Zumindest heute. Gestern kreiste die Schlagzeile noch um etwas ganz anderes. Um Alena. Und darum, dass sie verschwunden ist.

Pirlo hatte es schon zwei Tage vorher verstanden. Nicht ganz, natürlich. Aber immerhin so, wie es zu verstehen war. Wie er es verstehen konnte. Wenn überhaupt.

Vor dem Sitzungssaal hatte er Alena nicht mehr eingeholt. Er hatte das gesamte Gericht abgesucht, alle Stockwerke, die Toiletten, die Cafeteria, die offenen Sitzungssäle genauso wie die Büros. Alena war nirgendwo zu finden gewesen. Natürlich nicht. Währenddessen hatte er sie angerufen. Das erste Mal hatte es noch geklingelt, auch wenn sie nicht abnahm. Danach passierte nicht einmal mehr das. Die Nummer war nicht erreichbar und wurde es auch nicht mehr. Die Postadresse der *Rassvet* war ein Briefkasten im Düsseldorfer Hafen. Der Mieter war ein Herr Thomas Müller. Wer das war, wusste kein Mensch. Wo Alena gewohnt hatte, wusste Pirlo nicht. Sie waren immer nur in seiner Wohnung gewesen. Es hätte aber wahrscheinlich ohnehin keine Rolle gespielt. Dazu war Alenas Verschwinden zu vollkommen. Zu unerbittlich. Zu klar. Ihre Konten bei den Sozialen Medien lösten sich ebenso in Luft auf wie ihr WhatsApp-Profil. Das Foto dort wich einem weißen Kegel vor grauem Hintergrund. Zuvor hatte es noch eine lachende Alena gezeigt. Hinter ihr stand Pirlo und hatte sie im Arm. Jetzt war das Bild weg. Genauso wie alles andere, was mit Alena zu tun hatte. Trotzdem rief Pirlo an. Fuhr durch die Gegend. Rannte, schwitzte, fluchte. Was zwar alles nichts brachte, sich aber wenigstens so anfühlte, als würde er noch *irgendetwas* tun können. Und sei es nur das.

Jedenfalls gegenüber Sophie hatte er allerdings irgendwann einfach aufgegeben und sie reingelassen. Er wusste nicht mehr, wie viele Male sie vor seiner Wohnungstür aufgetaucht war. Wie oft sie geklingelt hatte. Vielleicht tatsächlich gar nicht so oft. Vielleicht ständig. Sie hatten auf dem Sofa gesessen, er rechts, sie links. So wie bei ihrem Bewerbungsgespräch vor ein paar Monaten. So wie bei den vielen Vorbereitungsrunden für das Von-Späth-Verfahren. So wie bei dem ersten Kontakt mit Maliki. So wie vielleicht nie wieder. Wer konnte das schon wissen?

Eine Weile hatte keiner etwas gesagt. Pirlo hatte seine Hände an der Kaffeetasse gewärmt, die viel zu heiß war. Er hatte nichts davon mitbekommen. Er hatte *überhaupt* sehr wenig von irgendetwas mitbekommen.

Zumindest bis Sophie leise sagte: »Es tut mir leid.«

»Klar« murmelte er. »Klar.«

Wieder sagte keiner etwas. Dann fragte sie: »Hast du noch einmal mit ihr gesprochen?«

Er sah sie müde an. »Nein. Überrascht dich das?«

»Nein.«

Er hatte genickt. Von dem Kaffee getrunken. Versucht, nichts zu denken. Irgendwann hatte er dann aufgegeben. Auch hier. Schon wieder. »Wann hast du es gewusst?«

»Ich habe nichts gewusst.«

»Wann hast du es geahnt?«

»Ich habe sie bei *Müller & Mahler* gesehen. Sie wusste nicht, dass ich dort war. Du wusstest es ja auch nicht.«

»Was hat sie da gemacht?«

»Ich weiß es nicht genau. Geschäfte. Ich kann nicht richtig greifen, was Alena bei diesem Unternehmen zu melden hatte. Womöglich werden wir es auch nie wissen.«

»Hast du deinen Vater dazu gefragt?«

Sophies Mundwinkel hatten sich verhärtet. »Nein. Mag sein, dass der richtige Zeitpunkt dafür kommt. Aber bislang jedenfalls noch nicht.«

Pirlo hatte müde genickt. Was auch immer. »Und wann wusstest du, dass es mit mir zu tun hat?«

»Das wusste ich nicht. Wirklich nicht. Vielleicht ist es auch nicht so.«

Pirlo hatte sie lange angesehen. In seinen Augen lag nichts als Leere und Erschöpfung. Er merkte es selbst, konnte aber nichts dagegen tun. Nicht mehr. »Ich bitte dich.«

Sie rutschte unbehaglich auf dem Sofa herum. »Als ich anfing, darüber nachzudenken, schien auf einmal alles so greifbar. Wie plötzlich sie aufgetaucht war. Wie viel, na ja, wie viel Raum sie eingenommen hat. Wie weit sie dich von dem Verfahren wegholen konnte.«

»Das ist dir aufgefallen?«

»Erst nicht. Dann ja.«

Pirlo trank den Kaffee aus. Er stellte sachte die Tasse auf einer Obstkiste ab, die als Tisch diente. Ganz sachte sogar. Das gesamte Möbel um sich herum hatte er schon auf den Boden geworfen, zertreten und zerteilt. Nur die Kiste war geblieben. Und die Tasse.

»Was meinst du, warum war sie da?«

»Im Gericht?«

»Ja. Sie musste doch immerzu befürchten, dass sie auffliegt. Gerade dort, in einer solchen Verhandlung.«

»Vielleicht hat sie einfach das deutsche Prozessrecht unterschätzt«, antwortete Sophie. Die Antwort kam so direkt, so trocken, dass Pirlo fast lachen musste. Sophie bemerkte es und traute sich ebenfalls zu lächeln. Dann wurde sie ernst. »Vielleicht ist sie auch einfach für dich gekommen, Toni. Vielleicht ja wirklich einfach nur für dich.«

Den Rest des Abends hatten sie geschwiegen. Sophie hatte irgendwann ihren Laptop herausgeholt und weitergearbeitet. Pirlo hatte noch einen Kaffee gekocht und sich danebengesetzt. Ohne etwas zu denken. Ohne etwas zu wollen. Immerhin aber auch, ohne die Obstkiste zu zertreten. Dann, kurz nach zehn, hatte bei beiden das Telefon geklingelt, die Rufumleitung der Kanzlei. Pirlo hatte einfach nur erschöpft aufgesehen. Sophie war drangegangen. Als sie begriff, wer sprach, hatte sie den Sprechton auf »laut« gestellt. Es war Meurer.

»Frau Rechtsanwältin Mahler?«

»Ja. Bei mir ist der Kollege Dr. Pirlo.«

Meurer hatte schwer geatmet. Einen Moment hatte er noch gewartet. Immerhin hatte das Pirlo genug Zeit gegeben, sein Gesicht in den Händen zu vergraben und die Finger unter seinen Haaren. Dann hatte Meurer weitergesprochen. »Frau Mahler, Herr

Dr. Pirlo, ich muss Ihnen mitteilen, dass die für morgen geplante Zeugenvernehmung von Frau Alena Schmarowa nicht wie vorgesehen stattfinden kann.« Sag es nicht, dachte Pirlo. Sag es nicht, sag es nicht, sag es nicht. »Gerade hat mich Herr Grobulla von der Staatsanwaltschaft angerufen. Eine persönliche Zustellung der Terminladung war nicht möglich. Die Staatsanwaltschaft hat Frau Schmarowa daraufhin zur Fahndung ausgeschrieben. Die Polizei hatte allerdings keinen Erfolg. Frau Schmarowa ist wie vom Erdboden verschluckt.«

Womit es unverrückbar feststand. Alena war fort. Ganz offiziell. Und ohne jede Hoffnung. Zumindest jetzt, heute, hier. Den Rest hörte Pirlo nicht mehr. Er hörte gar nichts. Sah gar nichts. Alles, was er erkennen konnte, war eine zerstörte Obstkiste. Und danach nichts mehr.

22.

UNFALLFREI

Drei Tage danach

»Wollen Sie eine Shisha?«, fragt der dickliche Junge hinter der Bar. Pirlo schüttelt den Kopf. Er raucht nicht. Keine Zigaretten. Keine Shisha. Langsam steuert er hinter Sophie her, vorbei an der ausladenden Bar, den Sitznischen, durch eine Tür in das Hinterzimmer. Dorthin, wo Faruk Maliki Empfang hält. Als Pirlo den Raum betritt, kehrt trotzdem Ruhe ein.

»Hallo, Herr Dr. Pirlo«, sagt Maliki.

»Hallo, Faruk. Schön, dich in Freiheit zu sehen«, murmelt Pirlo.

Maliki nickt. »Ja. Danke.« Was soll er sonst auch sagen?

Dann klärt Sophie ihn noch einmal darüber auf, dass das Verfahren noch nicht vorbei ist. Dass das Schwurgericht nur den Haftbefehl aufgehoben, nicht aber den Prozess beendet hat. Dass er deshalb keinen Scheiß bauen darf, insbesondere nicht fliehen, Zeugen beeinflussen oder tatsächlich jemanden umbringen. Und sei es nur aus Versehen.

»Klar, verstanden, Frau Anwältin.« Maliki nickt.

Sophie lässt es damit gut sein. Pirlo ist sowieso alles egal.

Der nächste Besuch steht bei Fathi an. Er ist wieder fit und auf den Beinen. Zusammen mit Rinor und Alim empfängt er Sophie und Pirlo im *Rocca*. Ausgerechnet. Das Gespräch ist kurz und sachlich. Auch hier kennt jeder alles. Die ganze Geschichte. Den ganzen

Scheiß. Nur dass das alles nicht ihr Thema ist. Pirlos Schmerz ist nicht ihr Problem. Sondern ihre Lösung. Auch die Sache mit der Rechnung ist daher einfach geklärt. Sie wird zeitnah beglichen. Fertig. Den Rest des Prozesses erledigen Pirlo und Sophie damit auf Sparflamme. Es wird dafür auch nicht mehr so viel nötig sein.

Selbst Arland sieht das so. Er, der eigentlich gern als der große Skeptiker auftritt. »Ihr hattet ihn ja bei der Mantelgeschichte schon auf einem guten Weg. Wenn ihr ihn jetzt selbst erklären lasst, wie er Waßmer gefunden hat, sollte das reichen. Außer natürlich, er versaut es noch.«

Sophie schüttelt den Kopf. »Er wird es nicht versauen. Mittlerweile ist Maliki clean, vernünftig und auch sonst klar in der Rübe. Er kann sich einlassen. Falls es überhaupt noch einen letzten Schritt braucht, kann er den auch allein gehen.«

Arland lächelt. In seinen Augen liegt Stolz. »Sieht so aus, als hättet ihr alles richtig gemacht.«

»Ja«, brummt Pirlo, »leider.«

Und das ist dann auch schon fast alles. Die Staatsanwaltschaft verfolgt die Bewegungsprofile von Alenas Telefon. Sie wertet die Gesprächsdaten aus. Sie stellt fest, dass ihr Instagram-Account am 20. November online war. Dass damit die Seiten von Maliki und Waßmer aufgerufen wurden. Dass es danach intensiven Kontakt mit zwei Rufnummern gab, die zu vertragslosen Prepaidtelefonen gehörten. Die Nummern sind den Ermittlern nach einem Hinweis von Malikis Verteidigung zwischenzeitlich vertraut. Bei Maliki war eine Nummer als »Nicky« gespeichert, bei Waßmer die andere als »Immensee«. Die Staatsanwaltschaft fällt daraufhin noch einmal mit allem, was sie hat, im Club *Aphrodite* ein und lässt dort keinen Stein auf dem anderen. Von der Frau, die Nicky gewesen sein könnte, ist trotzdem nichts zu finden. Auch von

Dasha Karpina aus Omsk gibt es keine Spur. Nachfragen bei der Ausländerbehörde, beim Zoll und bei der Russischen Botschaft verlaufen im Sand. Keiner ist überrascht. Dasselbe gilt, als die *Rassvet* GmbH kurz darauf im Handelsregister gelöscht wird. Auch die *Mnogo Svobody* GmbH verschwindet. Das Gelände der *Großen Freiheit* fällt wieder zurück an die Stadt, einfach so, als sei nichts gewesen. Es lohnen sich eben nicht alle Investments. Pech gehabt. Das kommt vor. Gut, dass es so viele andere Möglichkeiten gibt.

23

BEIDE. BEIDES

25.03. Am Rhein

Pirlo ploppt ein kaltes Füchschen-Alt auf. Er reicht es Sophie. Für sich selbst gibt es eine Cola. Nach den letzten Tagen ist das nicht die verkehrteste Idee. Die Sonne geht unter. Es könnte ein richtig guter Abend sein. Vielleicht ist es das sogar. Zumindest so halb.

»Wissen wir eigentlich, wie es Ahmid Khatib geht?«, fragt Sophie.

»Ich habe gehört, sein Zustand sei stabil«, antwortet Pirlo knapp.

Was ein guter Moment für Sophie wäre, um danach zu fragen, wie Pirlo eigentlich zu ihm steht. Sie lässt ihn vorüberziehen wie ein Schiff auf dem Rhein. Wer auch immer ihr den Umschlag mit dem Foto von Pirlos Einbruch bei Danzinger geschickt hat, hat sich nicht mehr gemeldet. Zumindest bisher.

»Und wie geht es dir?«

Pirlo sieht sie überrascht an. »Gut. Denke ich.«

»Im Ernst?«

Er lacht bitter auf. »Nein. Nicht wirklich. Aber was soll ich sonst sagen?«

»Ja«, sagt Sophie. Vielleicht hat er ja recht. Was soll er sonst sagen? »Wie geht es denn jetzt weiter?«, fragt sie.

»Was meinst du?«

»Mit uns.«

»Uns?«

»In der Kanzlei und so.«

Pirlo legt die Stirn in Falten. »Vielleicht sollten wir eine Auszeit einlegen. Mal anfangen zu überlegen, was wir da eigentlich machen. Vielleicht aber auch nicht. Ich meine, das ist ja das Schöne an der Kanzlei: Man weiß nie genau, was als Nächstes passiert.«

Womit er genau das Maß an Ungewissheit trifft, auf das sie sich hervorragend einigen können. Sie trinken aus. Sehen auf den Fluss. Schweigen. Jedenfalls bis ein Brummen die Stille unterbricht. Pirlo und Sophie sehen beide auf ihre Telefone. Es ist ein von der Kanzleinummer umgeleiteter Anruf. Eine unbekannte Nummer.

»Einer sollte drangehen«, sagt Sophie.

»Mach du«, antwortet Pirlo.

»Und wenn es ein neuer Fall ist?«

Er grinst. Wenn auch nur kurz. »Dann erst recht.«

GRUNDZÜGE DES STRAFPROZESSRECHTS

Die PIRLO-Reihe ist nicht klassisch »true crime«. Die darin vorkommenden Personen und Fälle sind erfunden. Trotzdem haben die Geschichten viel Authentizität. Das, was sich in den beschriebenen Ermittlungen und Prozessen abspielt, fände so auch im wahren Leben statt.

Das gibt Anlass für einen kurzen Überblick zu den Grundbegriffen des deutschen Strafverfahrens, so wie ihn auch meine Mitarbeitenden und Studierenden von mir kennen. Die Darstellung folgt dabei keiner besonderen Systematik, sondern dem Verlauf der Romanhandlung. Bei Fragen dazu erreichen Sie mich aber gern unter bott@kanzlei-plan-a.de.

Viel Spaß damit
Prof. h.c. Dr. Ingo Bott (* Ehrenprofessur der UTP del Perú)*

Alternativer Lebenssachverhalt: Die Staatsanwaltschaft prüft, ob sich einem Menschen aus dem von ihr ermittelten Sachverhalt ein strafrechtlich relevantes Verhalten zurechnen lässt. Als Kehrseite dazu fragt die Verteidigung danach, ob es auch einen alternativen, also einen anderen Sachverhalt geben kann. Als

Beispiel: Wenn die Staatsanwaltschaft A vorwirft, er habe B überfahren, die Verteidigung aber nachweisen kann, dass A an diesem Tag gar nicht im selben Land war, wie B, wird A freigesprochen.

Beweismittel: Im deutschen Strafverfahren gibt es nur vier Beweismittel: Urkunde, Augenschein, Sachverständiger und Zeuge. Letzterer ist dabei das zwar häufigste, aber auch unzuverlässigste Beweismittel. Zeugen müssen auf Fragen die Wahrheit sagen. Sie dürfen nichts hinzufügen oder weglassen, andernfalls können sie sich etwa wegen falscher uneidlicher Aussage oder sogar wegen Meineids strafbar machen. Geladen werden Zeugen grundsätzlich durch das verfahrensführende Gericht. Es ist allerdings auch möglich, Menschen, die im Verfahren präsent sind, als Zeugen zu befragen. Was manchmal keine ganz schlechte Idee ist.

Ermittlungsverfahren: Beginnt mit einem Anfangsverdacht gegen einen Beschuldigten. Ein Anfangsverdacht liegt dabei nach der Rechtsprechung des Bundesgerichtshofs dann vor, wenn die bekannten Tatsachen nach kriminalistischer Erfahrung dafür sprechen, dass eine Straftat begangen worden sein könnte. Entscheiden kann darüber die Staatsanwaltschaft. Wirklich überprüfbar ist diese Entscheidung nicht. Was bedeutet, dass ein Anfangsverdacht schnell mal im Raum steht. Und leider oft nicht wirklich schnell wieder weggeht.

Funkzellenabfrage: Ermittlungsmaßnahme zum Zweck der Strafverfolgung bei Straftaten von erheblicher Bedeutung. Die Behörden fragen dabei Telekommunikationsverbindungsdaten ab, die in einer bestimmten, räumlich bezeichneten Funkzelle in einem bestimmten Zeitraum anfallen.

Hauptverhandlung: Der Showdown des Strafverfahrens. Bis auf wenige Ausnahmen sind Hauptverfahren in Deutschland öffentlich, werden aber nicht gefilmt. Die Verhandlungsleitung liegt bei dem Vorsitzenden Richter. In der Hauptverhandlung haben die verschiedenen Prozessbeteiligten umfassende Rede- und vor allem Fragerechte. Der Abschluss einer Hauptverhandlung ist klassischerweise ein Urteil, entweder in Form einer Verurteilung oder eines Freispruchs.

Schweigerecht: Jeder Beschuldigte hat das Recht zu schweigen. Alles, was er sagt, kann vor Gericht gegen ihn verwendet werden. Weil das ein so wichtiges Recht ist, findet sowohl im Ermittlungsverfahren (durch die Staatsanwaltschaft oder Polizei) als auch im Hauptverfahren (durch das Gericht) eine Belehrung statt. Das Schweigerecht gilt nur absolut. Ein sogenanntes Teilschweigen ist nicht zulässig. Man kann daher nicht teilweise auf das Schweigerecht verzichten und teilweise nicht. Erklärt sich ein Angeklagter daher zumindest in Teilen zur Sache, kann auch gegen ihn verwendet werden, dass er bei anderen Teilen geschwiegen hat.

Schwurgericht: Ab einer Straferwartung von über vier Jahren finden Strafverfahren nicht mehr vor dem Amtsgericht, sondern vor dem Landgericht statt. Für verschiedene Arten von Vorwürfen gibt es dort verschiedene *Kammern.* Die Kammer für Mordverfahren heißt Schwurgericht. Die Besetzung besteht aus einem Vorsitzenden Richter, einem Berichterstatter, einem Beisitzer und zwei Schöffen. Jedes Kammermitglied, auch die Schöffen, hat bei der Frage nach Verurteilung und Strafmaß dasselbe Stimmrecht.

Staatsanwaltschaft: Die sogenannte »Herrin des Ermittlungsverfahrens«. Sie trägt die Verantwortung für das Verfahren bis zur Anklageerhebung. Zusammen mit ihrem Hilfspersonal von der

Polizei betreibt sie aktive Strafverfolgung. Da sie in Deutschland sowohl be- als auch entlastende Beweise ermittelt, trägt sie den Beinamen der »objektivsten Behörde der Welt«. Bekennt sie sich zu einer Anklage und bringt sie einen Fall vor Gericht, will sie ihn aber natürlich trotzdem gewinnen.

Anzahl der Strafverteidiger: Ein Beschuldigter kann bis zu drei Wahlverteidiger haben. In manchen Fällen kommen sogar noch Pflicht- und Sicherungsverteidiger dazu. Die Mandanten von Sophie und Pirlo könnten damit sogar auf ein noch größeres Team setzen. Sie müssen es aber nicht. Jedenfalls bisher.

Stellung der Strafverteidiger: Im deutschen Recht haben Strafverteidiger eine Doppelrolle. Zum einen sind sie Vertreter der Interessen ihres Mandanten. Sie sind ihm verpflichtet und dürfen ihm nicht schaden. Zum anderen sind Verteidiger Organe der Rechtspflege, was bedeutet, dass sie an die Rechtsordnung gebunden sind. Strafverteidiger dürfen daher nicht selbst gegen Gesetze verstoßen, ganz gleich wie sinnvoll ihnen das erscheinen mag. Was zumindest bei Pirlo bislang eher mal mehr, mal weniger klappt.

Untersuchungshaft: Dient der Verfahrenssicherung und erfordert wegen des krassen Einschnitts in die persönliche Freiheit eines Menschen sowohl einen dringenden Tatverdacht als auch einen Haftgrund wie zum Beispiel Flucht oder Fluchtgefahr. Da für jeden Menschen bis zu einer rechtskräftigen Verurteilung die Unschuldsvermutung gilt, ist die Untersuchungshaft genau genommen eine staatlich verordnete Freiheitsberaubung an einem Unschuldigen. Unabhängig von solchen hochtrabenden Erwägungen ist sie jedenfalls so oder so anstrengend. Und zwar für alle Beteiligten.

Vorhalt: Prozessuales Mittel, um einem Verfahrensbeteiligten eine Information zu entlocken und Gegenstand einer fiesen Frage bei mündlichen Prüfungen. Denn: Der Vorhalt ist grundsätzlich frei. Insbesondere ist die Art und Weise nirgendwo in der Strafprozessordnung geregelt. Da es sich nicht um ein eigenes Beweismittel handelt, ist der Vorhalt selbst auch nicht Gegenstand der Beweisaufnahme, sondern nur die Reaktion darauf. *Beispiel:* Der Staatsanwalt hält vor, dass es in der Tatnacht geregnet habe. Der Angeklagte erklärt, deshalb sei er auch nicht draußen gewesen. Verwertbar ist nur die Erklärung, der Angeklagte sei nicht draußen gewesen, nicht die, dass es geregnet habe. Was der Staatsanwaltschaft hier allerdings auch deutlich weniger wichtig sein dürfte.

Zwischenverfahren: Gibt es nach dem Abschluss der Ermittlungen keinen Anhaltspunkt dafür, dass jemand sich strafbar gemacht haben könnte, stellt die Staatsanwaltschaft die Ermittlungen ein. Hält sie es dagegen für hinreichend wahrscheinlich, dass jemand verurteilt werden könnte, erhebt sie Anklage. Das Gericht prüft dann, ob die Anklage zugelassen werden soll. Ist das der Fall, eröffnet es das Hauptverfahren, und es kommt zur Hauptverhandlung.

LESEPROBE

Lesen Sie hier, wie es weitergeht …

INGO BOTT

PIRLO. MAHLER.

GEFÄHRLICHER FREISPRUCH

Der dritte Band in dieser Reihe
erscheint im August 2023.

1.

NÜCHTERN

Mitten in der Nacht

Pempelfort brennt. Pirlo steht am Rand der Nordstraße und sieht auf den kleinen Platz vor dem Café *Florian*, auf dem während des Weihnachtsmarkts ein Karussell aufgebaut ist, ansonsten Straßenmusiker spielen und jetzt seit einer gefühlten Ewigkeit ein Corona-Testzentrum steht. Beziehungsweise: stand. Von dem Zeltkonstrukt, in dem das Testzentrum untergebracht war, ist nicht mehr viel übrig. Stattdessen starrt Pirlo in einen Flammenball. Sobald er wirklich versteht, was er da sieht, wählt er die Nummer der Feuerwehr. Kurz meldet sich zwar ein unwohles Gefühl. Ein Strafverteidiger ruft schließlich nicht gern irgendwo an, um ein Problem zu melden. Andererseits geht es hier nicht um eine Strafanzeige für eine Lappalie, sondern um ein echtes Problem. Die Flammen züngeln in Richtung der auf dem Platz stehenden Bäume und der angrenzenden Gebäude. Woher das Feuer kommt, ist damit nicht die entscheidende Frage. Sondern nur, wie es schnell wieder verschwindet.

Keine Minute später bremst ein Löschwagen auf der Straße. Die Feuerwehrzentrale ist nicht weit von hier. Trotzdem ist Pirlo beeindruckt, wie schnell alles geht. Das bleibt auch so. Feuerwehrleute verteilen sich. Rufe hallen durch die Nacht. Kurz darauf sind die Flammen besiegt. Übrig bleibt das traurige Gerippe eines triefenden Gestänges, das nur entfernt daran erinnert, dass hier in den letzten Monaten ein massives Zelt stand.

Ehe Pirlo die richtige Gelegenheit findet, sich loszureißen, taucht schon einer der Feuerwehrleute neben ihm auf. Der Mann wirkt durchtrainiert, fokussiert und wach. Eigentlich ist Feuermelder Pirlo hier mindestens auch ein kleiner Held. Trotzdem entgeht es ihm nicht, in welcher zweifelhaften Verfassung er vergleichsweise selbst ist. Pirlo ist müde. Was nicht nur an der Uhrzeit liegt. Und was man auch sehen kann. Leider.

»Haben Sie bei uns angerufen?«, fragt der Schnauzer.

»Ja«, antwortet Pirlo.

»Dann sind Sie Herr Khatib?«

»Richtig.«

Und schon ist Pirlo nervös. Er hat seine bürgerliche Identität als Anton Pirlo ganz regulär angemeldet. Trotzdem hat er bei der Feuerwehr seinen eigentlichen Namen angegeben. Es hat ihn selbst überrascht, dass ihm das so richtig vorgekommen war. Andererseits: Man übt solche Anrufe ja auch nicht gerade.

Als der Feuerwehrmann nickt, versucht Pirlo sich seine Erleichterung nicht anmerken zu lassen. Hätte der Typ nach seinem Ausweis gefragt, wäre die Situation wahrscheinlich unangenehm geworden, zumindest aber ziemlich verworren. So, wie das eben ist, wenn Ramzes Khatib und Anton Pirlo in derselben Situation auftauchen, da aber eben nur ein Mensch steht.

Der Feuerwehrmann reißt Pirlo aus dessen Gedanken. Er klopft ihm auf die Schulter. »Das haben Sie gut gemacht.« Die behandschuhten Finger deuten im groben Schwung in Richtung des ausgebrannten Testzentrums. »Gott sei Dank haben wir das hier schnell in den Griff bekommen, ehe sich der Brand weiter ausgebreitet hat. Bei einem so heißen Brandherd weiß man schließlich nie. Da kann es auf wenige Sekunden ankommen. Gerade um diese Uhrzeit, wenn ansonsten keiner mehr unterwegs ist, kann das mit Blick auf den Schaden schnell einen gewaltigen Unterschied machen.« Dann verstummt er und starrt mit nachdenklichem Blick auf die nassen Brandreste. Da Pirlo nichts weiter mit sich anzufangen weiß, starrt er einfach mit. Dann besinnt er sich. Der Feuerwehrmann hat die ungewöhnliche Uhrzeit angesprochen. Pirlo linst auf das Display seines Telefons. Es ist tatsächlich kurz nach fünf. An einem Dienstag. Irgendwie ist ihm das unangenehm. Auch, dass er keine gute Antwort parat hätte, wenn ihn der Typ jetzt fragte, was er hier eigentlich gerade macht. Oder warum er mitten in der Nacht an einem Testzentrum steht, das zufällig gerade brennt. Sophie wüsste jetzt sicher, wie viele Brandstifter direkt am Tatort stehen bleiben, weil sie so ergriffen von sich und ihrem Werk sind, dass sie sich einfach nicht zum Loslassen durchringen können. Genauso wüsste sie, wie lange Pirlo noch hier stehen bleiben sollte. Oder ob er einfach gehen kann.

Der Feuerwehrmann klärt dankbarerweise zumindest das letzte Rätsel. »Wenn es nach mir geht, haben Sie Ihren Teil getan.« Wie auch immer er das meint. »Es kann aber sein, dass die Polizei oder die Staatsanwaltschaft in den kommenden Tagen auf Sie zukommen, um Sie als Zeuge zu befragen. Bitte halten Sie sich dafür zur Verfügung.«

»Sicher«, murmelt Pirlo.

»Gut. Danke.«

Damit darf Pirlo abtreten. Er schlägt den Mantelkragen hoch und trottet langsam davon, als ihn von hinten doch noch einmal der Feuerwehrmann ruft. »Eins noch!«

Pirlo dreht sich langsam um. »Ja?«

»Haben Sie eigentlich etwas getrunken?«

Pirlo überlegt, ob er antworten soll. Verpflichtet ist er dazu sicher nicht. Andererseits ist die Antwort heute leicht. Zumindest leichter als an einigen anderen Tagen in letzter Zeit. »Nein. Ich bin nüchtern.«

Der Feuerwehrmann hebt einen Daumen. »Gut. Hatte ich auch nicht anders erwartet.«

»Warum haben Sie dann gefragt?«

Der Schnauzbart vibriert. Pirlos neuer Bekannter lacht. »Sie wissen doch, wie das mit den Strafverfolgungsbehörden ist. Irgendwie ist denen immer jeder verdächtig. Und dann ist es gut, das heute schon für den Bericht geklärt zu haben, den ich dorthin schicken muss.«

Pirlo weiß nicht, was er dazu sagen soll. Er wartet noch kurz, bis wirklich klar ist, dass hier nichts mehr kommt. »In Ordnung«, brummt er dann. Einfach so, um das alles irgendwie förmlich zum Abschluss zu bringen.

Der Feuerwehrmann hebt den Daumen. »Kommen Sie gut nach Hause, Herr Khatib. Passen Sie auf sich auf, und schlafen Sie gut.«

Klar, denkt Pirlo. Wenn das denn mal so einfach wäre.

2.

RÜCKSTAND

Viereinhalb müde Stunden später
in der Kanzlei

Um halb zehn treffen sich Sophie und Pirlo am Fahrstuhl. Geplant war das nicht. Es fällt auch nicht besonders angenehm aus. Zumindest nicht für Pirlo.

»Erwischt«, grinst Sophie.

»Wobei?«

»Beim Zuspätkommen. Es ist nach neun. Und zwar deutlich.«

Pirlo zieht eine Augenbraue hoch. »Wenn ich zu spät bin, bist du es auch.«

»Kann sein. Dann müssen wir eben beide in die Kaffeekasse einzahlen.«

»Oder keiner.«

Sophie lacht. »Das kannst du schön vergessen, Toni. Die Kaffeekasse gibt es überhaupt nur wegen dir und deinen Unpünktlichkeiten. Wir haben gesagt, dass wir um neun Uhr hier sind. Und neun meint neun. Das hat irgendwer sogar auf den Notizzettel geschrieben, der auf der Kasse klebt.«

»Ja. Du.« Der Aufzug kommt. Beide steigen ein. Pirlo nimmt noch einen Anlauf. »Ich finde unsere feststellbar gleiche Unpünktlichkeit hebt sich auf.«

»Und ich finde, dass neun Uhr neun Uhr heißt und unpünktlich ist, wer danach hier ist. Du kommst da nicht mehr raus, Herr

Dr. Pirlo. Meinen Strafpunkt akzeptiere ich gern und gut gelaunt. Zumal es dann jetzt eben eins zu acht steht.«

»Oder null zu sieben«, brummt Pirlo trotzig. »Jedenfalls wenn man richtig zählt.«

Der Aufzug hält. Als Sophie die Kanzlei betritt, zwinkert sie dem schon am Empfang sitzenden Wang zu. »Der neue Zwischenstand ist eins zu acht.«

»Ist notiert«, vermeldet Wang.

»Eigentlich ist es null zu sieben«, grummelt Pirlo. Weder Sophie noch Wang gehen darauf ein. Dann kommt Sophie aber doch wieder aus ihrem Büro zurück. »So, die Aktentasche ist abgestellt, der Kaffee ruft!« Sie tritt auf Pirlo zu und kneift ihn in die Wange. »Sei nicht so griesgrämig, Pirlo. Noch kannst du die Wette ja gewinnen. Zwei Strafpunkte hast du noch gut. Wenn ich auch meine starken Zweifel daran habe, wer hier den Abend für die beiden anderen im *Paradise Now* bezahlen muss.«

»Getränke übrigens inklusive«, vermerkt Wang von seinem Platz hinter dem Tresen.

»Selbstverständlich«, brummt Pirlo. Sophie lacht. Dann holt sie ihm einen Kaffee.

»Hier. Du siehst aus, als könntest du ihn brauchen.«

»Du meinst wild entschlossen, hier gleich richtig durchzustarten und mindestens ein Dutzend neue Mandate zu akquirieren?«

Sie schüttelt den Kopf. Der blonde Zopf fliegt. »Eher so, als würdest du sonst gleich im Stehen einschlafen.«

Pirlo ringt sich ein schiefes Grinsen ab. Als er bemerkt, dass sie ihn besorgt ansieht, quält er auch noch ein Augenzwinkern hinterher. »Alles in Ordnung. Gleich bin ich in Topform.« Er hebt die von ihr übergebene Kaffeetasse mit Fortuna-Aufdruck. »Erst recht damit.«

Sie zögert. Dann kehrt dieses ihr eigene Lachen zurück, das er so sehr schätzt. Wenn auch nicht jetzt gerade.

Kurz darauf ist Sophie in ihrem Büro verschwunden. Wangs Finger klackern am Empfang über die Tastatur. Pirlo sitzt in seinem Arbeitszimmer vor dem Computer und pustet über die Tasse mit dem Kaffee. Bis zum Ende des Vormittags werden noch ein paar weitere folgen, so, wie das in diesen Tagen eben immer ist, selbst wenn ihm klar ist, dass er damit einen Phantomschmerz bekämpft. Das Problem liegt nicht im Wachwerden, sondern im Wachbleiben. Er schläft nicht mehr. Und das seit Wochen.

Als er den nächsten klaren Gedanken fasst, ist beinahe eine ganze Stunde vergangen, ohne dass Pirlo einen Anruf getätigt oder eine E-Mail geschrieben hätte. Einfach so also, ganz ohne jeden Einfluss auf neue Mandanten oder Mandate. Die es allerdings dringend braucht. Viel zu tun hat Pirlo sonst nicht gerade. Nicht mehr jedenfalls seit dem Desaster bei der Verteidigung von Faruk Maliki. Zwar ist es gelungen, einen Freispruch für den Mandanten zu erreichen. Das Lob dafür galt allerdings allein Sophie. In der Presseberichterstattung war sie diejenige, die schonungslos die Wahrheit aufdeckte, selbst wenn das bedeutete, dass sie sich gleichzeitig gegen ihren Vater und gegen ihren Chef stellen musste. Längst schrieb der Boulevard nicht mehr über das »Blonde Babe«. Sophie war zwischenzeitlich »Rechtsanwältin Knallhart, die dahin geht, wo es weh tut.« Und Pirlo war der Depp. Derjenige, der sich erst zu Lasten seines Mandanten hatte täuschen lassen und der dann zu allem Überfluss auch noch der entscheidenden Zeugin hinterherrannte, als Sophie sie der Lüge überführt hatte. Allerdings war diese Zeugin aber eben auch nicht irgendwer, sondern Alena, die Frau, der Pirlo zwei Wochen zuvor am Meer noch gesagt hatte, dass er sie liebe.

Seitdem hängt nicht nur Pirlo in der Luft. Sondern auch alles, was er tut. Oder besser: Was er nicht tut. Besonders viel ist nämlich nicht gerade los. Insofern es der Kanzlei gelungen ist, ihre Mandanten zu halten, wollen sie nur noch von Sophie vertreten werden. Pirlo kann es ihnen noch nicht einmal verübeln. Für ihn bleibt daher die undankbare Aufgabe, sich um neue Fälle zu kümmern, was gar nicht mal so leicht ist, wenn keiner mit einem sprechen will. Dass Pirlo nicht mehr richtig schlafen kann und stattdessen nachts gedankenverloren durch die Stadt wandert, verbessert diesen Zustand denkbar wenig.

Umso mehr ist er überrascht, als Wang in der Tür auftaucht und erklärt, dass ihn jemand sprechen wolle. Kurz stimmt es Pirlo bedenklich, dass Wang verwundert darüber zu sein scheint, dass jemand mit seinem Chef zu tun haben will. Und dann möglicherweise sogar noch in dessen Rolle als Anwalt. Dann gibt sich Pirlo aber einen Ruck und schleppt sich in den Besprechungsraum. Dort, am Ende des großen, eleganten Holztisches, sitzt Emre Ben Hamid. Pirlo erkennt ihn sofort. Daran ändert auch die schwarze Corona-Maske nichts. Ihre Blicke treffen sich. Trotzdem sagt keiner etwas, ehe Wang den Raum vorsichtig verlassen hat.

»Emre«, brummt Pirlo.

»Ramzes«, antwortet Emre. Dann geht er auf Pirlo zu und drückt ihn an sich. Pirlo lässt es geschehen. Den Gedanken daran, dass das seit einer Ewigkeit der erste Körperkontakt ist, drängt er zur Seite.

»Ist es in Ordnung, wenn ich die Maske ablege?«, fragt Emre.

»Sicher«, antwortet Pirlo. »Wir sind hier alle mehrfach geimpft.«

Emre nickt, nimmt die Maske ab und verstaut sie sorgfältig in einer Tasche seines cremefarbenen Mantels. Dann sieht er Pirlo direkt an. »Ich bin Beschuldigter in einem Strafverfahren.«

Pirlo wartet. Er kennt Emre schon seit der Grundschule. Die Familien haben sogar noch länger miteinander zu tun. Was aus Pirlos Sicht immer schon für die Ben Hamids sprach, ist, dass sie zwar Gangster sein mögen, aber nie so wirken wollen. Das Modell ist quasi genau umgekehrt wie bei Pirlos eigenen Brüdern.

Emre streicht sich über den sauber gestutzten Bart. »Du hast sicher mitbekommen, dass gestern in Pempelfort ein Testzentrum gebrannt hat.«

»Ja. Ich wohne in der Ecke.« Das genügt als Antwort.

Emre hält Pirlos Blick fest. »Heute Morgen standen zwei Polizisten bei mir vor der Tür. Sie sagen, dass ich der Brandstifter gewesen sein soll.«

Pirlo wartet wieder. Diesmal kommt von Emre aber nichts mehr. Pirlo fragt daher selbst nach: »Haben sie recht?

Emre lächelt kurz. »Spielt das denn eine Rolle?« …

… und hier geht es im dritten Fall
für Pirlo und Mahler bald weiter …

Ingo Bott
Pirlo - Gegen alle Regeln
Der erste Fall für Strafverteidiger Pirlo

Er hat Charisma und ist ein Chaot, doch Anton Pirlo weiß sehr genau, was Recht und was rechtens ist. Ausgerechnet sein erster Fall als unabhängiger Strafverteidiger bringt ihn wieder in die Nähe seiner Clan-Familie. Die nach etwas anderen Regeln lebt. Pirlo hatte sich von ihnen losgesagt. Doch jetzt braucht er genau sie. Seine Mandantin, eine Society-Größe der Stadt, soll ihren Ehemann, Bauunternehmer und stadtbekannte Karnevalsgröße, aus Eifersucht und Habgier ermordet haben. Die Angeklagte sitzt in Untersuchungshaft und schweigt. Pirlo braucht Beweise, um einen Freispruch vor Gericht zu erwirken, doch an die kommt er nur mit Hilfe seiner Clan-Brüder ran.

400 Seiten, Klappenbroschur

Weitere Informationen finden Sie auf
www.fischerverlage.de

AZ 651-00104/1

KULT FÜR'S OHR!

SASCHA ROTERMUND LIEST

ALS DOWNLOAD UND AUF ALLEN GÄNGIGEN
STREAMING-PLATTFORMEN VERFÜGBAR.

argon hörbuch